首创剩余价值理论
彻底揭示资本增殖的秘密

借助黑格尔的辩证法
洞察现代社会生产体系的每个细节

【全彩插图精读本】

资本论

DAS KAPITAL

[德]卡尔·马克思／著
Karl Marx

朱登／编译

织工

　　就像狼的本性凝固在血液中一样,资本主义的掠夺制度就是资本主义制度的生命本质。不管科学技术怎样进步,物质财富怎么丰富,资本主义的本质不可更改。劳动人民只能将自己的劳动力像机器一般贱价卖给资本家,所得却不及生产价值之半,在法律上、经济上完全没有自卫的能力。但这一切并不是资本家的无情,而是资本主义的罪恶!

资本论

《资本论》的核心内容即剩余价值。而只有握有较大量的资本和劳动力，资本主义生产的剩余价值才能得以实现。

被誉为"与苦难者呼吸同一口空气"的著名摄影师萨尔加多，用了7年时间拍摄世界各地的劳动者。在孟加拉的某地，摆放着上百架纺织机的车间内气氛凝重，色调灰暗，织车前一双双凄苦无助的眼神折射出资本主义剥削制度下劳动者所要忍受的苦难。

淘金者

丘吉尔曾说："资本主义的内在罪恶是不平等地分配上帝的赐福,社会主义的内在优越之处在于平等地分配困苦。" 资本主义的罪恶根源并非是某个人或资本的本身,而恰恰是个人主义和私人掌握了资本。在马克思看来,只有回归公有制,最终建立共产主义社会制度,压迫

和剥削才有可能被彻底地根治。这是萨尔加多于1986年拍摄的一幅典型的资本主义式的地狱般"壮观"的劳动场面：5万名淘金者挤在巴西帕拉达高原露天金矿一个巨大的土坑之中，背负着沉甸甸的矿土，靠摇摇晃晃的木梯爬上爬下，随时都有摔死的危险……我们要以怎样的眼光来抚慰这世界上最艰苦、最危险的劳动场面？

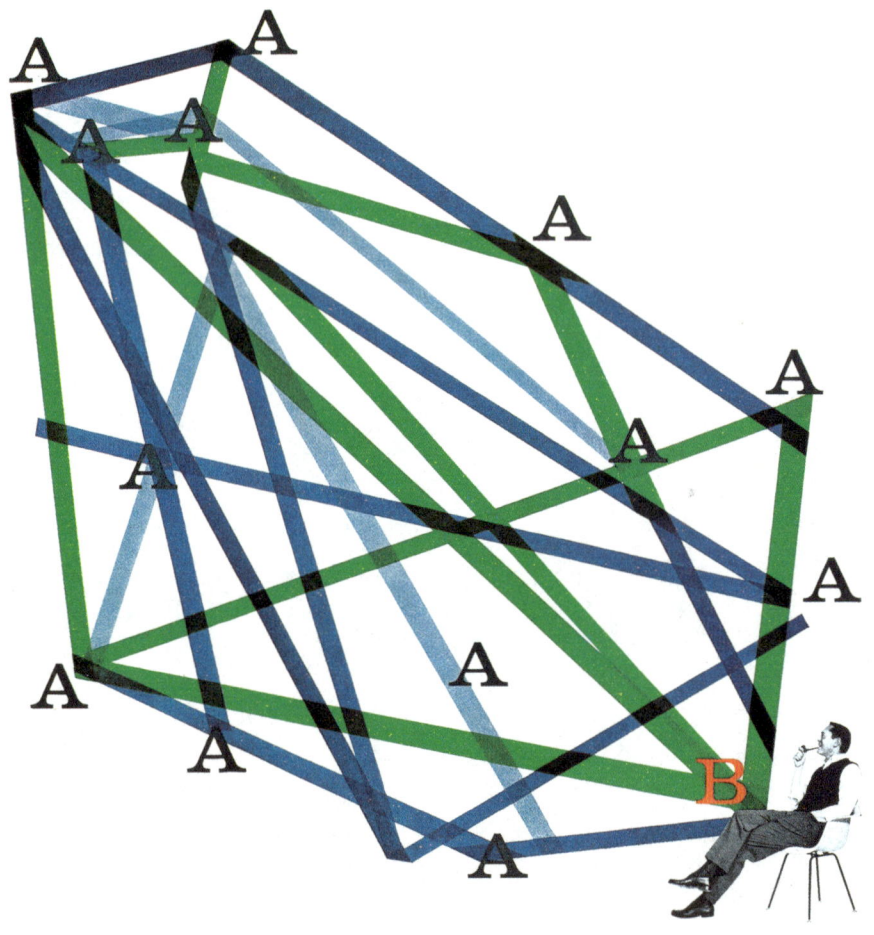

西方经济学派源流简表

图表说明：

① 本图表有助于读者快速认识17世纪至20世纪西方经济学流派的发展脉络。

② 经济学家的流派划定，依据其理论观点、所采纳的分析方法以及所推行的政策主张这三个方面进行综合评考。

③ 本图表介绍了各个经济学流派的地位与特点，同时也提供了每一位经济学家的国籍、代表作、所作贡献、获奖情况等相关信息。

④ 本图表中的红框代表该经济学家是经济学历史上影响深远的代表人物。

⑤ 本图表中的"诺"字标识代表该经济学家曾获诺贝尔经济学奖。

经济学说史

17世纪	18世纪	19世纪上半叶	19世纪下半叶	20世纪上半叶

18世纪

古典政治经济学

重农学派
以自然秩序为最高信条，视农业为财富的唯一来源和社会一切收入的基础。

自由主义
倡导对市场不加干预，以自由竞争的方式发展资本主义。

庸俗经济学
分离亚当·斯密理论中的庸俗成份并使之系统化

19世纪上半叶

社会主义思潮
抨击私有制，宣扬以较高级的公平标准进行社会财富分配。

旧历史学派
否认经济规律的客观存在；以生产力的培植反对对交换价值的追求；以国家干预经济反对自由放任。

19世纪下半叶

新历史学派
继承旧历史学派的历史归纳法，大量运用统计资料和统计方法，认为国家在社会经济发展中具有特殊地位和作用。

边际效用学派
该学派以掀起边际革命的形象出现，把经济人如何获得最大满足作为研究对象，强调消费、效用和需求，把经济学改造成为以消费、交换和生产为序的理论体系。

奥地利学派（心理学派）
采用抽象演绎法，把边际效用价值论当作理论基础。

数理学派
以数学分析为工具，把边际效用价值论当作理论基础。

美国学派
较心理学派与数理学派出现晚，以分配为中心的独特体系。

新古典主义（剑桥学派）
以折中主义手法糅合古典政治经济学的各种理论，建立以完全竞争为前提、以"均衡价格论"为核心的全新体系。

20世纪上半叶

制度学派
属德国历史学派在美国的变种，与传统经济学对立，强调对社会制度的改良。

瑞典学派
倡导宏观货币政策，以小国开放型混合经济为其特色。

17世纪

威廉·配第[英]
《赋税论》1662年
● 开创现代经济学，第一次有意识地把商品价值的源泉归于劳动

布阿吉尔贝尔[法]
《论财富、货币和租税的性质》1705年
● 批判重商主义，提出"自然秩序"的思想

18世纪

亚当·斯密[英]
《国富论》1776年
● 现代政治经济学奠基人与"看不见的手"的命名者

魁奈[法]
《经济表》1758年
● "纯产品"理论

李嘉图[英]
《政治经济学与赋税原理》1817年
● 英国古典政治经济学之集大成者，其"劳动分工"理论为经济学基础理论，对马克思等产生影响

萨伊[法]
《政治经济学概论》1803年
● 庸俗政治经济学创始人；饱受争议的"萨伊定律"

西斯蒙第[法]
《论商业财富》1803年
● 法国古典政治经济学的完成者；小资产阶级政治经济学的创始人

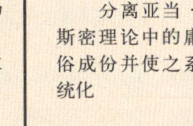
马尔萨斯[英]
《人口原理》1798年
● "人口爆炸"理论

19世纪上半叶

马克思[德]
《资本论》1867年
● 揭示资本主义的本质

约翰·斯图亚特·穆勒[英]
《政治经济学原理》（1848年）
● 经济学说史上的第一次大综合

威廉·罗雪尔[德]
《国民经济学体系》1854—1894年
● 历史学派方法论的奠基者

布鲁诺·希尔德布兰德[德]
《自然经济、货币经济和信用经济》1864年
● 以统计学进一步完善该学派研究方法

卡尔·克尼斯[德]
《历史方法观的政治经济学》1853年
● 系统阐述该学派的研究对象及方法

19世纪下半叶

阿道夫·瓦格纳[德]
《政治经济学教程》1876年
● 国家是社会改良最主要的支柱

古斯塔夫·冯·施穆勒[德]
《一般国民经济学大纲》1900—1904年
● 倡导在经济学中加入对伦理因素的考量

卡尔·门格尔[奥]
《国民经济学原理》1871年
● 边际革命的三大发起人之一

维塞尔[奥]
《自然价值》1889年
● 最早提出术语"边际效用"

庞巴维克[奥]
《资本与利息之卷二：资本利息理论的历史和批判》1884年
● 提出与马克思主义价值论相对立的"时差利息说"

威廉·杰文斯[英]
《政治经济学理论》1871年
● 边际革命的三大发起人之一

瓦尔拉斯[法]
《纯粹经济学要义》1874年
● 边际革命的三大发起人之一；洛桑学派的奠基人

帕累托[意]
《政治经济学教程》1906年
● 提出序数效用论和无差异曲线

洛桑学派
推进以边际效用价值论为基础的一般均衡论。

约翰·贝茨·克拉克[美]
《财富的分配》1899年
● 提出边际生产力分配论

马歇尔[英]
《经济学原理》1890年
● 新古典学派的创始人；经济学说史上的第二次大综合

庇古[英]
《福利经济学》1920年
● 福利经济学之父

20世纪上半叶

凡勃伦[美]
《有闲阶级论》1899年
● 制度学派的奠基者；将"本能主义"心理学加入经济学范畴

康蒙斯[美]
《制度经济学》1934年
● 制度学派第一部系统性的论著

米契尔[美]
《经济周期》1913年
● 阐释经济周期过程的早期巨著

维克塞尔[瑞典]
《利息与价格》1898年
● 提出累积过程理论与分配制度改革论

贡纳尔·缪尔达尔[瑞典]
《货币均衡论》1931年
● 建立宏观动态均衡模型

林达尔[瑞典]
《货币与资本理论的研究》1939年
● 序列分析方法与以"计划"为核心的动态理论

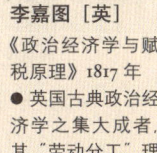

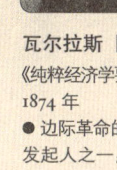

20世纪上半叶

新自由主义

新奥地利学派
以奥地利的维也纳大学为中心，坚持奥地利学派的自由放任传统的学派。

米塞斯[奥]
《货币与信贷理论》
1912 年
● 新奥地利学派的领袖人物，提出行为理论及货币经济周期理论等

伦敦学派
以英国伦敦经济学院为中心，坚持英国自由主义经济传统的学派。

埃德温·坎南[英]
《经济大恐慌》
1933 年
● 以折中手法融合传统经济思想

莱昂内尔·罗宾斯[英]
《论经济科学的性质和意义》1932 年
● 提出对经济学界影响深远的方法论观点

芝加哥学派
以美国芝加哥大学为中心，推崇经济自由主义的学派。

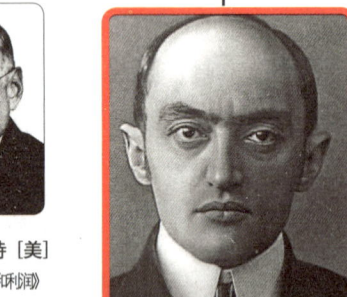

弗兰克·奈特[美]
《风险、不确定性和利润》1921 年
● 提出兼重企业家才能与不确定性的利润理论

亨利·西蒙斯[美]
《自由放任的实证计划》1934 年
● 政府的责任包括维护运转顺畅的自由经济环境

弗里德里希·哈耶克[奥]
《通往奴役的道路》1944 年
● 从伦理学的角度探讨新自由主义

凯恩斯主义
掀起针对新古典经济学的凯恩斯革命，宏观经济学自此确立。

凯恩斯[英]
《就业、利息与货币通论》1936 年
● 提出有效需求理论以及国家应对经济实行干预的观点，其"流动性理论"为现代经济学最重要的基础理论

熊彼特[美]
《经济发展理论》1912 年
● 首开创新理论的先河；自成体系的经济学大家

新古典综合派
凯恩斯主义之后的主流经济学派，将凯恩斯思想体系与古典经济学进一步融合起来

（诺）

詹姆斯·托宾[美]
《十年来的新经济学》1974 年
● "资产持有形式"理论的创立者

（诺）

萨缪尔森[美]
《经济学》1948 年
● 著有历史上最伟大的经济学教科书；以数学方法分析经济学

新剑桥学派
与新古典综合派相对立，主张分离凯恩斯主义与古典经济学的联系

皮罗·斯拉法[英]
《用商品生产商品》1960 年
● 以"斯拉法之谜"动摇了局部均衡论的根本

琼·罗宾逊[英]
《资本积累理论》1956 年
《现代经济导论》1973 年
● 对"不完全竞争理论"形成系统阐述

20世纪下半叶

现代货币主义
以现代货币数量论为旗帜，对抗凯恩斯主义的学派。

（诺）

弗里德曼[美]
《资本主义与自由》1962 年
● 现代货币数量论的创立者

弗莱堡学派
在国家干预经济失败后，探索社会市场经济的学派。

瓦尔特·欧肯[德]
《资本理论研究》1934 年
● 建立弗莱堡学派理论的三大支柱

路德维希·艾哈德[德]
《来自竞争的繁荣》1957 年
● 建立德国的社会市场经济体制，创造经济增长奇迹

供给学派
批判凯恩斯主义以需求为着眼点，主张以供给出发稳定经济。

阿瑟·拉弗[美]
● 提出解释税率与税收关系的"拉弗曲线"

公共选择学派
认为以市场选择对公共物品是无效的，提出公共选择的规则。

（诺）

詹姆斯·布坎南[美]
《公共选择理论》1972 年
● "经济人"与政府失效理论

新制度学派
相对于制度学派注重企业权力结构，其研究重心上升到研究社会的权力结构。

（诺）

约翰·加尔布雷思[美]
《经济学和公共目标》1973 年
● 提出改良美国经济"二元体系"的观点

新制度经济学学派
以新古典经济学的基本方法为基础进行经济制度的研究。

（诺）

罗纳德·科斯[美]
《厂商的性质》1937 年
● 揭示了企业如何起源及扩张受限的因素

新古典宏观经济学
反对货币主义政策，提出以理性预期为基础的经济理论。

（诺）

小罗伯特·卢卡斯[美]
《预期和货币中性》1972 年
发展理性预期与宏观经济学研究的运用理论

献辞

献给

我的难以忘怀的朋友

勇敢的忠实的高尚的无产阶级先锋战士

威廉·沃尔弗

1809年6月21日生于塔尔瑙

1864年5月9日死于曼彻斯特流亡生活中

目录

商品的诱惑

英文版序言 / 20

第一卷 资本的生产过程 / 23

农耕家庭

第一篇 商品和货币 / 24
第一章 商品 / 24

第二章 劳动 / 26

第三章 价值形式或交换价值 / 28

第四章 货币形式 / 34

第二篇 绝对剩余价值的生产 / 38

纺织业的发展

第五章 劳动过程和价值增殖过程 / 38

第六章 不变资本和可变资本 / 45

第七章 剩余价值率 / 49

第八章 工作日 / 52

第九章 剩余价值率和剩余价值量 / 55

第三篇 相对剩余价值的生产 / 57

蒸汽机的诞生

第十章 相对剩余价值 / 57

第十一章 协作 / 62

第十二章 分工和工场手工业 / 65

第十三章 机器和大工业 / 69

第四篇 绝对剩余价值和相对剩余价值的生产/74

第十四章 绝对剩余价值和相对剩余值 /74

第五篇 工资/75

第十五章 劳动力价值的转化 /78

第六篇 资本的积累过程/81

第十六章 简单再生产 /81
第十七章 剩余价值转化为资本 /86
第十八章 资本主义积累的一般规律 /98
第十九章 原始积累 /109

第二卷 资本的流通过程 /111

第一篇 资本形态变化与循环/112

第一章 货币资本的循环 /112
第二章 生产资本的循环 /122
第三章 商品资本的循环 /124
第四章 循环过程的三个公式 /126
第五章 流通时间 /131
第六章 流通费用 /134

第二篇 资本周转/146

第七章 周转时间和周转次数 /146
第八章 固定资本和流动资本 /148

工业对自然界的危害

城堡中的豪华布置

满足需要的神奇柜子

武汉长江大桥

运输工具

利用潮汐发电

前往工厂的路上

售卖各类食品的小商店

第九章 预付资本的总周转以及周转的周期 /167

第十章 生产时间 /171

第十一章 流通时间 /176

第十二章 周转时间对预付资本量的影响 /181

第十三章 可变资本的周转 /184

第三篇 社会总资本的再生产和流通 /192

第十四章 导言 /192

第十五章 简单再生产 /198

第十六章 积累和扩大再生产 /223

第三卷 资本主义生产的总过程 /251

第一篇 剩余价值转化为利润和剩余价值率转化为利润率 /252

第一章 成本价格和利润 /252

第二章 利润率 /258

第三章 周转对利润率的影响 /261

第四章 不变资本使用上的节约 /264

第二篇 利润转化为平均利润 /269

第五章 不同生产部门的资本的不同构成和由此引起的利润率的差别 /269

第六章 一般利润率（平均利润率）的形成和商品价值转化为生产价格 /273

第七章 一般利润率通过竞争而平均化市场价格和市场价值 超额利润 /284

第八章 规律本身 /304

第九章 起反作用的各种原因 /310

第十章 规律的内部矛盾的展开 /314

第三篇 商品资本和货币资本转化为商品经营资本和货币经营资本（商人资本）/316

第十一章 商品经营资本 /316

第十二章 商业利润 /327

第十三章 商人资本的周转及价格 /339

第四篇 利润分为利息和企业主收入 生息资本 /326

第十四章 生息资本 /326

第十五章 利润的分割，利息率，"自然"利息率 /361

第十六章 利息和企业主收入 /366

第十七章 信用和虚拟资本 /371

第十八章 信用在资本主义生产中的作用 /374

第十九章 货币资本和现实资本 /377

第五篇 超额利润转化为地租 /385

第二十章 导论 /385

第二十一章 级差地租：概论 /390

第六篇 各种收入及其源泉 /399

第二十二章 三位一体的公式 /399

第二十三章 分配关系和生产关系 /403

股市交易所

活跃的法兰西古镇市场

富有的银行家

欧洲多彩的小商店

英文版序言（第一版）

现在我把这部著作的第一卷交给读者。它是我发表于1859年的《政治经济学批判》的续篇。初篇和续篇之所以相隔很久，是因为我的工作一再被常年的疾病所中断。

《政治经济学批判》的内容已在这一卷的第一章中有所概述。这不仅是为了连贯和完整，同时也改进了叙述方式。许多前书只是略微提到的论点，在情况许可的条件下，在本书中都作了进一步的阐述，同样地，对于前书已经详细阐述的论点，这里也只是一带而过。关于价值理论和货币理论的历史的部分，在这本书中自然被完全删去。但是阅读过《政治经济学批判》的读者可以在第一章的注释中，找到与这两种理论的历史相关的新材料。

万事开头难，每门科学都是如此。所以本书第一章，特别是分析商品的部分，是最难理解的。其中对价值实体和价值量的分析，我已经尽可能地做到通俗易懂。以货币形式为其完成形态的价值形式，是极无内容和极其简单的。然而，两千多年来人类智慧在这方面进行探讨的努力，并未得到什么结果，而对更有内容和更复杂的形式的分析，却至少已接近于成功。其实爱情问题，也是极其简单的。为什么会这样呢？因为已经发育的身体比身体的细胞容易研究些。并且，分析经济形式，既不能用显微镜，也不能用化学试剂，二者都必须用抽象力来代替。这种抽象力主要是逻辑思维能力，是运用历史的、现实的和数量的逻辑进行分析的能力。缺乏这种抽象力的人，虽然下点苦功可以看懂资本论，但无法再前进一步。而这种人要么是一个教条主义者，要么是一个歪曲主义者。进一步地，虽然数学好的人不是都能分析好经济问题，但数学水平还不如我的人，则根本没有资格分析经济问题。而对资产阶级社会说来，劳动产品的商品形式，或者商品的价值形式，就是经济的细胞形式。在浅薄的人看来，分析这种形式好像是斤斤于一些琐事。这的确是琐事，但这是显微镜下的解剖所要做的那种琐事。

因此，除了价值形式那一部分外，不能说这本书难懂。当然，我指的是那些想学到一些新东西、因而愿意自己思考的读者。

物理学家是在自然过程表现得最确实、最少受干扰的地方考察自然过程的，或者，如有可能，是在保证过程以其纯粹形态进行的条件下从事实验的。我要在本书研究的，是资本主义生产方式以及和它相适应的生产关系和交换关系。到现在为止，这种生产方式的典型地点是英国。因此，我在理论阐述上主要用英国作为例证。但是，如果德国读者看到英国工农业工人所处的境况而伪善地耸耸肩膀，或者以德国的情况远不是那样坏而乐观地自我安慰，那我就要大声地对他说：这正是说的阁下的事情！

问题本身并不在于资本主义生产的自然规律所引起的社会对抗的发展程度的高低。问题在于这些规律本身，在于这些以铁的必然性发生作用并且正在实现的趋势。工业较发达的国家向工业较不发达的国家所显示的，只是后者未来的景象。

撇开这点不说。在资本主义生产已经在我们那里完全确立的地方，例如在真正的工厂里，由于没有起抗衡作用的工厂法，情况比英国要坏得多。在其他一切方面，我们也同西欧大陆所有其他国家一样，不仅苦于资本主义生产的发展，而且苦于资本主义生产的不发展。除了现代的灾难之外，压迫着我们的还有许多遗留下来的灾难，这些灾难的产生，是由于古老的陈旧的生产方式以及伴随着它们的过时的社会关系和政治关系还在苟延残喘。不仅活人使我们受苦，而且死人也使我们受苦。死人抓住活人！

德国和西欧大陆其他国家的社会统计，与英国相比是很贫乏的。然而它还是把帷幕稍稍揭开，使我们刚刚能够窥见幕内美杜莎的头。如果我国各邦政府和议会像英国那样，定期指派委员会去调查经济状况，如果这些委员会像英国那样，有全权去揭发真相，如果为此能够找到像英国工厂视察员、编写《公共卫生》报告的英国医生、调查女工童工受剥削的情况以及居住和营养条件等等的英国调查委员那样内行、公正、坚决的人们，那么我国的情况就会使我们大吃一惊。柏修斯需要一顶隐身帽来追捕妖怪。我们却用隐身帽紧紧遮住眼睛和耳朵，以便有可能否认妖怪的存在。

决不要在这上面欺骗自己。正像十八世纪美国独立战争给欧洲中产阶级敲响了警钟一样，十九世纪美国南北战争又给欧洲工人阶级敲响了警钟。在英国，变革过程已经十分明显。它达到一定程度后，一定会波及大陆。在那里，它将采取较残酷的还是较人道的形式，那要看工人阶级自身的发展程度而定。所以，现在的统治阶级，不管有没有较高尚的动机，也不得不为了自己的切身利益，把一切可以由法律控制的、妨害工人阶级发展的障碍除去。因此，我在本卷中用了很大的篇幅来叙述英国工厂法的历史、内容和结果。一个国家应该而且可以向其他国家学习。一个社会即使探索到了本身运动的自然规律——本书的最终目的就是揭示现代社会的经济运动规律——它还是既不能跳过也不能用法令取消自然的发展阶段。但是它能缩短和减轻产生过程中的的痛苦。为了避免可能产生的误解，要说明一下。我决不用玫瑰色描绘资本家和地主的面貌。不过这里涉及到的人，只是经济范畴的人格化，是一定的阶级关系和利益的承担者。我的观点是：社会经济形态的发展是一种自然历史过程。不管个人在主观上怎样超脱各种关系，他在社会意义上总是这些关系的产物。现代庸俗经济学(指现代西方经济学及其在中国的衍生物)中从人的所谓本性提出的理性人，实际上指的只是当时各种社会关系的产物而已，正因为人们处于同样的社会关系下，才会具有一定程度的相同的所谓理性的行为。撇开这种社会性就无法正确地理解所谓的人的理性。同其他任何观点比起来，我的观点是更不能要个人对这些关系负责的。因此，我们不宜对一些政治人物秋后算账，让他们个人对以前的阶级关系和利益下的冲突和牺牲等负责。

在政治经济学领域内，自由的科学研究遇到的敌人，不只是它在一切其他领域内遇到的敌人。政治经济学所研究的材料的特殊性，把人们心中最激烈、最卑鄙、最恶劣的感情，把代表私人利益的复仇女神召唤到战场上来反对自由的科学研究。于是，简单的问题变得复杂起来，经济学变得让人不知所措。例如，英国高教会宁愿饶恕对它的三十九个信条中的三十八个信条展开的攻击，而不饶恕对它的现金收入的三十九分之一进行的攻击。在今天，同批评传统的财产关系相比，无神论本身是一种很轻的罪。但在这方面，进步仍然是无可怀疑的。以最近几星期内发表的蓝皮书《关于工业和工联问题同女王陛下驻外公使馆的通讯》为例。英国女王驻外使节在那里坦率地说，在德国，在法国，一句话，在欧洲大陆的一切文明国家，现有的劳资关系的变革同英国一样明显，一样不可避免。同时，大西洋彼岸的美国副总统威德先生也在公众集会上说：在奴隶制废除后，资本关系和土地所有权关系的变革会提到日程上来！这是时代的标志，不是用紫衣黑袍遮掩得了的。这并不是说明天就会出现奇迹。但这表明，甚至在统治阶级中间也已经透露出一种模糊的感觉：现在的社会不是坚实的结晶体，而是一个能够变化并且经常处于变化过程中的机体。

这部著作的第二卷将探讨资本的流通过程（第二册）和总过程的各种形式（第三册），第三卷即最后一卷（第四册）将探讨理论史。任何的科学批评的意见我都是欢迎的。而对于我从来就不让步的所谓舆论的偏见，我仍然遵守伟大的佛罗伦萨诗人的格言：

走你的路，让人们去说吧！

卡尔·马克思
1867年7月25日于伦敦

第一卷

资本的生产过程

- 正如商品本身是使用价值和价值的统一体一样,商品生产过程必定是劳动过程和价值形成过程的统一,不仅要生产价值,而且要生产剩余价值。

- 劳动力独特的使用价值,能够创造出比自身价值大的价值,资本家正是看中这个价值差额,才去购买劳动力。资本家不仅懂得用劳动力的低价值去换取劳动力创造的高价值,而且更懂得用延长的劳动过程去换取更多的价值。

- 机器大工业标志着资本主义生产方式进入成熟阶段。像其他发展劳动生产力的方法一样,机器能够使商品便宜,缩短工人的工作日部分,从而无偿地延长工人给予资本家的工作时间。

第一篇 商品和货币

第一章 商品

商品的基本属性：使用价值和价值

当资本主义生产方式占统治地位的时候，社会财富主要表现为"庞大的商品堆积"，单个商品也就成为这种财富的元素形式。作为外界的对象，商品首先是一个依靠自身属性来满足某种需要的物品。当然，商品体本身的有用性，也就是使用价值，同人们取得这种性质所耗费劳动的多少是没有关系的。因此，考察商品使用价值的时候，也就是在使用或消费中，总是以一定量为前提的。

作为私人劳动向社会劳动的转变环节，交换过程必然存在一定的随机性和偶然性。当然，同一种商品的交换价值不仅可以表示为一个等同的东西，也可以表示为与它相区别的某种内容形式。总而言之，交换价值是商品价值的"表现形式"，是不同使用价值相交换的量的关系或比例，而且可以随着时间和地点的不同而不断改变。举例来说，小麦和铁两种商品二者的交换比例总是可以用一个等式来表示。这个等式说明有一种等量的东西存在于两种不同的物品里面。当然，这种东西既不是小麦，也不是铁，而是可以用简单的几何学例子来说明的。在几何学中，为了确定和比较各种直线形的面积，就需要先把它们分成三角形，再通过计算三角形的面积，从而把各种直线形化成完全相同的表现形式。因此，各种商品的交换价值也需要化成一种共同的表现形式。当然，这种共同的表现形式绝不是指商品的物体属性，而是从商品使用价值的角度来考虑。在商品交换中，只要比例关系适当，一种商品的使用价值就可以和其他任何一种的完全相等。正如老巴尔本说的："只要交换价值相等，交换价值相等的商品是没有任何差别或区别的。"

虽然商品有质的差别，但是商品的使用价值却只有量的差别。如果把商品使用价值撇开来看，也就是把劳动产品的物质组成部分和形式抽去，可以感觉到的商品属性都会消失掉，不再是木匠、瓦匠、纺纱或其他某种生产劳动的产品，也不再是桌子、房屋、纱或别的有用物。此时，作为劳动产品商品的性质已经发生变化。随

商品的诱惑

工业化的资本主义释放出了前所未有的生产力，商品作为资本主义社会财富的基本元素，以其特有的魅力吸引并占据着人们的日常生活。

着劳动产品有用性质的消失，体现在劳动产品中劳动的有用性质也相继消失，各种劳动不再有什么差别，全都可以抽象为人类劳动。当然，考察劳动产品剩下来的东西，也就是考察这些无差别人类劳动的单纯凝结，考察它们作为社会实体的价值，无须考虑人类劳动力的凝结形式。

在商品交换关系中，商品的交换价值可以表现为同使用价值完全无关的东西。如果抽去使用价值的话，商品的交换关系或交换价值中表现出来的共同东西，就可以称为商品的价值，也就是商品本身单纯凝结人类劳动的度量。由此可见，商品价值是由社会必要劳动量或生产使用价值的社会必要劳动时间来决定的，而单个商品只不过是该种商品的平均样品而已。实际上，劳动生产力是由多种情况决定的，比如工人的平均熟练程度、科学发展水平及其在工艺上应用的程度、生产过程的社会结合、生产资料的规模和效能以及自然条件等。总而言之，生产一种物品所需要的劳动生产力越高，生产该种物品所需要的劳动时间就越少，而凝结在该物品中的劳动量就越小，该物品的价值就越小。由此可见，商品的价值量与商品中的劳动量成正比，与生产力成反比。

第二章 劳动

劳动的二重性：具体劳动和抽象劳动

马克思主义经济学告诉我们，商品是用来交换的劳动产品，而且就其价值而论，"商品是一种二重的东西，即使用价值与交换价值"。当然，商品中包含的劳动也具有这种二重性，劳动就它表现为价值而论，也不再具有它作为使用价值的创造者所具有的那些特征。关于这一点，我们可以批判地证明。

以1件上衣和10码麻布为例，我们完全可以假定前者的价值要比后者的大一倍，也就是假设10码麻布的价值为W，而1件上衣的价值是2W。另外，生产上衣，就是去生产一种满足特殊需要的使用价值，需要进行特定的生产活动。从这个观点来看，这种生产活动不仅是由它的目的、操作方式、对象、手段和结果决定的，而且是由产品的使用价值或者有用性方面来决定的。劳动总是和它的有用效果紧密联系的，而每个商品的使用价值都包含着一

蒸汽机应用于纺织工业

蒸汽机被应用于纺织厂，纺织工业便开始了一场真正的革命。机器加速了工业的发展，缩短了物品的生产时间，降低了商品的价值。但这场工业革命给人们的生活带来极大便利的同时也呈现了它的弊端。图中是沦为纺织厂里廉价劳动力的童工。

定目的的生产活动。对于上衣来说，无论是裁缝自己穿还是他的顾客穿，使用价值都是一样的。只有在裁缝劳动成为专门职业以后，尤其是在其成为社会分工的一个独立部分以后，上衣和生产上衣的劳动之间的关系也不会有所改变。由此可见，上衣、麻布以及其他物质财富要素，必须通过某种专门的生产活动以及使用特殊的自然物质，为满足特殊的人类需要而进行有目的的生产活动。总而言之，作为使用价值的创造者，劳动尤其是有用劳动，不仅是人类和自然之间进行物质变换的生存条件，而且是人类生活得以实现的必然选择，应该是不以社会形式为转移的。

如果1件上衣的价值比10码麻布的价值大一倍，那么20码麻布具有的价值就与1件上衣等同。作为同种劳动的客观表现，上衣和麻布不仅是具有相同实体的商品，而且是具有价值的。虽然缝和织是不同质的劳动，但是二者都是人的脑、肌肉、神经和手等劳动的耗费。从这个意义上说，这两种不同的劳动方式都是人们劳动的变化，是人类劳动力耗费的不同形式。正如上面提到的生产上衣和麻布的劳动一样，劳动之所以算作有价值的劳动，并不是因为劳动和布、纱有生产关系，而是因为它们是人类劳动力有一定目的的耗费，是不同的生产活动为某种使用价值而形成的结合和凝结。总而言之，从生理学的角度来看，一切劳动都可以看作是人类劳动力的耗费；从抽象的人类劳动来看，一切劳动尤其是有一定目的的耗费，有用劳动都可以形成商品价值。

"铁裁缝"的诞生

人类的生产劳动，创造了商品的使用价值。无差别劳动的凝结，抽象成商品价值。图中缝纫机的诞生，使缝纫操作的工作效率提高，促进了服装业的发展。缝纫机让工人有别于先前的手工缝纫操作，虽然劳动的具体形式不同，但它们仍同属于人类劳动的凝结。

第三章 价值形式或交换价值

商品的二重性，决定商品不仅是自然形式和价值形式的体现，而且是使用物品和价值承担者的综合体。从商品的日常形式来看，商品体总是以铁、麻布和小麦等形式出现的。虽然商品的表现形式具有二重性，但是对商品价值对象的感觉同对商品实际对象的正好相反，我们很难在商品中找到价值的感觉，更别提在商品价值对象中找到一个自然物质原子。因此，商品作为社会单位，是不可捉摸的，却还是可以算是人类劳动的表现。如果探讨商品价值关系中包含的价值表现，我们可以从最简单、最不显眼货币形式来看，商品使用价值的形式同共同价值的形式即货币形式，会形成鲜明的对照。随着对商品价值对象性的深入了解，货币之谜也会随之消失。

简单的、个别的或偶然的价值形式

以两个不同商品A和B为例，就如第二章提到的麻布和上衣一样，麻布可以通过上衣表现自己的价值，而上衣则成为这种价值表现的材料。显然，这两种商品起着两种不同的作用，前一个商品起主动作用，而后一个商品起被动作用。在这个例子中，前一个商品的价值表现为相对价值，也就是处于相对价值形式，而后一个商品起等价物的作用。实际上，一切价值形式的秘密都隐藏在这个简单的价值形式中。当然，分析这个形式确实存在一定程度的困难。例如20码麻布=20码麻布的表现形式，只能说明20码麻布是一定量的麻布，不能通过另一个商品相对地表现出来麻布的价值。作为同一价值的表现形式，相对价值形式和等价形式总是分配在互相发生关系的商品上，不仅是互相依赖、互为条件和不可分离的两个要素，而且是同一价值互相排斥和对立的表现形式。

可食用的香蕉

即便是一个极简单的物品，没有一个标准去衡定它的价值，我们是无法像看到它的使用价值那样，用肉眼看出它的商品价值的，只有从它们的交换价值出发，才能探索到隐藏在其中的商品价值。

在两个商品的价值关系中，一个商品处于相对价值形式，还是处于等价形式，完全取决于它在价值表现形式中所处的地位。换而言之，该商品所处的地位取决于它是价值被表现的商品，还是表现价值的商品。考虑到不同商品只有化为同一单位后才能在量上互相比较，我们必须完全撇开商品量来考察商品的价值表现关系，而无须顾及到底是20码麻布=1件上衣，还是400码麻布=20件上衣。通过同上衣的关系，麻布把上衣当作它的"等价物"或"能交换的东西"，使自己的价值得到表现。在这个关系中，麻布自身的价值可以得到独立的表现，而上衣是价值的存在形式也是价值物，是能与麻布交换的东西。作为人类劳动的凝结，一个商品的价值性质可以通过该商品与另一个商品的关系显露出来。当然，商品的等价表现可以把不同种商品所包含的劳动化为一般人类劳动，把劳动形成价值这种特殊性质显示出来。

然而，只把构成麻布价值的劳动性质表现出来，是不够的。要使麻布的价值表现为人类劳动的凝结，就必须使它表现为一种"对象性"。一般来说，人类劳动力或人类劳动形成价值大多处于流动状态，本身也不是价值，只有在凝固的状态中，在物化的形式上才成为价值。在上衣成为麻布等价物的价值关系中，上衣起着价值形式的作用。由此可见，当商品A(麻布)通过不同种商品B(上衣)使用价值表现自己价值的时候，使商品B取得一种特殊的价值形式即等价形式，可以解决这个问题。当然，这种对象性不仅应该是与麻布本身不同的，而且应该是麻布与其他商品所共有的。在考察等价形式时，我们看到使用价值成为它的对立面，也就是价值表现形式的时候，抽象的价值就应该用具体的使用价值来表现。

虽然缝同织都是人类劳动力的耗费，都具有人类劳动的一般属性，但是在一定的情况下，尤其是从价值生产的角度来考察，具体劳动可以成为它的对立面即抽象人类劳动的表现形式。一般来说，充当等价物的商品总是人类抽象劳动的化身，是某种有用的、具体的劳动产品的表现，我们只需将使用价值"翻译"成具体劳动，将"价值"翻译成抽象劳动即可。

长途贩卖的小贩

生活在中世纪的市民，生活变得越来越富裕，对各种商品的需求迅速膨胀，因为每个地区都拥有自己特色的商品，活动商贩便应运而生，他们经常背着沉重的货物包长途跋涉到另一个地方贩卖货物。图中是一件15世纪教堂唱诗班座位上的木雕装饰品。

> >>> 商品 >>>
>
> 用来交换、能满足人们某种需要的劳动产品。它首先是通过劳动生产出来靠自己的属性来满足人们某种需要的。如果生产出来的东西是无用的，谁也不愿意买它，这种东西就不能成为商品。同时，商品又必须是用来进行交换的有用物。如果劳动生产出来的有用物不用于交换，而由生产者自己消费掉，或者无代价地被别人拿去消费掉，这种有用物也不是商品。即有用物采取了通过交换取得同等代价以后才去满足人们需要的一种社会形式。

扩大的相对价值形式

当一种商品可以表现在商品世界的其他元素上，当每一种其他的商品体都能够成为反映该种商品价值镜子的时候，商品价值本身才真正表现出人类无差别劳动的凝结。当然，形成这个价值的劳动也就摆脱自身具有的自然形式，不再等同于具体物化在上衣、小麦、铁或金等之中的劳动，而是等同于其他任何一种人类劳动。换而言之，通过自己的价值形式，麻布不仅仅只是同另一种商品发生社会关系，而是同整个商品世界发生社会关系。虽然麻布只不过是商品世界的一个公民，但是通过商品价值表现形式的表明，麻布的商品价值也会同它借以表现的使用价值失去联系。

正如那些在麻布价值表现中充当等价物的商品一样，上衣、茶叶、小麦和铁等商品体中都包含多种多样的有用劳动，都是具有一定自然形式的价值体，并形成一个与其他许多特殊等价形式并列的等价形式。

一般来说，总和或扩大价值形式的缺点可以概括为以下几点：第一，当一种新商品出现的时候，商品相对价值就可以通过一种新的材料得到价值表现，价值等式的锁链也会延长，商品相对价值的表现可以说是永无止境的；第二，由于每一种商品的相对价值都可以在这个扩大的形式中获得表现，甚至是形成无穷无尽的价值表现系列，这条锁链就会显得更加杂乱。实际上，扩大的相对价值形式的缺点都反映在这些等价形式中。考虑到每个特殊商品等价物中都包含着一定的有用劳动，每一种商品的自然形式都会有一个特殊的等价形式，并且会与其他的特殊等价形式并列、相互排斥。诚然，人类劳动的表现形式，尤其是在这些特殊表现形式的总和中，只能获得自己完全的或者总和的表现形式，而无法获得统一的表现形式。总而言之，相对价值形式只不过是由简单的相对价值表现构成的总和。

一般价值形式

一般价值形式可用如下等式来表示：

1件上衣=20码麻布；

10磅茶叶=20码麻布；

40磅咖啡=20码麻布；

1夸脱小麦=20码麻布；

2盎司金=20码麻布；

1/2吨铁=20码麻布；

x量商品A=20码麻布；

其他商品=20码麻布。

交换

在交换中，当一种商品的价值经常表现在许多其他商品上时，它的相对价值形式就被扩大了。被扩大的价值形式不能有统一的价值表现，也不能充分体现一般人类劳动。图上农妇携带着大量的物品。粮食、木材，还有家畜，各种不同的物品包含了各种形式的具体劳动，如果没有一个固定的物品简单统一地表现这些物品的价值，那么这次交换将是烦琐而艰巨的。

作为与麻布等同的东西，每个商品的价值既是简单统一的，也是与它自身的使用价值相区别的，是与一切使用价值相区别的。只有表现为一切商品共有的东西，这些商品才真正使商品之间互相发生关系，或者使它们互相表现为交换价值。

通过一种商品或者是许多种不同商品构成的系列，商品使自己取得一个价值形式，表现出一种商品的价值，而无须其他商品的帮助。实际上，一般价值形式的出现只是商品世界共同活动的结果。一种商品之所以可以表现为一般的价值形式，只是因为其他商品同时也需用一个等价物来表现自己的价值，其他商品并不是仅仅起

繁荣的街道

因为每种商品都表现为许多不同的价值形式，这会给商品的交换带来诸多不便，一种能普遍表现其他商品价值的一般等价物的出现使商品的交换得到了简化。图中是一个15世纪聚集着很多布店的集市，店主们在极力招揽生意，当买卖越来越兴隆时，露天的布摊变成了有更多固定建筑物的整条街道。

着被动的作用。由此可见，商品价值的对象性能通过全面的社会关系来表现，而且是社会公认的形式。

在一般的相对价值形式，充当一般等价物的商品会被排挤出商品世界，而且其自身的自然形式也会表现为商品世界的共同价值形态。正如上章提到的麻布，麻布成为商品世界中的等价物，可以看作是一切人类劳动的化身，能够与其他一切商品直接交换。当然，生产麻布的私人劳动就可以等同于包含在其他商品中的每一种劳动，不仅能够处于与其他一切劳动等同的地位，成为一般价值形式的社会形式，而且可以抽去实在劳动的具体形式和有用属性，表现出物化劳动的价值，从而把一切实在劳动化为人类劳动力的耗费。

在这个世界中，劳动具有物化人类性质的特殊性质。因此，作为无差别人类劳动凝结物的一般价值形式，劳动产品可以通过自身的结构表明，它是商品世界的社会表现。一般来说，在简单的或个别的相对价值形式中，一种商品可以使另一种商品成为个别的等价物；在扩大的相对价值形式中，一种商品的价值可以在其他一切商品上获得表现，并赋予其他商品以等价物的形式；在一般等价形式中，一种特殊的商品可以成为商品世界中一般的价值形式的表现材料。实际上，等价形式的发展只是相对价值形式发展的表现和结果。随着等价形式的逐步发展，它的两极即相对价值形式和等价形式之间的对立，也应该同相对价值形式的发展程度相适应。至于等价形式发展到什么程度，我们可以从下文中的得到启示。

在第一种形式中，麻布是相对价值形式，上衣是等价形式，但是从等式的右边读起，上衣是相对价值形式，麻布是等价形式。在这里，两极的对立还没有固定下来。

在第二种形式中，只有一种商品可以完全展开它的相对价值，也就是说，这种商品自身具有扩大的相对价值形式，并处于与其他一切商品相对立的等价形式。在这里，价值等式两边的位置是不能变换的，除非改变价值等式的全部性质，才能使它从总和的价值形式变成一般的价值形式。

在第三种形式中，只有一种商品可以给商品世界提供一般的社会相对价值形式，而商品世界的其他商品都不能具有一般等价形式。换而言之，只有这唯一的商品处于直接的社会形式，能与其他一切商品直接交换。

在价值表现的形式中，等价物可以是任何一种商品，也可以是一种特殊的商品。当这种特殊的商品被其他商品排挤出商品世界的时候，统一的相对价值形式才获得客观的固定和一般的社会效力。

成堆的冻鱼码放在批发市场上

码放在批发市场的成堆海鱼，不管其肉质多么鲜美，凝结了多少渔民的辛勤劳动，如果只是用于自己食用，不经过鱼贩之手，使之具备交换价值，便不能称之为商品。

第四章 货币形式

当这种特殊商品的自然形式同等价形式紧密地结合在一起的时候，这种特殊商品就成为货币商品，也就是可以执行货币的职能。在商品世界中，这种商品特有的社会职能能够起到一般等价物的作用，不仅能够在第二种形式中充当麻布的特殊等价物，而且可以在第三种形式中把各种商品的价值体现出来，从而形成它的社会独占权。然而，在历史过程中，有一种商品就是金和银，可以夺得这个特权地位。因此，在第三种形式中，我们可以用商品金代替麻布，就得到以下公式：

20码麻布=2盎司金；

1件上衣=2盎司金；

10磅茶叶=2盎司金；

40磅咖啡=2盎司金；

1夸脱小麦=2盎司金；

1/2吨铁=2盎司金；

x量商品A=2盎司金。

当金代替麻布成为一般等价物的时候，一般的交换的形式即一般等价形式，可能会由于社会习惯最终地同商品金的特殊形式结合在一起。因此，在第一种形式向第二种形式过渡的时候，尤其是在第二种形式向第三种形式过渡的时候，麻布简单的相对价值表现就是在执行商品的货币职能。此时，等价物发生本质的变化，形成价格形式。

货币形式的出现，使商品内在的矛盾，即使用价值与价值、具体劳动与抽象劳动、私人劳动与社会劳动之间的矛盾，完全转变成为商品与货币的对立。因此，一切商品只有换成货币才能实现自己的价值。

商品的拜物教性质

从使用价值来看，商品是一种很古怪的东西。实际上，不论从商品自身的属性来满足人们需要的角度来考察，还是从它作为人类劳动产品具有属性的角度来考察，商品的神秘性质不过在于商品形式的本身，而不是来源于商品的使用价值。如果劳动产品采取商品形式的话，人类劳动的等同性就会获得劳动产品等同价值物的形式。因此，用劳动的持续时间来计量人类劳动力的耗费，就是取得劳动产品价值量的形式。当然，那些社会规定可以帮助劳动产品实现生产者的社会关系。

在一定的社会关系下，劳动产品可以采取物与物关系的虚幻形式，转换为商

淘银热

马克思说："金银天然不是货币，但货币天然是金银。"金银是商品，也有价值，当它们越来越多地扮演了一般等价物的角色时，它们就成为了货币商品。图为冒险家们蜂拥而至当时秘鲁境内的波托西，征集印第安人去开采这个珍贵的银矿。在1550—1650年间，波托西的矿藏提供了全球60%的金属银，开拓了拉丁美洲和欧洲之间的贸易往来。

品，就是成为可感觉的物品。当劳动产品一旦作为商品来生产的时候，商品就感染了拜物教的性质。当商品的价值可以用货币形式来表现的时候，拜物教同商品生产就分不开了。以上分析已经表明，商品世界的拜物教性质，是来源于生产商品的劳动所特有的社会性质。

在它们的交换中，劳动产品可以与各不相同的使用对象性相分离，并取得社会等同的价值对象性。实际上，当商品交换已经十分广泛和重要的时候，劳动产品就可以分裂为有用物和价值物，而生产者的私人劳动也就真正取得双重的社会性质。一方面，生产者的私人劳动必须是有用劳动，是能够满足一定社会需要的劳动和社会分工体系的一部分；另一方面，每一种有用的私人劳动只有在同任何另一种有用的私人劳动相交换的时候，生产者的私人劳动才能满足生产者本人的多种需要。当不同劳动的实际差别被抽去的时候，它们作为人类劳动力的耗费和人类抽象劳动所具有的共同性质，可以把私人劳动的双重社会性质，即私人劳动的有用性和社会有用性反映在劳动产品对别人有用的形式中，反映在实际交易和产品交换的过程中。

要考察劳动的社会化，我们没有必要回溯到文明民族的历史初期去讨论这种劳动的原始形式。举例来说，农民家庭为了自身的需要而生产的粮食、牲畜、纱和麻布等产品，不过是家庭劳动的不同产品，而不是用于交换的商品。当然，生产这些产品的劳动，如耕、牧、纺、织和缝等，不仅像商品生产一样，在这个家庭中形成自然的分工，而且会形成这个家庭的社会职能。虽然家庭内的分工和家庭各个成员的劳动时间可以由性别年龄上的差异以及季节的改变来调节，但是用时间来计量个人劳动力的耗费，个人劳动力就成为家庭共同劳动力发挥作用，从而表现出劳动本身的社会性。

电视进入家庭

电视是劳动者生产出来的劳动产品,它的出现奇迹般地改变了人们的生活,没有电视的现代社会是不可思议的。但电视作为商品,不管它的使用价值多么卓著,都不能让其产生神秘性质,唯有进行商品交换,使私人劳动在事实上转化为社会劳动的一部分,才会产生商品拜物教性质。

设想在一个由自由人构成的联合体中,他们不仅会用公共的生产资料进行劳动,而且会自觉地把他们的个人劳动力当作社会劳动力来使用。换而言之,只不过是鲁滨孙故事在个人身上的重演,而且是在社会范围内的重演。虽然鲁滨孙的产品只是他个人的产品,是他直接使用的物品,但是联合体的总产品一部分可以重新用作社会的生产资料,另一部分则作为生活资料由联合体成员消费。当然,他们之间进行分配会随着社会生产机体本身的特殊方式和生产者相应的历史发展程度而改变。如果假定每个生产者在生活资料中得到的份额是由他的劳动时间决定,那么劳动时间的分配就调节着各种劳动职能同各种需要的适当的比例,能够起到双重作用,而不是仅仅满足于商品生产之间的对比。作为计量生产者个人在共同劳动中所占份额的尺度,劳动时间无论在生产上还是在分配上,都可以简单明了地计量生产者个人消费在共同产品中所占的份额。实际上,我在下面明确指出这种做法存在的前提,而且在计划经济时代里形成工分制的理论基础。当劳动生产力处于低级发展阶段的时候,劳动时间的双重作用就会激起存在于社会内部的矛盾,比如有人想超出计划分配的时间劳动,有人想少于计划分配的时间劳动,必然要通过外在的形式表现出来。

在商品生产者的社会里,生产者把他们的产品当作商品,而且通过这种物的形式,把他们的私人劳动当作等同的人类劳动来交换。在这种社会中,崇拜抽象人的基督教,特别是在资产阶级发展阶段形成的基督教,如新教、自然神教等等,都是最适当的宗教形式。实际上,在古亚细亚和古希腊罗马的生产方式下,产品可以变为商品，并把人作为商品生产者处于从属地位，从而使共同体走向没落。当然，真正的商业民族的确只存在于古代世界的空隙中，就像伊壁鸠鲁的神存在于世界的空隙中一样，比如犹太人只能存在于波兰社会的缝隙中。和资产阶级的社会生产机体相比，这些古老的社会生产机体尚未脱掉同其他人的自然血缘联系，是以直接的统治和服从的关系为基础的。随着计划经济时代的阶级斗争扩大化，直接的统治和服从是以维持计划经济为基础的，而劳动生产力的低级发展阶段和物质生活生产过程内部的关系是它们存在的条件。在古代的自然宗教和民间宗教中，这种实际的狭隘性常常反映在实际日常生活的观念中，反映在人与人和人与自然之间极明白而合理的关系中。当现实世界的宗教反映消失以后，社会生活过程即物质生产过程的形态，不仅需要有一定的社会物质基础或一系列物质生存条件，而且是在长期痛苦的历史发展过程中，一直处于人的有意识有计划的控制之下，形成劳动力自由结合的产物。

农耕家庭

冬季农耕人家仍从事着家庭分工后各自不同的劳动。人们周而复始的共同劳作正是直接社会化的劳动。图中是来自荷兰的每日祈祷书上的手抄本绘画，描绘的是 15 世纪晚期北欧的农耕人家。

5 秒钟经济学

>>> 货币 >>>

固定充当一般等价物的特殊商品或其价值符号。人类社会起初并无货币存在。货币是商品交换的长期发展过程中分离出来的特殊商品，当一般等价物逐渐固定在特定种类的商品上时，它就定型化为货币。

第二篇 绝对剩余价值的生产

第五章 劳动过程和价值增殖过程

劳动过程

从劳动本身来看，劳动力的买者消费劳动力，而劳动力的卖者也由此在实际上成为按劳动力买者的意愿发挥作用的劳动力，成为工人。为把自己的劳动表现在商品中，劳动力的卖者必须把它表现在使用价值中，表现在能满足某种需要的物化过程中。因此，资本家使用价值或财物的生产，使工人制造出某种特殊的使用价值，也就是一定的物品。在资本家的监督下，劳动过程必须要撇开各种特定的社会形式来加以考察。

收获庄稼

人的劳动是一种有意识、有目的的活动。他在改变了自然物体的同时也实现了自己的目的。图中农民每日辛勤地耕作，与土地相互依存。在改变了土地的同时，土地也奉献了自己养活了他们。

从人和自然之间的发展过程来看，劳动不仅是自然力与自然物质之间的对立，而且是由人们自身的活动引起、调整和控制物质变换的过程。为了占有自然物质，人们通过对自身生活有用的形式来使用身上的自然力，比如臂、腿、头和手运动起来，并通过这种运动作用改变自然和人们自身的自然。虽然蜘蛛的活动与织工的活动相似，蜜蜂建筑蜂房的本领使人类中的许多建筑师感到惭愧，但是最蹩脚的建筑师从一开始就显现出比蜜蜂高明的地方，就是他在建筑房屋以前，已经在自己的头脑中构建出了这个房屋。在这个过程开始时，这种最初的本能劳动形式就已经在劳动者的表象中存在着，不仅使自然物发生形式变化，而且已经观念地存在着，引导自然物实现自己的目的。

作为劳动过程的简单要素，有目的的活动或劳动本身，即劳动对象和劳动资料，都是可以通过劳动同土地脱离直接联系的东西，都是天然存在的劳动对象。例如捕获的鱼、砍伐的树木和地下矿藏中开采的矿石等，都可以算是劳动对象，即原料。当然，一切原料都是劳动对象，但并非任何劳动对象都是原料。

劳动者利用物的机械、物理和化学的属性，依照自己的目的作用于劳动资料，使得劳动资料成为自己和劳动对象之间的传导体，就是把自己的活动传导到劳动对象上去的综合体。作为发挥力量的手段，劳动者直接掌握的东西，不是劳动对象，而是劳动资料。换而言之土地是他的食物仓，也是他的劳动资料库，自然物本身就成为他活动的器官。当然，土地本身是劳动资料，但是它在农业上要起到劳动资料的作用，还要以一系列其他的劳动资料和劳动力的发展为前提。一般说来，劳动过程只要稍有一点发展，劳动者就可以把这些物加工成为其他的物。实际上，各种经济时代的区别，不在于生产什么，而在于怎样生产，用什么劳动资料生产。

广义地说，那些把劳动作用传达到劳动对象的劳动资料，只是充当劳动活动的传导体而已。正如土地本身给劳动者提供立足之地，给劳动的过程提供活动场所一样，劳动过程中所需要的一切物质条件不直接加入劳动过程，却依旧可以算作是劳动过程的资料，可以算作是一般的劳动资料。当然，这类劳动资料也可以经过劳动的改造，就像厂房、运河和道路等。

从资本家消费劳动力的过程来看，工人在资本家的监督下劳动，他的劳动属于资本家，而资本家为使劳动正常进行，使生产资料用得合乎目的，对生产劳动进行监视，尤其是教导工人像为自己劳动那样节约成本。当然，劳动工具受到的爱惜，也不过是仅限于劳动使用上必要的程度而已。

当资本家购买劳动力以后，劳动就成为资本家的所有物，而不再是生产者工人的所有物。从资本家的观点来看，劳动过程是消费劳动力商品的过程，需要生产资料和劳动力作活的酵母，就是充当消费劳动力的要素。因此，资本家把劳动过程看作是各种购买物之间的过程，而且这个过程的产品是归他所有的，正如酒窖内处于发酵过程的产品归他所有一样。

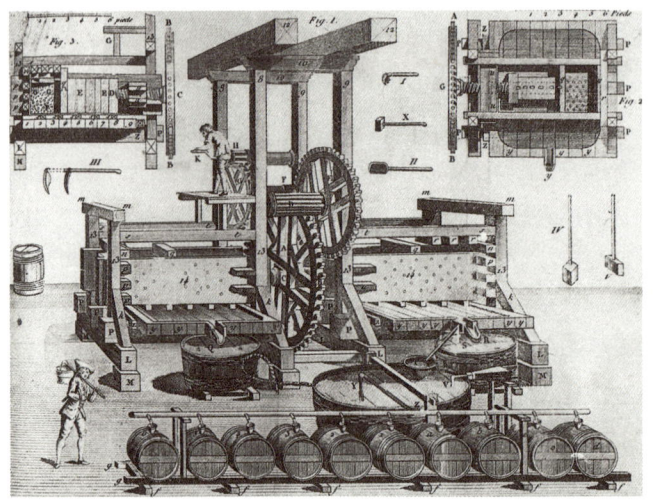

作为劳动资料的机械榨汁机

劳动资料是在劳动进行过程中所需要的一切物质条件。图为一架高效的机械榨汁机。据说它只需两个人就能操作，而一般的榨汁机通常需要10个人操作。操作这样的榨汁机时，其中一个人摇手柄，另外一个则负责将葡萄被榨干后剩下的残渣铲走就行了。

价值增殖过程

作为资本家的所有物，产品是一种使用价值，就如棉纱和皮靴那样曾在某种意义上构成社会进步的基础。在商品生产中，使用价值本身绝不是受人喜爱的东西，而生产使用价值只不过是因为使用价值是交换价值的物质基础，是交换价值的承担者。实际上，资本家不仅要生产具有交换价值的使用价值，还要生产用来出售的商品，而且要关心商品的价值是否大于生产该商品所需要价值的总和。正如商品本身是使用价值和价值的统一体一样，商品生产过程必定是劳动过程和价值形成过程的统一，不仅要生产价值，而且要生产剩余价值。

众所周知，每个商品的价值都是由物化在其使用价值中的劳动量决定的，是由生产该商品的社会必要劳动时间决定的。因此，我们把生产过程作为价值形成过程来考察，就必须要计算物化在这个产品中的劳动。假定这个产品是棉纱，那么生产棉纱就要有原料。当然，这里先用不着探究棉花的价值是多少，我们可以假设生产棉花所需要的劳动已经在棉花的价格中表现为一般社会劳动，资本家可以在市场上按照棉花的价值购买。接下来，我们假定棉花加工时消耗的纱锭量代表纺纱用掉的其他劳动资料，价值为2先令，并假定12先令是24个劳动小时或2个工作日的产物，也就是说2个工作日物化在棉纱中。当棉花改变形状和被消耗的纱锭量完全消失的时候，40磅棉纱的价值可以看作是40磅棉花和1个纱锭的价值总和。按照一般的价值规律，10磅棉纱就可以看作是10磅棉花和1/4个纱锭的等价物。在这种情况下，纱锭和棉花不再相安无事地并存着，而是在纺纱过程中结合在一起，用棉纱体现棉花和纱锭的使用价值，却不会影响到它们的价值，就像它们通过简单的交换而换成等价物棉纱一样。当然，生产棉花所需要的劳动时间，也就包括生产棉纱所需要劳动时间的一部分，而生产纱锭所需要的劳动时间也是如此。因此，生产资料即棉花和纱锭的表现为12先令，也是棉纱价值或产品价值的组成部分。

在劳动过程中，劳动不断由运动形式转为物质形式，比如一个劳动小时的纺纱运动就表现为一定量的棉纱。当然，劳动小时就是纺纱工人在一小时内的耗费。在正常的即平均的社会的生产条件下，一个劳动小时内a磅棉花应该变为b磅棉纱，那么，只有把12×a磅棉花变成12×b磅棉纱的工作日，才能算是12小时工作日。因此，在棉花变为棉纱时，消耗的只是社会必要劳动时间，只有社会必要劳动时间才算是形成价值的劳动时间。

在这里，原料和产品同劳动本身一样，只是一定量劳动的吸收器。通过这种吸收，劳动力以纺纱形式耗费并加在原料中，原料事实上变成了棉纱，而产品棉纱现在只是棉花所吸收劳动的测量器。由经验确定的一定的产品量，现在只不过代表一定量的劳动，是一小时、两小时、一天社会劳动时间的化身。

在出卖劳动力时，我们曾假定它的日价值，就是表示出工人每天平均的生活资料量所需要的劳动量。如果我们假定纺纱工人在1个劳动小时内可以把5/3磅棉花变成5/3磅棉纱，他就可以在6小时内把10磅棉花变成10磅棉纱。因此，纺纱劳动时间的价值

被压榨的童工

　　资本主义经济发展到一定阶段，机器的大规模使用改变了生产结构和劳动力需求状况。妇女和儿童参加劳动成为现实。工厂内充斥着身体瘦弱和身体发育尚未成熟的童工，童工问题逐渐成了一个社会性问题。图为1911年，宾法尼亚州的一座矿坑里，几十名童工排坐在矿道上。

可以表现为3先令。在10磅棉纱的总价值中，我们可以看到5/2个工作日的物化结果，2日包含在棉花和纱锭量中，1/2日是在纺纱过程中被吸收的。因此，10磅棉纱的价格是15先令，而1磅棉纱的价格是1先令6便士。产品的价值等于预付资本的价值，而预付的价值没有增殖，没有产生剩余价值，货币没有转化为资本。

让我们更仔细地来考察一下，假定劳动力的日价值是3先令，而维持一个工人24小时的生活只需要半个工作日，并不妨碍工人劳动一整天。劳动力一天的维持费和劳动力一天的耗费，就是包含在劳动力中的过去劳动和劳动力所能提供的活劳动，是两个完全不同的量。劳动力本身就物化着半个工作日，劳动力的价值和劳动力在劳动过程中的价值增殖，是两个不同的量。换而言之，劳动力的价值决定它的交换价值，劳动力在劳动过程中的价值增殖构成它的使用价值。因此，资本家正是看中这个价值差额，才去购买劳动力，而劳动力能制造棉纱或皮靴的有用属性，只不过是一个必要条件。当然，劳动力独特的使用价值，即它是价值的源泉，能够创造出比自身价值大的价值，就是具有决定意义的。事实上，劳动力的卖者和其他商品的卖者一样，通过让渡劳动力的使用价值实现劳动力的交换价值。正如卖出油的使用

制作丝绸的日本纺织厂

日本的工业革命首先从纺织工业开始，机器统治代替了过去农村的季节性变化。图为一张19世纪末浮世绘作品，描绘了一群身穿和服的女工在东京一家丝绸厂的织机旁工作。门户的开放使日本妇女不满足于做家庭主妇，相对高的工资和工作机会吸引她们走出家庭。

价值不归油商所有一样，货币所有者支付劳动力的日价值，劳动力的使用价值即劳动本身的使用不归它的卖者所有。考虑到劳动力维持一天只费半个工作日，而劳动力却能劳动一整天，使用劳动力一天所创造的价值要比劳动力自身一天的价值大一倍。

我们的资本家不仅懂得用劳动力的低价值去换取劳动力创造的高价值，而且更懂得用延长的劳动过程去换取更多的价值。如果10磅棉花可以吸收6个劳动小时，变为10磅棉纱，那么20磅棉花就会吸收12个劳动小时，变成20磅棉纱。因此，在这20磅棉纱中物化着5个工作日，其中4个工作日物化在已消耗的棉花和纱锭量中，1个工作日是在纺纱过程中被棉花吸收的，而5个工作日表现为30先令或1镑10先令。然而，投入劳动过程的价值总和是27先令，而1磅棉纱仍然和以前一样值1先令

长时间劳作的日本的女工

资本家用劳动力的低价值去换取劳动力创造的高价值。通过延长工人工作时间，延长一般价值形成过程，变成价值增殖过程。图中生丝打包是一项简单的工作，但是日本女性却要承担每天12至16个小时的工作强度，当经济衰退来临时，就连这样的工作机会也很难找到。

6便士，棉纱的价值是30先令，27先令变成30先令，带来3先令的剩余价值，工人遇到的不仅是6小时而且是12小时劳动过程所必需的生产资料。货币终于转化为资本。等价物换等价物，资本家对每一种商品——棉花、纱锭和劳动力——都按其价值支付，丝毫没有违反商品交换的各个规律。然而，在劳动力的消费过程（同时是商品的生产过程）中，资本家消费它们的使用价值，又回到市场上来出售商品。并从流通中取得比原先投入流通多的货币。在货币转化为资本的整个过程中，资本以流通为媒介，以在商品市场上购买劳动力为条件，为价值增殖过程作准备。实际上，如果把价值形成过程和价值增殖过程比较一下，我们就会知道价值增殖不外是超过盈亏平衡点而已。当价值形成过程持续到这一点的时候，资本所支付的劳动力价值就恰好可以为新的等价物所补偿；如果价值形成过程超过这一点，那就成为价值增殖过程。

另外，从质的方面来考察，从生产的方式和方法，从目的和内容方面来考察，构成劳动过程的是生产使用价值的有用劳动。实际上，在价值形成过程中，无论是

>>> 劳动力 >>>

劳动力是人所具有的并在物质资料生产过程中力和智力的总和。亦称劳动能力。它是社会生产力的主要因素之一。劳动力是生产的能动性因素、主导因素，任何社会生产都不可能没有劳动力。生产资料只有在劳动力的运用下，才能在物质资料的生产中发挥作用。

包含在生产资料中的劳动，或者是由劳动力加进去的劳动，劳动过程只是表现出量的差别，就是劳动操作所需要时间的差别，是生产使用价值所耗费的社会必要时间的计算。进入劳动过程的商品，已经不再作为劳动力有目的地发挥，而是执行一定职能的物质因素，是通过一定量的物化劳动来计算的。当然，劳动过程的不同因素在产品价值的形成上起着不同的作用。作为劳动过程和价值形成过程的统一，生产过程是商品生产过程；作为劳动过程和价值增殖过程的统一，生产过程是资本主义生产过程，是商品生产的资本主义形式。

纺织业的发展

纺织业的快速发展，改变着人类的经济和社会生活，制衣业也随之慢慢成长，人们在满足了对衣物的基本需求之后，开始注入更多的精神需求，时尚也就成为人们热烈追捧的精神产品。图为1986年，"全世界最有影响的时装摄影家"——尼克·奈特为时装设计师三宅一生设计的时装拍摄的照片。

第六章 不变资本和可变资本

撇开工人劳动特定的内容、目的和技术性质来看，加到劳动对象上的定量劳动就是把新价值加到劳动对象上，而被消耗的生产资料也成为产品价值的组成部分。由此可见，生产资料的价值在劳动过程中发生转移，并在产品上保存下来。

虽然把新价值加到劳动对象上和把旧价值保存在产品中都是工人同一时间内达到的不同结果，但是目的却很明显，这种结果的二重性只能用劳动本身的二重性来解释。纺纱工人只有通过纺纱，织布工人只有通过织布，铁匠只有通过打铁，才能增加价值，而棉花、纱锭、棉纱、织机、铁和铁砧就成为产品使用价值新的形成要素。随着生产资料使用价值的消失，新的使用价值在价值形成过程中出现，并使被用掉的生产资料转移到新产品上去。由此可见，工人劳动的有用性质，使得有目的的生产活动在同生产资料接触后，就可以赋予劳动复活和活力，使它们成为劳动过程的因素，把被用掉生产资料的价值作为价值的组成部分转移到产品上去，并且同它们结合为产品。如果工人不纺纱，就不能使棉花变成棉纱，那么这个工人也不能

土地即为天然存在的生产资料

作为不变资本，土地虽然不像普通的劳动资料那样，将所消耗的生产资料的价值转移到新产品上保存下来，却因为它是天然存在的资本，只有使用价值，不会把价值转给产品，没有价值可以丧失。图为喜马拉雅山下的梯田。

把棉花和纱锭的价值转移到棉纱上；如果这个工人改行当木匠，他还是可以通过自己的劳动把价值加到他的材料上。由于劳动量的追加，生产资料的价值在产品中得以保存，而追加的劳动也清楚地表现在种种不同的现象上，使得新价值得以加进。换而言之，劳动是抽象的社会劳动，是人类劳动力的耗费，就一种属性来说必然创造价值，而就另一种属性来说必然保存或转移价值。

虽然生产资料转给产品的价值绝不会大于它本身的使用价值，但是生产资料本身就不是人类劳动的产品，没有价值可以丧失，也不会把任何价值转给产品。

就生产资料来说，它们的使用价值被消耗，劳动制成产品，但是生产资料的价值没有被消费，反而被保存下来。实际上，一切天然存在的生产资料，如土地、风、水、矿脉中的铁、原始森林中的树木等等，它们的作用只是形成使用价值，而不是形成交换价值。正是由于生产资源原先借以存在的使用价值已经消失，生产资料的价值得以再现于产品的价值中，确切地说，不是再生产。当然，所生产出来的是旧交换价值借以再现的新使用价值。

作为劳动的主观因素，劳动通过一定的形式把生产资料的价值转移到产品上并

生产工具影响生产力

20世纪初，拖拉机的发明，改变了传统意义上的依靠畜力和人力进行耕种的方式，很大程度上提高了美国农业生产率，对社会影响深远。1900年，美国农民占全美总劳动力的38%，而到了21世纪初，农民在美国劳动力总数中还不足3%。图为苏联的农场工人用坦克改装成的拖拉机正在犁田。

蒸汽机的诞生

　　机器文明的开始，使得同样的产品可由较少的劳动再生产出来。新的生产资料的价值量增加了，而预付劳动力的部分则减少了，不变资本和可变资本只是在比例上发生了变化。1776年瓦特制造的蒸汽机点燃了"工业革命"的导火线。改进后的蒸汽机广泛应用于各种生产领域。1814年，英国人史蒂芬将瓦特的蒸汽机装在火车上，从而开创了陆路运输的新时代，这些庞然大物改变了当时的社会与人们的生活。

保存下来的时候，它的运动每时每刻都会形成新价值。假设工人在生产出自己劳动力价值的等价物以后就停下来，产品价值超过其中生产资料价值的余额就是在生产过程中产生的新价值，是产品本身的价值部分。当然，工人自身在生活资料上花费的货币只是表现为再生产，而真正的再生产却不像生产资料表面上的再生产，是通过一个价值用另一个价值来补偿实现的。

实际上，生产出劳动力价值的等价物并把它加到劳动对象上，只需一定的工作时间，远远低于劳动力发挥作用的时间。因此，产出的超额价值就是产品价值超过消耗掉的剩余价值，是生产资料和劳动力形成的价值余额。

事实上，劳动过程的不同因素在产品价值形成中所起的不同作用，也说明资本的不同组成部分在资本价值增殖过程中所执行的不同职能。当产品总价值超过产品形成要素价值总额的时候，形成的余额就是增殖的资本超过原预付资本价值而形成的余额，不过是原有资本在抛弃货币形式转化为劳动因素时所采取的不同存在形式而已。因此，变为劳动力的那部分资本，不仅可以在生产过程中改变自己的价值，生产自身的等价物，而且可以生成一个超过等价物的余额，就是剩余价值。当然，这个剩余价值本身是可以变化的，是可大可小的，称为可变资本部分或简称为可变资本。从劳动过程的角度看，这两个资本的组成部分是作为客观因素和主观因素，作为生产资料和劳动力相区别的；从价值增殖过程的角度看，他们则是作为不变资本和可变资本相区别的。

在生产过程中，已用的劳动资料同原料的价值一样，也可以发生变化，但是它们转移到产品上去的那部分价值却不会发生变化。假设出现一种可以由较少劳动操作某种机器的新发明，旧机器就要或多或少地发生贬值，而转移到产品上的价值也要相应地减少。在这种情况下，价值变动会在生产过程以外发生。虽然生产资料的价值变动可以使已经进入生产过程的生产资料受到影响，但不会改变生产资料作为不变资本的性质。同理，不变资本和可变资本之间比例的变化也不会影响它们在职能上的区别。随着劳动过程技术条件的革新，过去需要10个工人用10件工具加工的原料，现在则需要1个工人用1台机器就能加工一百倍的原料。此时，不变资本的增加和可变部分的减少，只能改变不变资本和可变资本的量的关系，不能影响不变资本和可变资本的区别。

5 >>> 价值增殖过程 >>>

价值增殖过程是生产商品一定的使用价值，并把生产资料的原有价值转移到新产品上去；作为价值增殖过程，雇佣工人的劳动作为抽象劳动形成新的价值，其中包括剩余价值。资本主义商品生产过程，必然不是单纯的价值形成过程，而必须是价值增殖过程。

第七章 剩余价值率

劳动力的剥削程度

在生产过程中，剩余价值就是预付资本C的价值增殖额，就是产品价值超过各种生产要素价值总和的余额。由此可知，资本C可以分为购买生产资料的资本c和购买劳动力的资本v两个部分，并且c代表不变资本的价值部分，v代表可变资本的价值部分。因此，生产过程可以表述为C=c+v，而商品的价值可以用c+v+m(m是剩余价值)来表述。比如500镑的预付资本包括410镑c和90镑v，各种生产要素的价值等于预付资本的价值，而预付资本的价值增殖额使得原来的资本C变为C'，就是由500镑变为590镑，产品的价值远远超过各种生产要素的价值形成的总额。

实际上，剩余价值只是资本发生价值变动的结果，而现实的价值变化和价值变化的比率却是被这样的事实掩盖，认为资本可变部分的增加会导致全部预付资本的增加。从v+m=v+△v(△v是v的增长额)这个公式来看，全部预付资本没有发生任何变化。由此可知，我们需要对这个过程进行纯粹的分析，必须把产品价值中不变资本的价值完全抽去，就是假定不变资本c=0。此时，预付资本就从c+v简化为v，而产品价值c+v+m就可以简化为价

劳动力创造价值

在生产过程中，由于可变资本增加，资本家预付资本也随之增加，好像剩余价值不是由可变资本对生产的，而是由预付资本生产出来的，这种假象，掩盖了资本家对工人的剥削。图中是一电器加工厂工人忙碌的身影。

值产品v+m。如果假定产品价值180镑，那么我们可以用90镑可变资本代表整个生产过程期间流动的劳动，还可以用90镑表示所生产剩余价值的绝对量。至于剩余价值的相对量，即可变资本价值增殖的比率，我们可以用剩余价值同可变资本的比率来决定，就是用m/v来表示，而且剩余价值率就是可变资本的价值增殖或剩余价值的相对量。

在劳动过程的一段时间内，工人不仅能够生产自己劳动力的价值，就是生产必需生活资料的价值，而且是以社会分工为基础的生产。当然，工人不需要直接生产自己的生活资料，只需要通过生产某种特殊的商品来获取同他生活资料价值相等的价值，就是获得他用来购买生活资料的货币。至于需用工作日的多少，完全可以取决于他每天平均生活资料的价值，也就是取决于每天生产这些生活资料所需要的平均劳动时间。如果工人每天生活资料的价值代表6个物化劳动小时的话，那么平均每天劳动6小时就不是为资本家劳动，而是独立地为自己劳动。在其他条件相同的情况下，他需要劳动这么多小时才能生产出维持自己的价值，从而获得不断再生产自己所必需的生活资料。然而，只是资本家已经支付劳动力价值的等价物，就是用新创造的价值来补偿预付可变资本的话，工人在生产劳动的工作日部分就只能表现为再生产，而且可以把这种再生产的工作日部分称为必要劳动时间，把在这部分时间内耗费的劳动称为必要劳动。当然，这种劳动对工人来说是很必要的，是要以劳动的社会形式为转移的，而且是工人存在的基础。

当可变资本的价值等于它所购买劳动力价值的时候，工作日的必要部分就决定着这个劳动力的价值，而由工作日剩余部分决定的剩余价值，同可变资本之间的比例就等同于剩余劳动和必要劳动之间的比例。换而言之，剩余价值率m/v=剩余劳动/必要劳动。当然，这两个比率就是把同一种关系表示在不同的形式上，而且一种是物化劳动的形式，另一种是流动劳动的形式。因此，剩余价值率才是劳动力受资本剥削的程度或工人受资本家剥削程度的准确表现。

生活陷入困境

资本主义社会，通过剩余价值的形式在工人身上榨取剩余劳动，剩余价值率=剩余劳动时间/必要劳动时间，剩余价值率是资本家的剥削率，是工人受资本家剥削程度的准确表现。1929—1933年资本主义世界爆发了空前的经济危机，为了摆脱危机，列强各国选择了不同的道路。美国实施了罗斯福新政，采取国家干预方式来摆脱危机。图中是全球性经济危机时等待发放救济物资的人们。

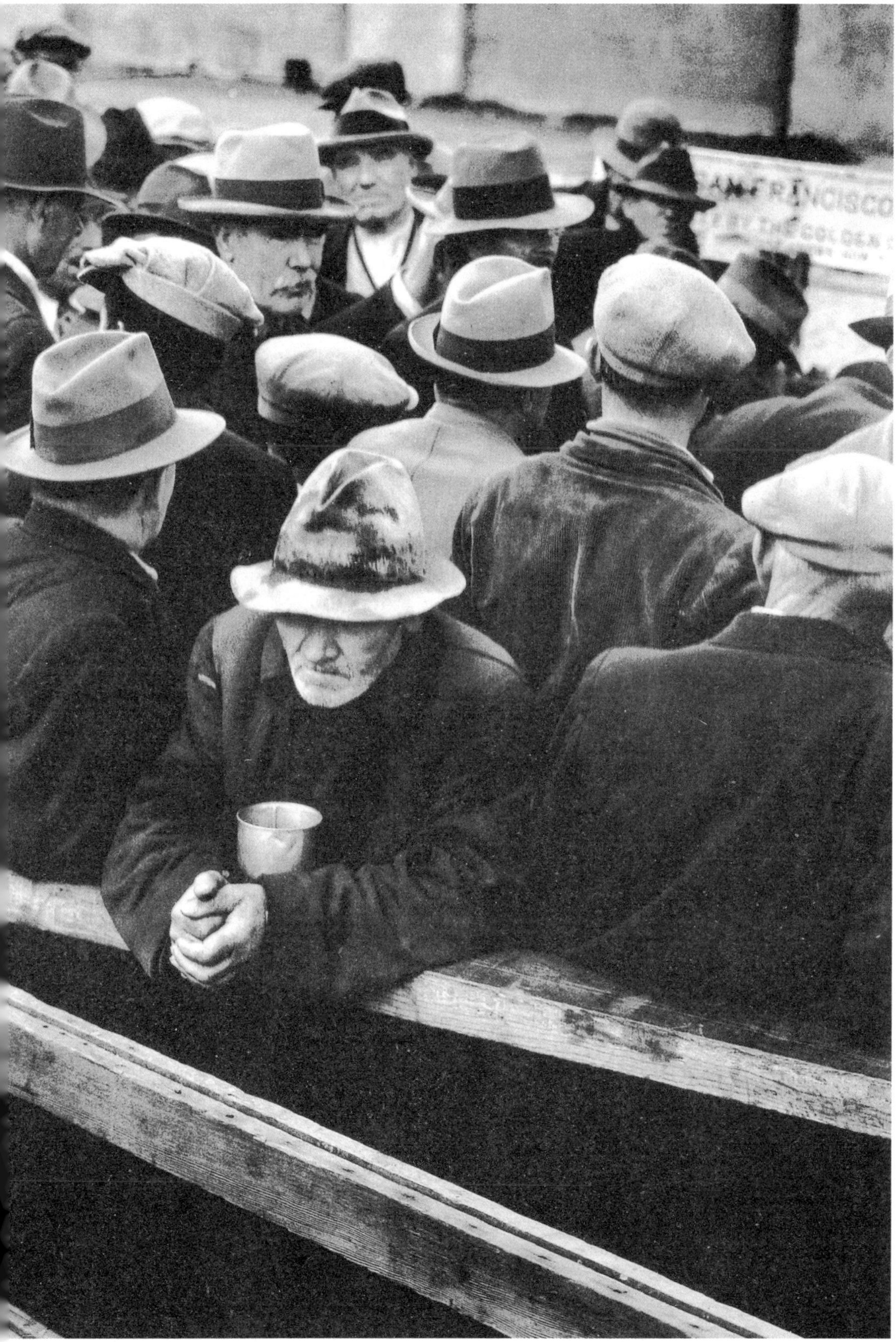

第八章 工作日

工作日的界限

我们可以用ab线表示必要劳动时间的持续或长度。假定ab线代表6个小时，那么超过ab线1小时、3小时、6小时就可以得到3条不同的线（见下图）：

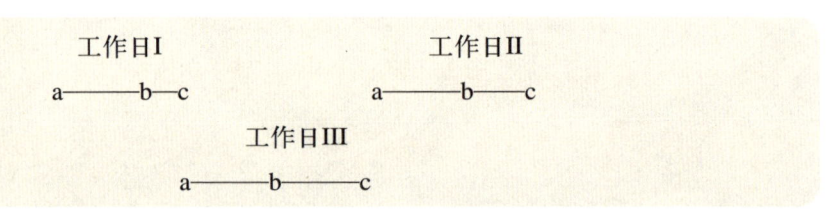

```
        工作日Ⅰ                  工作日Ⅱ
      a————b—c                a————b———c
              工作日Ⅲ
            a————b————c
```

这3条线表示三种不同的工作日，就是7小时工作日、9小时工作日和12小时工作日。当然，工作日等于ab+bc，延长线bc表示剩余劳动的长度，工作日可以随着变量bc一同变化。考虑到ab是已定的，bc与ab之比总是可以计算出来的。因此，它在工作日Ⅰ中是1/6，在工作日Ⅱ中是3/6，在工作日Ⅲ中是6/6。当然，剩余劳动时间和必要劳动时间之间的比率决定剩余价值率，而且已知这两段线之间的比例就可以知道剩余价值率。总而言之，工作日不是一个不变量，而是一个可变量。它不仅可以由不断再生产工人本身所必需的劳动时间决定，而且可以随着剩余劳动的时间长度或持续时间而变化。当然，工作日是可以确定的，而且它本身是不定的。

工作日虽然不是固定的量，而是流动的量，但是它只能在一定的界限内变动。当然，它的最低界限是无法确定的。如果假定延长线bc即剩余劳动为0，我们就可以得出一个工作日的最低界限，即工人为维持自身所必须从事劳动的时间。然而，在资本主义生产方式的基础上，必要劳动始终只能是工人工作日的一部分，而且工作日决不会缩短到这个最低限度。当然，工作日不能延长到某个一定的界限，它是有一个最高界限的。至于这个最高界限的影响因素，就是劳动力的身体界限和社会道德界限。一般来说，普通人只能在24小时的自然日内支出一定量的生命力，如同一匹天天干活的马每天也只能干8小时。工人不仅每天必须有一部分时间用来休息和睡觉，而且需要有一部分时间满足身体的其他需要，比如吃饭、盥洗和穿衣等。当然，人们还需要有时间满足精神的和社会的需要。虽然这种需要的范围和数量可以由一般的文化状况来决定，但是身体界限和社会界限之内变动的都有极大的伸缩性，有极大的变动余地。

撇开伸缩性不说，商品交换性质本身没有给工作日规定任何界限，而且也没有给剩余劳动规定任何界限。由于资本家要坚持他作为买者的权利，他会尽量延长工作日，如果可能的话，他甚至会把一个工作日变成两个工作日。虽然已卖出商品

五天工作制

  1926年9月25日，美国福特汽车公司的老板亨利·福特对他的员工宣布了每周五天的工作制。在此之前，他已经在1914年开始给他的工人每小时5美金的薪酬，这是当时普遍收入的两倍。这样工人们就有高涨的热情投入生产T型汽车。亨利·福特在他们内部的宣传当中，说到"每天8小时的工作制让我们走上了繁荣的道路，而每周五天工作制会让我们走上更为繁荣的道路"。图为福特汽车厂大规模装配流水线上正在作业的工人。

的特殊性质给它的买者规定一定的消费界限，但是工人也要求坚持他作为卖者的权利，要求把工作日限制在一定的正常量内。另外，权利同权利之间的对抗，而且这两种权利都是被商品交换规律所承认的。因此，在平等的权利之间，团结就是力量，力量将会起决定作用。在资本主义生产的历史上，工作日的正常化过程表现为规定工作日界限的斗争从14世纪中叶至17世纪末叶关于延长工作日的强制性法律到资产阶级和工人阶级之间的斗争。

对剩余劳动的贪欲

  资本并没有生产剩余劳动，而劳动者，无论是自由的或是不自由的，都必须在维持自身生活所必需的劳动时间以外，追加超额的劳动时间为生产资料的所有者生产生活资料。在社会上，不论这些所有者是雅典的贵族、伊特剌斯坎的僧侣、罗马的市民、诺曼的男爵、美国的奴隶主、瓦拉几亚的领主，还是现代的地主和资本家，他们都享有生产资料的垄断权，而且是十分明显的。在一个社会经济形态中，

不可调和的阶级斗争

    资本主义社会是建立在剥削雇佣劳动的基础上的。资本家通过延长工人劳动时间、提高劳动强度来榨取剩余价值。已经觉醒的工人阶级为了不再通过自愿与资本缔结的契约而送死和受奴役，必须团结起来同资产阶级作坚决斗争，才能争得一个正常工作日。图中是1939年美国通用汽车公司的工人在俄亥俄州克里夫兰的罢工演变成了一场暴力冲突。

如果占优势的不是产品的交换价值，而是产品的使用价值，那么剩余劳动就会受到需求的限制。当然，生产本身的性质也不会造成对剩余劳动的无限制的需求。

争取正常工作日的斗争

    实质上，资本主义生产就是剩余价值的生产，就是剩余劳动的吸取。通过延长工作日，资本家不仅夺去工人道德和身体上正常发展和活动的条件，使人们的劳动力处于萎缩状态，而且使劳动力本身未老先衰和死亡。换句话说，资本家靠缩短工人的寿命，就是在一定期限内延长工人的生产时间获得增殖。

    当然，劳动力的价值包含再生产工人或延续工人阶级所必需的商品价值。既然资本家的本性无限度地追逐自行增殖，那么缩短工人的寿命或他们劳动力发挥作用的时间，必然会使工作日延长到违反自然的程度。另外，已经消费掉的劳动力必须更加迅速地补偿，会给劳动力的再生产上带来更多的花费。如同一台机器磨损得越快，每天要再生产的那一部分机器价值也就越大。因此，资本家为了自身的利益，看来也需要规定一种正常工作日，而且资本家和工人之间斗争的结果就是正常工作日的规定。

第九章 剩余价值率和剩余价值量

在这一章里，我们假定劳动力的价值可以用再生产或维持劳动力所必要的工作日部分来衡量，是一个已知量，而剩余价值率可看作是工人在一定的时间内为资本家提供的剩余价值量。因此，作为劳动力价值的货币表现，可变资本的价值等于劳动力的平均价值乘以所使用劳动力的数目，尤其是在已知劳动力价值的情况下，可变资本的量与雇用工人人数成正比。换而言之，工人生产的剩余价值量是由剩余价值率决定的，而且所生产的剩余价值量等于预付可变资本量乘以剩余价值率。当然，工人生产的剩余价值量也是由资本家剥削劳动力的数目与单个劳动力受剥削的程度之间的比例决定的。

一般来说，平均工作日的绝对界限就是由剩余价值率的提高来补偿可变资本减少的绝对界限，也就是通过劳动力受剥削程度的提高来补偿工人人数减少的绝对界限。因此，资本家可以通过减少自己所雇用的工人人数或者可变资本，生产尽可能多的剩余价值量。反而言之，所使用劳动力数量或可变资本量的增加，同剩余价值率的降低不成比例。

梅尼耶工厂的涡轮机房

19世纪资本主义进入机器大工业生产阶段后，资本家加大了对工人的剥削，最大限度地延长工作日，但这种做法很容易遭到工人的反对。通过改进生产技术，提高工作效率，减少社会必要劳动时间，可以增加工人工资，但工人工资增长率低于生产效率的增长速度，实际上也是劳动力价格的明升暗降。图为19世纪法国铁制的梅尼耶工厂的涡轮机房。

>>> 工作日 >>>

一个自然日（一昼夜24小时）内，工人从事劳动的那部分时间。亦称"劳动日"。在资本主义制度下，工作日由必要劳动时间和剩余劳动时间两部分构成，这两部分是完全不同的。在必要劳动时间内，工人在生产自己劳动力。

在对剩余价值生产的考察中，我们可以看出资本不是任何货币或价值都可以转化的，资本转化的前提就是单个货币所有者或商品所有者手中必须要有一定最低限额的货币或交换价值。当然，这种最低限额转化就是劳动力的成本价格。作为货币或商品的所有者，资本家在生产上预付的最低限额必须大大超过中世纪的最高限额。正如自然科学上的研究一样，黑格尔在他的《逻辑学》中提倡量的变化具有一定时点转化为质的意义。当然，单个货币所有者或商品所有者都要握有最低限度的价值额，从而转化为资本。虽然限度在资本主义生产的不同发展阶段上和不同生产部门内是不同的，但是由于它们特殊的技术条件，某些生产部门所需要的最低限额资本不能在单个人手中找到。在资本主义生产初期，这种情况不仅引起国家对私人的补助，如柯尔培尔时代的法国和德意志，而且促使享有合法垄断权公司的形成。当然，这种公司就是现代股份公司的前驱，而且在生产过程中，资本发展人格化的资本即资本家，会监督工人有规则地进行强度工作。

作为剩余劳动的榨取者和劳动力的剥削者，资本家不仅迫使工人阶级从事更多的劳动，创造出超出自身生活需要的价值，而且无论是在精力、贪婪和效率方面，都远远超过以往那些以强制劳动为基础的生产制度。在既有的技术条件下，资本家使劳动者服从自己，却没有直接改变生产方式。因此，单靠延长工作日这种形式的剩余价值生产，与生产方式本身的变化是无关的。

奴役

资本家监督工人有序地并以超出自身生活需要的狭隘范围从事更多的劳动。作为剩余劳动的榨取者，资本家的贪婪远远超过了以往一切以直接强制劳动为基础的生产制度。该画描绘的是奴隶们在奴隶主的监督下劳动的场面。

第三篇 相对剩余价值的生产

第十章 相对剩余价值

到现在为止，工作日生产劳动力价值的这一部分通常被看作是不变量，是在一定的生产条件下，尤其是在现有的社会经济发展阶段上，必要劳动时间之外的工作日时间决定剩余价值率和工作日的长度。换而言之，必要劳动时间是不变的，而整个工作日是可变的。假定一个工作日的总长度以及必要劳动和剩余劳动的划分是已定的，用ab段代表10小时必要劳动，bc段代表2小时剩余劳动。那么，怎样生产才能增加剩余价值或延长剩余劳动呢？

尽管工作日的界限ac已定，bc仍然可以延长，可以越过它的终点，甚至是越过工作日ac的终点。举例来说，一个12小时工作日ac中，b可以移到b'，而bc就延长到b'c，剩余劳动就增加一半；虽然工作日仍旧是12小时，但是必要劳动时间可以从ab缩短到ab'，就是从10小时缩短到9小时，而剩余劳动就从bc延长到b'c，就是从2小时增加到3小时。显而易见，必要劳动的缩短同剩余劳动的延长是相适应的，而工人也使一部分为自己耗费的劳动时间转变成为资本家耗费的。当然，这里改变的不是工作日的长度，而是工作日中必要劳动和剩余劳动的划分。

一般来说，在工作日长度已定的情况下，剩余劳动的延长必然是由于必要劳动时间的缩短。劳动力的价值必须降低1/10，必要劳动时间才能减少1/10，也就是从10小时减到9小时，从而使剩余劳动从2小时延长到3小时。

假定一个鞋匠一个工作日内可以做一双皮靴，如果使他的劳动生产力提高一倍的话，现在就可以做两双皮靴。因此，劳动力价值的降低要求劳动生产力的提高。当然，把劳动生产力提高一倍不需要改变劳动资料或劳动方法，只要求劳动生产条件或生产方式发生革命。一般来说，劳动生产力的提高，指劳动过程中的这样一种变化，不仅能够缩短生产某种商品的社会必需劳动时间，使少量劳动获得生产较大量使用价值的能力，而且可以变革劳动过程的技术条件和社会条件，从而变革生产方式本身。总之，通过提高劳动生产力来降低劳动力的价值，就可以缩短再生产劳动力价值所必要的工作日部分。

通过延长工作日而生产的剩余价值，叫作绝对剩余价值；通过缩短必要劳动时间而生产的剩余价值，叫作相对剩余价值。因此，要降低劳动力的价值，就必须

吹氧法的应用

通过劳动变革过程中技术条件和社会条件的改善,提高劳动生产力,缩短商品的社会必要劳动时间,以较小的劳动量获得较大的使用价值。英国发明家亨利·倍斯麦吹氧法是用一股氧气烧去熔铁中多余的碳从而制造出高强度的钢,其应用使人类迈进了钢铁的时代。图为1948年在伯利恒一家钢铁厂里,所熔铸的一块2200吨重的磁铁,其吸力能使原子以每秒16万英里的速度移动。

提高这些产业部门的生产力。然而,商品的价值不仅取决于劳动的价值,而且还取决于生产该商品的生产资料,比如皮靴的价值不仅取决于鞋匠的劳动,而且还取决于皮革、蜡和线等的价值。另外,那些为生产必要生活资料提供不变资本物质要素的产业部门生产力的提高,尤其是那些生产日常生活资料能够决定劳动力价值的部门,它们商品的便宜也会降低劳动力的价值。

当然,便宜的商品只是相应地按照该商品在再生产中所占的比例去降低劳动力的价值而已。举例来说,衬衫是一种必要的生活资料,却是多种必要的生活资料之一,它的便宜只会减少工人购买衬衫的支出,不能减少必要生活资料的总和。实际上,由各种商品和产业部门的产品构成的生活资料总和中,每种商品的价值总是劳动力价值的相应部分。随着劳动力再生产所必要劳动时间的减少,劳动力价值也会降低,而且这种劳动时间的全部减少等于所有生产部门劳动时间减少的总和。当然,我们会把这个总结果看成是个别场合的直接结果和直接目的。因此,一个资本家提高劳动生产力来使商品便宜，绝不是抱有降低劳动力价值和减少必要劳动时间的想法，但是他最终促成一般剩余价值率提高的结果。当然，我们必须把资本同这种必然趋势的表现形式区别开来。

为理解相对剩余价值的生产，我们会用6便士或1/2先令来表示一个劳动小时的价值，而12小时工作日的价值就用6先令来表示。在一定的劳动生产力的条件下，假定12个劳动小时内能够制造出12件商品，每件商品用掉的生产资料和原料的价值是6便士，每件商品花费1先令，其中6便士是生产资料的价值，6便士是加工时新加进的价值。如果资本家使劳动生产力提高一倍的话，就是12小时工作日能够生产24件商品，每件商品的价值就会在生产资料价值不变的前提下降低到9便士，其中6便士是生产资料的价值，3便士是劳动新加进的价值。当然，一个工作日仍然同从前一样只创造6先令新价值，只不过现在这6先令的新价值只是原来分摊在每件产品上总价值的1/2。就每件产品来说，生产资料变成产品不再像以前需要一个劳动小时，而是半个劳动小时。此时，这个商品的个别价值低于它的社会价值，就是说这个商品所花费的劳动时间少于社会平均的劳动时间。在生产方式发生变化以后，每件商品平均花费1先令，但是商品的现实价值不是它的个别价值，而是它的社会价值。换而言

劳动资料的供给

商品的生产不仅取决于劳动力，而且还受制于提供劳动资料和劳动材料的生产。原料生产力的提高，或低廉的价格，会使商品的价格也随之下降。图中家庭出产的羊毛就是生产材料的来源。

之，商品的现实价值不是用生产者在个别场合实际花费的劳动时间来计量的，而是用所必需的社会劳动时间来计量。因此，采用新方法的资本家会按1先令的社会价值出售自己的商品，就是通过提高劳动生产力来获得3便士的超额剩余价值。

虽然剩余价值的增加依靠必要劳动时间的缩短和剩余劳动的相应延长，比如12小时工作日的产品价值是20先令，其中12先令属于生产资料的价值，8先令体现一个工作日的价值，但是生产力特别高的劳动在同样的时间内所创造的价值要比同种社会平均劳动的要多。因此，12小时的同类社会平均劳动只表现为6先令，而生产力高的工人用不着像过去那样，需要10小时去创造5先令的劳动力日价值，只需7.5个小时就够了。由此可见，资本家采用改良的生产方式不仅可以在一个工作日中占有更多的剩余劳动，而且可以促进新的生产方式的普遍采用，降低商品的个别价值和社会价值之间的差额。由劳动时间决定价值的规律，使采用新方法的资本家感觉到，他必须使自己的商品低于社会价值，迫使他的竞争者也采用新的生产方式。当然，只有当劳动生产力的提高扩展到同生产必要生活资料有关的生产部门，构成劳动力价值要素的商品才会便宜起来。

工人阶级的贫困生活

近代科技不断发展，机器大量普及，导致越来越多的人失业，也加剧了工人阶级的贫困。图为20世纪上半叶美国佛罗里达州的一个正处于失业危机中的家庭，其乐融融的家庭气氛掩饰不了木板房的简陋和生活的贫困。

英国炼铁工人

资本家提高劳动生产力是为了缩短生产商品的必要劳动时间，相对延长剩余劳动时间，他们所得到的利润都来源于工人在生产商品过程中所创造的价值和剩余价值。图中英国炼铁工人长达十五六个小时的工作日，却收入微薄，常处于失业、饥饿和贫困之中。

商品的价值与劳动生产力成反比，而由商品价值决定的劳动力的价值也是如此。随着生产力的提高，相对剩余价值会与劳动生产力成正比，并随着生产力的降低而降低。一般来说，在货币价值不变的情况下，12小时社会平均工作日总是可以生产6先令的价值，而不管这个价值额在劳动力价值和剩余价值之间的分割。由于生产力的提高，劳动力的日价值会从5先令下降到3先令，而剩余价值就从1先令增加到3先令。当然，再生产劳动力的价值从以前的10个劳动小时转化到现在的6个劳动小时，而空余的4个劳动小时可以并入剩余劳动的范围。因此，提高劳动生产力来使商品便宜，并使工人本身便宜，是资本的内在的冲动和经常的趋势。

当然，生产商品的资本家不会关心商品的绝对价值，他关心的只是商品所包含的剩余价值。虽然剩余价值的实现本身就包含着预付价值的补偿，但是由于相对剩余价值的增加和劳动生产力的发展成正比，商品价值的降低和劳动生产力的发展成反比。换而言之，使商品便宜的过程会使商品中包含的剩余价值提高，而只是关心生产交换价值的资本家也会力求降低商品的交换价值。这个谜底也就是政治经济学奠基人之一魁奈用来为难论敌的那个矛盾。因此，在资本主义生产中，发展劳动生产力的目的是为了缩短工人为自己劳动的工作日部分，并以此来延长工人无偿为资本家劳动的工作时间。

>>> 超额剩余价值 >>>

同一生产部门的资本主义企业之间，在生产技术和经营管理等方面存在着差别，因而这些企业生产出来的商品的个别价值也必然是参差不等的。但商品不是按照个别价值、而是按照由社会必要劳动时间决定的社会价值出售。那些采用先进技术、劳动生产率较高的企业，其商品的个别价值低于社会价值，但仍按社会价值出售，因此它会比其他企业多得到一部分剩余价值，这就是超额剩余价值。

第十一章 协作

　　实际上，资本主义生产就是同一个资本家同时雇用较多的工人，在劳动过程中扩大自己的规模并提供大量产品的过程。为了生产同种商品，工人在同一资本家的指挥下工作，例如初期的工场手工业。就生产方式本身来说，这种方式和行会手工业几乎没有什么区别，只不过是行会师傅作坊的扩大而已，但是它在历史和逻辑上都是资本主义生产的起点。

　　在一定限度内，物化为价值的劳动是社会平均性质的劳动，也是平均劳动力的表现。然而，平均量始终都只是许多同种个别量的平均数，而用雇佣工人的总工作日除以工人人数本身就是社会平均劳动的计算。当资本家进行生产的时候，许多工人从一开始就推动社会平均的劳动，并使价值增殖规律得以完全实现。

　　在资本主义生产中，劳动条件作为独立的东西是与工人相对立的，劳动条件的节约也就表现为一种特殊操作，是与工人无关的。因此，即使劳动方式不变，使用较多的工人也会在劳动过程上引起革命，与提高工人的个人生产率的方法没有联系。在同一的或互相联系的生产过程中，许多人有计划地一起协同劳动，而结合劳动的效果是个人劳动根本不可能达到的。这种劳动形式叫作协作，不仅能够通过协作提高个人生产力，而且会创造出一种生产力，就是集体力。正如亚里士多德所说的那样，即使人天生不是政治动物，无论如何也是天生的社会动物。

　　和同样数量个人工作日的总和比较起来，结合劳动可以生产更多的使用价值，可以减少生产一定效用所必要的劳动时间。作为劳动的社会生产力或社会劳动的生产力，这种结合工作日的特殊生产力是由协作本身产生的，是劳动者在有计划地同别人共同工作中摆脱个人局限，并发挥出他的种属能力。此时，单个资本家手中积聚大量的生产资料，不仅为雇佣工人进行协作提供一定的物质条件，而且这种积聚的程度也决定协作的范围或生产的规模。因此，生产过程中的劳动力集合必须已经集合在资本家的口袋里。

　　一个单独的提琴手是自己指挥自己，一个乐队就需要一个乐队指挥。一旦从属于资本的劳动成为协作劳动，一切规模较大的社会劳动或共同劳动，都需要指挥协调个人的活动，完全不同于总体独立器官的运动，执行的是生产总体运动所具有的一般职能。当然，这种管理的职能可以作为资本的特殊职能取得特殊的性质。

　　资本主义的管理是二重的，而它所管理的生产过程本身也具有二重性，

罐头加工厂内的协作劳动

资本主义劳动规模的扩大，促使工人协作劳动，协作不但有助于减少生产成本，而且产生一种比单个劳动力的总和强大得多的集体力，有效地促进了资本主义经济的发展。图为20世纪30年代美国一家罐头工厂内工人们清洗削切西红柿，然后罐装保存的工作场景。

就是存在制造产品的社会劳动过程和资本的价值增殖过程。就其形式来说，资本主义的管理是专制的，而且是具有特有形式的专制。当资本家的资本达到资本主义生产所需最低限额的时候，资本家便摆脱体力劳动，甚至可以把直接和监督工人、工人小组的职能交给特种雇佣工人。正如军队需要军官和军士一样，在同一资本指挥下共同工作的工人也需要军官（经理）和军士（监工），不仅在劳动过程中以资本的名义进行指挥和监督工作，而且需要他们减少非生产费用。然而，凯尔恩斯教授却把资本主义生产方式从共同的劳动过程中产生的管理职能，同从这一过程产生对抗性质的管理职能混为一谈。实际上，资本家之所以是资本家，并不是因为他是工业的领导人，而且因为资本的属性。正像封建时代，战争和法庭裁判中的最高权力是地产的属性一样。

作为独立的人，工人是单个的人，虽然和同一资本发生关系，但是彼此之间不发生关系。只有在劳动过程中，他们的协作才开始，成为一个工作机体的肢体，他们本身只不过是资本的一种特殊存在方式而已。因此，在一定的条件下，工人发挥的生产力就是资本的生产力，是无须支付报酬而发挥出来的社会生产力。另外，考虑到工人在本身属于资本以前不能发挥这种生产力，这种社会生产力可以看做是资本天然具有的生产力，是资本内在的生产力。

正如协作提高个人生产力一样，协作本身表现为工人作为劳动力的卖者与资本家进行交易，资本主义协作创造的生产力表现为资本的生产力。实际上，由于劳动过程隶属于资本，资本的生产力必然会经受这种自然发生的变化，而这种变化的前提就是在同一个劳动过程中雇用大量的雇佣工人，构成资本主义生产的起点。资本主义生产方式是和资本本身的存在结合在一起的，可以表现为劳动过程转化为社会过程的历史必然性，也可以表现为资本通过提高劳动生产力来剥削劳动过程的一种方法。虽然协作的简单形态本身是一种特殊形式，但是协作仍然是资本主义生产方式的基本形式。

工厂内的简单协作

在机器还不起重大作用的生产部门，简单协作始终占统治的形式。甚至，在工场手工业或机器大工业时期，简单协作仍然可以同比它更先进的形式一起并存。图为澳大利亚新南威尔士州的羊毛分类工人在工棚里的场景。工人将根据羊毛质量分成各种等级，然后，捆扎包装，运往纺织厂。

第十二章 分工和工场手工业

工场手工业的二重起源

在工场手工业上，以分工为基础的协作取得自己的典型形态，而且作为资本主义生产过程的特殊形式占据统治地位。一般来说，从16世纪中叶到18世纪末叶，工场手工业主要是以下面两种方式为主。第一种方式就是不同种的独立手工业者在同一个资本家的指挥下，在一个工场里生产产品，比如马车是马车匠、马具匠、裁缝、钳工、铜匠、旋工、饰绦匠、玻璃匠、彩画匠、油漆匠和描金匠等众多独立手工业者联合在一个工场内，协力地生产出来；第二种方式就是许多从事同一个或同一类工作（例如造纸、铸字或制针）的手工业者，在同一个工场里被同一个资本家所雇用。当然，第二种方式就是最简单形式的协作。虽然这些方式仍然要求工人按照原有的手工业方式进行劳动，但是外部情况很快促使人们按照另一种方式来利用他们的劳动，就是同时进行的劳动。举例来说，同一个场所的工人能够在一定期限内提供大量完成的商品。由此可见，劳动分工必须是这种情况，就是使各种操作不再由同一个手工业者按照时间的先后顺序完成，而是分离开来，孤立起来，在空间上并列在一起。虽然每一种操作可以分配给一个手工业者，全部操作都可以由工人同时协作进行，但是这种偶然的分工一再重复就会显示出它特有的优越性，并逐渐地固定为系统的分工。

从一个要完成商品来看，许多独立手工业者的个人产品都可以变成各个手工业者的联合体，使他们不能只完成同一种局部操作的社会产品。

工人变成生产机构的一个器官

为了在一定期限内完成大量的商品，资本家把制造一件产品的各种操作分配给不同的手工业者，共同完成一种产品。在生产过程中，随着分工越来越细，这种局部操作逐渐成了特殊工人的专门职能，最终把人变成生产机构的一个器官。图为卓别林在影片《摩登时代》中，用滑稽夸张的肢体语言，讽刺并揭示工人被资本家榨尽最后血汗的残酷现实。

由此可见，工场手工业的产生方式，的确是由手工业形成方式转化而来的，是二重的。当然，工场手工业在生产过程中引进分工或进一步发展分工，甚至是把过去分开的手工业结合在一起，但是它的最终形态总是一样的，就是一个以人为器官的生产机构。

工人及其工具

通过仔细的考察，终生从事同一种简单操作的工人，会把自己变成这种操作的自动器官，而且他花费在这一操作上的时间，会比循序进行整个系列操作的手工业者要少。然而，构成工场手工业的总体工人，完全是由这些片面的局部工人组成的。与独立的手工业者相比，他们可以在较短的时间内生产出较多的东西，就是劳动生产力的提高。

劳动生产率不仅取决于劳动者的技艺，而且也取决于工具的完善程度。在工场手工业时期，工人可以通过劳动工具去适应局部工人的特殊职能，并使劳动工具简化、改进和多样化。由此可知，工场手工业时期就如同创造机器物质条件一样，而机器只不过就是由许多简单工具结合而成的。考虑到局部工人及其工具的简单性，我们的研究应该从工场手工业的全貌来考察。

工场手工业的两种基本形式

一般来说，工场手工业组织的两种基本形式可以交错在一起，但仍然是两个本质上不同的类别，特别是在工场手工业转化为使用机器的大工业时，会起到完全不同的作用。实际上，这种二重性起源于制品本身的性质。一般来说，制品可以是由各个独立的局部产品纯粹机械地组合而成，或者是依次经过一系列互相关联的过程和操作而取得完成的形态。

快速发展的应用电器

在工作过程中，工人重复做同一个简单有限的动作，缩小了劳动流程中的空隙，增加了劳动力的支出。同时经常使用工具使劳动工具简化、改进和多样化。从而为机器的产生创造了物质条件。图为美国总统尼克松与苏共总书记赫鲁晓夫在展台前争论当年包括洗衣机、吸尘器及冰箱在内的家庭电器的快速发展。

既然工场手工业时期所特有的机器始终是由许多局部工人结合成的，那么总体工人具备的技艺程度最好能够经济地使用。这些生产素质使总体工人本身的所有器官分离而成为特殊的工人或工人小组，各自担任一种专门的职能。虽然局部工人可以作为总体工人的一个器官，他的片面性甚至缺陷就成为他的优点，但是从事片面职能的习惯会使他本能地起作用，并准确地以机器部件的规则性发生作用。由于总体工人的各种职能都比较简单，即使有些比较复杂，也不过是低级和高级的组合而已，总体工人的器官即各个劳动力，需要极不相同的教育程度，从而创造出具有极不相同的价值。当然，工场手工业不仅能够发展劳动力的等级制度，而且能够发展与此相适应的工资等级制度。因此，在等级制度的阶梯旁边，工人被简单地分为熟练工人和非熟练工人。当然，凡是能够缩短劳动力再生产的事情，都会扩大剩余劳动的研究领域。

工场手工业内部的分工和社会内部的分工

就劳动本身来说，社会生产可以分为农业和工业等大类，叫作一般的分工；如果按照生产大类来分的话，就是按照特殊分工的原则，社会生产可以分为种和亚种；如果按照个别分工来分的话，社会生产可以分为生产工场内部和生产工场外部。

虽然社会内部的分工以及个人都可以被相应地限制在特殊职业范围内，但是却可以同工场手工业内部的分工一样，从相反的两个起点发展起来，甚至是在家庭内部发展起来。实际上，由于性别和年龄的差别，氏族内部的分工不过是在纯生理基础上的一种自然分工。在各自的自然环境中，不同公社的生产方式、生活方式和产品是各不相同的，而且不同的生产资料和生活资料也使得这种自然的差别引起产品的互相交换。在早期文明出现的初期，个人不能以独立资格互相接触，只有家庭和氏族可以互相接触，从而使这些产品逐渐变成商品。当然，交换没有造成生产领域之间的差别，而且使不同的生产领域发生关系，并把它们变成互相依赖的社会总生产部门。实际上，社会分工是由原来不同而又互不依赖的生产领域之间的交换产生的。至于那些以生理分工为起点的地方，直接互相联系的各个特殊器官不仅可以互相分开和分离，尤其是在同其他公社交换商品成为主要推动力的时候，不仅可以使不同的劳动通过把产品当作商品来交换，甚至建立起联系，而且可以使原来独立的东西丧失独立，也可以使原来非独立的东西获得独立。

城乡的分离，就是以商品交换为媒介的分工基础。换而言之，社会的全部经济史都可以概括为这种对立的运动。当商品生产和商品流通成为资本主义生产方式前提的时候，工场手工业的分工要求社会内部的分工达到一定的发展程度。虽然工场手工业分工会引起反作用，比如推进社会发展和增加社会分工，但是劳动工具的分化的确可以促进生产这些工具的行业日益分化。一般说来，一旦工场手工业的生产扩展到这种程度，就是把主要行业或辅助行业和其他行业联系在一起，由同一生产

资本家的悠闲时光

　　工场手工业的分工提高了生产效率，促进了社会生产力的发展，但它是以资本家对人的绝对权威控制为前提，工场这个社会生产机构只是属于资本家。而社会分工使独立的商品生产者互相对立，他们只承认竞争强加在他们身上的压力。图为马奈1863年的画作《草地上的午餐》，新兴的资产阶级正在迅速积累财富，他们有了闲适的生活，也有了与过去截然不同的趣味和审美。

者经营的行业就会立即发生分离和互相独立的现象；一旦工场手工业的生产扩展到特殊的生产阶段，该商品的各个生产阶段就会变成各种独立的行业。尽管社会内部的分工和工场内部的分工有着许多的相似点和联系，但是二者之间不仅有程度上的差别，而且有本质的区别。

　　总而言之，不论是否以商品交换为媒介，整个社会内的分工都是各种社会经济形态所共有的，而工场手工业分工却完全是由资本主义生产方式独特创造的。

>>> 工场手工业 >>>

16~18世纪西欧早期资本主义工业生产组织的基本形式。其特点是工人以手工劳动和分工协作为基础，在手工工场主雇用下进行生产。早在14~16世纪中叶，西方的工场手工业已在地中海沿岸某些城市，以及尼德兰、法兰西、德意志和英格兰各地萌芽和成长，16世纪中叶以后，随着海外贸易的扩大和毛纺织业的发展，手工工场也得到进一步发展。

第十三章 机器和大工业

机器的发展

正如其他发展劳动生产力的方法一样，机器能够使商品便宜，缩短工人的工作日部分，从而无偿地延长工人给予资本家的工作时间。实际上，机器是生产剩余价值的手段。一般来说，先进的机器都由三个本质上不同的部分组成：发动机、传动机构、工具机或工作机，而且工具机还是18世纪工业革命的起点。因此，在工场手工业中，生产方式的变革以劳动力为起点，而在大工业中则以劳动资料为起点。当然，手工业时期发明的那种蒸汽机，并没有引起工业革命，而是由于工具机的创造使蒸汽机的革命成为必要。当人们不再用工具作用于劳动对象的时候，人们的劳动只能作为工具机的作用动力，人们充当动力的现象就成为偶然的，完全可以被风、水、蒸汽等等代替。

虽然一个工业部门生产方式的变革必定会引起其他部门生产方式的变革，但是大工业必须掌握它特有的生产资料，即机器本身，必须用机器来生产机器。只有这样，大工业才建立起与自己相适应的技术基础，才能得以自立。

至于机器这种物质的存在方式，必然要求劳动资料以自然力来代替人力，以应用自然科学来代替从经验中得出的成规。在工场手工业中，社会劳动过程的组织纯粹是主观的，是工人们的局部结合；在机器体系中，大工业是一个具有完全客观的生产机体，可以作为现成的物质生产条件出现在工人面前。因此，劳动过程的协作性质，就成为劳动资料本身的必要。

机器的价值向产品的转移

通过把巨大的自然力和自然科学并入生产过程，大工业必然会大大提高劳动生产率，而且生产力的这种提高并不是依靠增加劳动消耗。实际上，不变资本和其他组成部分不会创造价值，只是把自身的价值转移到生产的产品上而已。

虽然机器全部地进入劳动过程，但是加进的价值始终只是部分地进入价值增殖过程，决不会大于由于磨损而丧失的价值。因此，机器的价值和机器转移给产品的价值，就是作为价值形成要素的机器和作为产品形成要素的机器，两者之间都有很大的差别，而且这种差别会随着机器在同一劳动过程中反复使用而加大。因此，人们学会让自己过去的、已经物化的劳动产品大规模地发生作用。

如果把机器看作使产品便宜的手段，生产机器的劳动就必须要少于使用机器所代替的劳动。对于资本来说，使用机器的界限表现得更为狭窄。由于使用

产品体现生产资料的价值

机器大工业是资本主义生产方式进入成熟阶段的标志。它从手工工具改变为机器开始，机器本身并不创造价值，但当它把自身的价值转移到它所生产的产品上时，机器的价值就会得到体现。图为机器制作出的成批的产品。

劳动力的价值是由资本支付决定，资本只有在机器价值和所代替劳动力价值之间存在差额的情况下，才会使用机器。

机器生产对工人的影响

(a)资本对补充劳动力的占有

妇女劳动和儿童劳动！这是资本主义使用机器的第一个口号，而且这种代替劳动和工人的有力手段也使得工人家庭全体成员都受资本的直接统治，使雇佣工人人数大大地增加。这样的强制劳动，不仅夺去儿童游戏的时间，而且夺去家庭本身需要的自由劳动时间。因此，机器在增加人身剥削材料，即扩大资本固有的剥削领域的同时，也提高对劳动的剥削程度。

(b)工作日的延长

作为资本的承担者，机器是提高劳动生产率，尤其是缩短生产商品必要劳动时间的最有力手段。在资本直接占领的工业中，资本成为把工作日延长到超过一切自然界限的最有力手段。因此，它不仅创造使资本能够任意发展自己的新条件，而且创造出资本对别人劳动贪欲的新动机。虽然机器的有形损耗来源于机器的使用和不使用，就像铸币磨损和自然贬值，前一种磨损同机器的使用成正比，后一种损耗在一定程度上同机器的使用成反比。其实，机器除了有形损耗以外，还有所谓无形损耗。只要机器能够更加便宜地再生产出来，或者出现更好的机器，原有机器的交换价值就会受到损失。即使原有的机器还十分的年轻和富有生命力，它的价值也不再由物化在其中的劳动时间来决定，而是由它本身的再生产或其他机器的必要劳动时间来决定。虽然机器会贬值，但是机器总价值的再生产时期越短，无形损耗的危险就越小。因此，在某个生产部门最初采用机器时，那些使机器更加便宜的新方法，不仅会涉及机器的个别部分或装置，而且会涉及机器的改良。

一般来说，在其他条件不变和工作日已定的情况下，要双倍剥削工人就必须把投在机器、厂房、原料和辅助材料等的不变资本部分增加一倍。随着工作日的延长，生产的规模会扩大，而投在机器和厂房上的资本部分却保持不变，却能带来剩余价值的增加和必需开支的减少。实际上，机器生产相对剩余价值，不仅由于劳动力贬值，使劳动力再生产所必需商品更加便宜，而且由于机器工人的劳动变为高效率的劳动，把机器产品的社会价值提高到个别价值以上，从而使资本家能够用较小的价值部分来补偿劳动力的日价值。因此，在机器生产被垄断的这个过渡时期，利润特别高，而高额的利润激起对更多利润的贪欲，资本家会尽量延长工作日来彻底利用这个"初恋时期"。

在一定量资本所生产的剩余价值中，机器要提高剩余价值率，就只有减少工人人数。这是利用机器生产剩余价值内在的矛盾。随着机器在一个工业部门的普遍应用，机器生产的商品价值就会成为所有同类商品的社会价

生产线上的女工

资本主义机器生产，加强了对工人阶级的剥削。为资本家大量使用没有强壮身体和身体发育不成熟的弱小劳动力提供了可能，妇女和儿童成为机器服务的对象，家庭结构随之发生了巨大的变化。图为生产线上的女工。

值标准,而且这种内在的矛盾就会表现出来。正是这种没有意识到的矛盾,它不仅能够增加相对剩余劳动和绝对剩余劳动,而且会推动资本家延长工作日,以便弥补被剥削工人人数的相对减少。

因此,机器的应用创造出无限度延长工作日的动机,而且使劳动方式和社会劳动体的性质发生变革,甚至打破对这种趋势的抵抗。虽然那些被机器排挤的工人会失业和制造出过剩的劳动人口,但是由于工人阶层会受资本的支配,工人不得不听命于资本强加给他们的规律。因此,机器消灭工作日的一切道德界限和自然界限,成为缩短劳动时间的最有力手段,甚至可以算是把工人及其家属全部变成受资本支配的最可靠手段。

未受工业革命浸染的英国乡村

机器大工业把人类带进了一个发达的工业社会,但人类也开始认识到工业化到来之后人们付出的沉痛代价。图为约翰·康斯特布尔于1816年的油画作品,展现出和平安宁的英国乡村景象。

失业

　　资本主义使用机器，首先对机器竞争对手的旧手工业和工场手工业工人带来灾难性的影响，大量工人失业，从而迫使工人不得不听命于资本家强加于他们的法律。图中描绘的是大批失业工人找工作的情景，然而在他们面前的是一个迷宫，似乎意味着理想中的平衡状态远未实现。

(c)劳动的强化

　　通过不断的反抗，工人阶级迫使国家强制缩短劳动时间，并且强行规定工厂实施正常的工作日。从剩余价值的生产不能通过延长工作日来增加以后，资本家就通过加快发展机器体系来生产相对剩余价值，而且使得相对剩余价值的性质发生了变化。一般来说，提高劳动生产力使单个商品的价值下降，就是使工人能够在同样的时间内以同样的劳动消耗生产出更多的东西，而且加在总产品上的劳动时间仍然和以前同样多。然而，强制缩短工作日，不仅能够有力地推动生产力的发展和生产条件的节约，而且能够迫使工人在同样的时间内增加劳动消耗，提高劳动力的紧张程度，就是把劳动凝缩到一定的程度。当然，这种压缩就是在一定时间内的大量劳动，而且实际上也是如此。

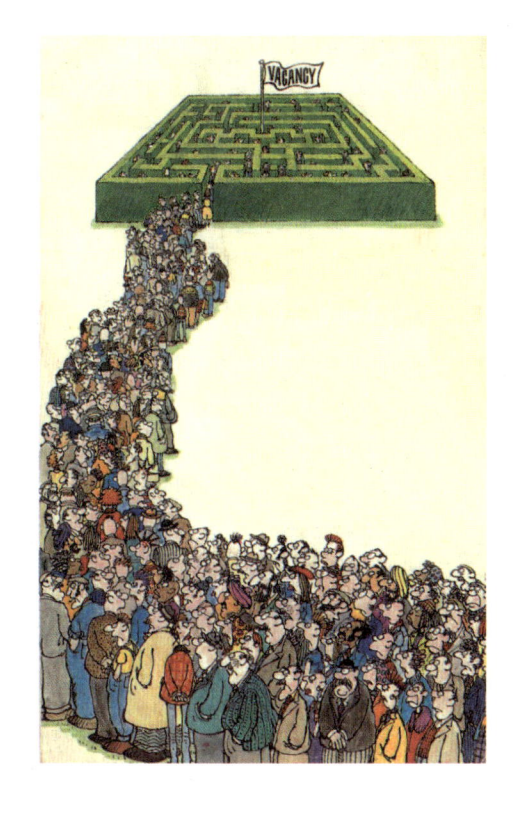

　　实际上，缩短工作日不仅是使劳动凝缩的主观条件，而且是使工人有可能在一定时间内付出更多劳动的办法。虽然通过两种方法可以在同一时间内榨取更多的劳动，就是提高机器的速度和扩大工人的劳动范围，但是资本家手中的机器可以由法律强制实行，是一种可以客观和系统利用的手段。

第四篇 绝对剩余价值和相对剩余价值的生产

第十四章 绝对剩余价值和相对剩余值

　　撇开劳动过程的各种历史形式来看，劳动是人和自然之间的物质变换过程；从其结果的角度加以考察的话，整个劳动过程都是抽象的，劳动资料和劳动对象表现为生产资料，劳动本身则表现为生产劳动；从个人的劳动过程来说，劳动过程是把彼此分离开来的职能结合在一起而已。当工人为生活目的对自然物实行个人占有的时候，他是自己支配自己的，是在自己头脑的支配下使自己的肌肉活动起来的。正如自然机体中头和手的组成关系，单个人是不能对自然发生作用的，只有把脑力劳动和体力劳动结合在一起才可以。随着劳动过程的协作性质发展，生产劳动和生产工人的概念必然扩大。当工人成为被支配者的时候，它们分离开来，直到处于敌对的对立状态。实际上，从个体生产者的产品转化为社会产品、转化为劳动人员的共同产品来看，各个成员成为总体工人的一个器官，只要完成他所属的某一种职能就可以直接或者间接地作用于劳动对象。因此，生产劳动的最初的定义，尤其是从物质生产性质本身中得出的，总体工人始终是正确的，而单个成员就不再适用。

　　资本主义生产不仅是商品的生产，而且是剩余价值的生产。因此，工人不是为自己生产，而是为资本生产，必须生产剩余价值。工人进行生产已经不够，只有为资本家生产剩余价值或者为资本的自行增殖服务才能够满足生产的需要，比如一个教员不仅可以训练孩子的头脑，而且可以为校董的发财致富劳碌，才能发挥生产的最大效用。其实，生产工人的概念决不只包含活动和效果、工人和劳动产品之间的关系，而且包含一种特殊的历史生产关系。当然，这种生产关系可以把工人变成资本增殖的直接手段，是生产工人的不幸。

　　绝对剩余价值的生产就是把工作日延长到生产劳动力价值的那个点，并由资本家占有这部分剩余劳动。作为资本主义体系的一般基础，绝对剩余价值的生产是

福特汽车工厂装配线上的工人

在资本主义社会，生产剩余价值是生产工人的本质特征。一旦工人的生产并不超出工人只生产自己劳动力的等价物的那个点，那么剩余劳动就消失了，资本主义也就不复存在了。图为1926年，在芝加哥一个福特汽车工厂的装配线上作业的工人。

相对剩余价值生产的起点。从相对剩余价值的生产来看，工作日可以分成必要劳动时间和剩余劳动时间两个部分。当然，用各种方法缩短必要劳动时间，延长生产剩余价值的劳动时间，绝对剩余价值的生产就同工作日的长度有关。当然，相对剩余价值生产的产生和发展，尤其是以特殊的资本主义生产方式为前提的，会使劳动的技术过程和社会组织发生根本的革命，而且劳动对资本的形式隶属也会让位于劳动对资本的实际隶属。

从绝对剩余价值的生产来看，劳动可以在形式上隶属于资本，比如从前为自己劳动的手工业者可以转变成为受资本家直接支配的雇佣工人，而生产相对剩余价值的方法也是生产绝对剩余价值的方法。当资本主义生产方式掌握整个生产部门的时候，无限度地延长工作日就不再是单纯地生产相对剩余价值的手段，而是作为生产相对剩余价值的特殊方法在社会上占统治地位。当然，它可以扩大作用范围，通过占领以前那些只在形式上隶属于资本家的产业部门和产业部门生产方法的改变。

5秒钟经济学

>>> **相对剩余价值** >>>

绝对剩余价值的对称。指在工作日长度不变的条件下，通过缩短必要劳动时间，相应地延长剩余劳动时间而生产的剩余价值。和绝对剩余价值不同，它的增加不是由于创造出来的价值绝对地增加了，而是通过缩短必要劳动时间，把一部分原来的必要劳动时间转化为剩余劳动时间，从而使剩余价值相对地增加。它是资本家提高剥削程度的两种基本方法之一。

榨取剩余价值是资本家的本性

工人的劳动分为必要劳动和剩余劳动两部分。资本家要达到价值增殖的目的，一方面是延长工作日，另一方面是改进设备、技术，缩短必要劳动时间。在资本主义前期，以第一种方式为主，后期以第二种为主。图为里昂的丝绸工人向资本家缴纳产品时的情景。资本家目光苛刻，态度蛮横，可怜的工人脸上充满了无奈与悲哀。

从一定程度来看，相对剩余价值是绝对的，是以工作日的绝对延长为前提，而绝对剩余价值是相对的，是以劳动生产率的提高为前提的。绝对剩余价值和相对剩余价值之间的区别似乎完全是幻想的，而且这种表面上的同一性会消失。当劳动生产力和劳动强度已定的时候，剩余价值率只有通过工作日的绝对延长和工作日两个组成部分的变化才能提高。因此，在资本主义生产方式成为普遍生产方式的情况下，剩余价值率的提高可以让我们明显地感到绝对剩余价值和相对剩余价值之间的差别，而且我们时常会碰到抉择，就是必要劳动和剩余劳动相对量的变化。

如果工人需要全部时间来生产所必需的生活资料的话，那么他就没有时间为第三者劳动。因此，只有一定程度的劳动生产率才能提供这种可供支配的时间，还会有剩余时间和剩余劳动，从而产生资本家和封建贵族，更别提私有者阶级。

从最一般的意义来看，剩余价值是自然基础，而且没有绝对的自然障碍会妨碍个人维持自身生存的劳动，就像没有自然障碍会妨碍个人去寻找食物。只有当人类摆脱最初的动物状态，尤其是把神秘的观念同这种自然发生的劳动生产率联系起来，他们的劳动才能在一定程度上社会化，而且个人的剩余劳动会成为个人的生存条件。在文明出现的初期，取得的劳动生产力和需要虽然很低，但它是同满足需要的手段一同发展起来的。实际上，同直接生产者的数量相比，依靠别人的劳动来生活的那部分人是微不足道的。另外，随着社会劳动生产力的增进，这部分人也会绝对地和相对地增大起来，并作为资本关系的基础和起点迅速发展起来。当然，已有的劳动生产率，不是自然的恩惠，而是几十万年历史的恩惠。

撇开社会生产的不同发展程度来看，劳动生产率是同自然条件相联系的，而且这些自然条件可以划分为本身的自然和周围的自然。当然，自然条件在经济上可以分为生活资料的自然资源和劳动资料的自然资源，比如土壤的肥力、渔产、水资源、奔腾的瀑布、可以航行的河流、森林、金属和煤炭等等。实际上，第一类自然资源在文明初期具有决定性的意义，而第二类自然资源在较高的发展阶段具有决定性的意义。

一旦资本主义生产成为前提，尤其是在其他条件不变和工作日保持一定的情况下，剩余劳动量总会随着自然条件特别是随土壤的肥力而变化。当然，经济学家绝不会反过来说，最肥沃的土壤最适于资本主义生产方式的生长。虽然资本主义生产方式以人对自然的支配为前提，过于富饶的自然"就像胎儿离不开脐带一样"，但是不能使人自身的发展成为一种自然必然性。一般来说，资本的祖国不是草木繁茂的热带，而是温带；资本的发展不是依靠土壤的绝对肥力，而是劳动力的差异性和产品的多样性。通过所处自然环境的变化，他们的需要、能力、劳动资料和劳动方式不仅逐渐趋于多样化，而且会形成社会分工的自然基础，使人们能够对自然经济加以利用。这种必要性在产业史上起着决定性的作用。

虽然良好的自然条件具有提供剩余劳动的可能性，但是只能提供剩余价值或剩余产品的可能性，绝不能提供它的现实性。因此，不同自然条件下的劳动会使同一劳动量在不同的国家满足不同的需要量，甚至在其他条件相似的情况下，使必要劳动时间各不相同。当然，这些自然条件只能作为自然界对剩余劳动产生影响的条件之一，就是起到劳动起点的作用。

同历史地发展起来的社会劳动生产力一样，产业越进步，受自然制约的劳动生产力就会表现为合并劳动的资本生产力。

工业对自然界的危害

大机器生产把人类带进了一个发达的工业社会，工业和交通工具对自然界的危害很快就暴露出来。工业废物和未经处理的污水污染了河流和沟渠，破坏了生态环境。图为东欧一个污染严重的城市，空气和河流中布满黑黑的烟尘，河边两个吉卜赛小孩也被染成了黑色。

第五篇 工资

第十五章 劳动力价值的转化

在资产阶级社会里,工人工资表现为劳动价格,表现为对一定量劳动支付的货币。然而,劳动的价值不是它的货币表现,这里的货币表现只不过是劳动的必要价格或自然价格,而劳动的市场价格也会围绕着劳动的必要价格上下波动。什么是商品的价值呢?如何计量商品的价值量呢?我们认为商品价值是社会劳动耗费在商品生产上的物化形式,需要用它所包含的劳动量来计量。因此,劳动要作为商品在市场上出售,就必须存在于出售以前,但是劳动不能独立存在,工人出售的就是商品,而不是劳动。

撇开这些矛盾不说,货币同劳动的直接交换,正是在资本主义生产的基础上自由展开的。举例来说,假定12小时工作日表现为6先令的货币价值,那么根据等价物相交换的原则,工人12小时劳动可以获得6先令。在这种劳动的价格等于产品价格的情形下,他没有为劳动购买者生产剩余价值,这6

先令不能转化为资本，资本主义生产的基础就会消失。然而，正是在这个基础上，工人才出卖他的劳动，而他的劳动也会成为雇佣劳动。换而言之，12小时劳动同10小时劳动的价值相交换，不仅消灭价值规定，而且这种自我消灭的矛盾根本不可能阐明或表述这种规律。

从劳动分为物化劳动和活劳动的区别来看，较多量劳动同较少量劳动相交换都是徒劳无益的。既然商品的价值不能由物化在商品中的劳动量来决定，那么生产该商品所必需的活劳动来决定商品的价值更加荒谬。实际上，同货币所有者直接对立的不是劳动，而是工人。在商品市场上，工人出卖的是劳动力，而劳动作为价值的实体和内在尺度，本身没有价值。让我们考察一下，劳动力的价值和价格的转化形式就是工资。

根据工人的一定寿命来计算劳动力的日价值，比如假定一个工人普通工作日是12小时，劳动力日价值就是3先令，那么这3先令就体现着6个劳动小时的价值。如果工人获得3先令，工人就获得12小时内执行职能的劳动力价值。因此，劳动力的价值决定劳动的价值，就是决定劳动的必要价格。如果劳动力的价格同它的价值相偏离，劳动的价格也会同它的所谓价值相偏离。虽然劳动价值同劳动力价值的不合理是不言而喻的，但是资本家总是使劳动力执行职能的时间超过再生产劳动力本身所需要的时间，劳动价值必定小于劳动价值的产品。因此，劳动力需要执行职能6小时，才能实现12小时内执行职能的劳动力价值。当然，劳动力的价值产品不是由劳动力本身的价值来决定的，而是由劳动力执行职能的时间长短来决定的。由此可知，创造6先令价

计件产品

工资是劳动力价值的货币表现形式，工资的运动规律就是劳动力的价值的运动规律。计件工资是资本主义工资的一种形式，它以一定时间内生产的产品数量来计算。它掩盖了资本家利用延长劳动时间，增加劳动强度来剥削工人的实质。图为计件生产出的批量产品。

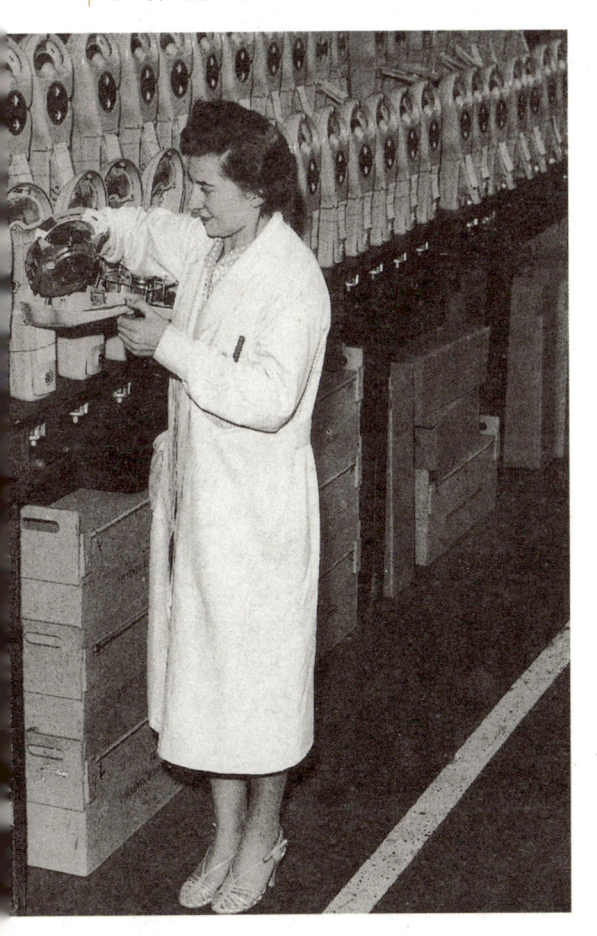

为了争取合理薪酬的罢工工人

劳动力价值采取工资的形式，消灭了工作日分为必要劳动和剩余劳动、有酬劳动和无酬劳动的一切痕迹，工人的劳动全都表现为有酬劳动，这种表现形式掩盖了资本主义雇佣劳动的剥削关系。图中是为了争取合理薪酬而罢工的工人正在等待政府的回应。

值的劳动有3先令价值。虽然工作日的价值可以表现为一定时间内的劳动价值或价格，但是工资的形式消灭工作日分为必要劳动和剩余劳动、有酬劳动和无酬劳动的一切痕迹。在徭役劳动下，服徭役者为自己和为地主的强制劳动在空间和时间都是明显地分开的；在奴隶劳动下，奴隶只是用来补偿奴隶主生活资料的价值，他的全部劳动都表现为无酬劳动；在雇佣劳动下，剩余劳动或无酬劳动可以表现为有酬劳动。总而言之，奴隶劳动的所有权关系掩盖奴隶为奴隶主劳动的事实，而在雇佣劳动下，货币关系掩盖雇佣工人无偿劳动的事实。虽然这种表现形式掩盖现实关系，正好显示出它的反面，但是资本主义生产方式的一切神秘性、一切自由幻觉和一切辩护遁词，都是以这个表现形式为依据的。因此，劳动力的价值和价格转化为工资形式，就是转化为劳动本身的价值和价格，具有决定性的重要意义。

>>> 名义工资 >>>

实际工资的对称。指以货币数量表示的工资，即货币工资。在资本主义制度下，它表现为一定货币额的劳动力的等价物。

货币工资以劳动力价值为基础，凡引起劳动力价值变化的各种因素，都会引起货币工资的变化。但是货币工资反映劳动力价值的变化只是相对的，而不是绝对的。货币工资的变化每每与劳动力价值的变化不一致，因而影响到工人的实际生活水平。

第六篇 资本的积累过程

第十六章 简单再生产

　　当货币转化为生产资料和劳动力的时候，执行资本职能的价值运动是在市场上，是在流通领域内进行的；当生产资料转化为商品时，这些商品的价值大于其组成部分的价值，必须再投入流通领域，并包含原预付资本和剩余价值。出售商品就是把它们的价值实现在货币上，把这些货币重新转化为资本，而周而复始地不断进行就形成连续阶段的循环和资本流通。如果假定生产商品的资本家按照商品的价值出售商品，而不去研究资本在流通领域里所采取的这些形式，就可以构成包含再生产的具体条件。另外，我们把资本主义的生产者当作全部剩余价值的所有者，就是所有参加分赃人的代表，抽象地来考察积累，并把积累看作直接生产过程的一个要素。实际上，不管生产过程的社会形式如何，它都必须是连续不断的，或者说，必须周而复始地经过一些同样的阶段。一个社会不能停止消费，也不能停止生产。因此，每一个社会生产过程的经常联系和不断更新，就形成再生产过程。

　　作为生产和再生产的条件，任何一个社会都不能把一部分产品再转化为生产资料或新生产的要素，只能不断地生产，即再生产。在其他条件不变的情况下，社会所消费的生产资料，即劳动资料、原料和辅助材料，只有被数量相等的新物品所替换的时候，社会才能在原有的规模上再生产或保持自己的财富。当然，就采取的实物形式来说，这些新物品是属于生产的，要从年产品总量中分离出来，重新并入生产过程。

　　在资本主义生产方式下，劳动过程表现为价值增殖过程的手段，而生产和再生产也就有同样的资本主义形式。当然，再生产大多表现为把预付价值作为增殖价值的再生产手段。至于资本家扮演的经济角色，只是由于他的货币不断地执行资本职能的作用。作为资本价值的周期增加额，剩余价值是资本的周期果实，是取得收入的来源形式，比如100镑预付货币可以生产出20镑剩余价值，并会在明年及以后各年重复同样的活动。

　　如果从资本家消费基金的角度来看，这种收入周期地获得，也周期地消费掉。虽然在其他条件不变的情况下，简单再生产只是生产过程在原来规模上的重复，但

可口可乐的成功销售

资本流通的形成，要经历三个阶段。第一个阶段，为资本主义生产作准备；第二个阶段，是生产剩余价值；第三个阶段，通过出售商品，使货币重新转化为资本。图中的可口可乐就凭借成功的宣传推销，赢得了全球饮料的支配地位，成为全球第一品牌。现在可口可乐公司产品的日饮用量已经超过10亿杯。图中是黑人小男孩走过巨幅的可口可乐广告牌。

是这种重复或连续性却赋予这个过程以某些新的特征，尤其是消除某些虚假特征。

生产过程是以购买劳动力为开端，而工人只能在劳动力发挥作用的时候，尤其是在把它的价值和剩余价值实现在商品上以后，才得到报酬。因此，工人生产可以被看作是为资本家消费基金生产剩余价值，也可以被看作是可变资本以工资形式流回到工人手里的形式。当然，资本家用货币把商品价值支付给工人，而工人只有不断地再生产这种基金的时候，才会被雇用。当工人把一部分生产资料转化为产品的时候，他生产的产品就部分转化为货币，而工人今天或下半年的劳动价值却是用他上星期或上半年的劳动来支付的。如果我们从阶级的角度考察资本家和工人的话，货币形式所造成的错觉就会立即消失，可变资本就会表现为劳动者维持和再生产所必需生活资料的表现形式。由此可知，在一切社会生产制度下，这种基金都必须由劳动者本身来生产和再生产，而工人生产的产品也会不断地以资本的形式离开工人，不断地以工人劳动的支付手段的形式流回到工人手里。实际上，资本家只不过是把工人自己的物化劳动预付给工人而已。

如果从生产过程的不断更新来考察资本主义生产过程来看，可变资本会失去从资本家私人基金中预付价值的性质，而资本家曾经一度依靠的原始积累也会成为劳动力购买者进入市场的手段。然而，简单再生产还会引起一些特殊的变化，不仅影响资本的可变部分，而且会影响整个资本。如果1000镑资本可以创造剩余价值200镑，而这些剩余价值又都会被消费掉，那么同一过程重复五年以后，所消费的剩余价值量就是1000镑；如果年剩余价值只是部分地被消费掉，假定只消费掉一半，那么在生产过程重复十年以后，同样的结果也会产生。总之，经过若干年或者若干个再生产期间，预付资本就会被资本家消费掉。因此，资本家通过消费别人无酬劳动即剩余价值，而保存原资本价值。当然，资本家占有的资本价值等于若干年生产不付等价物而占有的剩余价值额，而所消费的价值额就等于原有资本价值。

如果撇开一切积累的话，生产过程的连续或者简单再生产必然会使资本转化为积累资本或资本化的剩余价值，而进入生产过程的资本迟早也要成为不付等价物而被占有的价值，成为别人无酬劳动的货币形式或其他形式的化身。虽然工人本身不断地把客观财富当作资本，当作同他相异、统治和剥削他的权力来生产，但是资本家不断地把劳动力当作主观的、物化的、抽象的和只存在于工人身体中的财富源泉来生产。换而言之，把工人当作雇佣工人来生产，而不断再生产或永久化是资本主

马铃薯

在连续不断的再生产过程中，工人获得的工资，不过是用工人以前的劳动来支付的，工人不仅创造了剩余价值和可变资本，而且还创造了全部资本。图中创造社会财富的劳动人民在资本家层层盘剥下，只能过着维持温饱的生活。

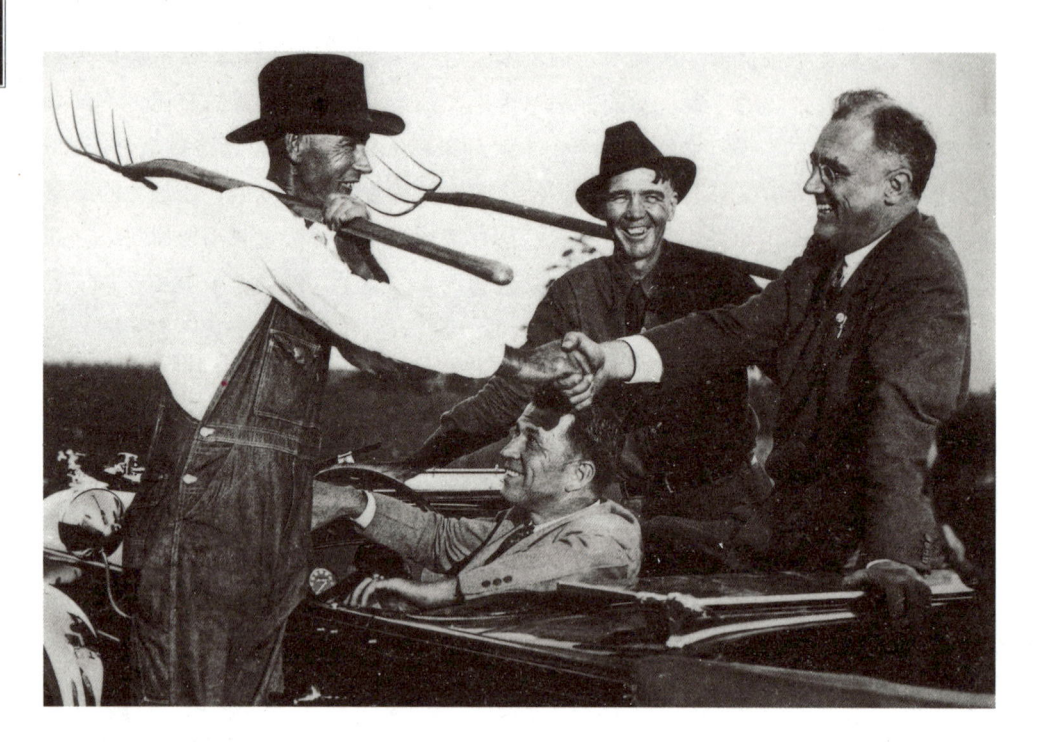

罗斯福的"新政"

1929年10月24日，美国爆发了资本主义历史上最大的一次经济危机。股票市场的大崩溃导致了持续四年的经济大萧条。1933年，富兰克林·罗斯福当选美国第32届总统，他从整顿金融入手，实施"新政"，新政的主要内容，即复兴、救济、改革。"新政"不仅巩固了美国资本主义制度，也让全世界资本主义体系得到了缓解。罗斯福也因此成为自亚伯拉罕·林肯以来最受美国和世界公众欢迎的总统而永载史册。图中是罗斯福在一次视察时与当地农民握手。

义生产的必不可少的条件。

在生产中，工人的生产消费是通过自己的劳动消费生产资料，并把生产资料转化为高于预付资本价值的产品。当然，这也是资本家对劳动力的消费，他的个人消费。

从资本家和工人的阶级角度来看，社会范围内不断进行的资本主义生产过程不是孤立的商品生产过程，而是资本家增殖自己总资本的过程。当把预付资本的一部分变成劳动力的时候，资本家不仅从工人那里取得利益，而且让工人的劳动力价值转化为生活资料，通过再生产现有工人的肌肉、神经、骨骼和脑髓生出新的工人，实现工人生活资料的消费。实际上，在绝对必需的限度内，工人阶级的个人消费是把资本家用来交换劳动力的生活资料转化为可供重新剥削的劳动力。由此可见，资本家最不可少的生产资料就是工人本身的生产和再生产，而工人的个人消费也是资本生产和再生产的一个要素，就像劳动过程中需要擦洗机器一样。

从社会角度来看，工人阶级同劳动工具一样是资本的附属物，而一定限度内的工人个人消费也不过是资本再生产过程的一个要素。虽然生产过程关心的是工人劳动价值的转移，但是也不会让这种有自我意识的生产工具跑掉。因此，工人的个人消费一方面能够保证他们维持自己和再生产，另一方面可以保证他们不断地重新出现在劳动市场上。同由锁链管理的罗马奴隶相比，雇佣工人却是由看不见的线系在资本所有者的手里。当然，这种独立的假象需要雇主的经常更换和契约的法律虚构来保持的。

在资本主义生产过程进行中，劳动力和劳动条件的分离不仅能够迫使工人为了生活而出卖自己的劳动力，使资本家能够为了发财致富而购买劳动力，而且可以使资本家和工人作为买者和卖者在商品市场上相对立，是再生产过程中剥削工人的条件。虽然把工人不断地当作劳动力的卖者不是偶然的事情，但是把工人自己的产品不断地变成资本家的购买手段确实是再生产过程本身必然的选择。实际上，工人把自己出卖给资本家以前就已经属于资本家，而工人经济上的隶属地位也是由于他的卖身行为的更新、雇主的更换和劳动的市场价格的变动造成的，同时又会被这些事实所掩盖。由此可见，把资本主义生产过程联系起来考察，不仅能够考察商品和剩余价值的生产，而且可以把生产和再生产资本关系联系起来，就是把资本家和雇佣工人联系起来。

劳动

资本主义再生产就是资本主义生产关系再生产。其实质，是资本家和工人的不断相互对立。工人出卖劳动力隶属于资本家，资本家则是把工人当作生产剩余价值的机器来生产。画中各种纷繁人物对待劳动的态度显现了他们在这个刚刚工业化的社会中的生产关系。

第十七章 剩余价值转化为资本

商品生产所有权规律

在规模扩大的资本主义生产过程中，我们应该考察资本是怎样从剩余价值产生的。一般来说，把剩余价值当作资本使用，就是将剩余价值再转化为资本，叫作资本积累。

从单个资本家的角度来考察，我们假定一个纱厂主预付10000镑的资本，其中4/5用于棉花和机器等，其余1/5用于工资，而且每年生产棉纱240000磅，价值为12000镑。如果剩余价值率为100%的话，剩余价值2000镑就包含在40000磅棉纱中，占总产品价值的1/6。通过出售，2000镑的价值得以实现，而我们也很难分辨出这笔货币是不是剩余价值。由此可知，剩余价值到所有者手里的方式，丝毫不能改变价值或货币的本性。因此，在其他条件不变的情况下，纱厂主新增加的2000镑货币资本中的4/5要去购买棉花等物，1/5要去购买新的纺纱工人。当然，2000镑新资本不仅会在纺纱厂中执行职能，而且还会带来400镑的剩余价值。

资本价值最初是以货币形式预付的，而剩余价值一开始就作为总产品价值的一部分而存在。如果产品卖出去的话，资本价值就又取得自己最初的形式，而剩余价值也改变自己最初的存在方式。此时，资本价值和剩余价值二者都转化成资本，并且由资本家把这二者再次用来购买商品，以便能够在扩大规模上重新开始生产。然而，要买到这些商品，就必须能够在市场上找到这些商品。

要积累，就必须把一部分剩余产品转化

工人正在使用骡机工作

资本家剩余价值是资本积累的源泉。要做到积累，就必须把一部分剩余价值通过追加生产资料的方式转化为资本重新投入生产。图中新式骡机的应用，使得一个工人可以同时看管1000个锭子。英国当时正是使用了这种机器纺制优质细纱，满足了市场上大量印度薄纱的需求。直至20世纪50年代这种机器才逐步被环锭纺纱机所取代。

>>> 进出口贸易管理 >>>

5 秒钟经济学

国家政府通过行政立法、政策和各种措施对进出口贸易实行的监督、协调和控制。进出口贸易管理始于资本主义自由竞争时期。当时，英国工业水平较高，出口商品在国际市场上竞争力强，因此实行自由贸易政策，取消对进出口贸易的限制和障碍，取消对本国进出口商实行的各种特权和优待，使商品自由进出口，在国内外自由竞争。美国和西欧其他一些国家，则由于工业水平落后，为保护本国的幼稚工业，对进口采取各种限制措施，使本国市场免受外国商品冲击，对出口则采取鼓励政策，给予优惠和津贴。

为资本。实际上，只是在劳动过程中可使用的物品，即生产资料以及工人用以维持自身的生活资料，能够转化为资本。总而言之，剩余劳动必须用来制造追加的生产资料和生活资料，它的价值就是剩余价值，它们的数量要能够转化为资本。

当这些组成部分真正执行资本职能的时候，资本家阶级需要追加劳动，需要从外延或内含方面减少对就业工人的剥削。显而易见，由于资本主义生产机构把工人阶级定义为靠工资过活的阶级，他们已经注意到他们的通常的工资不仅够用来维持自己，而且还够用来进行繁殖。因此，资本家的资本要把工人阶级每年向它提供的追加劳动力同已经包含在年产品中的追加生产资料合并起来，让劳动力再生产出来，从而完成剩余价值向资本的转化。具体来说，积累就是资本的规模不断扩大的再生产，按照西斯蒙第的说法，就是把简单再生产的循环改变为螺旋形的即可。

让我们谈谈实例，就是父亲生儿子、儿子生孙子的老故事。如果10000镑原有资本能够带来2000镑的剩余价值，就是把剩余价值资本化，而新的2000镑资本又可以带来400镑剩余价值，同时产生第二个追加资本和80镑新的剩余价值。然而，原有预付的10000镑资本的所有者是从哪里得到它的呢？当然政治经济学的代表人物会说，所有者通过本人的劳动和祖先的劳动得到的！在他们看来，这种假定好像是唯一符合商品生产的规律的。

至于2000镑追加资本的情况，它的产生过程是一清二楚的，就是资本化的剩余价值。实际上，它的任何一个价值原子都是由别人的无酬劳动产生的，并不是合并追加劳动力的生产资料以及维持这种劳动力的生活资料。虽然维持这种劳动力的生活资料是剩余产品不可缺少的组成部分，是资本家从工人阶级那里夺取贡品的不可缺少组成部分。因此，资本家会用贡品的一部分来购买追加劳动力，甚至以十足的价格来购买。当然，用等价物交换等价物不过是征服者的老把戏，都是用从被征服者那里掠夺来的货币去购买被征服者的商品而已。

如果追加资本所雇用的工人就是生产者的话，那么工人必须继续使原有资本增

工业产品

　　资本积累就是资本规模不断扩大的再生产。资本家把剩余价值中的一部分转化为资本，投入到生产中，扩大再生产的规模。扩大再生产则可能带来社会的全面繁荣。图为1862年的伦敦世博会，展出的新的工业产品——缝纫机、印刷机和火车等。

殖，要用耗费比过去劳动更多的劳动；如果我们把这看作是资本家阶级和工人阶级之间交易的话，那么用从前雇用工人的无酬劳动来雇用追加的工人也不会改变问题的实质。虽然资本家还会把追加资本转化为机器，而机器又把这种追加资本的生产者抛向街头，甚至是用几个儿童来代替他们，但是工人阶级总是用他们这一年的剩余劳动创造下一年雇用追加劳动的资本。实际上，这就是所谓"资本生资本"。换而言之，资本家所预付的追加资本，也就是他的"最初劳动"的价值的确是积累的前提，甚至是第二个追加资本的前提。因此，过去对无酬劳动的所有权，成为现今资本占有无酬劳动的唯一条件，而资本家积累得越多就越能更多地积累。

　　既然能够构成第一个追加资本的剩余价值，这种一部分预付资本购买劳动力的结果就完全符合商品交换的规律，是前一种关系的结果。另外，从法律上来看，这种购买的前提不外是工人自由地支配自己的能力，而货币或商品的所有者能够自由地支配属于他的价值。换而言之，既然第二个追加资本等不过是第一个追加资本的结果，而且交易符合商品交换的规律，资本家购买劳动力，工人出卖劳动力，甚至可以假定这种交易是按劳动力的实际价值进行的。显而易见，以商品生产和商品流通为基础的占有规律或私有权规律，虽然表现为最初行为的等价物交换，但是却已经变得仅仅在表面上是交换，实际上却是通过内在的、不可避免的辩证法把自身转变为自己对立物的。当然，用来交换劳动力的那部分资本本身就是不付等价物而占有别人劳动产品的一部分，而且这部分资本必须由它的生产者来补偿，并在补偿时加上新的剩余额。因此，资本家和工人之间的交换关系，不过是属于流通过程的一种表面现象，是成为一种本身与内容无关的神秘化形式。虽然资本家可以用不付等价物的方式来不断换取更大的活劳动，但是我们至少应当承认这样的假定，权利平等的商品所有者是互相对立的，而让渡自己的商品只能通过占有别人商品的手段。对于资本家来说，所有权表现为占有别人无酬劳动或产品的权利；对于工人来说，它表现为不能占有自己的产品。当然，所有权似乎是以自己的劳动为基础的，商品也只能是由劳动创造的，而且所有权和劳动的分离成为经济规律的必然结果。

　　交换规律要求商品交换价值的相等，甚至要求商品使用价值的各不相同。虽然这样的要求同它们的消费毫无关系，毕竟消费只是在买卖结束和完成以后才开始

改变世界的财富——石油

　　资本的积累不仅取决于资本家的剥削程度，而且也受社会需求的影响。1938年，当沙特国王允许外国开采公司在他的土地上寻找石油后，工业和运输业的发展对石油的迫切需求，立刻使沙特国王成为世界上最富有的君主。如今，沙特皇室已拥有180亿美元的财产。

城堡中的豪华布置

用从劳动者那里掠夺来的货币去购买劳动者的商品,资本家这种对无酬劳动的占有,成为扩大再生产的唯一条件。在扩大再生产的过程中,商品生产所有权就变成了资本家的占有权。图中城堡奢华阔绰的气势足以显示房主的富有。

的，但是货币最初转化为资本是完完全全符合商品生产的经济规律以及由此产生的所有权的。尽管如此，这种转化仍然有以下的结果：

1.产品属于资本家，不属于工人；

2.产品价值包含预付资本的价值和剩余价值，而且要耗费工人劳动的剩余价值不需要资本家耗费任何东西；

3.只要找到买者，工人就可以重新出卖劳动，保持自己的劳动力。

如果简单再生产转化为规模扩大再生产的时候，资本集中为积累所代替，而资本家从花费全部剩余价值转化到消费剩余价值的一部分，并把其余部分转化为货币体现自己的公民美德。尽管单独考察的交换行为仍遵循交换规律，但占有方式发生的根本变革却丝毫不触犯与商品生产相适应的所有权。实际上，只要工人自己把劳动力作为商品自由出卖，这种结果是不可避免的。然而，商品生产才开始普遍化，成为典型的生产形式，每一个产品都是为卖而生产，而生产出来的一切财富都要经过流通。此时，雇佣劳动成为商品生产的基础，商品生产强加于整个社会，并发挥自己的全部潜力。总而言之，商品生产按自己本身内在的规律发展成为资本主义生产，而商品生产的所有权规律也就成为资本主义的占有规律。

我们已经看到，全部预付资本在简单再生产的情况下，都转化为积累资本或资本化的剩余价值，而在生产的巨流中，全部预付资本重新转化为资本，成为一个近于消失的量。

节欲论

我们可以把剩余价值或剩余产品看作资本家的个人消费基金，也可以把它看作积累基金，甚至是二者兼而有之。换而言之，剩余价值的一部分由资本家作为收入消费，另一部分用作资本或积累起来。另外，在一定量的剩余价值中，两者成反比关系。

资本家只有作为人格化的资本，才有历史的价值，才有像利希诺夫斯基所说的"没有任何日期"的历史存在权。虽然资本的暂时必然性包含在资本主义生产方式的暂时必然性中，但是他的动机却不是出于使用价值和享受，而是交换价值和交换价值的增殖。资本家狂热地追求价值的增殖和迫使人类去生产，不仅发展社会生产力和创造生产的物质条件，而且为一个更高级的、以每个人全面发展为基本原则的社会形式创造现实基础。实际上，只有这样的条件才能使资本家作为资本的人格化受到尊敬。同货币贮藏者表现的个人狂热一样，资本家具有绝对的致富欲。虽然资本家不过是社会机构中的一个主动轮而已，但是资本主义生产的发展使投入工业企业的资本有不断增长的必要，让资本主义生产方式的内在规律作为外在的强制规律支配着每一个资本家。

就资本家的一切行动而论，他的投资只是实施资本的意志和意识，他的私人消

大规模生产的工厂

为了获取最大限度的剩余价值，进行更多的资本积累，资本家的贪欲是永无止境的。他们加强对工人的剥削，通过资本积累来扩大再生产规模，获取更多的剩余价值。图为1890年德国曼海姆一家大型的工厂，工人们正在操作大型涡轮机。

费是对资本积累的掠夺，就像意大利式簿记中把资本家的私人开支记在资本的借方一样。作为资本家直接和间接统治的手段，资本积累是对社会财富世界的征服，是对被剥削的工人和材料数量的扩大。

在资本主义生产方式发展初期，资本主义暴发户的致富欲和贪欲都是作为绝对欲望占统治地位的，而资本主义生产的进步仅仅是创造一个享乐世界而已。随着投机和信用事业的发展，资本主义生产的进步还开辟出千百个致富的源泉。换而言之，在一定的发展阶段上，习以为常的挥霍，不仅能够作为炫耀富有和取得信贷的手段，而且成为"不幸的"资本家营业上的一种必要，甚至成为列入资本的交际费用。此外，同货币贮藏者相比，资本家财富的增长，不同自己的个人劳动和个人消费的节约成比例，而是同他榨取别人劳动力的多少和强迫工人放弃生活享受的程度成比例的。因此，虽然资本家的挥霍从来不像封建主那样直截了当，但是资本家的挥霍依旧隐藏着最肮脏的贪欲和最小心的盘算。

在各种不同的社会经济形态中，简单再生产和规模扩大的再生产也许在程度上是不同的，但是生产和消费会累进地增加，转化为生产资料的产品也会累进地增加。因此，只要工人的生产资料还没有以资本形式同他相对立，他的产品和生活资料就不会表现为资本积累，也不会表现为资本家的职能。

资本和收入积累量的情况

假设剩余价值分为资本和收入的比例已定，比如80％被资本化，20％被消费掉，那么积累的资本是2400镑还是1200镑，就要看剩余价值的总额是3000镑还是1500镑。换而言之，积累的资本量显然取决于剩余价值的绝对量，而决定剩余价值量的情况也影响着积累量。当然，我们对这些情况的说明范围，只限于它们在积累方面提供的新观点。

我们认为剩余价值率取决于劳动力被剥削程度，而政治经济学非常重视剥削程度的作用，甚至会把提高劳动生产力而造成的积累加速和加强对工人剥削而造成的积累加速等同起来。虽然我们假定工资至少和劳动力的价值是相等的，但是把工资强行压低到这一价值以下，就是把工人的必要消费基金转化为资本的积累基金，的确在实际运动中起着重要的作用。比如18世纪末和19世纪的英国，租地农场主和地

在屋内的农民家庭

路易·勒拿的这幅作品充满着浓郁的生活和时代气息。这家勤劳的农民终年劳作，但政府沉重的税收使得他们的生活极其贫寒清苦。画中家庭主妇身着粗布衣服，缠着头巾，粗糙的皮肤和略显苦涩的表情，手拿着品质低劣的红葡萄酒。一家人坐在那里，就像桌上粗糙的食物一般让人不忍卒睹。

>>> 高利贷 >>>

以高额利息为特征的借贷方式。是最古老的信用形式，又是前资本主义社会中信用的主要存在形式。高利贷产生于原始社会末期。随着社会分工和私有财产的产生，商品交换的发展，原始公社内部发生了财富两极分化，出现了相对富裕家族。在社会生产力水平极其低下，本来就不充裕的物质财富主要集中在某些富裕家族手中的情况下，另一些贫穷家族迫于维持生计和简单再生产的需要，不得不以极高的代价向富裕家族求借，于是产生了高利贷。

主把工资强行降到绝对的最低限度，给农业短工的工资比最低限度还要低，而且以教区救济金的形式付给不足的部分。在一切工业部门里，不变资本必须能够提供一定数量的工人，但是不必同所使用的劳动量按同一比例增加。假定某一工厂有100个工人，每人每天劳动8小时，总共800个劳动小时，但是资本家想使这个劳动小时数增加一半，可以再雇用50个工人，也可以使原有的100个工人每天劳动12小时。雇用新工人会带来新的预付资本，而提高劳动力的紧张程度而获得的追加劳动，却在增加剩余产品和剩余价值的基础上，没有使不变资本获得相应的增加，实现实体的积累。

至于资本积累的另一个重要因素，社会劳动生产率的水平的提高，体现一定量价值可以提高一定量剩余价值的产品量。在剩余价值率不变甚至下降的前提下，剩余产品量会增加，但其下降比劳动生产力的提高要缓慢得多。因此，在剩余产品分为收入和追加资本的比例保持不变的情况下，资本家的消费可以增加，而积累基金并不减少，甚至可以通过牺牲消费基金而增加积累基金的相对量。此时，工人变得便宜，剩余价值率的增加和劳动生产率的提高携手并进，使得商品变得便宜，资本家享用的消费比过去还多。即使在实际工资提高的情况下，这种情况也是如此，同一可变资本价值可以推动更多的劳动力，而实际工资从来不会和劳动生产率按同一比例增加。当同一不变资本价值体现在更多生产资料上的时候，不变资本价值可以体现在更多的劳动资料、劳动材料和辅助材料上，提供更多的吸收劳动的要素，并在追加资本价值不变甚至降低的情况下加快积累。当然，再生产规模扩大，同剩余价值的生产比追加资本的价值增长得更快。

同执行职能的不变资本一样，劳动生产力的发展也会对预付资本或已经处于生产过程中的资本发生反作用。虽然这些劳动资料只有经过一个较长的时期才会被消费掉，但是这些劳动资料都会被再生产出来或被同一种新的物品所替换。随着科学和技术的不断进步和不断发展，生产这些劳动资料的劳动生产力会使得旧的机器、工具、器具等效率更高，而且会被更便宜的机器、工具和器具等代替。如果撇开现

轧铁工厂

剩余价值率首先取决于劳动力的剥削程度。工人把劳动力作为商品卖给资本家，然后工人劳动力在资本家手中只作为他的生产资本的一个要素来执行职能。图为在19世纪的德国，轧铁工厂内机轮、铁水、轧铁工人共同绘制出一幅热火朝天的工作场面。

有的劳动资料的不断改进来看，旧的资本也会以更高的生产效率形式再生产出来，而不变资本的另一部分随着改良方法的采用不断地再生产出来。因此，追加资本和已在执行职能的资本几乎同时发生影响。实际上，化学的每一个进步不仅增加有用物质的数量和已知物质的用途，而且还教人们把生产过程和消费过程中的废料投回到再生产过程的循环中去，扩大投资领域。同提高劳动力的紧张程度相比，加强对自然财富的利用以一定量为转移的扩张能力，无需预先支出资本就能创造新的资本材料。同时，这种扩张能力以新形式无代价地实现社会进步，使得正在执行职能的资本部分地贬值。通过竞争，这种贬值被资本家用加强对工人剥削的办法来弥补，主要负担也会落到工人身上。

劳动不仅可以把生产资料的价值转移到产品上去，而且可以把一定量劳动推动的生产资料的价值和数量同劳动生产效率的提高成比例地增加。随着劳动生产率的提高，同量的劳动始终是给自己的产品增加同量的新价值，而且由劳动转移到产品上的价值仍会增加。

随着资本的增长，所使用资本和所消费资本之间的差额也在增大，比如建筑物、机器、排水管、役畜以及各种器具的价值量和物质量都会增加。在不断反复进行的生产过程中，劳动资料用自己的整体执行职能，就是为达到某种有用的效果服务和损耗本身。作为产品形成要素，这些劳动资料把自己的价值转移到产品中去，而且如同我们在上面说过的自然力如水、蒸汽、空气、电力等那样，提供无偿的服务。这一点就像被活劳动抓住并赋予生命的无偿服务一样，会随着积累规模的扩大而积累起来。

在劳动力剥削程度已定的情况下，剩余价值量取决于被剥削的工人人数。虽然被剥削工人人数和资本量的比例是变动的，但是由于连续的积累，资本可以分为消费基金和积累基金的价值额也就增加得越多。因此，生产的规模随着预付资本量一同扩大，生产的全部发条开动得更加有力，而资本家既能过更优裕的生活，又能更加"禁欲"。

生产规模扩大

资本家资本积累的规模，取决于剩余价值的数量。生产规模的不断扩大产出的剩余价值也就可能越多，这就要求资本家投入更多的预付资本，即积累更多的资本。图中整齐排列在海兰花园工厂外面的福特T型车半成品蔚为壮观。

第一卷 资本的生产过程

第十八章 资本主义积累的一般规律

资本构成不变，对劳动力的需求随积累的增长而增长

在资本增长对工人阶级命运产生影响的研究中，资本的构成和它在积累过程中所起的变化是最为重要的影响因素。我们应该从双重的意义上来理解资本的构成。从价值方面来看，资本的构成是不变资本和可变资本的比率，就是生产资料的价值和劳动力的价值的比率；从在生产过程中发挥作用来看，资本构成是由所使用的生产资料量和为使用这些生产资料而必需的劳动量之间的比率来决定的。前一种构成可称为资本的价值构成，后一种构成是资本的技术构成。当然，二者之间有密切的相互关系。为了表达这种关系，由资本技术构成决定并反映技术构成变化的资本价值构成，可以称为资本的有机构成。因此，资本构成始终应当理解为资本的有机构成。

实际上，投入一定生产部门的单个资本，彼此之间都具有多少不同的构成。如果把这些资本构成加以平均的话，我们就可以得到这个生产部门的总资本构成；如果把一切生产部门的平均构成加以总平均的话，我们就得出一个国家社会资本的构成。一般来说，资本增长包含它的可变部分，即转化为劳动力部分的增长，而转化为追加资本的剩余价值总有一部分会转化

织工

资本的积累对工人阶级命运会产生非常不利的影响。因为资本的积累，使扩大规模的再生产成为可能，一方面生产出更多更大的资本家，另一方面再生产出更多的雇佣工人，资本积累无形中就演变成无产阶级的增加和受剥削范围的扩大。图中英国工业革命时期的纺织厂里除了妇女还出现了儿童的身影。

为可变资本或追加的劳动基金。假定资本的构成不变，我们为推动一定量的生产资料或不变资本始终需要同量劳动力，那么对劳动的需求和工人生存基金显然按照资本增长的比例而增长，而且资本增长得越快，它们也增长得越快。在致富欲的刺激下，尤其是在新的市场、新的投资领域的刺激下，改变剩余价值或剩余产品可以提高资本和收入的比例，还有积累的规模。只要资本的积累需要能够超过劳动力或工人人数的增加，对工人的需求就能够超过工人的供给，从而导致工资的提高。实际上，只要上述假定一直不变，这种情况最终一定会发生。因此，在整个15世纪到18世纪上半叶，英国的情况就比较有利于雇佣工人的维持和繁殖，简单再生产丝毫不会改变资本主义生产的基本性质，不断地再生产出资本家和雇佣工人。当然，规模扩大的再生产的资本关系可以生产出来更多的资本家和雇佣工人，而更多的劳动

资本家与劳动者

不管是更换雇主，还是获得高额的工资，这些都不能掩盖工人与资本家的隶属关系和被剥削的状况。资本主义生产关系致使资本家永远都凌驾于劳动者之上，图中资本家正在指挥工人干活。

力会不断地作为价值增殖的手段并入资本，体现出对资本的从属关系。

在以上最有利的积累条件下，工人可以忍受对资本的从属关系，就像伊登所说的"安适和宽松的"形式。随着资本的增长，这种关系更为扩大，也就是说，资本剥削和统治的范围随着它本身的规模和臣民人数的增大而扩大。当工人生产的价值日益增加并越来越多地转化为追加资本的剩余产品中的时候，这些价值就会以支付手段的形式流回到工人手中，使他们能够扩大自己的享受范围，比如较多的衣服、家具等消费基金，甚至是积蓄一小笔货币准备金。虽然待遇的提高和持有财产的增加不能消除工人与资本的从属关系和资本家的剥削，但是由于资本积累而提高的劳动价格，却在一定程度上使雇佣工人能暂时多获得一些利益。在这一问题的争论中，我们大多把主要的东西，即资本主义生产的特征忽略。购买劳动力，不是为用

它的服务或产品来满足买者的个人需要，而是通过生产商品，使其中包含的劳动比他支付报酬的劳动多，包含着为买者资本增殖的目的。在这个生产方式的绝对规律下，劳动力可以把生产资料当作资本来保存，把自身的价值当作资本再生产出来，并且以无酬劳动提供剩余价值，通过商品的出售得到实现。另外，在约翰·威德的《中等阶级和工人阶级的历史》一书中曾经提到，"不论工业工人还是农业工人，他们就业的界限是一致的，那就是雇主能够从他们的劳动产品中榨取利润。如果工资率过高，使雇主的利润降低到平均利润以下，雇主就会不再雇用他们，或者只有在他们答应降低工资的条件下，才会继续雇用他们"。实际上，不管劳动力的出卖条件对工人是怎样的有利，追加资本的目的都是使劳动力不断地再出卖，使财富作为资本不断地扩大再生产。按照工资本性来说，要求工人提供一定数量的无酬劳动，即使完全撇开工资提高而劳动价格同时下降等情况不说，永远不会达到威胁制度本身的程度。

实际上，由资本积累而引起的劳动价格的提高不外是下列两种情况。首先是劳动价格的继续提高，但不会妨碍积累的进展。亚当·斯密曾说过："即使利润下降，资本还是能增长，甚至增长得比以前还要快……利润小的大资本，会比利润大的小资本增长得快"（《国富论》第1卷第189页）。这没有什么值得奇怪的地方。当劳动价格重新降到适合资本增殖需要水平的时候，劳动力或工人人口绝对增加或相对

伯明翰兑换券

乌托邦理想主义者罗伯特·欧文在1832年在伯明翰推出了这样一种"劳动兑换券"，他认为只有劳动才能衡量价值的多少，商品买卖价格应由制造该产品具体花费的时间来定。本券就显示持有者可以买到价值5个劳动时的东西。但此举不久就宣告失败。

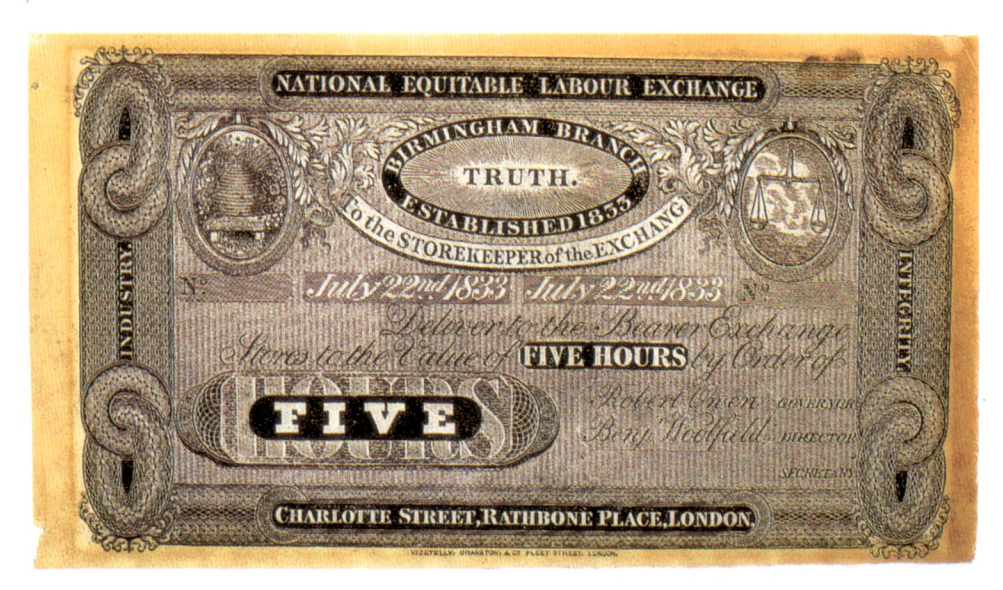

>>> 资本主义积累 >>>

5 秒钟经济学

在资本主义社会，由于剩余价值规律的作用，资本家必然不断地进行积累，将剩余价值的一部分转化为资本，实行扩大再生产。一方面，由于资本积累是通过资本积聚和资本集中两种形式实现的，因此，资本积累过程也就是日益增多的社会财富愈来愈集中到少数大资本家手中的过程。另一方面，随着资本积累，资本有机构成的合理化和劳动生产率不断提高，一定的劳动力可以推动越来越多的生产资料，导致产业后备军的形成和扩大。

增加的减缓并不会引起资本的过剩，甚至引起可供剥削劳动力不足的情况出现，而无酬劳动的减少绝不会妨碍到资本统治的扩大。其次是由于劳动价格的提高，导致积累削弱和利润反应的迟钝。当资本和可供剥削的劳动力之间的平衡消失的时候，不管这个平衡是低于、高于还是等于工资提高前的正常水平，资本积累都会减少，而负责资本主义生产的机构会自行排除这种障碍。当劳动力绝对增加或相对增加的加速引起资本不足的时候，资本的减少可以使可供剥削的劳动力过剩，甚至使劳动力价格过高。正如资本积累能够反映为可供剥削劳动力数量的相对运动一样，这一切看起来好像是由后者自身的运动引起的。用数学术语来说：积累量是自变量，工资量是因变量，而不是相反。

作为所谓"自然人口规律"的基础，资本主义生产规律可以简单地归结为资本、积累同工资率之间的关系，不仅是转化为资本的无酬劳动和为推动追加资本所必需的追加劳动之间的关系。当然，作为两个彼此独立的量，资本量和工人人口数量之间的关系，就像工人提供的无酬劳动和有酬劳动之间的关系。如果资产阶级所积累的无酬劳动量增长得十分迅速，工人阶级提供的无酬劳动就会相应地减少，只有大大追加有酬劳动才能转化为资本，从而提高工资。另外，一旦这种减少达到一定量以后，滋养资本的剩余劳动就不再会有正常数量的供应，收入中资本化的部分会减少，而工资的上升运动受到反击。由此可见，劳动价格的提高被限制在这样的界限内，就是限制在使资本主义制度的基础不受侵犯的界限内，而且是能够保证资本主义制度扩大再生产的界限内。当然，资本主义积累的本性决不允许劳动剥削程度的任何降低或劳动价格的任何提高，更别提危及资本关系的不断再生产和规模不断扩大的再生产。如果物质财富为工人的发展需要而存在的话，现有价值的增殖需要的生产方式就不会是这个样子的。

资本可变部分在积累积聚进程中的相对减少

当资本主义制度的基础奠定下来的时候，社会劳动生产率的发展就会成为资本

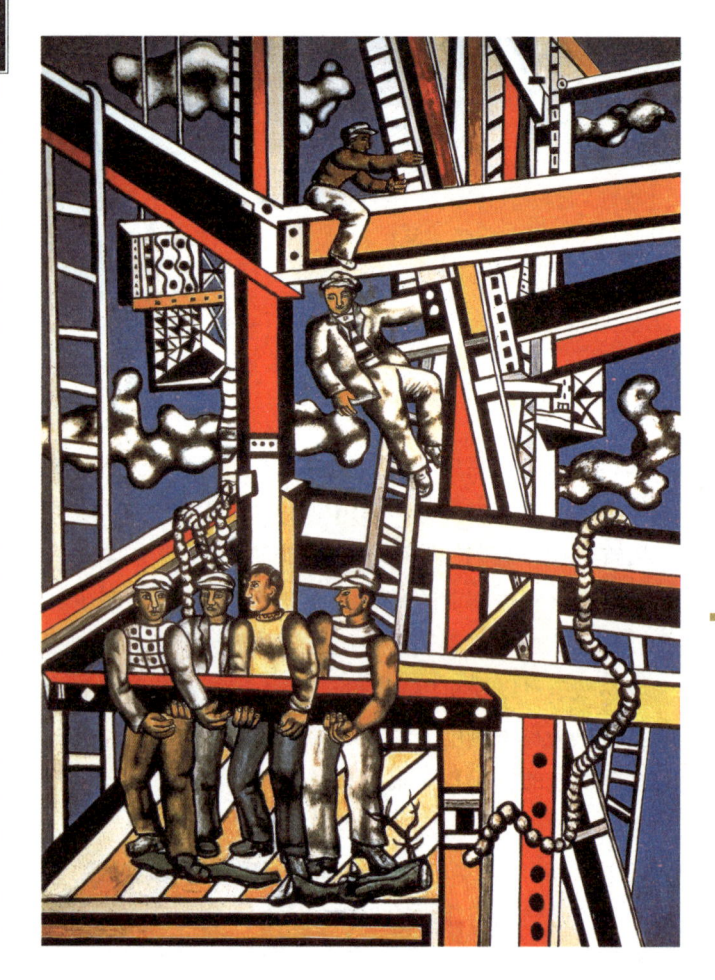

建筑工人

劳动生产率的增长也意味着生产资料和生活资料的量的不断增长。反之生产资料的增长也会带来劳动生产率的增长，二者互为因果。图中表现了20世纪现代机械促成了人类社会的高速发展，工人与机械已密不可分。

积累的有力杠杆。当然，如果撇开土壤肥力等自然条件和独立生产者的技能来看，社会劳动生产率的水平就可以表现为一个工人在一定时间内，以同样的劳动力强度使之转化为产品的相对量。随着工人劳动生产率的增长，生产资料的用量也会增长。由此可见，生产资料的增长不仅会比并入生产资料的劳动力相对增长得快，带来劳动生产率增长的结果，而且是劳动生产率增长的条件。劳动生产率的增长带来资本技术构成的变化，也就是表现的劳动量要比它所推动生产资料的量相对减少，或者说，表现为劳动过程主观因素要比客观因素减少得快。耗费的生产资料价值或资本不变部分的相对量，同资本的积累增进成正比，而用来支付劳动或资本可变部分的相对量，一般同积累的增进成反比。

随着资本可变部分与不变部分比例的相对减少，劳动生产率的增长不仅使生产资料的消费量增大，使资本的物质组成部分构成发生变化，而且能够使生产资料的价值比生产资料的量相对地减小。因此，生产资料的价值会绝对地增长，但不是按消耗量的比例增长。随着差额的增长，不变资本和可变资本之间的差额会增大，但是同不变资本和可变资本转化为生产资料消耗量的差额相比，增长的程度较小。

虽然资本积累的增进可以使资本可变部分的相对量减少，但是绝不因此影响绝对量的增加。假定不变资本和可变资本最初的比例为1∶1，后来发展成为4∶1，而原有资本在此期间也从6000镑增加到18000镑，它的可变组成部分就要增加1/5，由原先的3000镑增加到3600镑。当然，只需资本增加20%就可以使劳动需求提高20%的比例就不复存在，原有资本增加为三倍才可以满足这个条件。

作为资本积累的手段，生产资料的积聚不仅指挥着一支数目庞大的劳动军，而且会随着财富数量的增多而扩大这种财富在单个资本家手中的积聚，从而扩大生产规模和执行资本职能。通过许多单个资本的增长，生产资料就会在资本家家庭内部的分配中起重大作用，并按照它们在社会总资本中所占份额的比例而增长。实际上，这种直接以积累为基础的积聚具有以下两个特征：第一，在其他条件不变的情况下，社会生产资料积聚的增进，受到社会财富增长程度的限制；第二，社会资本中固定在不同资本家身上，而且可以作为独立的和互相竞争的商品生产者彼此对立存在。因此，伴随积累的积聚，资本的积累表现为生产资料和对劳动支配权不断增长的积聚中，不仅分散在许多点上，表现为许多单个资本的互相排斥，而且资本增长会受到新资本形成和旧资本分裂的阻碍。

由于分散为许多互相排斥和互相吸引的单个资本，社会总资本已不再是生产资料和对劳动支配权简单的积聚，而它们个体独立性的消灭，是资本家剥夺资本家的过程。当然，这一过程和前一过程不同就在于，小资本变成少数大资本是以

资本主义竞争

资本主义再生产中的激烈竞争，迫使资本家不断地进行资本积累。在资本主义竞争中，大资本总是处在有利的地位。为了在竞争中保存自己，击败对手，资本家只有不断地进行资本积累，扩大资本规模。如同登高才能望远一样，资本家也要不断扩大再生产规模进行资本积累，才有可能在资本竞争中立于不败之地。

执行职能的资本在分配上的变化为前提的,而且作用范围不受社会财富的绝对增长或绝对界限的限制。实际上,资本之所以能在一个人手中大量增长,是因为它在许多人手中的丧失,绝不同于积累和积聚的集中。

我们不可能在这里详细阐述资本集中或资本吸引资本的规律,只需简单提一下事实即可。在其他条件不变时,商品的价值取决于劳动生产率,而劳动生产率又取决于生产规模。因此,随着资本主义生产方式的发展,单个资本在正常条件下经营某种行业的最低限量已经提高,较小的资本家垮台。一般来说,较大的资本会战胜较小的资本,并把它挤到那些零散地的生产领域中去。当然,竞争的激烈程度会同资本的多少成正比,同资本的大小成反比。另外,一种崭新的力量——信用事业,作为积累的小助手不声不响地挤进来,并把那些分散在社会表面上的货币资金吸引到单个的或联合的资本家手中,从而在竞争斗争中形成一个可怕的武器,甚至把它变成一个实现资本集中的社会机构。

随着资本主义生产和积累的发展,竞争和信用也以同样的程度发展起来,不仅使集中的材料即单个资本增加,而且是资本主义生产持续扩大和建立起来的强大工业企业。此时,单个资本的互相吸引力和集中趋势比以往任何时候都强烈。当然,集中运动的相对广度和强度在一定程度上的确是由资本主义财富达到的数量和经济机构的优越性来决定的,但是集中的进展绝不会取决于社会资本的实际增长量。这正是集中和积聚不同的地方,因为积聚不过是规模扩大再生产的表现而已,而集中可以通过改变既有资本的分配和社会资本各组成部分的组合来实现。当资本在一个人手中大量增长的时候,许多单个资本就从其他人手中被夺走了。如果投入的全部资本已融合为一个单个资本时,这个生产部门的集中就达到极限。实际上,只有当社会总资本或者部门总资本合并在唯一的资本家手中,集中才算达到极限。

不论经营规模的扩大是积累的结果,还是集中的结果,资本积累的作用可以使工业资本家能够扩大自己的经营规模,并打破其他资本的个体内聚力,把各个零散的碎片吸引到自己方面来。在这种场合里,某些资本可以成为对其他资本的优势引力中心,并通过建立股份公司这一比较平滑的办法把许多已经形成或正在形成的资本融合起来。当然,对于更广泛地组织许多人的总体劳动来说,工业企业规模的扩大可以更好地发展这种劳动的物质动力,也就是对于使分散和习惯进行的生产过程不断地变成社会结合的、用科学处理的生产过程。

当然,由圆形运动变为螺旋形运动的再生产会引起资本的逐渐增大,但是同要求改变社会资本各组成部分量的组合比较起来,前者仍旧是一个极缓慢的过程。假如必须等待积累去使某些单个资本增长到能够修建铁路的程度,那么恐怕铁路还没有出现吧!因此,集中在这样加强和加速积累作用下,可以用扩大和加速资本技术构成的变革,即减少资本的可变部分来增加它的不变部分,从而减少对劳动的相对需求。

阿姆斯特丹股票交易大厅

　　世界上最早的股份有限公司制度诞生于1602年，即在荷兰成立的东印度公司。股份有限公司这种企业组织形态出现以后，很快成为资本主义国家企业组织的重要形式之一。伴随着股份公司的诞生和发展，带动了股票市场的出现和形成。早在1611年就曾有一些商人在荷兰的阿姆斯特丹进行荷兰东印度公司的股票买卖交易，形成了世界上第一个股票交易所。图中是17世纪时阿姆斯特丹股票交易大厅的繁荣场面。

　　由此可见，在积累进程中形成的追加资本，会越来越少地吸引工人，而周期地按新的构成再生产出来的旧资本，会越来越多地排斥它以前所雇用的工人。

相对过剩人口或产业后备军的累进生产

　　随着资本量的扩大，资本积累不断发生质的变化，通过减少资本的可变部分来不断增加资本的不变部分而实现资本构成的改变。随着总资本的增长，总资本可变部分的相对减少也会加快，而且比总资本的增长还要快。实际上，工人人口的绝对增长总是比可变资本即工人人口的就业手段增长得快，而资本积累也会超过资本增殖的平均需要追求能力和规模的增长，并形成过剩的或追加的工人人口。

　　就社会总资本来考察，积累运动会引起经济周期的变化，并影响到各个不同的生产部门。由于单纯的积聚，某些部门资本的构成会发生变化，但资本的绝对量没有增长；在有些部门，资本的绝对增长同可变部分或所吸收劳动力的绝对减少结合在一起；在另一些部门，资本时而在一定的技术基础上持续增长，并按照增长的比例吸引追加的劳动力，时而会变化有机构成，导致资本的可变部分缩小；在一切部门中，资本可变部分的增长，都会导致就业工人人数的增长和过剩人口的激烈波动。当然，这种排斥就业工人的形式的确是很明显地同过剩人口的产生结合在一起的，并通过追加工人人口去扩大社会资本量的增长及其增长程度的提高。随着生产规模和工人人数的扩大，财富的源流会更加广阔，充足资本有机构成和技术形式的变化速度会不断加快，而资本对工人的吸引力和排斥力的结合也会不断扩大，并影响卷入这些变化的生产部门。因此，在工人生产出资本积累的同时，资本扩大的规模生产也成为相对过剩人口的手段。这就是资本主义生产方式所特有的人口规律，事实上，每一种特殊的生产方式都有其特殊人口规律，而抽象的人口规律只存在于没有受人干涉的动植物界里。

作为资本主义财富发展的必然产物，过剩的工人人口形成一支绝对地隶属于资本，可供支配的产业后备军，就好像它是由资本出钱养大的一样。由于不受人口实际增长的限制，过剩的工人人口为不断变化的资本增殖需要创造出随时可供剥削的原料。实际上，作为资本主义积累的杠杆，甚至可以算是资本主义生产方式存在的条件，产业后备军的确在经济停滞和繁荣时期，对现役劳动军起到压力的作用，并在生产过剩和亢进时期抑制现役劳动军的要求。换而言之，相对过剩人口是劳动供求规律借以运动的背景，它的作用范围也限制在绝对符合资本的剥削欲和统治欲的界限之内。

相对过剩人口的存在形式

在半失业或全失业的时期，尤其是在工业周期更替的阶段，每个工人都属于相对过剩人口，并具有显著的、周期反复的形式。因此，在危机时期，形形色色的相对过剩人口会急剧地表现出来。如果撇开这些形式不说，过剩人口经常具有三种形式：流动的形式、潜在的形式和停滞的形式。

在现代工业的中心，尤其是在工厂、制造厂、冶金厂和矿山等等，过剩人口处于流动的形式。总的说来，工人时而被排斥，时而被吸引，而增加的比率同生产规模相比不断缩小。

当资本主义生产方式占领农业的时候，对农业工人的需求就会绝对地减少，而且对人口的这种排斥会得到补偿。因此，一部分农村人口经常准备着转入城市无产阶级或制造业的队伍，尤其是在有利于这种转化条件发生的时候。当然，相对过剩人口流向城市是以农村潜在的过剩人口为前提的。

至于第三类相对过剩人口，停滞的过剩人口是形成现役劳动军的一部分，但其就业极不规则。虽然它为资本提供一个贮存着可供支配劳动力的蓄水池，但是在这种劳动力的生活状况降到工人阶级平均正常水平以下的时候，它就会成为资本剥削的广泛基础。

至于相对过剩人口的最底层，尤其是那些陷于需要救济的赤贫阶级，撇开真正的流氓无产阶级（流浪者、罪犯和妓女等）不说，这个社会阶层由三类人组成。第一类是有劳动能力的人。实际

危险的工作

资本积累会造成超出工人人口自然增长的劳动供给，产生出超出资本增殖平均需要的过剩人口。相对过剩人口增多会对在业工人造成极大的压力，致使在业工人不得不过度劳动和忍受资本家的摆布。图中工人正在简陋而危险的工作环境下工作。

>>> 自由资本主义 >>>

以自由竞争为特征的资本主义。是资本主义发展过程中的第一阶段，为垄断资本主义的前身。从16世纪起，资本主义生产方式就在西欧各国逐步有了发展，但那时受到封建制度的种种束缚，自给自足的自然经济仍然居于统治地位。自由资本主义作为人类社会发展中的一个历史阶段，它的产生是以封建王朝的崩溃和资产阶级政权的建立为标志的。17世纪英国资产阶级革命的胜利具有划时代的意义，它标志着人类进入自由资本主义的历史时期。

拾穗者

农业一旦被资本主义的生产方式所占领，随着资本的积累和生产力的提高，对农业工人人口的需求就会绝对地减少，被排挤的大批农业工人只有在工业需要劳动力时才能流入城市。他们只能拿到极低的工资，挣扎在生活的最边缘。让·弗朗索瓦·米勒的这幅绘画史上最著名的农村题材作品，通过描绘麦田中捡拾麦穗的贫穷农妇，使工业化侵蚀下的农村充满了感伤与人性尊严的宁静。

上，只要粗略地浏览一下英格兰需要救济贫民的统计数字，我们就会发现他们的人数在经济危机发生时就增大，而在经济复苏时就减少。第二类是孤儿和需要救济的贫民子女。他们是产业后备军的候补者，尤其是在高度繁荣时期，他们可以迅速地补充到现役劳动军的队伍中来。第三类是流落街头和没有劳动能力的人。

虽然社会财富即执行职能的资本越多，资本增长的规模和能力就会越大，而无产阶级的绝对数量、劳动生产力和产业后备军也会越大。同资本的膨胀力一样，可供支配的劳动力也会由于一些原因发展起来，并导致产业后备军的相对量和财富力量一同增长。当然，同现役劳动军相比，这种后备军越大，常备的过剩人口也就越多，而他们的贫困同所受的劳动折磨成正比。随着贫苦阶层和产业后备军的扩大，工人阶级中的贫民也就越多。这就是资本主义积累的绝对的、一般的规律。同其他一切规律一样，这个规律在现实中也会由于各种各样的情况而有所变化，不过对这些情况的分析不属于这里研究的范围。

第十九章 原始积累

我们已经知道,资本积累要以剩余价值为前提,剩余价值要以资本主义生产为前提,而资本主义生产又以商品生产者握有大量的资本和劳动力为前提。然而,在这么一个恶性循环中,就是在货币转化为资本、资本产生剩余价值、剩余价值又产生更多资本的过程中,要想跳出这个循环,就只有假定资本主义积累之前曾有一种"原始"积累(亚当·斯密称之为"预先积累")。当然,这种积累不是资本主义生产方式的结果,而是它的起点。

实际上,创造资本关系的过程就像是劳动者和劳动所有权分离的过程,不仅能够使社会的生活资料和生产资料转化为资本,而且可以使生产者和生产资料相分离。虽然这个过程表现得"原始",但是作为历史过程,对于形成资本及与之相适应的生产方式具有重要的现实意义。正是由于原始积累的作用,使得资本主义社会的经济结构从封建社会的经济结构中产生和解放出来。

工业资本家的产生

毫无疑问,工业资本家不能像租地农场主那样逐渐地产生。虽然有些小行会师傅和独立手工业者,甚至雇佣工人,变成小资本家,并逐渐扩大对雇佣劳动的剥削和相应的积累,最终成为不折不扣的资本家,但是在中世纪欧洲城市,逃跑的农奴成为主人或仆人的问题多半取决于他们逃出日期的先后。当然,在资本主义生产的幼年时期,情形往往也是这样。虽然这种方法的进度无论如何也不能适应15世纪末世界市场的贸易需求,但是两种不同形式的资本,就是高利贷资本和商人资本在极不相同的社会经济形态中逐渐成熟,从而在资本主义生产方式到来的时候,发挥了极大的作用。

随着美洲金银产地的发现,土著居民要么被剿灭、被奴役,要么被埋葬于矿井,而对东印度和非洲开始进行的征服和掠夺,也都标志

圈地运动

新兴的资产阶级和资产阶级化的封建贵族,以暴力方式剥夺劳动者而实现的资本原始积累,为资本主义生产方式的确立提供了最初的和必要的前提。15世纪末,英国的毛纺织业对羊毛的急速需求使羊毛的价格上涨,养羊业成了极为有利可图的行业。大地主和农场经营主就用暴力拆毁和焚烧农舍和村庄,用栅栏和篱笆把大片土地圈起来变为牧场。这就是英国历史上最典型的"圈地运动"。图中是英格兰科茨沃尔兹的庄园,庄园的大部分收入都来自羊毛的生产。

着资本主义生产时代的曙光。

曾经田园诗般的过程成为原始积累的主要因素，而欧洲各国进行的商业战争，尤其是以尼德兰脱离西班牙开始的战争，使得殖民制度、国债、重税、保护关税制度和商业战争等真正成为工场手工业时期的嫩芽成长起来。

资本主义积累的历史趋势

资本的原始积累，即资本的历史起源，究竟是什么呢？从奴隶和农奴直接转化为雇佣工人，不过是单纯的形式变换，是直接生产者的被剥夺，意味着以自己劳动为基础的私有制的解体。实际上，作为集体所有制的对立物，私有制只存在于劳动资料和劳动的外部条件属于私人的地方，而私有制的性质也会因为归属不同表现出无数的阶层。

作为生产资料私有权的基础，劳动者的小生产是发展社会生产和劳动者本人自由个性的必要条件。在奴隶制度、农奴制度以及其他从属关系中，这种生产方式也是存在的。然而，劳动者是自己使用劳动条件的私有者，农民是耕种自己土地的私有者，手工业者是自己运用工具的私有者。只有小生产得到充分发展，才能显示出它的全部力量。虽然这种生产方式是以土地及其他生产资料的分散为前提的，但是它排斥生产资料的积聚和共同协作，也排斥同一生产过程内部的分工和社会对自然的统治支配，甚至排斥社会生产力的自由发展。要使它永远存在下去，就要根据贝魁尔指出的那样，"下令实行普遍的中庸"，让它会同生产和社会产生的界限相融，去感受社会内部束缚的力量和激情。一旦转化过程使旧社会充分瓦解，就是在资本主义生产方式站稳脚跟的时候，劳动者就会转化为无产者，他们的劳动条件就转化为资本，并进一步社会化，而土地和其他生产资料就转化为社会使用的生产资料。因此，对私有者的进一步剥夺，就应该采取新的形式，即通过资本主义生产本身的内在规律的作用，比如通过资本的集中进行的。随着少数资本家对多数资本家的剥夺，规模不断扩大的劳动协作日益发展，科学被自觉地应用于技术方面，土地被有计划地利用，劳动资料转化为共同使用的劳动资料，生产资料的使用日益节省，各国人民被卷入世界市场网，资本主义制度从而具有国际性质。

资本积累的原始状态

分工出现之后，一个人仅靠自己生产的产品无法满足全部生活需要，他必须用自己的产品或以自己产品售出所得的金钱，购买所需要的生活资料。所以，在他制作自己的产品及产品尚未售出的阶段，他必须有足够的积蓄维持生活，这就是资本积累最原始的状态。

第二卷

资本的流通过程

- 资本作为自行增殖的价值，不仅包含着阶级关系，而且还包含着建立在劳动作为雇佣劳动而存在的基础上的某种社会性质。它是一种运动，同时也是一个经过各个不同阶段的循环过程，产业资本的运动其实就是这种抽象的实现。在这些循环过程中，价值经过不同的形式和不同的运动，它不仅保存了自己，而且使自己得到增殖。

- 资本在生产领域停留的时间是它的生产时间，而它在流通领域停留的时间就是它的流通时间。从而，资本完成它的循环的全部时间，也就等于生产时间和流通时间之和。

- 资本的周转时间，包含着总资本价值从这一个循环周期到下一个循环周期的间隔时间，即包含着同一资本价值的增殖过程或生产过程的更新、重复的时间。单个资本家投在任何一个生产部门的总资本的价值，在完成它的运动的循环后，就重新回到它的原来的形式上，而且它能够重复同一过程。这个价值要想成为资本价值永久保持和增殖，就必须重复这个过程。

第一篇 资本形态变化与循环

第一章 货币资本的循环

根据第一卷的叙述，我们了解到，资本的循环过程要经过三个阶段，并且这些阶段形成如下的序列：

第一阶段：资本家以买者的身份出现在商品市场和劳动市场，将他的货币转化为商品，或者说，完成G—W这个流通行为。

第二阶段：资本家用购买的商品从事生产消费，这时他作为资本主义商品生产者进行活动，并利用资本完成生产过程。结果就产生了一种商品，这种商品的价值大于它所使用的生产要素的价值。

第三阶段：资本家作为卖者重新回到市场，他的商品又转化为货币，也就是说，完成了W—G这个流通行为。

因此，货币资本循环的公式就是：G—W…P…W'—G'。在这个公式中，虚线表示流通过程的中断，W'和G'则表示剩余价值增大了的W和G。

第一阶段 G—W

公式G—W表示的是一个货币额转化为一个商品额：对买者来说，是他的货币转化为商品，而对卖者来说，则是他们的商品转化为货币。使这个一般商品流通的行为同时成为单个资本的独立循环过程中某个职能上确定的阶段的，首先是它的物质内容即那些和货币换位的商品的特殊使用性质，而不是其行为的形式。这一方面是生产资料即商品生产的物的因素，另一方面是劳动力也就是商品生产上人的因素。因此，它们的特性，自然要与所生产物品的种类相适应。如果我们用A表示劳动力，Pm表示生产资料，那么所要购买的商品额就可以表示为W=A+Pm。因此，从内容来看，G—W表现为G—W=A+Pm；就是说，G—W要分成G—A和G—Pm；因此货币额G也要分成两部分，其中一部分购买劳动力，另一部分购买生产资料。这两个购买序列属于两个完全不同的市场，一个属于真正的商品市场，而另一个则属于劳动市场。

世界上第一张信用卡——美洲银行卡

  1958年，加利福尼亚的美洲银行推出了世界上第一张信用卡——美洲银行卡，它的出现改变了人类以货币为支付手段的传统形式，实现了货币从有形阶段向无形阶段的跨越。近十多年来电子货币以其便捷、安全、高效等优点，进入人们生产、生活等诸多领域。随着科学技术的不断发展，电子货币代替传统意义货币已成必然。图中是英格兰银行新一代信用卡的宣传图样。

  但是，公式G—W=A+Pm除了表示G所转化成的商品额在质上的某种分割之外，还表示某种最具有特征的量的关系。

  我们知道，劳动力的价值或价格通常是以工资的形式出现，即作为一个包含剩余劳动的劳动量的价格，被支付给那些把劳动力当作商品出卖的劳动力所有者的；例如，我们假定劳动力的日价值＝3马克，即5小时劳动的产物，通常，这个金额就会在买者和卖者之间的契约上，表现为比方说10小时劳动的价格或工资。如果这种契约是和50个工人订的，那么，他们在一日中一共要对买者提供500个劳动小时的劳动，其中一半，即250个劳动小时＝25个10小时的工作时，完全是由剩余劳动构成的。从而，要购买的生产资料的数量和规模必须足以使这个劳动量得到充分的利用。

  因此，公式G—W=A+Pm不仅表示一种质的关系：一定的货币额，比如说422镑，转化为与之相适应的生产资料和劳动力；它还表示一种量的关系：即用在劳动力A上面的那部分货币和用在生产资料Pm上面的那部分货币之间量的关系。这种量的关系一开始就是剩余劳动的量决定的由一定数量的工人所要耗费的超额劳动即由一定数量的工人所要耗费的超额劳动剩余劳动的量决定的。

例如，我们假设某一个纺纱厂50个工人的周工资等于50镑，如果由一周3000小时的劳动(其中1500小时是剩余劳动)所生产出的纱的价值是372镑，那就必须在生产资料的购买上耗费372镑。

在不同的产业部门，对追加劳动的利用，也就是究竟需要追加多少生产资料形式的价值，与这里要讨论的问题是无关的。问题只是在于：一开始就必须估计到，耗费在生产资料上的货币部分，也就是在G—Pm中购买的生产资料，在任何情况下都必须是充分的，并按照适当的比例准备好。换句话说，生产资料的数量，必须足以吸收劳动量并通过这个劳动量转化为产品。如果没有充分的生产资料，买者所支配的超额劳动就不能得到充分利用；他对于这种超额劳动的支配权就没有用处。反之，如果现有生产资料多于可供支配的劳动，生产资料就不能被劳动充分利用，不能转化为产品。

G—W=A+Pm一旦完成，就意味着买者不仅支配着生产一种有用物品所必需的生产资料和劳动力，而且他还支配着一种更大的劳动力的使用权，或者说，他支配着一个比补偿劳动力价值所必需的劳动量更大的劳动量，同时还支配着使这个劳动量实现或物化到产品中所必需的生产资料。因此，他支配的各种因素所能生产的物品，比这种物品所使用的生产要素有更大的价值，因为它是一个包含剩余价值的商品量。因此，他以货币形式预付的价值，现在处在这样的一种实物形式中，在这种形式中，它能够作为会生出剩余价值(表现为商品)的价值来实现。换句话说，它处在具有创造价值和剩余价值的能力的生产资本的状态或形式中，我们把这种形式的资本，称为P。

繁忙的威尼斯码头

在资本运动过程中，分为购买、生产、售卖三个阶段，相应地采取货币资本、生产资本、商品资本三种职能形式。第一阶段货币资本的职能是购买生产资料和劳动力，为剩余价值生产作准备。贸易则是先用货币去购买一定数量的商品，再把商品换成货币。图中是17世纪繁忙的威尼斯码头。

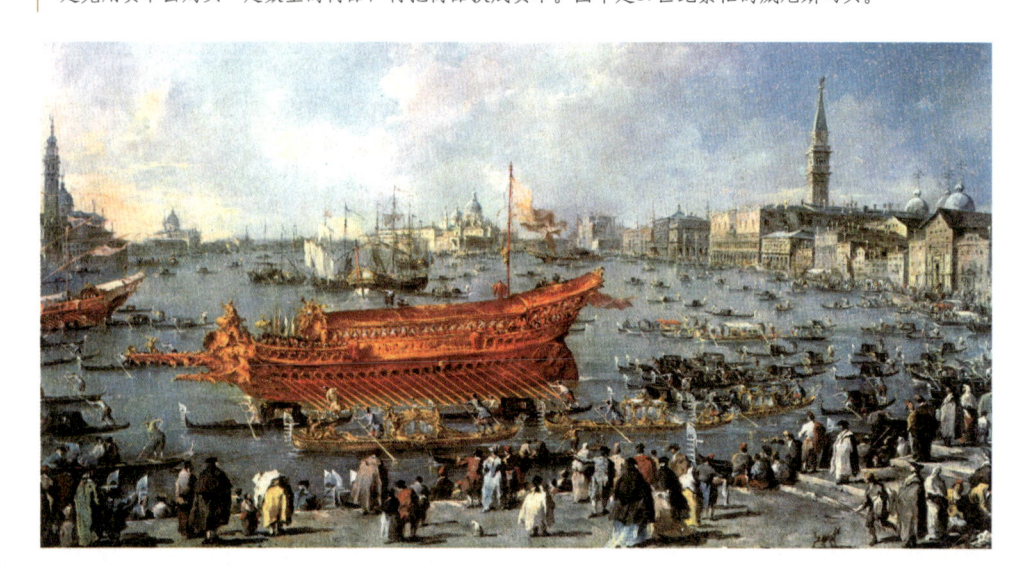

> **>>> 产业资本 >>>**
>
> 在物质生产领域中按资本主义方式经营的职能资本，即投在工业、农业、交通运输业等生产部门的资本。它作为资本的存在形式，其职能在于生产和占有剩余价值。产业资本决定了生产的资本主义性质，体现着资本家与雇佣工人之间的阶级对立。

但是，P的价值=A+Pm的价值=转化为A和Pm的G，可见G和P是同一个资本价值，只是处在不同的存在方式上，也就是说，G是货币状态或货币形式的资本价值，我们称之为货币资本。

因此，G—W=A+Pm或它的一般形式G—W，这个一般商品流通的行为，即商品购买的总和，从资本的独立循环过程的阶段这个角度来说，其实也是资本价值由货币形式到生产形式的转化，或者简单地说，是由货币资本到生产资本的转化。可见，在这里我们首先考虑的循环公式中，货币表现为资本价值的第一个承担者，从而货币资本也就表现为资本预付的形式。

第二阶段 生产资本的职能

G—W=A+Pm产生的直接结果，就是以货币形式预付的资本价值在流通过程中的中断。由于货币资本转化为生产资本，从而资本价值取得了一种实物形式，因此这种形式的资本价值也就不能再继续流通，而必须进入生产消费。劳动力的使用只能在劳动过程中实现，资本家不能再把工人当作商品出售，因为工人不是资本家的奴隶，资本家买到的仅仅是在一定时间内对他的劳动力的使用。另一方面，资本家只能通过劳动力把生产资料作为商品形成要素来使用。因此，第一阶段的结果是进入第二阶段，也就是进入到资本的生产阶段。

运动表现为G—W=A+Pm…P，这里的虚线表示：资本流通被中断，但是资本的循环过程还在继续，资本从商品流通领域进入生产领域。因此，第一阶段中货币资本转化为生产资本，只是第二阶段即生产资本的职能的先导和先行阶段。

不论生产的社会形式如何，劳动者和生产资料始终都是生产的因素。但二者在彼此分离的情况下，却只在可能性上是生产因素，只要进行生产就必须将它们结合起来。实行这种结合的特殊方式和方法，会使社会结构区分为各个不同的经济时期。在当前考察的场合，自由工人和他的生产资料的分离，是既定的出发点，并且我们已经看到，二者在资本家手中其实是作为他的资本的生产的存在方式结合在一起的。因此，形成商品的人的要素和物的要素这样结合起来一同进入的现实的生产过程，本身就成为资本的一种职能，成为资本主义的生产过程。

汽锤

资本循环过程是生产过程和流通过程的统一。在此过程中,生产过程起决定作用,因为只有在生产过程中,才能创造价值和剩余价值。生产资本的职能,就是在生产过程中,生产商品,形成新价值,创造剩余价值。图中詹姆斯·内史密斯于1830年制造出的蒸汽锤在工业生产中迅速得到了应用。

生产资本在执行职能时,消耗它自己的组成部分,使之转化为一个具有更高价值的产品量。因为劳动力仅仅作为生产资本的一个器官发生作用,所以,劳动力的剩余劳动使产品价值超过产品形成所使用生产要素的价值,而由这部分超出的价值所形成的余额,也是资本的果实。劳动力的剩余劳动,是资本的无偿劳动,资本家无需为之付出任何价值补偿,因而它为资本家形成剩余价值。因此,从这个意义上来说,产品不只是简单的商品,而且是孕育着剩余价值的商品。它的价值等于生产这种商品所耗费的生产资本的价值P,加上这个生产资本产生的剩余价值M。例如,我们假定某宗商品是10000磅纱,生产这些纱所消耗的生产资料的价值是372镑,所消耗的劳动力的价值是50镑。纺纱工人在纺纱过程中,通过他们自身的劳动,把价值为372镑的生产资料转移到其商品产品即他们纺的纱上面,同时又提供了一个相当于他们消耗的劳动的新价值,比如说,128镑。这样一来,10000磅纱就变成了一个500镑价值的承担者。

第三阶段 W'—G'

商品,作为已经增殖的直接由生产过程本身产生的职能存在形式,就成了商品资本。

资本在商品形式上必须执行商品的职能,因为构成资本的物品,本来就是为市场而生产的,它必须转化为货币,所以一定要完成W—G运动。例如,假定资本家的商品是10000磅纱。既然,在纺纱过程中耗费的生产资料的价值是372镑,创造的新价值是128镑,那么这些纱就会有500镑的价值,这个价值就表现在它的同名的价格上,而这个价格要通过出售W—G来实现。10000磅纱的价值,第一,包含已经消耗的生产资本P的价值,其中不变资本部分等于372镑,可变资本部分等于50镑,二者之和等于422镑,即8440磅纱。但生产资本P的价值等于W,也就是等于它的形成要素的价值，即在G—W阶段和资本家对立的而又必须购买的卖者手中的商品的价值。第二，这些纱的价值，还包含78镑的剩余价值等于1560磅纱。所以，作为10000磅纱的价值表现为W=W+△W，W加上W的增殖额(△W＝78镑)，我们把这个增殖额△W叫作w，因为现在它和原有价值W处在同一个商品形式上。由以上叙述我们可以就看出，10000磅纱的价值等于500镑，也就是W＝W+w。

现在，W的职能就变成了一切商品产品的职能：将其卖掉使之转化为货币，完成流通阶段W—G。

现在的商品量W，作为已经增殖的资本的承担者，还必须完成全部形态变化W—G，因此，出售商品的数量，就成为决定性的事情，单个商品只是表现为总量的不可缺少的部分。500镑的价值存在于10000磅纱中,如果资本家只能卖掉价值372镑的7440磅纱，那么他就只补偿了他的不变资本的价值，也就是已经消耗掉的生产资料的价值；如果卖掉8440磅纱，他就只补偿了全部预付资本（包括不变资本和可变资本）的价值量。要实现剩余价值，他就必须多卖一些，要实现全部剩余价值78镑(即1560磅纱)，他就必须把10000磅纱全部卖掉。

W ＝ W+w(即422镑+78镑)。其中的W等于P的价值或生产资本的价值，同时又等于在购买生产要素的G—W中预付的G的价值，用我们的例子来说等于422镑。如果商品总

满足需要的神奇柜子

资本家正是通过出售商品，使预付资本以货币形式回到自己手中，并且使生产过程中所创造的剩余价值变为货币。图中是一名妇女正在选购自动售货机中的商品。

量按照它的价值出售，那么，W=422镑（全部预付资本的价值），w=78镑（剩余产品1560磅纱的价值）。如果我们把用货币形式出现的w叫作g，那么，W—G=(W+w)—(G+g)，因此，G—W…P…W—G这一循环，用详细的形式表示，就是G—W=A+Pm…P…(W+w)—(G+g)。

在第一阶段，资本家从真正的商品市场和劳动市场取得了使用物品也就是生产要素；在第三阶段，他把生产的商品投回，但只是投回到一个真正的商品市场。而如果他通过他的商品又从市场上取得了超出他本来投入的价值更多的价值，那么这只是因为他投入的商品的价值比原来他购买的生产资料商品的价值要大的缘故。他投入的价值为G，取得相等的价值W；他投入W+w，同样取得相等的价值G+g。——用我们的例子来说，G等于8440磅纱的价值，但他在市场上投入了10000磅纱，因此，他投入市场的价值大于他从市场取得的价值。另一方面，他之所以能够取得这种增大的价值并将其投入市场，也只是因为他在生产过程中，通过剥削劳动力，生产了剩余价值(作为产品的一个部分，表现在剩余产品中)。这个商品量，只有作为整个过程的产物，才成为商品资本，才是已经增殖的资本价值的承担者。最终，由于W—G的完成，预付资本价值和剩余价值都得到了实现。

同一个流通行为W—G，对以货币形式预付的资本价值来说，是第二形态也就是终结形态的变化，即重新回到货币形式；而对同时包含在商品资本中并通过商品资本转换成货币形式而一同实现的剩余价值来说，却是第一形态变化，也就是由商品形式转化为货币形式，是W—G，是第一流通阶段。

现在让我们来考察资本的总运动G—W…P…W—G，或它的详细形式G—W=A+Pm…P…(W+w)—(G+g)。在这里，资本表现为一个价值，它经过一系列互相

汉萨同盟

汉萨同盟是13世纪德国各城市为了保护商人在外国的利益而形成的商业、政治联盟。后来这一组织扩展到德国、低地国家和英格兰的200个城市。同盟在各城市间协议的签订以及联合起来进行共同的斗争，为他们带来重大的利益，明显减轻了他们同其他国家进行海陆贸易的风险。这是停泊在哥本哈根港口风浪中的汉萨同盟船只。

联系、互为条件的形态变化，而这些形态变化也就形成了总过程的一系列阶段。在这些阶段中，有两个属于流通领域，有一个属于生产领域。在每个不同的阶段中，资本价值都处在和不同的特殊职能相对应的不同形态上。在这个运动中，预付资本的价值不仅被保存下来，而且增长了，它的量增加了。在最后终结阶段，它又回到总过程开始时它原有的形式。因此，这个总过程其实是个循环过程。

资本价值在它的流通阶段所采取的两种形式，分别是货币资本的形式和商品资本的形式；它在生产阶段的形式，我们称之为生产资本。而在总循环过程中采取而又抛弃这些形式并在每一个形式中执行相应职能的资本，就被称为产业资本。这里所说的产业，包括所有按资本主义方式经营的生产部门。

因此，在这里我们所说的货币资本、商品资本、生产资本，并不是指这样一些独立的资本，它们只是指产业资本的特殊的职能形式，而产业资本是依次采取所有这三种形式的。

资本的这种循环，只有不停顿地从一个阶段转到另一个阶段，才能正常进行。如果资本在第一阶段G—W停顿下来，那么货币资本就会凝结为贮藏货币；如果资本在生产阶段停顿下来，一方面生产资料就会闲置不起作用，另一方面劳动力也会因为得不到利用从而处于失业状态；如果资本在最后阶段W—G停顿下来，卖不出去而堆积起来的商品就会把流通阻塞。

但从另一个角度来说，循环本身又很自然地要求资本在各个循环阶段中在一定的时间内固定下来。事实上，在每一个阶段中，产业资本都被限定在一定的形式上：货币资本、生产资本、商品资本。当产业资本完成而且是必须完成一种和它的当前形式相适应的职能之后，才可以取得进入一个新的转化阶段的形式。

运输业出售东西的过程，就是场所的变动。它产生的效用，是和运输过程也就是运输业的生产过程不可分离地结合在一起的。旅客或者货物是和运输工具一起运行的，而运输工具的场所变动，也就是它所进行的生产过程。这种效用只能在生产过程中被消费，它是和生产过程相同的，只有在生产出来之后才作为交易品执行职能，作为商品流通的使用物。但是，这种效用的交换价值，和任何其他商品的交换价值也是一样的，都是由其中消耗的生产要素（劳动力和劳动资料）的价值和运输工人的剩余劳动创造的剩余价值一起来实现的，至于这种效用的消费也是和其他商品完全一样的。如果它是用以个人消费的，那么，它的价值就和消费一起消失；如果它是用于生产消费的，那么它本身就是处于运输中的商品的一个生产阶段，从而它的价值就作为追加价值转移到商品本身中去。因此，运输业的公式应该是G—W=A+Pm…P—G，因为被支付的和被消费的，是生产过程本身而不是和它分离的产品。因此，这个公式和贵金属生产的公式，在形式上几乎完全相同，只不过在这里G是在生产过程中产生的效用的转化形式，而不再是在生产过程中产生的并离开生产过程的金或银的实物形式。

总而言之，资本的循环过程是包含在流通和生产之内的统一，包含二者在内。因为G—W和W—G这两个阶段都是流通行为，所以资本流通当然也是一般商品流通的一部分。但是，既然这两个阶段是在不仅属于生产领域而且属于流通领域的资本循环的职能上确定的阶段，所以资本是在一般商品流通之内完成自己特有的循环。在第一阶段，一般商品流通，使资本取得能够执行生产资本职能的形态；在第二阶段，又使它抛弃了不能重新进行循环的商品资本的职能，同时也为它创造出另一种可能，使自己特有的资本循环同由它产生的剩余价值的流通分离开来。

因此，货币资本的循环，其实是产业资本循环的最片面、也是最明显和最典型的表现形式；而产业资本的目的和动机即价值增殖，赚钱和积累，表现得最为醒目(为贵卖而买)。因为第一阶段是G—W，所以也表明生产资本的组成部分来自于商品市场，同样也表明资本主义的整个生产过程都受流通、商业制约。货币资本的循环不仅仅是商品生产，这种循环本身这一点就已经给予了很清楚的说明，因为属于流通的形式G

整理电缆

资本的本质具有两个特征：第一，资本作为能够带来剩余价值的价值，体现着资本家剥削工人的阶级关系。第二，资本还是一种运动，是以价值为主体的运动。资本只有在不断的运动中，才能不断地增殖。下图是19世纪末期的法国工人正在整理通话的电缆线。

是预付资本价值的最初的纯粹的形式，但是在其他两种循环形式中则不是这样。

只要货币资本的循环过程中一直包含着预付价值的价值增殖，它就始终是产业资本的一般表现形式。

循环

资本要保存和增殖自己的价值，必须连续不断地进行循环。产业资本三种职能形式中的每一种职能形式上的资本，都要经过循环的三个阶段回到原来的出发点。所以，产业资本的循环，就是货币资本循环、生产资本循环和商品资本循环的统一。图中埃舍尔经过严密计算勾画出循环的精妙图景正形象地道出了产业资本的循环态势。

>>> 期货交易 >>>

有价证券的买卖双方成交以后，按契约中规定的价格和数量进行远期交割的交易方式。这是现代证券市场上最常见的交易方式之一。期货交易的发端以1898年在美国成立芝加哥奶油和蛋商会为标志，当时进行期货交易的商品基本上是农产品。以后商会改名为芝加哥商品交易所，进行期货交易的商品也越来越多，除农产品外，还包括有色金属、石油等工业原材料。20世纪60年代以来，股票、债券、外汇等金融商品的交易先后出现期货交易形式。

第二章 生产资本的循环

我们已经知道，生产资本循环的总公式是：P…W—G—W…P。这个循环表示生产资本职能的周期更新，即再生产，或者说资本的生产过程是增殖价值的再生产过程；它所表示的不仅仅是剩余价值的生产，而且还表示剩余价值的周期再生产；它表示，处在生产形式上的产业资本不是执行一次职能，而是按照某种周期反复地在执行职能，因此，过程的重新开始，其实在起点本身就已经规定了。在生产资本循环的这个形式上，有两点是显而易见的。

第一，在第一种形式G…G中，生产过程，即P的职能是使货币资本的流通中断。这时P只是在G—W和W—G这两个阶段之间充当媒介；而在这里，产业资本的总流通过程，只是发生在作为最初使循环开始的生产资本，和最终以同一形式即以循环重新开始的形式使循环结束的生产资本这二者之间使二者中断，从而它只是充当二者之间的媒介。真正的流通，只是表现为周期的更新和通过更新而连续进行的再生产的媒介。

第二，总流通表现的形式和它在货币资本循环中的形式相反。撇开价值规定不说的前提下，在货币资本的循环中，总流通的形式是G—W—G（G—W．W—G），而在生产资本的循环中，总流通的形式却是W—G—W（W—G．G—W），是简单商品流通的形式。

产业资本在生产领域只能存在

于一般生产过程，从而也就存在于和非资本主义的生产过程相适应的构成中，同样，它在流通领域也只能存在于两种和流通领域相适应的商品形式和货币形式中，即商品形式和货币形式中。但是，劳动力始终是别人的劳动力，资本家要从劳动力所有者那里购买劳动力，就像从其他商品所有者那里购买生产资料时的情况完全一样，所以各种生产要素的总和在一开始时就表现为生产资本，因而生产过程本身自然也就表现为产业资本的生产职能。同样，货币和商品也表现为同一产业资本的流通形式，因而，它们的职能也表现为产业资本的流通职能，这些职能既是生产资本的职能的先导同时也是从生产资本的职能中产生的。在这里，货币职能和商品职能之所以同时又具备货币资本的职能和商品资本的职能，只是因为它们作为产业资本在循环过程的不同阶段上所要完成的职能的形式是互相联系的。因此，企图从货币和商品的资本性质得出货币所以是货币，商品所以是商品的特征的那些属性，是错误的；反过来，企图从生产资本采取的生产资料这一存在方式得出生产资本的属性，同样也是错误的。

黑色乡镇

　　资本主义生产过程就是连续不断的再生产过程，它不仅表示剩余价值的生产，而且表示剩余价值的周期再生产，处在生产形式上的产业资本不是执行一次职能，而是周期反复地执行职能。图中滚滚的浓烟使康斯坦丁一个19世纪的小乡镇变成为喧嚣的工业区，平静安宁的乡村景象一去不复返。

第三章 商品资本的循环

商品资本循环的总公式是：W'—G'—W…P…W'。在这里，W'不仅是前面两种循环的产物，而且是它们的前提，因为，只要生产资料本身或者其中的一部分是另一些处在循环中的单个资本的商品产品，那么一个资本的G—W就已经包含另一个资本的W'—G'。用我们的例子来说，比如煤炭、机器等等，就是采矿业主、资本主义机器制造业主等等的商品资本。其次，我们之前就已经指出，其实在G…G'第一次反复时，还在货币资本第二个循环完成之前，不仅P…P循环，而且W'…W'循环就已作为前提存在了。如果再生产是按扩大后的规模进行的，那么终点的W'就大于起点的W'，因此，终点的W'应当用W''来表示。

第三个形式和前两个形式的区别有如下两点：

第一，在这里，商品资本的循环过程，是以包含两个对立阶段的总流通开始进行的，而在形式I中，流通被生产过程所中断，在形式II中，包含了两个互相补充阶段的总流通，只是再生产过程的媒介，也就是发生在P…P之间的媒介运动。在G…G'中，流通形式是G—W…W'—G'=G—W—G，在P…P中则相反，流通形式却是W'—G'… G—W=W—G—W。在W'…W'中，流通形式与后一个形式相同为W'—G'—W…P…W'。

第二，在循环I和II的反复中，尽管终点的G'和P'是更新的循环的起点，但是它们产生时的形式却会消失。G'=G+g和P'=P+p代替G和P开始新的过程。但是在形式III中，即使循环以相同的规模更新，起点W也必须用W'来表示，而这是由于下面的原因：在形式I中，只要G'本身开始新的循环，它就会作为货币资本G，作为以货币形式预付的待增殖的资本价值执行职能。在这里，预付的货币资本的量由于在第一个循环中实行积累而得到增加，变得更

荷兰东印度公司的商船

在资本循环过程中，商品流通是一个重要阶段，其中拓宽海外贸易在其中起着决定性作用。它使商品交换全球化。十五、十六世纪,荷兰凭借着世界上最发达的造船业和航海技术而称霸于世,被誉为"海上马车夫",仅1602年组建的荷兰东印度公司，就有150艘武装商船、40艘战船和1万名士兵。图中正是荷兰东印度公司大大小小的商船在风浪中航行。

自由交易的伦敦市场

  重商主义是文艺复兴时期产生于西欧社会的一种经济思想。它的发展可分为两个阶段：15世纪到16世纪为早期重商主义时期，16世纪下半期到17世纪为晚期重商主义时期。早期重商主义采取行政手段，禁止货币输出和积累货币财富。重商主义晚期则认为国家应该将货币输出国外，以便扩大对外国商品的购买，但对外贸易必须做到输出超过输入。重商主义政策的实施批判了封建经济思想，对工商业发展起到了很大的促进作用，推进了资产阶级经济的奋进。图为17世纪伦敦的史密斯自由交易市场。

大了。但不论预付的货币资本的量是422镑还是增加后的500镑，都不会改变这种情况：它仍然是单纯的资本价值。G'不再作为已经增殖的包含剩余价值的资本，也不再作为资本关系而存在，它要在过程中才增殖价值。P…P'的情况也是这样：P'总是要作为P，作为要生产剩余价值的资本价值继续执行职能，使循环更新。与以上两种情况相反，商品资本的循环不是以资本价值开始，而是以在商品形式上增大了的资本价值开始的，因而它一开始就不仅包含以商品形式存在的资本价值的循环，而且还包含剩余价值的循环。因此，如果以这种形式来进行简单再生产，在终点就会出现一个和起点上一样大的W'。但是如果一部分剩余价值进入资本循环，在终点出现的就不是W'，而是W"，一个更大的W'，但下一个循环会再次以W'开始，不过和前一个循环相比，它是一个更大的W'，它用更大的已经积累的资本价值，因此也是用较大的新生产的剩余价值，开始它的新的循环。总之，W'总是作为一个商品资本(=资本价值+剩余价值)来开始循环。

  在W'…W'形式中，所有的商品产品都得到消费是资本本身循环正常进行的条件。全部的个人消费包括工人的个人消费和剩余产品中非积累部分的个人消费。因此，全部消费（个人的消费和生产的消费）作为W'循环的条件进入这一循环。

第四章 循环过程的三个公式

如果用Ck代表总流通过程，这三个公式可以表示如下：
(I) G—W…P…W'—G'
(II) P…Ck…P
(III) Ck…P(W')

如果对这三个形式进行总的考察，那么我们就会发现，过程的所有前提都表现为过程的结果和过程本身所产生的前提。每一个因素都表现为出发点、经过点和复归点，总过程则表现为生产过程和流通过程的统一，生产过程成为流通过程的媒介，反之亦然。

从以前的叙述中，我们可以看出所有这三个循环都有一个共同点：价值增殖是决定目的和动机。在形式I中，这一点从表面形式上就已经得到了充分说明。形式II则是以P即价值增殖过程本身开始的。在形式III中，即使运动是以同样规模反复进行的，循环也是以已经增殖的价值开始，而以再次增殖的价值结束的。

任何一个单个产业资本都同时处在这三种循环中。这三种循环，三种资本形态的这些再生产形式，是连续并列地进行的。例如，现在作为商品资本执行职能的资本价值的一部分，会转化为货币资本，但另一部分则离开生产过程，作为新的商品资本进入流通。因此，W'…W'循环形式是在不断地进行着的；其他两个形式也是如此。资本在它的任何一种形式或任何一个阶段上的再生产都是连续进行的，就像这些形式的形态变化和依次经过这三个阶段是连续进行的一样。由此可见，总循环是它的三个形式的现实的统一。

在过去的考察中，我们曾经假定，资本价值是按照它的价值总量全部作为货币资本、生产资本，或作为商品资本出现的。例如，我们假定422镑首先是全部作为货币资本，然后这些货币资本又全部转化为生产资本，最后又全部作为各个不同阶段分别形成中断。例如，当422镑保持货币形式时，也就是说，在G—W(A+Pm)这一购买行为完成以前，全部资本仅仅是作为货币资本存在并执行职能。一旦它转化为生产资本，它就既不会作为货币资本，也不会作为商品资本去执行职能了。

它的全部流通过程会就此中断，同时，一旦它处在两个流通阶段的一个阶段上，那么不论它是作为G还是作为W'执行职能，它的全部生产过程也同样会就此中断。这样一来，P…P循环不仅表现为生产资本的周期更新，而且在流通过程完成以前，它同样又表现为它的职能即生产过程的中断；生产将不再是连续地进行，而将发生间断，只有经过一段长短不定的时间（这段时间是由流通过程的这两个阶段完成得快慢所决定的），生产才能重新开始。例如，中国的手工业者就是这样，他们

充满活力的城市

19世纪晚期和20世纪初,在第二次工业革命的推动下,资本主义处于高速发展的时期。美国则是这一时期工业发展最为迅速的国家。1894年,工业产值跃居世界第一。商品资本循环的良性发展,最终导致美国社会经济的极度繁荣。图为20世纪50年代,一对年轻夫妇携手奔跑在纽约喧嚣的马路上,流露出对生活的美好憧憬的同时也传达了他们身后的这座城市所拥有的能量和活力。

只是为私人顾客劳动,如果没有新的订货,他的生产过程就会中断。

实际上,以上所说的情况,适用于处在运动中的资本的每一个部分,并且资本的所有部分都将依次经过这种运动。例如,我们假定10000磅纱是一个纺纱业主的一周的产品。如果这10000磅的纱想要全部从生产领域转到流通领域,那么其中包含的资本价值就必须全部转化为货币资本,而且只要资本价值保持货币资本的形式,它就不能重新进入生产过程;它必须先进入流通领域并重新转化为生产资本的要素A+Pm才行。资本的循环过程是不停的中断过程,是离开这一个阶段,进入下一个阶段;是抛弃某一种形式,存在于另一种形式;其中的每一个阶段,不仅以另一个阶段为条件,而且同时排斥另一个阶段。

连续性是资本主义生产的特征,这一点是由资本主义生产的技术基础所决定的,虽然这种连续性并不总能够无条件地达到。现在,让我们来看看实际情况是怎样的。例如,在10000磅纱作为商品资本进入市场,并转化为货币资本时(不论是支付手段,还是购买手段,甚至只是计算货币),新的棉花、煤炭等等则代替纱出现于生产过程,也就是说,这种商品资本,已经由货币形式和商品形式重新转化为生产资本的形式并重新开始执行生产资本的职能;在第一个10000磅纱转化为货币的同时,以前的10000磅纱则已经进入它的流通的第二阶段,由货币重新转化为生产资本的要素。资本的所有部分都依次经过循环过程,并且同时处在循环过程的不同阶段上。这样,产业资本在它连续进行的循环中,就同时处在它的一切循环阶段以

第三次科技革命的标志

资本主义的发展经历了三次工业革命。第一次,18世纪60年代以蒸汽机发明和使用为主要标志,资本家在个体资本的基础上产生了股份资本;19世纪70年代电力的广泛应用引发了第二次工业革命,在股份资本发展过程中,又形成了私人垄断资本;第三次是核能和电子计算机的发明和使用,使资本主义进入了国家垄断资本主义阶段。这是氢弹爆炸时的壮观图景。

> **>>> 纳税人 >>>**
>
> 国家行使课税权所指向的单位和个人。税制要素之一。国家为了征税,除在税法中规定对什么事物征税（即课税客体）外,还必须规定由谁纳税。直接负有纳税义务的单位和个人均称为纳税人,包括自然人和法人在内,自然人是能独立行使权利和承担义务的个人；法人是依照法定程序成立、具有独立财产并能以自己名义行使权利和承担义务的社会组织。

及和该阶段相适应的各个不同的职能形式上。对第一次由商品资本转化为货币的部分来说，W'…W'循环才开始，而对运动中的整体的产业资本来说，W'…W'循环则已经完成。货币是一手预付出去，另一手收进来。G…G'循环在一点上的开始，同时也是它在另一点上的回归，生产资本也是如此。

因此，产业资本连续进行的现实循环，不仅是生产过程和流通过程的统一，而且是它的所有三个循环的统一。但它之所以能够成为这种统一，只是由于资本的每个不同部分能够依次经过相继进行的各个不同的循环阶段，从一个阶段转到另一个阶段，从一种职能形式转到另一种职能形式。可见，只是由于产业资本作为各部分的整体同时处在不同的阶段和职能之中，从而它也必须同时经过所有这三个循环。在这里，各个部分的相继进行，都是由各部分的并列存在即资本的分割所决定的。因此，在实行分工的工厂体系内，产品一方面会不断地处在它的形成过程的各个不同阶段上，另一方面又不断地由一个生产阶段转到另一个生产阶段。因为单个产业资本总是代表一定的价值量，而这个量又取决于资本家的资金有多少，并且对每个产业部门如果要进行生产就一定有一个最低限量，所以单个产业资本的分割必须按一定的比例数字进行。现有资本的量取决于生产过程的规模，而生产过程的规模又决定同生产过程并列执行职能的商品资本和货币资本的量。但是，生产连续性的并列存在之所以具备可能性，只是由于资本的各部分会依次经过各个不同阶段的运动，而并列存在本身也只是相继进行的结果。例如，如果对资本的一部分来说W'—G'这一运动停滞了，商品也就卖不出去，那么，这一部分的循环就会中断，它的生产资料的补偿也就不能进行；作为W'继续从生产过程中分离出来的各部分，在职能变换中就会被比它们先行的那一部分所阻止。如果这种情况持续一段时间，生产就会受到限制，整个生产过程也就就会停止。随着相继进行的停滞，并列存在就会陷于混乱。在任何一个阶段上的停滞，不仅会使这个资本部分的总循环停滞，而且会使单个资本的总循环发生或大或小的停滞。

总之，资本作为整体是同时地、在空间上并列地存在于它的各个不同阶段上的。但是，资本的每一个部分都不断地依次由一个阶段过渡到另一个阶段，由一种职能形式过渡到另一种职能形式，从而也就依次会在一切阶段和一切职能形式中执行职能。因此，这些形式都是流动的形式，它们的同时并列，只是由于它们的相继进行而引起的。每一种形式都跟随在另一种形式之后，但是却又发生在它之前，因而，资本的某一部分回到一种形式，是由另一个部分回到另一种形式而决定的。

资本作为自行增殖的价值，它不仅包含着阶级关系，而且还包含着建立在劳动作为雇佣劳动而存在的基础上的某种社会性质。它是一种运动，同时也是一个经过各个不同阶段的循环过程，这个过程本身又包含循环过程的三种不同的形式。因此，它只能理解为运动的过程，而不能理解为静止物。那些把价值的独立性仅仅看作是单纯抽象的人忘记了，产业资本的运动其实就是这种抽象的实现。在这些循环过程中，价值经过不同的形式和不同的运动，它不仅保存了自己，而且使自己得到增殖。

繁荣的集市

资本主义生产是连续不断的再生产，资本家将他的资本分割为货币资本、生产资本和商品资本，资本作为整体同时并列处在不同阶段，每一部分资本都不断地依次通过不同的循环阶段，完成自己的循环过程。既是流通过程和生产过程的统一，又是产业资本三个循环的统一。图中英国工业时期繁荣的小镇集市就生动再现了资本的流通过程。

第五章 流通时间

通过前面的叙述我们已经知道，资本在生产领域和流通领域这两个阶段的运动，是按照时间的顺序进行的。资本在生产领域停留的时间是它的生产时间，而它在流通领域停留的时间就是它的流通时间。从而，资本完成它的循环的全部时间，也就等于生产时间和流通时间之和。

但是流通时间和生产时间是互相排斥的。资本在流通时间内没有执行生产资本的职能，因此它既不生产商品，也不生产剩余价值。如果我们考察循环的最简单形式，也就是总资本价值每次都是直接由一个阶段进入到另一个阶段，那么我们就会很清楚，在资本流通时间持续的时候，生产过程就会中断，从而资本的自行增殖也就会中断；并且生产过程的更新根据资本流通时间的长短从而变得或快或慢。相反，如果资本的不同部分是相继通过循环的，那就很清楚，资本的各组成部分在流通领域不断停留的时间越长，资本在生产领域不断执行职能的部分就必定越小。也就是总资本价值的循环是在资本的不同部分的循环过程中依次完成的。因此，流通时间的延长和缩短，对于生产时间的缩短或延长，或者说，对于一定量资本作为生产资本去执行职能的规模的缩小或扩大，起了一种消极限制的作用。资本在流通中的形态变化就更加变为仅仅是观念上的现象，也就是说，流通时间越是等于零或近于零，资本的职能就越大，资本的生产效率也就越高，从而它的自行增殖就越大。例如，假定有一个资本家按订货来生产，因此他在提供产品时就会得到支付，又假定支付给他的同时是他自己需要的生产资料，那么，流通时间就接近于零了。

一般说来，资本的流通时间，会限制资本的生产时间，从而也就会限制它的价值增殖过程。其限制程度与流通时间所持续的长短成比例。就是说，这种流通时间持续增加或减少的程度可以极不相同，从而对资本的生产时间限制的程度也可以极不相同。

资本在流通领域内，不论是按照哪个序列进行，总是要通过W—G和G—W这两个对立的阶段。因此，资本的流通时间也分成两个部分，分别为：商品转化为货币所需要的时间和货币转化为商品所需要的时间。我们在分析简单商品流通时已经知道，W—G即卖的过程，是资本形态变化过程中最困难的部分，因此，在通常的情况下，这一过程也占流通时间较大的部分。W—G和G—W之间存在一种区别，这种区别与商品和货币之间的形式区别没有关系，它是由生产的资本主义性质产生的。不论是W—G，还是G—W，就它们本身看，都只是一定价值由一种形式向另一种形式的转化，W'—G'同时是W'所包含的剩余价值的实现，但G—W却不是这样。因此，卖比买显得更为重要。G—W，在正常条件下，对于表现为G

商品交易大厅

　　资本流通时间的长短，对于资本增殖程度，起着一定的消极限制作用。资本家努力缩短资本流通时间，追求最大限度地扩大资本职能。对商品有效的展示和宣传能使商品尽快地卖出，缩短资本流通时间。图中18世纪末布拉格城堡的弗拉迪斯拉夫大厅就是这样一个展览着各种商品的商业长廊。

的价值的增殖来说，是必要的行为，但它并不是剩余价值的实现；它是剩余价值生产的导论，而不是它的补充。

　　商品本身的存在形式即它作为使用价值的存在，使W'—G'这一商品资本的流通过程受到一定的限制。商品会自然消灭，因为，如果商品没有按照它们的用途，在一定时期内，进入生产消费或个人消费，换句话说，如果它们没有在一定时间内卖出，它们就会变坏，并且当它们丧失其使用价值时，同时也就丧失了作为交换价值承担者的属性。商品中包含的资本价值，以及资本价值中增长了的剩余价值，都将丧失。只有当使用价值不断更新，不断再生产，也就是由新的使用价值来补偿的时候，它才会成为恒久而自行增殖的资本价值的承担者。而使用价值以完整的商品形式出售，从而由此进入生产消费或个人消费，这是它们的再生产不断更新的条件。交换价值只有通过它的物体的这种使用形式上的不断更新才能够保持。它们必须在一定时间内变换它们的旧的使用形式，只有这样它们才能以一种新的使用形式继续存在。交换价值也只有通过它的物体的这种不断更新才能够保持。不同的商品，其使用价值变坏的快慢程度也就不同；由于在使用价值的生产和消费之间经过的时间，可以长短不等，所以，它们才能够以长短不等的时间，作为商品资本停留在W—G流通阶段，经受长短不等的流通时间，而不至于消灭。由商品本身的易坏程度所决定的商品资本流通时间的界限，就是这一部分的流通时间或作为商品资本所能够经过的流通时间的绝对界限。一种商品越容易变坏，在它生产出来之后就越要赶快消费掉，赶快卖掉，它能够离开产地的距离就越小，它的空间流通领域就越狭窄，它的销售市场也就越带有地方性质。因此，一种商品越容易变坏，它本身的这种物理性能对于它作为商品的流通时间的绝对限制越大，它就越不适于成为资本主义生产的对象。这种商品只有在人口稠密的地方，或者当产销地点的距离由于运输工具的发展而相对缩短时，它才会成为资本主义生产的对象。而当一种物品的生产集中在少数人手里和人口稠密的地点时，甚至能够为这样一类产品，如大啤酒厂、牛奶厂生产的产品，造成较大的市场。

贩卖腌鱼

商品本身寿命的长短，决定了它作为商品流通时间的长短。对商品进行保鲜加工，会扩大商品空间流通领域，从而导致生产的增加。图中的商人正是为了延长青鱼的售卖时间，将青鱼放在木桶里腌渍，这样不但可以延长售卖时间，还可以远销外地。

第六章 流通费用

纯粹的流通费用

1.买卖时间

资本由商品到货币以及由货币到商品的形式转化,同时就是资本家的交易,即买卖行为。从资本家的观点来看,资本的这种形式转化进行的时间,就是买卖时间,就是他在市场上执行卖者和买者的职能时所消耗的时间。就像资本的流通时间是资本再生产时间的一个必要部分一样,资本家在市场上进行买卖奔走的时间,也是他作为资本家、作为人格化的资本执行职能的时间的一个必要部分,这是他的经营时间的一部分。

无论如何,用在买卖上的时间,是一种不会增加已经物化的价值的流通费用。这种费用是价值由商品形式转变为货币形式所必需的费用。如果资本主义的商品生产者是流通当事人,那么,他同直接的商品生产者之间的区别只是在于:他的买卖规模较大,因而他作为流通当事人执行职能的范围也较大。即使他的营业范围使他必须购买或者能够购买(雇用)雇佣工人来充当他的流通当事人,事情的本质也不会发生变化。因为,劳动力和劳动时间就它只是形式转化这个角度来说,必然会以某种程度耗费在流通过程上。但是,现在这种耗费表现为追加的资本支出,所花费的可变资本必须有一部分用来购买这种仅仅在流通中执行职能的劳动力。资本的这种预付,既没有创造产品,也没有创造价值,反而会相应地缩小预付资本生产执行职能的范围。这种情况,就好像是把产品的一部分转化为一种机器,用来买卖产品的其余部分,而这种机器是产品的一种扣除。它虽然能够减少在流通中耗费的劳动力等等,但却不参加生产过程,它只是流通费用的一部分。

2.簿记

劳动时间除了耗费在实际的买卖上之外,还会耗费在簿记上;此外,簿记又会耗费物化劳动,如钢笔、墨水、纸张、写字台、事务所等费用。因此,在这种职能上,一方面耗费劳动力,另一方面耗费劳动资料。不过这里的情况还是和买卖时间完全一样。

资本作为它的循环中的统一体,作为处在循环过程中的价值,无论是在生产领域还是在流通领域,首先它只是以计算货币的形态,在观念上存在于资本主义商品生产者的头脑中。这种运动是由包含商品的定价或计价(估价)在内的簿记来确定和控制的。这样,生产的运动,特别是在价值增殖的运动中,商品只是价值的承担者,只是某一种物品的名字,这种物品的观念的价值可以固定为计算货币,——获得了反映在观念中的象征形象。不论这种职能是集中在资本主义商品生产者手中,也就是说,它不再是许多小商品生产者的职能,而是一个资本家的职能,是一个大规模生

鲜花市场

  买者和卖者之间达成交易是需要一定时间的，但买卖时间并不能创造价值。它只是将价值由一种形式转化为另一种形式，是一种纯粹的流通费用。图中店主售卖盆花，耗费时间和劳动，但这种劳动并不能创造价值也不能增加商品的价值量。

产过程内部的职能，并因此获得了巨大的规模；还是这种职能不再是生产职能的附带部分，而是从生产职能中分离出来，成为专门委托的当事人的独立的职能，这种职能本身的性质都是不会改变的。

  但是它同单纯买卖时间的费用，毕竟有一定的区别。单纯买卖时间的费用只是由生产过程的一定的社会形式也就是由商品的生产过程而产生。过程越是按社会的规模进行，越是会失去纯粹个人的性质，作为对过程的控制和观念总结的簿记也就越有必要；因此，簿记对资本主义生产，比对手工业和农民的分散生产更为必要，而对公有生产，比对资本主义生产更为必要。同时，簿记的费用随着生产的积聚而减少，簿记转化为社会的簿记的速度越快，这种费用也就随之变得越少。

保管费用

  由价值的单纯形式变换以及从观念上来考察的流通产生的流通费用，不增加商品价值。从资本家的角度来考察，耗费在这种费用上的资本部分，只能是对耗费在生产资本上的一部分扣除。但是，我们现在考察的那些流通费用的性质则不同。它们可以产生于生产过程，而这种生产过程只是在流通中继续进行，因此，我们说它的生产性质只是被流通的形式掩盖了起来。另一方面，从社会的观点来看，这种费用又可以是单纯的费用，是活劳动或物化劳动的非生产耗费，不过正因为如此，对单个资本家来说，它们则可以起创造价值的作用，也就是说这种非生产耗费反而成为他的商品出售价格的一种加价。这种情况已经来源于以下事实：在不同的生产领域这种费用往往是不同的，即使是在同一生产领域，对于不同的单个资本来说，有时也是不同的。在这些费用追加到商品价格中时，各个资本家会按照比例来分担这些费用。但是，一切追加价值的劳动都会追加剩余价值，并且在资本主义基础上总是要追加剩余价值，因为劳动创造的价值取决于劳动本身的量，但是劳动创造的剩余价值则取决于资本家付给劳动的报酬额，这种报酬额相对于其创造的价值来说越小那么资本家得到的剩余价值也就越大。因此，对整个社会而言，使商品变贵但却不追加商品任何使用价值的费用，是生产过程中的非生产费用，不过这种费用对单个资本家来说，则可以成为发财致富的源泉。另一方面，既然把这些费用追加到商

算账

资本的循环运动，无论是在生产过程还是在流通过程，都要以货币为计量单位，通过记账和算账，对生产经营过程进行记录和核算。这种簿计工作所产生的费用虽然同单纯买卖商品的费用有区别，但都同属于纯粹的流通费用。图中19世纪末的一个中国封建家庭里，账房先生正在用算盘算账。

> >>>> **失业率** >>>

5秒钟经济学

失业人口占劳动力人口的百分比。凡届满一定下限年龄、具有劳动能力、要求有报酬的工作而尚未获得工作职位的人口，称为失业人口。不愿工作而赋闲的人，或虽有工作愿望而尚未达到规定下限年龄的人，均不得算作失业人口。失业率是受到各国政府关注的重要社会经济指标。失业率的高低，在相当程度上反映着一个国家的经济发展状况和社会安定程度。一般说来，社会主义国家失业率低于发达的资本主义国家。

品价格中去的这种加价，只是在资本家之间均衡地分配这些费用，所以这些费用的非生产性质也不会因此而消失。例如，保险公司把单个资本家的损失在资本家阶级中间分配。尽管如此，就社会总资本而言，这种平均化的损失仍然是损失。

1.一般储备的形成

在产品作为商品资本存在于市场上时，也就是说，当产品处在生产过程和消费过程之间的间隔时间时，产品就形成了商品储备。商品资本，作为市场上的商品，也就是作为储备形式的商品，在每个循环中会出现两次：一次是作为处在过程中的、其循环正在被考察的资本本身的商品产品；另一次则相反，它是作为另一个资本的商品产品，而且这种产品必须出现在市场上，以便被购买，并转化为生产资本。当然，后面这种商品资本可能只是根据其他人的订货来生产的。如果是这样，那么在它被生产出来以前，就会发生中断。然而，生产过程和再生产过程的这种持续进行，就要求必须有一定量的商品(生产资料)不断处于市场上，也就是形成储备。生产资本当然还包括对劳动力的购买，这时，货币形式只是生活资料的价值形式，而且这种生活资料的大部分，工人必须能够在市场上找到。

商品资本要作为商品储备停留在市场上，就要求有建筑物、栈房、储藏库、货栈这种储备的场所，也就是要支出不变资本，并且要对把商品搬进储藏库的劳动力给以报酬。此外，商品会变坏，会受一些有害的自然因素的影响。为了保护这些商品不受这些影响，还要投入追加的资本，其中一部分投在劳动资料上，即物的形式上，另一部分投在劳动力上，即人的形式上。从而由于商品储备的存在，就产生了某种费用，因为这些费用不属于生产领域，所以我们将其算作流通费用。这类流通费用同以前我们说过的流通费用之间的区别在于：它们在一定程度上加入到商品价值之中，因此会使商品变得更贵。因为，在任何情况下，为保存和保管这种商品储备而耗费的资本和劳动力，都是从直接的生产过程抽出来的。同时，这里使用的资本，包括作为组成资本部分的劳动力，必须从社会产品中得到补偿。所以，这些资本的支出所产生的影响，就像使劳动生产力降低了一样，因此，如果想要获得一定的有用效果，就需要有更多的资本和劳动，我们将这种费用叫作非生产费用。另一方面，商品价值在这里被保存或者增加，只是因为产品本身的使用价值，被放置在一定的、需要有资本支出的物质条件下，并且必须经历那些有追加剩余劳动作用于使用价值的操作。相反，记载这一过程的簿记、买卖交易，却不会在商品价值的使用价值上发挥作用。以上讲的这些事情只是同商品价值的形式有关。因此，尽管在我们假定的场合，花费在储备（在这里是非自愿的）上的非生产费用只是产生于从生产过程到消费过程转化时的一种停滞，但是这些费用和第一节我们说的非生产费用仍有所不同，这些费用的目的价值的形式并没有发生转化，它只是对于价值的保存，而价值又存在于作为使用价值的商品中，因而只有通过对这种商品产品的保存，即对其使用价值本身的保存，价值才能得到保存。在这里，使用价值既没有提高，也没有增加，反而比以前减少了。但是，它

酒的储备

酒的储备，不但需要兴建大的酒窖，用好的木桶封存，还要投入人力来维护，这些为保存商品的使用价值而产生的保管费用会增加商品的价值，所以保存年代越长的酒，就越价格不菲。图中是以色列北部的一家酿酒厂中的工人正从酒桶里接酒。

的减少受到了限制，因为它被保存下来。在这里，商品中存在的预付价值，也没有增加，但是，却加进了新的劳动——物化劳动和活劳动。

实际上，储备有三种存在形式：生产资本的形式、个人消费基金的形式、商品储备或商品资本的形式。虽然就绝对量来说，三种形式的储备可以同时增加，但是当一种形式的储备增加时，另一种形式的储备却可以相对地减少。

生产资本形式的储备是以生产资料的形式存在的，这些生产资料或者已经处于生产过程，或者至少已经在生产者手中潜在处于生产过程。我们在前面已经看到，随着劳动生产率的发展以及资本主义生产方式（它比一切以前的生产方式更加发展了劳动的社会生产力）的发展，那种以劳动资料形式一次性全部并入生产过程，而且在一定时期内在生产过程中不断反复执行职能的生产资料（建筑物、机器等等）的量会不断增大，并且这种生产资料的增大，不仅是劳动的社会生产力发展的前提，

而且也是它的结果。这种形式的财富不仅绝对增加而且相对增加的事实，更加深刻地说明了资本主义生产方式的特征。但是，不变资本的物质存在形式即生产资料，不仅由这种劳动资料构成，而且还由各加工阶段上的劳动材料和辅助材料构成。随着生产规模的扩大，随着劳动生产力的提高（这种提高主要是由于协作、分工、机器的应用等等产生的），进入再生产过程的原料、辅助材料等等的量也会逐渐增加。这些要素必须提前在生产场所准备好。因此，这种以生产资本形式存在的储备的规模是会绝对增大的。要使生产过程流畅地进行，不管这种储备是逐日更新，还是只能在一定时期内更新，就必须在生产场所不断准备好更多的原料，比如说要准备多于一天或一周的消耗量。过程的连续性，要求它的各种条件的存在不至于因为在逐日购买上可能遇到中断而受影响，也不至于因为商品产品逐日逐周出售而只能不规则地再转化为它的各种生产要素而受影响。不过，生产资本显然可以以极不相同的规模形成或潜在地形成储备。例如，纺纱厂主必须准备好够用三个月的，还是只够用一个月的棉花或煤炭，就有很大的差别。我们看到，虽然这种储备在量上绝对地增大了，但是也可以相对地减少。

海运的航船

1834年美国人雅可比·帕金斯发现了冷却效应，导致了冰箱的发明。17年后第一批商用电冰箱在澳大利亚的一家酿酒厂里投入使用。德国工程师卡尔·冯·林德在1879年制造出了第一台家用冰箱。冰箱最重要的用途之一是在轮船上，食用鲜肉因为存放在大型冷藏库内就意味着可以漂洋过海送到世界各地。

这些都要取决于各种条件，而且这一切条件也不外是使必要数量的原料能够更迅速，更有规则，更有保证地不断得到供应，而不会发生中断。反之，这些条件越是不具备，供应也就越没有保证，越不规则越缓慢，从而生产资本的潜在部分也就是等待加工的原料等等储备就必然越大，从而也就同社会劳动的生产力发展水平成反比。因此，这种形式的储备也是这样。

　　综上所述，我们可以得出以下几点结论：第一，这里表现为储备减少的现象(如莱勒所看到的)，部分地说，其实只是商品形式的储备减少；因此，只是同一个储备的不同形式之间的变换。例如，如果本国每天生产的煤炭量很多，煤炭生产的规模能力都很大，这样纺纱厂主用不着储存大量煤炭，就可以保证他的生产连续进行。煤炭的源源不断的有保证的供应，使这种储备成为一种不必要的行为。第二，一个过程的产品在作为生产资料进入另一个过程速度如何，完全取决于交通运输工具的发展。在这方面，运费的低廉有很大的作用。例如，从矿山不断向纺纱厂运输煤炭所需的费用，同较长时期利用较便宜的运输供应大量煤炭所需的费用相比，也许是更贵的。以上考察的这两种情况，都发生在生产过程本身。第三，信用制度的发展对这种储备也有一定的影响。纺纱厂主在棉花、煤炭等等的储备的更新上越是不依赖于纱的直接出售，——信用制度越发展，这种直接依赖性就越小，为保证既定规

蒸汽机车

为保证生产不被中断，需要储备一定数量的生产原料。生产场地原料充沛、交通运费低廉或者信用制度的完善都可使资本家用不着储存大量的原料，就足以保证生产资料进入下一个过程。图中是英国最早应用于运输的蒸汽机车。

模的连续的棉纱生产在不受棉纱出售时的偶然情况的影响而需要的这种储备的相对量,就可以越小。第四,许多原料、半成品等等的生产时间较长,例如,农业提供的一切原料,尤其是这样。因此,要使生产过程不致中断,就必须在新产品还不能补偿旧产品的整个时期,提前储备一定量这样的原料、半成品。

2.真正的商品储备

我们已经知道,在资本主义生产的基础上,商品已经成为产品的一般形式,而且随着资本主义的生产在广度和深度上的发展,情况就越是如此。因此,不论是和以前的各种生产方式相比,还是和发展水平较低的资本主义生产方式相比,即使是生产规模相同的情况下,产品中大得不可比拟的部分也是作为商品存在的。但是,任何商品资本,也只是商品,不过它是作为资本价值的形式存在的商品,只要它不是从生产领域直接进入到生产消费或个人消费的,而是在从生产到消费的这个间歇期间存在于市场上,那它就是商品储备的要素。因此,商品储备本身(即产品的商品形式的独立和固定),即使在生产规模不变的情况下,也会随着资本主义生产的增大一同增大。我们已经知道,这只是储备的形式发生了变换,也就是说,在这一方面,储备在商品形式上之所以增大,是因为它在直接的生产储备和消费储备形式上减少了。但这只是储备在社会形式上发生的变化。如果商品储备同社会总产品相比,不仅它的相对量增大,它的绝对量同时也增大了,那么,这是因为总产品的量随着资本主义的生产一同增大了。

随着资本主义生产的发展,生产的规模在程度上越来越小地取决于对产品的直接需求,而越来越大地取决于单个资本家支配的资本量,取决于他对资本的价值增殖欲望以及他的生产过程连续进行和不断扩大的必要性。因此,每一个特殊生产部门中作为商品出现在市场上或寻找销路的产品量,也就必然增大。在一定时期内固定在商品资本形式上的资本量也增大。从而,商品储备也随之增大。

最后,社会上绝大部分人都变为雇佣工人,他们过着挣一文吃一文的生活,他们的工资按周领取,逐日花掉,因此,从某种意义上来说,他们必须找到作为储备的生活资料。不管这种储备的单个要素的流动性有多大,其中一部分总要不断地停留下来,从而使得整个储备始终可以处于流动状态。

所有这些因素,都来源于生产的形式以及它所包含的、产品在流通过程中所必须完成的形式转化。

不管产品储备的社会形式如何,保管这种储备,就会需要费用:需要有贮存产品的建筑物、容器等等;同时还要根据产品的性质,去花费或多或少的生产资料和劳动,来防止各种有害的影响。储备越是社会地集中,这些费用相对的也就越少。这些支出,总是构成物化形式或活劳动的形式的社会劳动的一部分,因而,在资本主义形式上,这些支出就是资本的支出,但它们不进入产品形成产品本身,因此只

批量产品

资本家把他预付在生产资料和劳动力上的资本转化为产品，使之变成待售商品，如果这些商品堆积在仓库里，没有卖出去，那么，在此期间不仅他的资本的价值增殖过程会停滞，他为保管这些产品而追加的储备支出，也会形成直接的损失。图为批量生产的新型电话机。

是产品的一种扣除。从而，他们作为社会财富的非生产费用是必要的。不管社会产品成为商品储备的要素是由生产的社会形式造成的，即由商品形式及其必要的形式转化所造成，也不管我们把商品储备仅仅看作是产品储备的一种特殊形式，它们都是社会产品的保管费用。产品储备是一切社会所共有的一种社会形式，即便它不具有商品储备形式（这种属于流通过程的产品储备形式）时，情况也是如此。

现在要问，这些费用究竟会在多大程度上加入商品价值。

只有在商品储备是商品流通的条件，甚至是商品流通中必然产生的形式时，而且是商品流通中的一种必不可少的形式时，也就是说，当这种表面上的停滞是流动本身的一种必备的形式时（就像货币准备金是货币流通的条件），这种停滞都是正常的。相反，一旦留在流通蓄水池内的商品，没有让位于后面涌来的生产浪潮，致使蓄水池泛滥起来，商品储备就会因流通的停滞而扩大，这种情况就像在货币流通停滞时，贮藏货币会增加一样。在这里，不论这种停滞是发生在产业资本家的仓库内，还是发生在商人的栈房内，其结果都是一样的。这时，商品储备就不再是不断出售的条件而变成卖不出去的结果了。虽然这两种情况下费用是一样的，但是，因为它现在完全是由于商品必须转化为货币而产生，并且是由于这种形态变化发生了困难才产生的，所以它不加入商品价值，而成为在价值实现时的扣除，即价值损失。

一般情况下，储备费用主要包含以下几种：1.产品总量上的数量减少（例如，储存面粉时就是这样）；2.产品的质量变坏；3.保管储备所需要的物化劳动和活劳动。

运输费用

在这里，我们不需要考察流通费用的一切细目，如包装、分类等等。一般的规律是这样的：一切只是由于商品形式的转化而产生的流通费用，都不会把价值追加到商品上。这种费用仅仅是实现价值或价值由一种形式转变为另一种形式所需的花费。投在这种费用上的资本（包括它所支配的劳动），属于资本主义生产过程中的非生产费用。这种费用必须从剩余产品中得到补偿，对整个资本家阶级来说，就是对剩余价值或剩余产品的一种扣除，就像对工人而言，购买生活资料所花费的时间是损失掉的时间一样。但是，与以上的流通费用相比，运输费用起很重要的作用，因此在这里必须简短地加以考察。

社会劳动的物质变换，是在资本循环以及构成这个循环的一个阶段的商品形态变化中完成的。这种物质变换要求产品发生场所的变更，即产品由一个地方到另一个地方的实际运动。但是，即使没有商品的这种物理运动，商品同样可以流通；没有商品流通，甚至是没有直接的产品交换，产品也可以运输。例如，A卖给B的房

超市内物流充沛

作为销售商要考虑到不断扩大的购买者范围，储备一定量的商品，才能在一定时期内满足市场需求。市场上的商品必须有一部分不断保持商品形式，另一部分，则流动着转化为货币。图中沃尔玛大型超市内丰富的商品有赖于库存商品的充沛。

>>> 脑力劳动与体力劳动 >>>

5秒钟经济学

物质资料生产劳动的一对范畴。劳动是人的脑、肌肉、神经、手等等的生产耗费，亦即脑力和体力的生产耗费，二者总是结合在一起的。但劳动因二者所占比重和工作方式有差别而区别为体力劳动和脑力劳动。一般地说，当劳动者运用生产资料，进行直接劳动操作以生产物质产品，其劳动耗费以体力为主时，他从事的是体力劳动，而脑力劳动则以脑力耗费为主，其特征在于劳动者在生产中运用的是智力、科学文化知识和生产技能，故又称智力劳动。

屋，是作为商品流通的，但是它并没有发生物理移动。即便是棉花、生铁之类可以移动的商品价值，经过许多流通过程，由投机者反复买卖，但还是留在原来的货栈内。这里发生实际运动的，是物品的所有权证书，而非物品本身。另一方面，虽然社会产品没有商品进行流通，也不通过物物交换来进行分配，但是运输业仍然起着重要的作用。

因此，虽然在资本主义生产过程中，运输业表现为产生流通费用的原因，但是，这种特殊的表现形式并没有改变事情的本质。产品总量并没因运输而增大。因运输而引起的产品的自然属性的某些变化，除了若干情况之外，并不是预期的效用，而是一种难以避免的祸害。但是，由于物品的使用价值只会在物品的消费中实

加快流通速度的铁路

商品运输发生在流通领域，运输条件的改变，可以改变商品的流通时间，减少商品的流通成本，从而更快地实现商品的使用价值。图中设在卡迪夫码头附近的火车站使海陆运输和陆路运输连接了起来。

现，而物品的消费又可以使物品的位置变化成为必要，从而使运输业的追加生产过程也随之成为必要。因此，投在运输业上的生产资本，会部分地由于运输工具的价值转移而发生转移，部分地由于运输劳动的价值追加，而把价值追加到所运输的产品中去。后一种价值追加，和一切资本主义生产下的情况一样，分为工资补偿和剩余价值两个部分。

在每一个生产过程中，劳动对象发生的位置变化，以及由于这种变化而耗费的劳动资料和劳动力都起着重要作用。例如，棉花由梳棉车间运到纺纱车间，煤炭由井下运到地面。完成的产品商品从一个独立的生产场所转移到另一个相隔很远的生产场所，也只是在相对较大的规模上表示同样的现象。产品在从一个生产场所运到另一个生产场所以后，接着还会有完成的产品从生产领域运到消费领域。而产品只有完成了这个运动，才能成为现成的消费品。以前讲过，商品生产的一般规律是：劳动创造的价值和劳动生产率成反比。这个规律，不仅适用于其他任何产业，而且也适用于运输业。在一定距离内，运输商品所耗费的死劳动和活劳动量越小，劳动生产力就越大；反之亦然。

综上所述，在其他条件不变的情况下，由于运输原因而追加到商品中去的绝对价值量，和运输业的生产力成反比，而和运输的距离成正比。商品在空间上的流通，即实际的物理移动，就是商品的运输。运输业一方面形成了一个独立的生产部门，并随之形成了生产资本的一个特殊的投资领域。另一方面，它还具有如下的特征：它表现为生产过程在流通过程内的继续，并且为了流通过程而继续生产。

武汉长江大桥

运输业作为一种追加的生产过程，耗费在运输业上的资本价值会转移到所运输的商品中，商品的绝对价值量就会因为运输业生产力的提高而降低，因运输距离的缩短而升高。图中修建于1955年的武汉长江大桥连接了因长江而切断了的纵贯南北的铁路、公路运输，使南北客货运输全靠轮船或木船转载渡江成为历史。

第二篇 资本周转

第七章 周转时间和周转次数

通过前面的讨论，我们已经了解到，一定资本的总流通时间，等于它的流通时间和它的生产时间之和。这段时间就是指资本价值从一定的形式预付时起，到处在过程中的资本价值回到同一形式时止的那一段时间。

单个资本家投在任何一个生产部门的总资本的价值，在完成它的运动的循环后，就重新回到它的原来的形式上，而且它能够重复同一过程。这个价值要想成为资本价值永久保持和增殖，就必须重复这个过程。在资本的生活中，单个资本只会形成一个不断重复的段落，也就是一个周期。在G…G'这个周期的末尾，资本再次回到货币资本的形式上，这个货币资本通过包括资本再生产过程或价值增殖过程在内的一系列形式重新转化序列。在P…P这个周期的末尾，资本又再次回到生产要素的形式上，这些生产要素是形成资本新的循环的前提。资本的循环，不被当作孤立的行为，而是被当作周期性的过程时，就被称之为资本的周转。这种周转的持续时间，是由资本的生产时间和资本的流通时间共同决定的。因此，资本的周转时间，包含着总资本价值从这一个循环周期到下一个循环周期的间隔时间，即包含着资本生活过程的整个周期，或者说，它包含着同一资本价值的增殖过程或生产过程的更新、重复的时间。

假定我们用U来表示周转时间的计量单位——年，用u来表示一定资本的周转时间，用n来表示资本的周转次数，那么n=U/u。举例来说，如果周转时间u等于3个月，那么n=12/3=4；资本在一年中要完成4次周转，或者说，需要周转4次。如果

u=18个月，那么n=12/18=2/3，或者说，资本在一年内只能够完成它的周转时间的2/3。如果资本的周转时间等于几年，那么，它就要用一年的倍数来计算。

总之，对资本家来说，他的资本的周转时间，就是他首先必须预付他的资本，以便使它增殖，并且最终又回到它原来的形式时所花费的时间。

小卖部

资本的周转是以预付资本的形式为起点，经历一系列循环运动，已经增殖的资本又重新回到它的起点。这种资本周转是资本循环运动的不断重复，是以实现预付资本价值的增殖为目的。图中小卖部里琳琅满目的生活易耗品，因为需求量大而缩短了它的资本周转时间。

第八章 固定资本和流动资本

形式区别

在以往的叙述中,我们已经知道,一部分不变资本会和它帮助形成的产品相对立,继续保持它进入生产过程时的一定的使用形式。因此,它在一定时期内,在不断反复的劳动过程中,总是反复地执行着相同的职能。总之,凡是被称作劳动资料的东西,都是这样,例如厂房、机器等。这部分不变资本,按照它在丧失使用价值时所丧失掉的交换价值的比例,把价值转移到产品之中。这种生产资料究竟把多少价值转给或转移到它帮助形成的产品中去了,要根据平均计算来决定,也就是要根据它执行职能的平均持续时间来计量。这个持续时间,从生产资料进入生产过程那一刻起,到它完全损耗,而必须用同一种新的物品来替换或再生产时为止。因此,这部分不变资本即真正的劳动资料,其特征是:

一部分资本是以不变资本的形式即生产资料的形式预付的,这部分不变资本也就是生产资料,在它保持着进入劳动过程时的独立使用形式的期间,一直作为劳动过程的因素在执行职能。完成的产品,从而已经转化为产品的生产要素,就脱离生产过程,作为商品从生产领域进入到流通领域。与之相反,劳动资料一进入生产领域,就不再离开,其职能把它牢牢地限制在那里。其中的一部分预付资本价值,被固定在这个在生产过程中由劳动资料的职能所决定的形式上。劳动资料在执行职能时,也就是在损耗时,把其中的一部分价值转移到产品中去,而另一部分则仍旧固定在劳动资料中,也就是仍旧停留在生产过程中。随着劳动资料的价值的不断转移,这种固定的价值也随之不断地减少,一直到劳动资料不能再用为止;因此它的价值在一定期间内,分配在由一系列不断反复的劳动过程产生的一批产品中。但是,只要它仍然起劳动资料的作用,也就是说,只要它还不需要由同一种新的物品来替换,不变资本价值就总是固定在它里面,而另一部分原来固定在它里面的价值随着不断的消耗而转移到产品中,从而作为商品储备的组成部分参与流通。劳动资料越耐用,它的损耗也就越缓慢,不变资本价值固定在这个使用形式上的时间也就越长。但是,不管这种劳动资料的耐用程度如何,劳动资料转移的价值和它的全部职能时间总是成反比。例如,如果有两台价值相等的机器,一台五年磨损掉,另一台十年磨损掉,那么,前者在同一时间内转移的价值就是后者的两倍。

固定在劳动资料上的这部分资本的价值,和其他部分一样要进行流通。我们曾经说过,全部资本价值一直处在不断流通之中,因此从某种意义上来说,一切资本都是流动资本。但这里考察的流通是一种独特的流通。首先,这个资本部分不是在

第五大道剧院

　　固定资本以劳动形式存在的那部分不变资本，是真正的劳动工具。在劳动过程中，劳动资料将自己的价值逐步转移到产品中，这一部分价值作为产品价值的一部分流通，待它全部转化为货币，货币再转化为新的劳动资料时，它作为固定资本的周转就完成了。图中美国第五大道剧院是以建筑形式存在的劳动资料，它长期固定在生产领域，其流通形式，是固定资本的独特的周转。

昂贵的西西里小汽车

图中1947年平尼法尼那设计的高档小汽车，只小批量生产，以保持高价位。全车由意大利传统的马车制作方法——半手工制造。因为其完全属于个人消费形式，并不能通过流通来完成资本的周转，不能称之为流动资本。

它的使用形式上进行流通，只是它的价值进行了流通，并且这种流通是逐步地、一部分一部分地进行的，和从它那里转移到作为商品进行流通的产品中去的价值是一致的。在它执行职能的全部时间内，它的价值总有一部分固定不动，和它帮助生产的商品相对立，保持着自己的独立。由于这种特性，这部分不变资本就取得了被称为固定资本的形式。与此相反，在生产过程中预付资本的其他一切物质组成部分，形成了流动资本。一部分生产资料也就是在生产过程中使用的一些辅助材料，它们在劳动资料执行职能时由劳动资料本身消费掉，例如煤炭由蒸汽机消费掉；或者这些劳动资料只对过程起协助作用，只起协助作用，例如照明用的煤气等等——在物质上并没有加入产品，只是它们的价值进入形成产品价值的一部分。产品在它本身的流通中，也使得这部分生产资料进入到价值流通中去。从这一点来说，它们和固定资本是相同的。但是，它们在所参加的每一个劳动过程中都会被全部消耗掉，因此当一个新的劳动过程出现时，就必须用同一种新的物品来替换。它们在执行职能时没有保持自己的独立的使用形式，因此，在它们执行职能时，资本价值没有任何部分固定在它们的旧的使用形式即实物形式上，而是全部都被消耗掉。这部分辅助材料在实物的形式上并没有加入到产品中去，只是按照它们的价值转移到产品的价值，成为产品价值的一部分；因此，这种材料的职能被牢牢地限制在生产领域之

> >>> **企业固定资金** >>>

企业流动资金的对称。固定资产的货币表现。固定资金不同于流动资金，它周转一次所需的时间较长。就占用在个别固定资产上的固定资金来说，它随着该项固定资产计提折旧而逐渐转化为折旧基金，当提足折旧基金、重新购建固定资产时，折旧基金又转化为固定资金，从而完成固定资金的一次周转。企业固定资金的来源，同企业生产资料所有制密切相关。中国国营企业的固定资金来源主要有国家财政拨款和银行基本建设贷款以及企业自行积累。

内，这种情况也曾经使像拉姆赛这样的经济学家(他同时还混淆了固定资本和不变资本)错误地把这部分生产资料列入固定资本的范畴。

在物质上加入产品的那部分生产资料也就是辅助原料等，由此部分地取得了以后能够作为消费品进入个人消费的形式。真正的劳动资料即固定资本的物质承担者，只被生产地消费，而不能进入个人消费，因为它不加入由它帮助生产的产品或使用价值，相反，它与产品相对立，在它本身被完全损耗以前一直保持独立的形式。运输工具与之相比是一种例外的情况，运输工具在它执行生产职能时，它停留在生产领域时产生的有用效果即场所变更，同时会进入个人消费，例如旅客的个人消费。旅客在使用运输工具时和使用其他消费资料一样，同样要支付报酬。例如在化学工业中，原料和辅助材料彼此是分不清的。劳动资料、辅助材料、原料之间的关系也是如此。例如在农业中，为改良土壤而投下的肥料，就有一部分作为产品的形成要素转移到植物产品中去。另一方面，这些物质会在较长的时期如4～5年这样一个较长的时期内发挥作用。因此，其中一部分会在物质上加入产品，同时也就把它的价值转移到产品中去；另一部分则保持它原有的使用形式，把它的价值固定在这种实物形式上，这时候它会继续作为生产资料存在，因而取得固定资本的形式。牛作为役畜，是固定资本，但如果它被吃掉，它就不是作为劳动资料，从而也不是作为固定资本在执行职能了。

决定投在生产资料上的这一部分资本价值具有固定资本性质的，只是这个价值的某种独特的流通方式。这种特别的流通方式，是通过劳动资料把它的价值转移到产品中去的，或者说，是由在生产过程中充当价值形成要素的特殊方式产生的。而这种方式本身，又是由劳动资料在劳动过程中以某种特殊的方式执行职能时产生的。

我们知道，同一种商品的使用价值既作为产品从一个劳动过程脱离出来，又作为生产资料进入到另一个劳动过程之中。一种产品之所以能够成为固定资本，只是由于它在生产过程中能够作为劳动资料去执行职能。而产品本身刚从生产过程脱离出来时，绝不是固定资本，例如，一台机器，作为机器制造业者生产的产品或商品，属于他的商品资本。只有当它出现在买者的手里，即在生产上属于使用它的资本家手里时，它才成为固定资本。

在其他一切条件相同的情况下，劳动资料的耐久性决定了它的固定性，它固定性的程度随着其自身耐久性的增加而增加；并且，这种耐久性还决定了固定在劳动资料上的资本价值和这个价值量中由劳动资料在反复劳动过程中转移到产品的部分之间的差额。这种价值转移进行得越慢（而价值是在同一个劳动过程的每次反复中由劳动资料转移出去的），固定化的资本也就越大，同时生产过程中使用的资本和消费的资本之间的差额也就越大。一旦这个差额消失，劳动资料的寿命也就完结了，它的价值和它的使用价值也会一同丧失，从而它就不再是价值的承担者了。因

运输工具

投在劳动资料的资本价值流通方式决定了它是否具有固定资本性质。图中牦牛是高原上必不可少的运输工具，如果被人们食用了，它作为劳动资料的价值就不能转移到产品中去，它也就不能行使固定资本职能了。

为劳动资料和不变资本的任何其他物质承担者一样，会按照它在丧失使用价值时丧失价值的程度，把它的价值转移到产品之中，所以就会很清楚，这种劳动资料的使用价值丧失得越慢，它在生产过程中就越耐用，不变资本价值固定在劳动资料上的时间也就越长。

不过有的生产资料，例如辅助材料、原料、半成品等等，并不是本来意义上的劳动资料，但是从价值转移来看，也就是从价值的流通方式来看，却和劳动资料是一样的，因此，它们同样是固定资本的物质承担者即存在形式。在上面的例子中，我们所说的土壤改良就是这种情况，这种改良由于把化学成分加到土壤中去，它的作用会延续若干个生产期间或若干年。在这里，价值中仍然有一部分处在产品之外，继续以它的独立形式或固定资本的形式存在，而价值的另一部分则转给产品，从而会和产品一起进入流通。在这个场合，不仅固定资本价值的一部分加入产品，而且这个价值部分赖以存在的使用价值即实体，也会加入产品。如果我们撇开把固定资本和流动资本的范畴混同于不变资本和可变资本的范畴这一根本错误不谈，那么经济学家们迄今为止在概念规定上之所以会陷入混乱，一般是由于下述原因：

他们把劳动资料在物质物理上具有的某些属性，看成是固定资本的直接属性，例如，房屋所具有的物理不动性。但是我们也很容易证明，还有其他一些属于固定资本的劳动资料具有相反的属性，例如，船舶所具有的物理可动性。

或者，他们把那种由价值流通引起的经济形式的规定性，和物质的本身属性混同起来，好像有些就其本身来说根本不是资本，而只有在一定社会关系内才成为资本的东西，就它们本身说却天生就可以成为一定形式的资本——固定资本或流动资本。

固定资本的独特的流通，引起其独特的周转。固定资本因损耗而在实物形式上丧失的那部分价值，作为产品的一部分价值参与流通。产品又通过进入流通而由商品转化为货币；从而劳动资料中被产品带入流通的那部分价值也就随之转变为货币，而且随着这种劳动资料在多大程度上已不再是生产过程中的价值承担者，这部分价值也就在多大程度上从流通过程中一滴一滴地作为货币落下来，此时获得双重存在。其中一部分仍然以实物形式继续在生产过程中发挥作用，另一部分则作为货币，脱离了这个使用形式。在劳动资料执行职能的过程中，它以实物形式存在的那

森林砍伐后的景象

资本家用来购买原料、燃料和和辅助材料的不变资本和用来购买劳动力的可变资本均属于流动资本。在生产过程中，流动资本不能保持自己独立的使用形式，将自身的价值一次性全部转移到产品中，通过流通来完成资本的周转。图中是被砍伐的森林，作为原料17棵这样的大树就可生产出800公斤纸。

部分价值会不断减少，而它转化为货币形式的那部分价值则会随之不断增加，一直到它的使用寿命完结，它的全部价值和它的尸体脱离，完全转化为货币为止。在这里，生产资本中的这个固定资本要素在周转上的特征显露出来了。它的价值转化为货币的过程，和作为它的价值承担者的商品蛹化为货币的过程是同时进行的。但是，它由货币形式重新转化为使用形式的过程，和商品再转化为商品的其他生产要素这一过程是分别进行的，确切地说，是由它本身的再生产期间决定的，即由劳动资料已经完全损耗掉，而必须用同一种新的物品将其替换的时间决定的。假定一台价值10000镑的机器可以执行职能的期间是10年，那原来预付在这台机器中的价值的周转时间也就是10年。在这10年内，它不需要更新，而以它的实物形式持续地发生作用。在此期间，它的价值一点一点地，作为用它不断生产出的商品的价值的一部分进入流通，逐渐转化为货币，直到10年结束时，全部转化为货币，并由货币再次转化为一台机器，也就是完成了它的周转。不过在这个再生产时间到来之前，它的价值首先会以货币准备金的形式逐渐积累起来。

而生产资本其他的要素，一部分是以辅助材料和原料形式存在的不变资本构成，一部分则是由投在劳动力上的可变资本构成。

之前对劳动过程和价值增殖过程的分析表明，生产资本的这些不同的组成部分，作为产品形成要素和价值形成要素，其作用是完全不同的。那部分由辅助材料和原料构成的不变资本的价值，和由劳动资料构成的那部分不变资本的价值完全一样，仅仅是作为转移的价值，再现在产品的价值中，而劳动力则是通过劳动过程把它的价值的等价物加进产品，或者说，实际上是把它的价值再生产出来。其次，一部分辅助材料，如充当燃料的煤炭、用于照明的煤气等等，虽然在劳动过程中被消费掉，但在物质上却不会加入到产品之中，而另一部分辅助材料则以物体形式加入产品，并成为产品实体的材料。不过，这一切差异，对于流通来说，从而对周转的方式来说，都是没有关系的。辅助材料和原料在形成产品的过程中，只要被全部消费掉，它们自身的全部价值也就随之转移到产品中去。因此，这个价值也全部通过产品而进入流通，从而转化为货币，并由货币再转化为商品的生产要素。它的周转并不像固定资本的周转那样经常被中断，而会不断地通过它的各种形式的全部循环，总之，生产资本的这些要素会不断地在实物形式上得到更新。

现在，我们来考察生产资本中投在劳动力上的可变组成部分。劳动力是按一定时间顺序购买的，一旦资本家购买了劳动力并把它纳入到生产过程，那么，它就构成了他的资本的一个组成部分，即资本的可变组成部分也就是常说的可变资本。它每天都会在一定的时间内发生作用，在这个时间段内，它不仅把它自己一天的全部价值，而且还会把一个超额价值即剩余价值，加到产品中去；不过在这里，我们暂且把这个剩余价值撇开不说。比如说，在劳动力按一周购买并且发生作用之后，这

小铁厂

  第一次工业革命，蒸汽机的广泛应用直接推动了纺织、冶金、采矿、机械等各类科学技术的发展，使社会生产力空前提高，带动了人类由农村和手工业时代进入机器大生产的工业化时代。1788 年，英国的生铁产量为61300吨，而在各炼铁厂相继采用蒸汽机后，到了1796年，英国的生铁产量就猛增到125000吨。图中是英国工业时期位于僻远的什罗普郡的一个小铁厂。

  种购买还必须按照习惯的期限不断更新。劳动力在执行职能期间，不断地把它的价值的等价物加入到产品中去，这个等价物随着产品的流通不断地转化为货币。如果要使生产的循环连续进行而不致中断，那么，这个等价物就必须不断地由货币再转化为劳动力，或者说，不断地经过它的完全的循环的各种形式，也就是说，它必须不断地周转。

  因此，在劳动力上预付的那部分生产资本的价值，会完全转移到产品中去（我们在这里总是撇开剩余价值不说），同产品一起共同经过流通领域的两个形态变化，并通过这种不断的更新，不断地并入生产过程。所以，不论劳动力和不变资本中非固定资本的组成部分就价值的形成来说有多么的不同，它的价值的这种周转方式却始终和这些部分相同，而与固定资本相反。生产资本的这两个组成部分——投在非固定资本的生产资料上的价值部分和劳动力上的价值部分——由于它们在周转上的

机械化工厂

> 车床是"机器之母",1797年,英国人亨利·莫兹利因为发明了车床的核心部分刀架,被誉为"车床之父",后来相继出现的刨床、钻床、镗床等各种机床,都离不开刀架。莫兹利工厂里的一名车工,1817年又因为改进了刨床和车床,奠定了今天机床的基础。图中这家英国中部贝德华斯镇的绒线厂,就是当时使用最先进机器的大型工厂之一。

这种共同性,因而作为流动资本与固定资本相对立。

我们以前讲过,资本家由于使用劳动力而支付给工人的货币工资,实际上只是工人必要生活资料的一般等价形式。从这个角度来说,可变资本在物质上应该是由生活资料构成的。但是在这里,当我们考察周转时,问题却在于其形式。资本家所购买的,并不是工人的生活资料,而是工人的劳动力本身。形成他的可变资本部分的,不是工人的生活资料,而是工人能够发挥作用的劳动力。资本家在劳动过程中,生产地消费的是劳动力本身,而不是工人必需的生活资料。因此,由于和固定资本相对立而取得流动资本的规定性的形式的,不是工人的生活资料,也不是工人的劳动力,而是生产资本中投在劳动力上的那部分资本的价值。正是由于这部分价值的周转形式,所以才取得了一种和不变资本某些组成部分相同,但和它的另一些组成部分相反的性质。

投在劳动力和生产资料上的流动资本的价值,只是为制成产品所需要的时间而提前预付的,所以它要和由固定资本的大小所决定的生产规模相适应。这个价值要全部加入产品，因此通过产品的出售又全部从流通中返回，并且能够重新预付。流动资本组成部分借以存在的劳动力和生产资料，按照要生产的成品所需要的量，从流通中取出，但它们必须不断地通过再购买，通过由货币形式到生产要素的再转化，来实行替换和更新。和固定资本要素相比，虽然它们一次从市场被取出的量是比较小的，但必须频繁地再被取出，投在它们上面的预付资本是在较短期间内得到更新的。这种不断的更新，是通过把它们的全部价值转移到将要进入流通中的产品并通过对这种产品的出售不断进行的。最后，它们不仅在价值上，而且在物质形式上，都在不断地完成形态变化的全部循环；它们不断地由商品再转化为生产同种商品所需的生产要素。

劳动力在不断把它自身的价值加进产品的同时，还不断地把无酬劳动的化身——剩余价值，加到产品中去。因此，也和成品的其余价值要素一样，剩余价值不断地被成品带入流通并转化为货币。不过在这里，要研究的首先是资本价值的周

拣煤女工

资本家购买劳动力价值的可变资本也属于流动资本。由劳动力创造的，相当于劳动力价值的那一部分价值，随着产品的出售转化为货币。如果要使生产过程连续不断地进行，这些货币就必须作为可变资本又用来购买劳动力，从而完成它的一次周转。图为晨曦中顶着寒风前去拣煤的女工。

>>> 企业流动资金 >>>

企业固定资金的对称。在企业生产经营过程中，占用在原材料、产品、商品、银行存款、应收款等流动资产上的资金。随着企业生产经营活动的不断进行，流动资金占用形态也不断变化。生产企业的流动资金一般从货币形态开始，顺次经过供应、生产、销售三个阶段,相应地采取储备资金、生产资金、商品资金三种形态，最后又回到货币形态，从而完成一次周转。流动资金不同于固定资金，它周转一次所需时间较短。

转，而不是和它共同进行的剩余价值的周转，所以，我们暂且撇开后者不说。

综上所述，我们可以得出如下结论：

1.固定资本和流动资本的形式规定性即其定义之所以产生，只是由于在生产过程中执行职能的生产资本会有不同的周转。而周转之所以会不同，又是由于生产资本的不同组成部分把它们的价值转移到产品中去的方式是不同的，而不是由于它们在价值增殖过程中有独特的作用，或它们在产品价值的生产中有不同的作用。最后，价值转给产品的方式——这个价值通过产品的形态变化和产品流通的方式而在原来的实物形式上更新的方式——之所以有差别，又是由于生产资本借以存在的物质形式上有差别，在形成单个产品时，生产资本的一部分会全部消费掉，另一部分只是逐渐消耗掉。因此，只有生产资本才能够分为固定资本和流动资本。与之相反，这种对立，对产业资本的其他两种存在方式而言，不论是商品资本还是货币资本，都是不存在的。它也不是这两种资本和生产资本之间的对立。这种对立只有对生产资本并且在生产资本之内才是存在的。不管货币资本和商品资本怎样去执行资本的职能，怎样顺利地流通，只有当它们转化为生产资本的流动组成部分时，才能够变为和固定资本相对立的流动资本。但是，因为资本的这两种形式都存在于流通领域，所以，正如以后我们会看到的那样，亚当·斯密以来的经济学家都错误地把它们和生产资本的流动部分一起列入流动资本这个范畴。实际上，它们只是与生产资本相对立的流通资本，而不是与固定资本相对立的流动资本。

2.固定资本组成部分的周转，也就是它的必要的周转时间，是包括流动资本组成部分的多次周转。在一定时间内，固定资本周转一次，流动资本则会周转多次。生产资本的这个价值组成部分，只是由于它借以存在的生产资料在产品被生产出来并作为商品离开生产过程的这一期间没有被完全消耗掉，所以才取得固定资本的形式规定。也就是说，它的价值的一部分必须仍旧束缚在继续执行原来职能的旧的使用形式上；另一部分则被完成的产品带入流通，而这些完成的产品的流通，却同时会使流动资本组成部分的全部价值进入流通。

3.投在固定资本上的生产资本的价值的一部分，是为构成固定资本的那一部分

希腊总理签署加入欧共体的议定书

  1951年4月18日，西欧六国，法国、联邦德国、意大利、荷兰、比利时和卢森堡签订了《巴黎条约》，创立"煤钢共同体"。1957年3月25日，欧洲"煤钢共同体"成员国在意大利首都签订了《欧洲经济共同体条约》《欧洲原子能共同体条约》（统称《罗马条约》），创立欧洲经济共同体。九个月后条约生效。欧共体的成立不仅平衡了世界格局的对比力量，也为欧盟的成立奠定了基础。图为1979年5月28日，希腊总理在雅典签署加入欧共体的议定书。

生产资料执行职能的整个期间一次性预付的。因此，生产资本的这部分价值是由资本家一次投入进入流通的；但它只有通过固定资本一部分一部分地加进商品的价值部分的实现，才可以一部分一部分地再从流通中取出。另一方面，一部分生产资本借以存在的生产资料本身，则一次从流通中取出，以便在执行职能的整个期间进入生产过程，不过在这一段时间内，它不需要由同一种新的物品来将其替换，不需要再生产。它们在一定时间内，继续参加到投入流通的商品的生产过程，但并没有从流通中取出自身更新的要素。因此，在这个时间内，它们也不会要求资本家重新预付。最后，投在固定资本上的那部分资本价值，在它借以存在的生产资料执行职能的这段时间内，并不是在物质上，而只是在价值上经过它的各种形式的循环，并且这种循环也只是一部分一部分地、逐渐地进行的。这就是说，它的价值的一部分一部分地不断地作为商品的价值部分进入流通，并转化为货币，但并没有立刻由货币

超载

  固定资本的磨损首先是由它的使用本身引起的,其次是自然界的作用,加之无形的损耗使它们各自具有不同的使用寿命。图中超负荷劳作的小车无疑加速了它的损耗,缩短了它的使用寿命。

再转化为它原来的实物形式。这种由货币到它原有的生产资料的实物形式的再转化,要到原有的生产资料执行职能的期间结束,即这些生产资料被完全使用的时候,才会发生。

  4.还必须说明的一点是,如果要使生产过程连续进行,流动资本的各种要素就必须和固定资本的各种要素一样,必须不断地固定在生产过程中。不过对于这类固定下来的流动资本要素,则要求它们不断地在实物形式上更新(生产资料是通过同一种新的物品,劳动力是通过不断更新的购买);而固定资本的各种要素,在它们存在的整个周期内,它们本身既不会更新,同时它们的购买也不需要更新。原料和辅助材料总是会不断地存在于生产过程中,但是当旧的原料和辅助材料在已经完成的产品的形成上被消耗掉时,总是用同一种新的物品来更新。劳动力也不断存在于生产过程中,但这只是由于劳动力的购买需要不断更新,而且往往伴随有人员的变动。与其相反,同一建筑物、机器等等,却在流动资本反复周转时,在反复进行的相同的生产过程中不断持续地执行职能。

固定资本的组成部分、补偿、修理和积累

在同一个投资中，由于固定资本的各个要素的寿命不同，从而周转时间也就不同。固定资本的各个要素有不同的寿命，从而也有不同的周转时间。例如在铁路上，铁轨、枕木、土建结构物、车站建筑物、桥梁、隧道、机车和车厢，各有不同的执行职能的期间和再生产时间，所以其预付的资本周转时间也是不同的，从而其中预付的资本也有不同的周转时间。建筑物、站台、水塔、高架桥、隧道、地道和路基，总之，凡是在英国铁路上被称为技术工程的东西，多年都不需要更新。最易磨损的东西是轨道和车辆。磨损是由于自然力的影响造成的。例如枕木不仅受到实际的磨损，而且由于腐朽而损坏。

无形损耗在这里和在大工业的各个部门一样也起着重要的作用。比如，原来值40000镑的车厢和机车，10年之后，通常只能卖到30000镑。劳动资料大部分都会因为产业进步而不断进行着革新。因此，这些劳动资料不是以原来的形式，而是以革新后的形式进行补偿。一方面，大量固定资本投在一定的实物形式上，并且会在这种形式上结束其平均寿命，这一点就成了只能逐渐采用新机器等等的一个主要原因，从而也就变成了迅速普遍采用改良的劳动资料的一个障碍。另一方面，竞争的影响，尤其是在发生决定性变革的时候，又迫使在旧的劳动资料自然寿命完结之前，必须使用新的劳动资料来替换。迫使企业提前按照更大的社会规模来对其设备实行更新的，主要是灾祸、危机。

损耗(无形损耗除外)是由于固定资本的消耗而逐渐转移到产品中去的价值部分。这种转移是按照固定资本平均丧失的使用价值的程度进行的。

这种损耗一部分是这样的：每个固定资本都有一定的平均寿命，它为这段时间实行全部预付，过了这段时间，它们就要被全部替换。就活的劳动资料来说，例如马，再生产时间是由其自然属性本身规定的。它们作为劳动资料的平均寿命就是由自然规律决定的。这段时间一过，损耗掉的马匹数就必须用新的来替换。每一匹马当然不能一部分一部分地替换，只能用另一匹马来替换。

固定资本还有一些要素，可以进行周期的或部分的更新。在这里，必须把这种部分的周期的补偿与营业的逐渐扩大区别开来。

固定资本的这些其他部分，是由不同的组成部分构成的，而这些不同的组成部分又会在不同期间内损耗掉，因而必须在不同期间内对其进行补偿。机器的情形尤其如此。前面我们所说的关于一个固定资本的不同组成部分具有不同的寿命的说法，在这里，对于作为这个固定资本一部分的同一台机器的各个不同组成部分的寿命来说，也是适用的。

关于企业的在局部更新中逐渐扩大问题，我们要指出如下几点。尽管如上所

拉货的马车

固定资本有着不同的寿命，也就意味着有不同的周转时间。马作为活的劳动工具的损耗是以丧失使用价值的平均程度进行的，它有一定的平均寿命，它为这段时间实行全部预付，一旦丧失劳动能力，马的主人就会用一匹新马来替换它。图中的马拉着一辆干草车行驶在乡间小路上。

述，固定资本在其生产期间将继续以实物形式在生产过程中发生作用，但它的价值的一部分，由于平均损耗，已经和产品商品一起进入流通，并转化为货币，成为货币准备金的要素，以便在资本进行再生产时，用来购买这种实物形式的补偿资本。固定资本价值中这个转化为货币的部分，还可以用来扩大企业，或改良机器，以提高机器的生产效率。这样，经过一段或长或短的时间之后，就要进行再生产，并且从社会的观点看，这种再生产还是规模扩大的再生产。如果是生产场所的规模扩大了，它就是在外延上扩大；如果是生产资料效率提高了，那就是在内含上扩大。这种规律扩大的再生产，不是由剩余价值转化为资本的这种积累引起的，而是由从固定资本的本体中分离出来、以转化为货币形式的价值重新转化为追加的或效率更大的同一种固定资本而引起的。首先，一个企业能够在多大程度上，以多大规模进行这种逐渐的追加，其次，这个企业必须积累多大数量的准备金，才能够用这种方式把它再投入到企业的再生产中去，而要做到这一点又需要多长时间，所有这些情况，当然都部分地取决于该企业的一种特殊性质。另一方面，对于现有机器的局部改良可以达到什么程度，当然要取决于改良的性质和机器本身的构造。这种改良部分地是依靠劳动过程本身；固定资本如果不在劳动过程内执行职能，就会损坏。而且固定资本的维持，还必须要有直接的劳动支出。例如，机器必须经常擦洗。这里说的是一种追加的劳动，如果没有这种追加劳动，机器就会变得不能使用；这里说的维持，是对那些伴随着生产过程的有害的自然影响的单纯预防，因此，这里说的是从最严格的意义上把机器保持在能够工作的状态之中。不言而喻，在我们计算固定资本的正常寿命时，是以它在这个期间内已经具备了正常执行职能的各种条件为前提的，就像我们常说人平均活30年时，其实已经把洗脸洗澡也考虑在内一样。这里说的，并不是对机器本身所包含的劳动的补偿，而是为使用机器而进行的不断的追加劳动。这里说的不是机器自己所做的劳动，而是加之于机器的劳动，在这种劳动中，机器不是作为生产的当事人，而是作为原料。投在这种劳动上的资本，虽然并没有进入作为产品来源的真正的劳动过程，但是它属于流动资本。在生产中必须不断地耗费这种劳动，因而它的价值也必须不断地由商品产品的价值来补偿。投在这种劳动上的资本，属于要弥补一般非生产费用的那部分流动资本，这个部分要按年平均来计算，分摊到价值产品中去。

检修机器

固定资本的正常寿命，是以它在这个期间内正常执行职能的各种条件已经具备为前提。维持固定资本的正常运作需要一定的费用，要求有直接的劳动支出，固定资本如果不在劳动中执行职能，就不能正常使用。图中一名气管装配工正在检修机器上的螺钉是否松动。

真正的修理或修补劳动，都需要支出资本。这种支出是不包括在原来已经预付的资本内的，因此，它不能或者至少不总是能通过对固定资本的逐渐的价值补偿来得到补偿和弥补。任何固定资本都需要事后在劳动资料和劳动力上一点一滴地支出这种追加资本。例如，我们假定固定资本的价值等于10000镑，它的全部寿命等于10年，那么，10年后全部转化为货币的这10000镑，仅仅补偿了原来投下的资本的价值，而并不补偿在这期间的修理上新追加的资本或劳动。这些追加的价值组成部分，也不是一次预付的，而是按照需要分别预付的，它的不同的预付时间不是预定的而是偶然的。

由于机器等等的个别部分所受的损伤自然是偶然的，因而由此产生的修理自然也是偶然的。不过从这种修理中可以分出两类修理劳动，它们多少都具有一些固定的性质，并且是在固定资本的使用年限内不同的时期进行的。这就是幼年期较少的病患和中年期以后比之多得多的病患。例如，不管一台机器的构造怎样完美无缺，在它进入生产过程后，在实际使用时总是会出现一些缺陷，而对于这种缺陷必须用补充劳动来纠正。另一方面，机器越是超过它的中年期，这种正常的磨损就越是增多，构成机器的材料越是消耗和衰老，那为了使它维持到平均寿命的末期所花费的修理劳动就越频繁，越多。正像一个老年人，为了防止不到时候就死去，就必须比一个年轻力壮的人多支付更多的医药费。因此，修理劳动虽然带有偶然的性质，但仍然会不均衡地分配在固定资本寿命的各个不同时期。

综上所述，我们可以得出如下的结论：

用于机器修理上的劳动力和劳动资料的实际支出，和造成这种修理的原因本身一样，是偶然的；必要修理量会不均衡地分配在固定资本使用寿命的不同时期。在我们估计固定资本的平均寿命时，必须肯定固定资本始终是保持在工作状态之中，其原因在于，固定资本会由于擦洗(包括清扫场地)以及在必要时进行的修理而花费时间。由固定资本损耗而产生的价值转移，是按固定资本的平均寿命来计算的，而如何确定这个平均寿命本身，又是以在维修中所必须追加的资本的不断预付为前提的。

我们同样很清楚，由于资本和劳动的这种追加支出而追加的价值，并没有在实际支出的同时，转移到产品之中并随之加入到商品价格中去。例如，一个纺纱业主不能因为这个星期坏了一个轮盘或断了一根皮带花费了大量的维修费用，就可以在这个星期以高于上个星期的价格来出售纱。纺纱的一般费用，不会因某一个工厂发生这种事故而起任何变化。在这里，和之前所有的价值在决定方式上一样，起决定作用的也是平均数。经验会告诉我们投在一定生产部门的固定资本在其平均寿命期间遇到的这种事故和所需要的维修劳动的平均量一般会有多少。这种平均支出被分配在该固定资本的平均寿命期间，并以相应的部分加进商品的价格，从而通过这种

发展新型产品

  对于一台机器的不同组成部分的寿命来说，它们在不同期间内的损耗，必须在不同期间内进行补偿。精明的日本人则力图使机器的各个不同组成部分的寿命相同，以便一次性全部更换，减少维护部分的投入。图中日本生产开发的高精密度电子产品市场广阔。

商品的出售得到补偿。

  以这种方式得到补偿的追加资本，虽然支出的方法不规则，但也同样属于流动

>>> 专利 >>>

5秒钟经济学

  确认发明人（或其权利继受人）对其发明享有专有权，规定专利权人的权利和义务的法律规范的总称。"专利"一词来自拉丁文 litterae patents，含有公开之意，原指盖有国玺印鉴不必拆封即可打开阅读的一种文件。现在，"专利"一词一般理解为专利证书，或理解为专利权。国家颁发专利证书授予专利权的专利权人，在法律规定的期限内，对制造、使用、销售享有专有权。其他人必须经过专利权人同意才能进行上述行为，否则即为侵权。专利期限届满后，专利权即行消灭。任何人皆可无偿地使用该项发明或设计。

资本。因为立即排除机器的故障是一件至关重要的事，所以在每一个较大的工厂，除了雇用真正的工厂工人，还要雇用一批工程师、木匠、机械师、钳工等等。他们的工资就是可变资本的一部分，他们的劳动的价值被转移到产品中。另一方面，在生产资料上耗费的支出，也应该按照平均计算决定，而且会按照这个计算，不断形成产品的价值部分，虽然实际上这种支出是在不规则的期间内预付的，从而也是在不规则的期间内加入到产品或固定资本中去的。这种投入到真正修理上的资本，从某种角度来看，形成了一种独特的资本，它既不能被列入流动资本，也不能被列入固定资本，不过作为一种经常支出来说，还是算作流动资本较为合适。

对于由异常的自然现象，如火灾、水灾等等引起的破坏我们必须为其作出一定的保险。这种情况下所作的保险和对于损耗的补偿及维修劳动完全不同。保险必须由剩余价值部分来补偿，它是剩余价值的一种扣除。或者，从整个社会的观点来看，就要求必须不断地有超额生产，也就是说，现实中的生产规模，必须按照大于单纯补偿和再生产现有财富所必要的规模进行（其前提是完全撇开人口的增长不说），以便能够掌握一批生产资料，来消除偶然事件和自然力所造成的意料之外的破坏。

之前我们已经讲过，为补偿固定资本的损耗而回流到资本家手中的货币，为了再生产大部分都是每年，或者是在更短的时间内，就会再转化为它原有的实物形式。尽管如此，对每一个单个资本家来说，仍然必须为要经过若干年才能够完成它的再生产期间，并因此需要全部补偿的那部分固定资本，设置一种折旧基金。

采摘葡萄

固定资本的再生产，是不断地、一部分一部分地和修理互相交错地进行的，使已经损坏的部分在较短时间内得到修缮或更新，在这种补偿能够实行之前，必须根据生产部门的特殊性质，事先积累一笔折旧基金。图中工人们正在用先进的采摘机采摘葡萄。

第九章 预付资本的总周转以及周转的周期

我们知道，生产资本的固定资本部分和流动资本部分，是按不同的方式，并以不同的期间周转的；我们又知道，同一企业的固定资本的各个不同组成部分，由于它们的使用寿命的不同，从而它的再生产时间不同，周转期间也会不同。我们同样可以得出以下两点结论：

1. 预付资本的总周转，其实就是它的不同组成部分的平均周转。但如果只是不同的期间的问题，那么，计算它们的平均数当然是再简单不过了。

2. 但是问题不仅如此，这里不仅有量的差别，而且有质的差别。

进入生产过程的流动资本，会把它的全部价值都转移到产品中去，因此，要使生产过程连续地进行，它就必须通过产品的出售，不断用实物来补偿这些消耗掉的流动资本。而进入生产过程的固定资本则不同，它们只把一部分的价值(损耗)转移到产品中去，尽管有损耗，但它继续以实物形式在生产过程中执行职能；因此，固定资本在经过一段或长或短的时间之后，才需要用实物来补偿，但这种补偿无论如何也不会像流动资本那样频繁。补偿的这种必要性，也就是再生产的期限，对固定资本的各个不同组成部分来说，不仅在量的方面有差别，而且如前所述，某些寿命较长、能使用多年的固定资本，有一部分能在一年或不到一年的时间里补偿一次，用实物加到旧的固定资本中去；至于某些具有其他性能的固定资本，补偿只能在其寿命终结时一次进行。

因此，我们必须把固定资本不同部分的特殊周转化为同种形式的周转，使它们只存在量上的差别，即周转时间的差别。

假如我们使用P…P即连续生产过程的形式作为起点，这种质的同一性通常是不会发生的。因为P的某些要素必须不断地用实物来补偿，而另一些要素则不必如此。但G…G'形式无疑会提供周转的这种同一性，例如有一台价值10000镑的机器，寿命为10年，因而每年有1/10＝1000镑再转化为货币。这1000镑在一年之内，由货币资本转化为生产资本和商品资本，又由商品资本再重新转化为货币资本。就像我们在这个形式下考察的流动资本一样，重新回到它原来的货币形式，而与这1000镑货币资本，年终是否会再转化为一台机器的实物形式，是没有关系的。因此，在我们计算预付生产资本的总周转时，通常会把它的全部要素都固定在货币形式上，这样，再次回到货币形式就是周转的终结。我们总是把价值看作是以货币形式预付的，甚至在价值的这种货币形式只是以计算货币的形式出现的连续生产过程中，也是如此。只有这样，我们才可以计算出平均数。

3. 由此可见：即便预付生产资本的极大部分，是由再生产时间从而整个周转时间包含一个持续多年的周期的固定资本构成，但是，因为流动资本会在一年内反复

殖民地冲突

预付资本的价值增殖，取决于一定生产规模的总周转时间，为了更快地获取更大的利润，资本家总是寻求各种方式和途径。侵略别国，进行殖民统治就是其中一种。图中淘金的矿工反抗殖民当局征收牌照费，与军队发生了血腥冲突。

周转，所以一年内周转的资本价值还是能够大于预付资本的总价值。例如，我们假定固定资本等于80000镑，它的再生产时间等于10年，这样每年有8000镑回到货币形式，或者说，固定资本每年完成它的周转的1/10。假定流动资本等于20000镑，每年周转5次。这样，总资本等于100000镑。周转的固定资本等于8000镑，周转的流动资本等于5×20000等于100000镑。因此，一年内周转的资本等于108000镑，比起预付资本要大8000镑。资本的1+2/25周转了。

4.因此，预付资本的价值周转，和它的实际再生产时间，或者说，和它的各种组成部分的现实周转时间是相分离的。假定一个4000镑的资本每年周转5次，这样，周转的资本是5×4000＝20000镑。但每次周转终结时回来而被重新预付的，是原来预付的4000镑资本。它的量，不会因为它重新执行资本职能的周转期间的数目的改变而改变（把剩余价值撇开不说）。

因此，如果用第3点的例子来说，那么按照假定，年终回到资本家手中的有：(a)一个20000镑的价值额，它重新用作生产资本中的流动资本组成部分；(b)一个8000镑的价值额，它由于损耗而从预付固定资本价值中分离出来，同时，这个固定资本继续存在于生产过程中执行自己的职能，不过这部分固定资本的价值已经不是80000镑，而是减少为72000镑了。这样一来，生产过程还要持续九年，那时，预付固定资本的使用寿命才会完全结束，它也就不能再作为产品形成要素和价值形成要素去执行职能，而必须将其彻底替换。因此，预付资本价值必须完成一个包含着多次周转的周期，例如在上述场合，其实就是一个包含着十年周转的周期，而这个周期是由其使用的固定资本的寿命来决定的，从而就是由它的再生产时间或周转时间决定的。

一个20世纪60年代的标准美国家庭

20世纪60年代是美国自二战以来，最为深刻严肃的历史时期，源于物质生活的极大丰富。图中显示出一个美国20世纪60年代的家庭的美好生活。洋房、汽车和人们脸上展露出的富足的笑容。

资本家在生产过程中使用的固定资本的价值量和寿命，会随着资本主义生产方式的发展而逐渐增加，与此相适应，每个特殊的投资部门其产业和产业资本的寿命也会随之发展为持续多年的寿命，比如说平均为十年。一方面，由于固定资本的发展会使其自身的使用寿命延长，而另一方面，生产资料的不断变革（这种变革也随着资本主义生产方式的发展而不断加快）又使其缩短。因此，随着资本主义生产方式的发展，生产资料的变换速度加快了，它们在自己有形寿命终结之前就必须不断补偿的必要性也随着这种无形损耗而不断增加了。例如，我们可以认为，大工业中最有决定意义的这个部门的生命周期现在平均为十年，但是这里的问题并不在于确定的数字。无论如何下面这一点是很清楚的：这种由若干互相联系的周转所组成的包括若干年限周转的周期(资本被它的固定组成部分束缚在这种周期之内)，实际上为周期性的危机创造了一定的物质基础。一般来说，在周期性的危机中，营业要依次通过松弛、中等活跃、急剧上升和危机这几个时期。尽管资本投下的时期是极不相同或者是极不一致的，但危机总是会成为大规模新投资的起点。因此，从整个社会的角度来考察，危机又或多或少地是下一个周转周期的一种新的物质基础。

通货膨胀下德国人民的经济生活

1929年10月24日，由于盲目的竞争、生产和消费之间的矛盾、主要消费品和固定资本生产过剩等等原因，美国爆发了资本主义历史上最大的一次经济危机。随后向整个资本主义世界席卷而来，直到1933年，持续了4年之久，经济危机造成的损失总计约2500亿美元，欧美各主要工业国家经济瘫痪。图中描绘的是20世纪20年代初期，正处于经济危机恶性通货膨胀中的德国人的生活，货币看上去更像是一堆废纸。

第十章 生产时间

劳动时间，即资本被束缚在生产领域的时间，始终是生产时间。但是反过来说，资本处于生产过程中的全部时间，并不因此而必然等于劳动时间。

但在这里，由于生产时间和劳动时间之间的差异而形成的中断，指的不是受劳动力本身的自然界制约的劳动过程的中断，尽管我们说过，单是固定资本即厂房、机器等等在劳动过程休止时闲置不用的这种状况，就已经成为超出自然界限来延长劳动过程从而实行日夜班劳动的动机之一。这里所指的中断与劳动过程长短无关，但是那种受产品的性质和制造产品的方式本身制约的中断，在其中断期间，劳动对象会受到时间长短不一的自然过程的支配，同时还要经历物理的、化学的、生理的变化；在此期间，劳动过程会全部或者局部停止。

例如，榨出来的葡萄汁，首先要有一个发酵时期，然后再存放一个时期，酒味才醇。此外在许多产业部门，产品还要经过一个干燥过程，例如陶器业；或者，需要把产品置于一定条件下，使它的化学性质发生变化，例如漂白业；冬季作物大概要九个月才成熟，从而在播种和收获之间，劳动过程几乎完全中断。在造林方面，在播种和必要的预备劳动结束以后，也许要经过100年，种子才能变为成品；在这全部时间内，相对地说，劳动时间是很少的，也就是说是用不着花多少劳动的。

在所有这些场合，在大部分生产时间里面只是偶尔会需要追加劳动。前一章我们已经指出，已经固定在生产过程中的资本还必须加入追加的劳动或者资本，在这里这种情况也会发生，不过会有时间长短不一的中断。因此，在所有这些场合，预付资本的生产时间主要由两个期间构成：第一个期间，资本的存在形式处在劳动过程中；第二个期间，资本的存在形式（未完成的产品的形式）没有处在劳动过程中，而是受自然过程的支配。这两个期间有时是否会互相交错和互相穿插，对问题的实质没有任何影响。劳动期间和生产期间在这里并不是一致的，生产期间比劳动期间长。但是，只有当生产结束以后，产品才能完成、成熟，因而才能从生产资本的形式转化为商品资本的形式。所以，资本的周转期间，也要随着并非由劳动时间构成的那段生产时间的长度的变长而延长。如果超过劳动时间的生产时间，不是像谷物的成熟、橡树的成长等等那样，由固定的自然规律所决定，那么，资本周转期间往往就可以通过人为地缩短生产时间而得到或多或少的缩短。关于仅仅由自然过程占据的生产时间可以人为地缩短这一问题，铁的生产史，特别是近百年来的生铁炼钢史，已经为我们提供了最好的例子。关于生产时间和劳动时间的不一致的情形，美国的鞋楦制造也为我们提供了一个独特的例子。在这里，之所以要耗费掉相

百年酒窖

生产过程的全部时间，分为生产时间和非生产时间，劳动产品的存储时间也是生产时间的一部分，劳动产品存储时间的长短，对资本周转的速度会产生直接的影响。葡萄酒被存放起来，不加入人工劳作，但封存以后，光、热和振动都会加速酒的藏酿进程，这种生产过程的中断对于酒至关重要。图为法国小镇上的百年酒窖。

当大一部分非生产费用，主要是由于木材要储存18个月才能干燥。这样，制成的鞋楦以后才不会收缩、走样。在此期间，木材并没有经过任何其他劳动过程。因此，资本家投放的资本的周转期间不仅取决于鞋楦制造本身所需的时间，而且也取决于木材放在那里等待干燥的时间。木材必须在生产过程中停留18个月，才会进入真正的劳动过程。这个例子同时还说明了一个问题：由于不是发生在流通领域，而是发生在生产过程中的各种情况，全部流动资本的各个不同部分在周转时间上可以有多么的不同。

生产时间和劳动时间之间的差异，尤其是在农业上会特别显著。例如，在我们温带气候条件下，土地每年长一次谷物；生产时间(冬季作物平均九个月)的缩短或延长，还要看年景的好坏变化而定，因此农业不像真正的工业那样，可以提前进行准确的确定和控制。

如果我们撇开价格波动、生产停滞等等反常的中断现象不说，那么在大部分真正的工业部门，如采矿业、运输业等等，生产其实是均衡地进行的，劳动时间年年相同，每天进入到流通过程的资本的支出，也是均衡地分配的。同样，在市场关系

5 秒钟经济学

>>> 黑市价格 >>>

非法交易的价格。不按国家规定的范围或不具备合法交易资格所进行的买卖活动，其成交价格都属黑市价格，包括：违禁品价格、走私品价格、无价票证价格；不按国家规定的对象、数量、价格销售非自由贸易商品的价格等。黑市价格一般高于公开的市场价格，但走私品和其他逃漏税等商品价格则属例外。

的其他条件不变的情况下，流动资本的回流或更新，也会均衡地分配在一年的各个时期。但是在某些投资部门，由于劳动时间只是生产时间的一部分，所以流动资本的支出在一年的各个不同时期是极不均衡的，而且回流也只是按自然条件所规定的时间一次完成。因此，在生产规模相同的前提下，也就是说，当预付流动资本的量相同的时候，那么和那些有连续劳动期间的生产部门相比，这些生产部门就必须为更长的时间一次预付更多的资本。在这里，固定资本的实际使用寿命和它在生产中实际执行职能的时间显然也是不同的。由于劳动时间和生产时间之间的差别，所以其使用的固定资本的使用时间，在一定的时间内也会不断发生中断，例如在农业方面，役畜、农具和机器就是这样。如果这个固定资本是由役畜构成的，那么在饲料等等方面的支出，在其不干活时和干活时需要的支出是一样的，或几乎是一样的。至于死的劳动资料，即使它不使用也会造成某种贬值。因此，一般说来产品就会变贵，这主要是因为转移到产品中去的价值，不是按固定资本执行职能的时间，而是按固定资本丧失价值的时间来计算的。在这些生产部门，不管固定资本的闲置是否同日常费用结合在一起，它都是其正常使用的一个条件，如同纺纱业总会损失一定量的棉花一样；在按正常技术条件进行的每一个劳动过程中，由于非生产地、但又是不可避免地支出的劳动力，都按照生产支出的劳动力一样计算。每一种改良，只要它能够减少在劳动资料、原料和劳动力上的非生产支出，那它就会降低产品的价值。

在农业中，有些方法，一方面可以使工资和劳动资料的支出在一年之内比较均衡地分配，一方面能使周转时间缩短，比如可以进行多种作物的生产，从而能在全年获得多种收成的情况，就是如此。但这些方法都要求增加预付在生产上的流动资本。例如，投在工资、肥料、种子等等上的流动资本。

由于漫长的生产时间（只包括比较短

葡萄酒的品质

图中葡萄酒的年份代表葡萄的收获年份，也反映出葡萄酒发酵和储存时间的长短，葡萄酒的生产过程包括葡萄的采摘、加工、生产、包装和窖藏。其中葡萄漫长的自然发酵过程，是非劳动过程，但这一过程应当计算在生产时间里，并被算入商品的绝对价值量中。

的劳动时间），从而漫长的资本周转时间，使造林不适合私人经营，因而造林这种生产行为也就不适合资本主义经营。资本主义经营本质上就是私人经营，即使这种经营是由联合的资本家代替单个资本家，也是如此。

畜牧业也是这样，一部分牲畜群（牲畜储备）留在生产过程中，而另一部分则作为年产品用以出售。也就是说，只有一部分资本每年周转一次，如同固定资本（机器、役畜等等）的情况完全一样。虽然在较长时间内这个资本都会固定在生产过程之中，因此它会延长总资本的周转，但从范畴的意义上来说，它并不是属于固定资本的范畴。

这里所说的储备——比如说一定量的活树或活畜——相对地说是处在生产过程中的(同时作为劳动资料和劳动材料)；按照它的再生产的自然条件，那么在正常的经营中，必然会有相当大一部分储备总是处在这个形式上。

另一种储备对于周转也会发生类似的影响。这种储备只形成可能的生产资本，但是由于经营的性质，它必须积累有或多或少的量，因此在较长的时间内它必须为生产而进行预付，尽管它进入现实的生产过程是缓慢进行的。例如肥料，在运到地里以前，就是属于这一类的。谷物、干草等等以及用在牲畜生产上的饲料储备，也属于这一类。

从以上的叙述中，我们已经看到，生产时间和劳动时间这两者之间的差别，可以有多种极不相同的情形。有时，在进入真正的劳动过程以前，流通资本就已经处在生产时间内（鞋楦制造）；有时，在通过真正的劳动过程以后，这些流通资本仍然处在生产时间内（葡萄酒、谷种）；有时，生产时间中偶尔会有劳动时间插进来（农业、造林）；有时，能流通的产品中会有很小的一部分进入常年的流通，而大部分仍将处在现实的生产过程中（造林和畜牧业）；由于流动资本必须以可能的生产资本形式投入的时间的长短有所不同，因此，这个资本一次投入的量的大小，将会部分地取决于生产过程的种类（农业），部分地取决于市场远近等等，总而言之，它要取决于流通领域内的情况。

四季的劳作

为了缩短资金周转时间，减少生产过程的间断，农民采取进行多种作物的生产。但在加长劳动时间的同时必须控制固定资本的增加，这样才能加速资本的周转。图中是一份15世纪的历书，形象地描绘出一年之中的12个月中的每种劳作。一月下雪，二月翻土，三月修剪葡萄枝，四月羔羊出生，五月打猎，六月割牧草，七月收获庄稼，八月打麦，九月播种，十月榨葡萄汁酿酒，十一月放猪到橡树林中吃橡栗，十二月杀猪。

第十一章 流通时间

　　流通时间的一部分——相对来说也是最有决定意义的部分——是由出售时间，即由资本处在商品资本状态的期间构成的。流通时间，乃至整个周转期间，都是按照这个时间的相对的长短而延长或缩短的。由于保管费用等等费用的存在，从而追加资本支出也就成为必要的了。从一开始就很清楚：对同一个生产部门的各个单个资本家来说，出售成品所需的时间，可能是极不相同的；因此，它不仅对不同生产部门所投入的资本量来说，是极不相同的，而且对各个独立的资本即实际上只是投入同一个生产领域的总资本的某个独立部分来说，也可能是极不相同的。在其他条件相同的情况下，同一个单个资本的出售时间，随着市场情况的一般变动或者随着某一特殊生产部门的市场情况的变动而变动。

　　商品的销售市场和生产地点之间的距离，是使出售时间，从而导致整个周转时间产生差别的一个经常性的原因。在商品运往市场的全部时间内，资本一直束缚在商品资本的状态；如果商品按订货生产，这种商品资本的状态就要停留到交货的时候；如果不是按订货生产，那么，在商品运往市场的时间上，还必须加上商品在市场上等候出售的这段时间。当然，交通运输工具的改良，会绝对缩短商品的移动时间；但不同的商品资本或向不同的市场移动的同一商品资本的各个不同部分，由于移动而在流通时间上发生的相对差别，却不会因此而消失。例如，改良的帆船和轮船，尽管它缩短了商品的移动时间，从而也就缩短了商品到达远近港口的时间。但是相对的差别仍然存在，虽然往往是缩小了。不过，由于交通运输工具的发展，这种相对差别同时会以一种与自然距离不相适应的方式发生变化。例如，一条从生产地点通往内地一个人口聚集的主要中心的铁路，可以使内地的一个不通铁路的较近地点相对于这一通铁路的较远地点，绝对地或相对地变远。由此可以说明，由于交通运输工具的改良和变化，旧的生产中心衰落了，新的生产中心却随之兴起了。随着运输工具的不断发展，不仅空间运动的速度加快了，而且空间距离在时间上也相对地缩短了。交通工具的数量也增多了，比如说，许多条船会同时驶向同一个港口，好几辆列车在同一方向上同时沿着不同的铁路线行驶。再例如，货船在一周内，会按照不同的日期，依次由利物浦开往纽约，或者，货车在一天内按不同的钟点由曼彻斯特开往伦敦。当然，在运输工具的效率已定的情况下，绝对的速度（因而流通时间的这个部分）并不会由于最后这种情况而发生变化。但是，一批又一批的商品可以每隔一个较短的时间就会被运往销售市场，这样，它们可以连绵不断地到达销售地点，而不需要在实际运出以前，作为可能的商品资本大量堆积起来。因此，资本的回流在每隔一个比较短的期间内就会发生，以致有一部分会不断转化为货币资本，而另一部分则作为商品资本流通。由于回流是在若干连续的期间之内发生的，总流通时间就缩短了，因而周转期间也缩短了。首先是，运输工具的运行次数有所增加，例如，一方面，一条铁路的列车次数，会随着生产地点生产的增加而增加，随着它变为较大的生产中心而增加。另一方面，这种交通特别便利的情况以及由此而引起的加速的资本周转(因为资本周转是由流通时间决定的)，反过来使生产中心同时又使市场加速集中。随着大量人口和资本在一定的地点这样加速地集中，大量资本也就随之集中到少数人

乔治铁桥

　　资本周转时间是资本生产时间和资本流通时间之和。流通时间包括了商品出售时间和商品购买时间，其中商品出售时间的延长和缩短，直接决定着流通时间以及整个周转的长短。图中英国工业革命时期修建的第一座桥乔治铁桥就缩短了商品的销售市场和生产地点的距离，为加速商品资本的周转作出了贡献。

手里。同时，生产地点和销售地点的位置还会发生移动和变迁，因为交通工具发生了变化，所以二者的相对位置也随之发生了变化。例如，假设一个生产地点，原来由于处在大路或运河旁边，曾经一度享有特别的地理上的便利，但是现在却位于一条铁路支线的旁边，而且这条支线要隔相当长的时间才通车一次。同时还有另一个生产地点，原来和交通要道完全隔绝，现在却位于好几条铁路的交叉点。这样一来，后一个生产地点就会兴盛起来，而前一个生产地点衰落了。因此，由于运输工具的变化，而引起的在商品的流通时间、买和卖的机会等方面的差别，可以使已有的地点差别再发生变化。这种情况对于资本周转的重要性，我们可以从各地工商业代表和铁路公司的争吵中得到证明。

如果从一方面说，随着资本主义生产以及技术的进步，交通运输工具的发展会缩短一定量商品的流通时间，那么反过来说，这种进步以及由于交通运输工具发展而提供的可能性，又引起了开拓越来越远的市场的需求，简言之，就是开拓世界市场的必要性。随着运往远地的商品的大大增长，在较长时间内不断处在商品资本阶段、处在流通时间内的那部分社会资本，也会随之绝对地和相对地增加。与此同时，不是直接用作购买生产资料，而是投在交通运输工具以及为运用这些工具所投入的固定资本和流动资本上的那部分社会财富，也会相应地增加。

商品由生产地点到销售市场的运输过程的相对长度，不仅会在流通时间的第一部分即出售时间上引起差别，而且还会在流通时间的第二部分即由货币再转化为生产要素也就是在购买时间上引起差别。因此，商品流通时间的延长使销售市场上价格变动的风险增加了，因为能够发生价格变动的时期延长了。

荷兰的商船

交通运输工具的改善，不仅可以缩短运输时间，还可以改变商品的储备时间。市场上商品储备量的减少，会加速资本的回流。这样，资本的总流通时间缩短了，周转时间也随之缩短。图中荷兰的商船横梁宽阔、结实且适于航海，是欧洲载运大批货物的最好船只。

周转时间的这种差别同时也是由供货契约的范围引起的,它随资本主义生产的范围和规模的增大而一同扩大。供货契约,作为买者和卖者之间的交易的一种凭证,是一种与市场即流通领域相关的业务。因此,由此引起的周转时间的差别,也是由流通领域引起的,不过这种差别又反过来直接影响生产领域,而且在把所有支付期限和信用关系撇开不说的前提下,即使在现金支付的情况下它也能影响生产领域。

现在让我们来考察流通时间的第二段时间:购买时间,或者说,资本由货币形式再转化为生产要素时所耗费的时间。在这期间,资本在一定时间内必须停留在货币资本的状态,因而,全部预付资本的某一部分,必须不断地处在货币资本的状态,尽管这个部分是由各种不断变化的要素构成的。例如,某一个企业的全部预付资本中,一定会有 $n \times 100$ 镑处于货币资本的形式,这样,$n \times 100$ 镑的所有组成部分要持续不断地转化为生产资本,而这个货币额却又从流通、从已经实现的商品资本转化为货币这一过程中不断得到补充。因此,预付资本的一定价值部分,将会不断地处于货币资本的状态,即处在并非属于生产领域,而是属于流通领域的形式。

我们说过,由于市场距离的增大所造成的资本束缚在商品资本形式上的时间的延长,直接造成了货币回流的延迟,从而也延迟了资本由货币资本到生产资本的转化进程。

其次,关于商品的购买,我们曾经说过,购买时间的长短、原料主要供应地距离生产地点的远近,会使人们必须为较长的期间买进原料,并且使它们保持生产储备的形式,也就是要使它们保持潜在的或可能的生产资本的形式以备将来使用;因此,在生产规模不变的情况下,需要一次预付的资本量就会增加,资本必须预付的时间也会因此而延长。

大批原料按一定的周期投入市场,这样一来类似的现象就会在不同的生产部门发生。

货币是在流通时间的后半段再次转化为生产资本要素的。在考察这一段时间时,我们要考察的不仅是这种转化本身,也不仅是由出售产品的市场距离决定的货币回流的时间。最主要的,是要考察预付资本中有多大一部分必须不断处于货币形式,即货币资本的状态。

在撇开所有的投机不说的前提下,究竟需要购买多少那些必须不断作为生产储备来存放的商品,要取决于这种储备更新的时间,从而取决于那些本身受市场条件限制的、因而对不同的原料等等来说也是各不相同的情况;因此,这里必须随时准备一次预付大量的货币。按照资本周转的时间的长短不同,货币回流速度也会有快有慢,但总是会一部分一部分地流回。再转化为工资的那一部分,在较

受益的欧洲

  世界市场的扩张起源于海外殖民。资本主义生产的进步和交通运输工具的发展,为资本主义开拓世界市场提供了可能性和必要性。英国作为近代最大的殖民国家,始于16世纪止于18世纪后期工业革命的殖民扩张,商业资本起了主要作用,商业资本家成为殖民扩张的主要推动者。当葡萄牙、西班牙这两个老牌殖民国家称霸海上时,人迹罕见的北美东岸成为英国最早的殖民活动地区。图中所画为伊丽莎白女王,她统治时期正是商人与航海家的冒险为英国拓展了市场。

短的时间内同样会不断地再支出,但是,另一部分,也就是要再转化为原料等等的部分,这部分货币必须在较长的时间积累起来,以准备金的形式,或用于购买或用于支付。因此,尽管它作为货币资本存在的数量是变化不定的,但它还是会以货币资本的形式存在。

5 秒钟经济学

>>> 资金市场 >>>

  有广狭二义:广义指媒介资金供给和资金需求的资金融通调剂。包括银行和信用社经营的存贷款业务、企业间商业信用对资金的融通,以及通过股票、债券买卖进行的资金流动。资金市场还用来表示社会闲置资金有多大数量、多大需求,其动向如何。狭义指股票和债券的发售以及股票、债券的交易场所。

第十二章 周转时间对预付资本量的影响

在这一章以及后面的章节，我们要考察周转时间对资本价值增殖的影响。

例如，我们假定有一个商品资本，比如说是一个需要9周劳动期间的产品。现在，我们暂且不提由固定资本的平均损耗而追加到产品中去的那部分价值和在生产过程中追加到产品中去的剩余价值，因此在这种情况下，这个产品的价值就等于为了生产这个产品而预付的流动资本的价值，也就是等于预付给工人的工资和生产这个产品的过程中所消费的原料和辅助材料的价值。假定这个价值是900镑，这样，平均每周的支出是100镑。在这里，周期的生产时间同劳动时间一致，因此也是9周。只要一次运到市场上去的可分离的产品的量是花费9周劳动，那么不管我们假定的是一个具有连续性的产品的劳动期间，还是一个可分离的产品的连续的劳动期间，只要一次运到市场上去的可分离的产品的量要花费9周劳动，最后的结果都一

小作坊

整个资本周转过程中，生产时间和流通时间都要占用一定量的资本，资本在整个周转时间内所需要的预付资本量，是生产资本与流通资本的总和。为了不使生产在资本的流通时间内中断，不能预付足够的流动资本的情况下，就只能缩小生产的规模。图中是16世纪西西里的一家用甘蔗制糖的小作坊。

样。再假定流通时间持续3周，那么，整个周转期间就要持续12周。当9周结束以后，预付生产资本转化成商品资本了，但是它仍然还有3周停留在流通期间内。因此，新的生产期间要到第13周开始时才正式开始。也就是说，生产要停顿3周，即停顿整个周转期间的1/4。不管我们假定这3周期间是出售产品平均所需花费的时间，还是假定这段时间是由市场的远近以及所出售的商品的支付期限来决定的情况也都是一样。因为每3个月当中，生产要停顿3周，也就是说，一年中要停顿12周即3个月，也就是年周转期间的1/4。所以，为了使生产连续进行，一周一周地按相同的规模进行，只有以下两种办法可行：

或者是缩小生产的规模，使得这900镑的价值足以在第一个周转的劳动时间和流通时间内使劳动继续进行。这样，在第一个周转期间结束以前，第二个劳动期间开始的时候，从而第二个周转期间，也就在第10周就开始了，因为周转期间是12周，而劳动期间只有9周。把900镑分配在12周，每周就是75镑。

从上面的例子看出，同一个流动资本的支出必须是分配在较长的时间内，不是分配在9周，而是分配在12周。这样，在每一段既定的时间里，都有一个已经减少了的生产资本在执行职能；生产资本的流动部分由100减少到75，即减少了1/4。这样，在9周的劳动期间内执行职能的生产资本减少的总额就是225镑，即900镑的1/4。同时流通时间和周转期间之比仍然是1/4。由此得出结论：如果想要使生产在已经转化为商品资本的生产资本的流通时间内不致中断，并且使生产同时地、一周一周连续地进行，而这样做又没有特别的流动资本可用，那就只有通过缩小生产规模，减少正在执行职能的生产资本的流动组成部分，才能办到。这样做是为了使生产在流通时间内继续进行，而游离出来的流动资本部分和已经全部预付的流动资本之比，等于流通时间和周转期间之比。

反过来说，如果企业的性质排除了缩小生产规模的可能性，从而也就排除了减少每周要预付的流动资本的可能性，那么，为了使生产继续进行只有持续地去追加流动资本才行。在上例中是追加300镑，在12周的周转期间内，要相继预付1200镑，300镑是其中的四分之一，就像3周是12周的四分之一一样。在9周的劳动期间结束以后，900镑的资本价值就由生产资本形式转化为商品资本形式了。这个资本价值的劳动时间不能用同一个资本来更新。当这个资本在其周转期间的其余3周停留在流通领域，作为商品资本执行职能时，从它所处的情况，从生产过程来看，就好像它根本不存在一样。在这里，在我们把一切信用关系撇开不说的情况下，我们可以假定资本家只用他个人的资本来经营。为第一个劳动期间预付的资本，在完成了它的生产过程以后，要在流通过程中停留3周，但这时有追加的300镑投资在执行职能，因此生产的连续进行不会中断。

一窍不通的经济学家，总是会忽视这一要点：生产要不间断地进行，产业资本就始终只能有一部分实际上进入生产过程。也就是当一部分处在生产期间的时候，另一部分必须总是处在流通期间。换句话说，资本的一部分，只有当另一部分脱离真正的生产而处于商品资本或货币资本形式的条件下，才能作为生产资本执行职能。因此，忽视了这一点，也就完全忽视了货币资本的意义和作用。

繁荣的美国

资本周转中，流通时间会对处在生产期间的预付资本产生极大的影响，资本周转时间越长，为维持再生产所需要的预付资本量就越大。而在周转时间中，资本流通的时间越长，处在流通阶段的资本就越多。图中是1980年里根当选为美国第40任总统时的热闹场景。

第十三章 可变资本的周转

年剩余价值率

目前为止的所有讨论中，我们都是把商品资本的一部分价值，也就是商品资本中已经包含的，已经在生产过程中生产出来，并且已经并入产品的剩余价值完全撇开不说。但是现在，我们却要把注意力放到这部分剩余价值上面来了。

假定每周投入的可变资本100镑生产100%的剩余价值是100镑，那么，如果在5周的周转期间内投入的可变资本500镑，生产的剩余价值也是500镑，这就是说，工作日的一半其实是由剩余劳动构成的。如果500镑的可变资本产生了500镑的剩余价值，那么，5000镑的可变资本就能生产5000镑的剩余价值。但是，现在预付的可变资本是500镑。如果在一年内生产的剩余价值总额和预付可变资本的价值额之比，我们将其称之为年剩余价值率。那么，在当前考察的场合，年剩余价值率等于5000/500即1000%。如果我们进一步分析这个比率就会知道，年剩余价值率，同时也等于预付可变资本在一个周转期间内生产的剩余价值率乘以可变资本的周转次数(它和全部流动资本的周期次数是一致的)。

例如，在当前考察的场合，一个周转期间预付的可变资本为500镑；而且在这个周转期间内生产的剩余价值也等于500镑。因此，一个周转期间的剩余价值率等于500m/500v即100%。这个100%乘以一年周转的次数10，得1000%。

至于在一个已定的周转期间内所取得的剩余价值量究竟有多少，我们可以这么来计算，这个量等于这个期间内预付的可变资本价值(这里为500镑)乘以剩余价值率，在当前的例子中就是500 × 100/100=500 × 1=500镑。也就是说，如果预付资本是1500镑，那么在剩余价值率不变的情况下，剩余价值量就等于1500 × 100/100即1500镑。

这个一年内周转10次、一年内生产剩余价值5000镑，从而年剩余价值率为1000%的500镑可变资本，我们称之为资本A。现在，我们再假定还有另一个可变资本B，是5000镑，它为全年(这里就是为50周)而预付，因此在一年内它只周转一次。其次，如果我们假定在年终时，产品会在那一天完成并得到支付；就是说，产品在年终时会转化成的货币资本，会在它完成的那一天流回。那么，在这里，流通期间为0，周转期间等于劳动期间，即1年。和上述的情形一样，每周都有100镑的可变资本处在劳动过程中，因而50周就会有5000镑的可变资本。在这里我们同样假定剩余价值率为100%，也就是说，当我们假定在工作日长度相等时，有一半时间是由剩余劳动构成的。如果我们只考察5周的情况，那么，投入的可变资本是500镑，剩余价值率是

领取工资

在资本的周转过程中，只有可变资本才能创造剩余价值，可变资本的每一次周转，都会带来一定的剩余价值量。因此，可变资本周转的次数越多，创造的剩余价值也越多。图中描绘的是葡萄园工人辛勤劳作后，从园主的手里领取工资。

100%，因此5周内生产的剩余价值量为500镑。在这里，按照假定，被剥削的劳动力的量和剥削程度，和上述资本A的情况恰好都相等。但当我们考虑50周的情况时，如果投入的100镑可变资本每周会生产剩余价值100镑，那么在50周内，投入的资本50×100=5000镑，就会生产剩余价值5000镑。每年生产的剩余价值量，和上述的场合一样是5000镑，但是年剩余价值率却是完全不同的。在这里，按照年剩余价值率等于一年内生产的剩余价值除以预付的可变资本：5000m/5000v=100%，而在上述资本A的场合则为1000%。可见，A的年剩余价值率和B的年剩余价值率的差额是900%。

在以上的例子中，资本A和资本B每周都支出的可变资本都是一样的为100镑；价值增殖程度或剩余价值率同样为100%；可变资本量也同样为100镑。被剥削的劳动力的数量是一样的，而且剥削量和剥削程度在两个场合也一样；工作日一样，并且是按照同一比例分为必要劳动和剩余劳动。一年内使用的可变资本额一样大，都是5000镑，它们推动着同量的劳动，并且从这两个等额资本推动的劳动力中榨出等量的剩余价值5000镑。但是，A的年剩余价值率和B的年剩余价值率的差额却有9倍之多。这是因为：

在A和B两个场合中，每周等量的可变资本100镑在全年的每周中都会被使用。因此，在劳动过程中资本家所使用的真正执行职能的可变资本的量是相等的。

内燃机机车

  英国产业革命以后的100多年,是资本主义机器大生产蒸蒸日上的发展时期,也是自由资本主义在欧美全盛的时期。从19世纪70年代起,自由资本主义开始向垄断资本主义阶段过渡。这个时期,以电力的应用为主要标志。发电机、电动机和内燃机的发明和应用,有力地推动了社会生产力的发展,加速了资本积聚和集中,而资本积聚和集中的结果,又必然走向垄断。图中使用了内燃机的火车,动力更大,更迅捷环保。

> **5 秒钟经济学**
>
> >>> **邮政汇兑** >>>
>
> 邮政部门用汇票方式将汇款人交汇的款项在指定地点兑付收款人的业务。邮政汇兑不但可以沟通汇兑用户之间的经济往来，而且可为国家积累流动资金，促进国民经济的发展。汇兑本属金融业务。自法国在1817年创办邮政汇兑后，各国邮政也先后开办这种业务。有些国家的邮政在办理公众汇款时，除办理普通汇兑和电报汇兑外，还办理邮政支票、邮政转账等业务。

但是资本家提前预付的可变资本却完全不等。对资本A来说，每5周预付500镑，很显然，平均每周只使用其中的100镑。但是对资本B来说，在第一个5周的期间要预付的资本价值却是5000镑，而每周同样只使用了其中的100镑，因而这5周就只使用了500镑即预付资本的1/10。以此类推，在第二个5周的期间，要预付4500镑，但是只使用了500镑。在一定周转期间内提前预付的可变资本究竟在多大程度上转化为所使用的可变资本（即实际执行职能和发挥作用的可变资本），只是看它在多大程度上实际参加了那个期间内真正的劳动过程，也就是只是看它在劳动过程中究竟在多大程度上实际执行职能。

总的来说，一切会使预付的可变资本和使用的可变资本的比例发生变化的情况，就是周转期间的差别（或者由劳动期间的差别决定，或者由流通期间的差别决定，或者由二者的差别决定）。

从社会的角度考察的可变资本的周转

下面我们就要从社会的观点来考察一下这个问题。例如，我们假定一个工人每周需费1镑即工资额为1镑，每日工作时间为10小时。如果A和B一年内都雇用100个工人(100个工人每周需费100镑，5周就需费500镑，50周就需费5000镑)，而且每一个工人在每周的6天中劳动60小时。那么，100个工人每周劳动时间总共就是6000小时，在50周内劳动时间就是300000小时。并且这个劳动力一经A和B占有，那就不能再由社会用在别的目的上。因此，从社会的观点来看，就这方面来说，A和B的情况相同。其次，A和B的各100个工人每年得到的工资都是5000镑(200个工人合计得10000镑)，并且从社会取走他们必需的相当于这笔金额的生活资料。就这方面来说，从社会的观点来看，A和B的情况也是相同的。由于工人在两个场合都是按周取得报酬，所以他们也都是按每周从社会取走生活资料，为此，他们在两个场合也都是每周把货币的等价物投入流通。但是，其区别也正是从这里开始的。

苦力

产品的不同，决定生产产品所需时间的长短也会不一样，资本家仅限于劳动期间内才付给工人薪酬，那些劳动时间长、技术含量低的生产，所得收入就会很低。图中是在加利福尼亚酒厂工作的苦力。

第一，B的工人投入到流通的货币，只是他的劳动力的价值的货币形式(实际上是对已经完成的劳动的支付手段)，但A的工人却不是这样；对于A来说，在企业开办后的第二个周转期间起，它就已经是工人本身在第一个周转期间内生产的价值产品(=劳动力的价格加上剩余价值)的货币形式，工人在第二个周转期间的劳动的报酬其实就是用这个价值产品来支付的，而B却不是这样。在这里，从工人方面来说，虽然是他的已经完成的劳动的支付手段应该是货币，但是这个已经完成的劳动的报酬，却不是用这个劳动本身的已经转化为货币的价值产品(这个劳动本身所生产的价值的货币形式)来支付。而这种情况要等到第二年才会发生，那时，B的工人的报酬才会用他自己前一年的已经转化为货币的价值产品来支付。

资本的周转期间越短，从而它的再生产期间在一年内更新的间隔时间也就越短，资本家原来以货币形式预付的可变资本部分也就会更加迅速地转化为工人在补偿这个可变资本时所创造的价值产品(此外，还包括剩余价值)的货币形式，从而，资本家必须从他个人的基金中预付货币的时间就越短，和一定的生产规模相比，他预付的资本就越少；而且，当剩余价值率已定时，他在一年内榨取的剩余价值量也就相应的越大，因为，他可以更加多地使用工人自己创造的价值产品的货币形式来不断重新购买工人，并且推动他的劳动。因此，在生产规模已定的情况下，预付的可变货币资本(以及全部流动资本)的绝对量，会按照周转期间缩短的比例而减少，年剩余价值率则会按照这个比例而提高。在预付资本的量已定时，生产规模会随着再生产时间的缩短所造成的年剩余价值率的提高而扩大，因而，在剩余价值率已定时，在一个周转期间内生产的剩余价值的绝对量，也会随着这种提高而增加。总之，根据以上的研究可以得出：由于周转期间长短的不同，在劳动剥削程度相等时，为了推动等量的生产流动资本和等量的劳动而必须预付的货币资本量是极不相同的。

第二，这一点和第一点区别而有联系。B的工人和A的工人一样，也是用在他手中的那个已经变成流通手段的可变资本，来支付他所购买的生活资料的费用的。例如，他在从市场上取走小麦的同时，还必须用一个货币形式的等价物来补偿小麦。但是，和A的工人不同的是，B的工人用以支付并从市场上取走生活资料的货币，并不是他在这一年内投入市场的价值产品的货币形式，因此，虽然他对生活资料的卖者提供货币，但是，没有为后者提供任何可供其用得到的货币购买的商品——不管是生产资料，还是生活资料，与之相反，A的工人却提供了商品。因此，在B的情况下，虽然资本家从市场上取走了劳动力，取走了这种劳动力的生活资料，同时也取走了B所使用的劳动资料形式的固定资本以及生产材料，而且把货币的等价物作为对于它们的补偿投入市场；但是，他们在一年的时间内却没有把任何产品投入到市场，来补偿从市场上取走的生产资本的各种物质要素。如果我们设想某一社会不是资本主义社会，而是共产主义社会，那么首先，货币资本就会完全消失，因而，由货币资本所引起的交易上的伪装也自然就会消失。问题可以简单地归结为：在社会主义中，社会必须预先计算好，可以把多少劳动、生产资料和生活资料用在这样一些产业部门而不致受任何损害，而且这些部门，如铁路建设，在一

煤矿

因为产品的供给情况不同，例如劳动时间短、资本周转快的煤炭生产，由于资本在一年中能够周转多次，因此，它自己所使用的流动资本要素，可以由它本身生产的产品来供给。

年或一年以上的较长时间内不仅不能提供任何生产资料和生活资料，不提供任何有用效果，而且还会从全年总生产中取走劳动、生产资料和生活资料。与之相反，在资本主义社会，社会的理智总是在事后才起作用，因此，某种巨大的社会紊乱可能并且必然会不断发生。

周转期间的长短，实际上取决于真正的劳动期间，即完成可进入市场的产品所必需的这一期间，它是以不同投资的各自物质生产条件为基础的。很显然，这些条件，在农业上，会更多地具有生产的自然条件的性质，而在制造业和绝大部分采掘业上，则随着生产过程本身的社会发展而不断变化。劳动期间的长短，就它以供应数量（产品作为商品通常投入市场的数量的多少）作为基础这个角度来说，带有习惯的性质。但是习惯本身其实也是以生产规模作为物质基础，因此，只有在进行个别考察时才具有偶然性。

最后，就周转期间的长短要取决于流通期间的长短这一方面而言，部分地要受到以下情况的限制：市场行情的不断变化，出售的难易程度以及由此引起的需要把产品一部分投入较近或较远的市场的必要性。如果我们撇开需求量本身不说，那么价格的运动在这里就起着主要的作用，因为在价格降低

运载鲜花的小商船

商品市场行情的变化，出售的难易程度以及由此引起的把产品一部分投入较近或较远的市场的必要性，都决定了商品流通时间的长短。也连带影响了资本周转期间的长短。图中是喜马拉雅山下的克什米尔达尔湖上贩运鲜花、香料的小商船。

190

时，虽然出售会有意识地受到限制，但是生产则会继续进行；反之，当价格提高时，生产和出售则可以同步进行，或者出售可以抢在前面。但是，从生产地点到销售市场空间上的实际距离，必须看作是真正的物质基础。

第三，至于所使用的流动资本本身(可变流动资本和不变流动资本)，由劳动期间的长短所引起的周转期间的长短，会产生这种区别：在一年周转多次的场合，可变流动资本或不变流动资本的某一个要素则可以由它本身的产品供给，例如煤炭生产、服装业等等。然而，在不是这样的场合就不能这样，至少在一年内不能这样。

第三篇 社会总资本的再生产和流通

第十四章 导言

研究的对象

资本的直接生产过程，其实也就是资本的劳动过程和价值增殖过程。这个过程的结果当然是商品产品，但它的决定性动机则是生产剩余价值。

资本的再生产过程，不仅包括这个直接的生产过程，而且还包括流通过程的两个阶段，也就是说，包括全部循环。这个循环一直是作为周期性的过程，在一定期间不断地反复的过程，并形成资本的周转。当前，我们考察的无论是G…G'形式的循环，还是P…P'形式的循环，直接生产过程P本身始终只是这个循环的一个环节。在前一种形式中，它表现为流通过程的媒介；而在后一种形式中，流通过程则表现为它的媒介。但是它的不断更新，也就是资本作为生产资本的不断再现，在这两种场合，都是以资本在流通过程中的转化为条件的。另一方面，这种不断更新的生产过程，是资本在流通领域不断地重新完成各种转化的条件，同时也是资本交替地表现为货币资本和商品资本的条件。

但是，每一单个资本只是社会总资本中一个独立的、可以说赋有个体生命的部分，这就像每一单个资本家只是资产阶级的一份子一样。社会资本的运动，就是社会资本的各个独立部分的运动的总和，即由各个单个资本的周转的总和构成。正如单个商品的形态变化只是商品世界的形态变化序列（商品流通)的一个环节一样，单个资本的形态变化，以及它的周转，也只是社会资本循环中的一个环节。

这个总过程，既包含个人消费和作为其媒介的形式转化或交换，也包含生产消费(直接的生产过程)和作为其媒介的形式转化或交换（从物质方面考察，就是交换）。一方面，它包含由可变资本向劳动力的转化，从而包含劳动力并入资本主义

交易市场的商品流通

  社会总资本的运动，是社会各个资本运动的总和。它不仅包括资本的流通，而且也包括一般的商品流通。在熙来攘往的巴西维拉佩索市场上，人们购买商品用来满足个人的生活消费的行为，并不构成资本流通的环节，而只是一般的商品流通行为。

生产的这一过程。在这里，工人就是他的商品劳动力的卖者，而资本家就是这种商品的买者。另一方面，商品的出售，包含工人阶级对商品的购买，也就是说，包含着工人阶级的个人消费。在这里，正好相反，工人阶级是买者，资本家则变成了向工人出售商品的卖者。

  商品资本的流通，当然还包含剩余价值的流通，从而也必然包含资本家的个人消费，即包含着对剩余价值的消费起媒介作用的买和卖。

  因此，由各个单个资本综合而成的社会资本的循环，也就是说，从社会总资本的角度来考察的循环，不仅包括资本的流通，同时也包括一般的商品流通。后者本来是由两部分构成：一是资本自身的循环；二是进入个人消费的那些商品的循环，也就是工人用他们的工资、资本家用他们获得的剩余价值购买的那些商品的循环。

  在之前的第一篇和第二篇，我们考察的，始终只是单个资本，也就是说，它只是社会资本中一个独立部分的运动。

  但是，各个单个资本的循环是相互交错的，并且是互为前提、互为条件的，而且，正是在这种交错中才形成了社会总资本的运动。在简单商品流通中，某一个商品的总形态变化只能表现为商品世界形态变化系列的一个环节，同样，单个资本的形态变化现在则只能表现为社会资本形态变化系列的一个环节。虽然简单商品的流通没有必要包括资本的流通，因为这种流通可以在非资本主义生产的基础上进行，但如上所述，社会总资本的循环却包括那种不在单个资本循环范围内的一些商品流通，即那些不形成资本的商品的流通。

现在，我们就要考察作为社会总资本的组成部分的各个单个资本的流通过程，这个过程的总体就表现为再生产过程的形式，所以，我们也就是要考察这个社会总资本的流通过程。

货币资本的作用

当我们考察单个资本的周转时，货币资本主要显示出两个方面的特点。

第一，它是每个单个资本登上舞台，作为资本开始它的过程的形式并行使其职能的，因此，它表现为发动整个运转过程的第一推动力。

第二，由于周转时间的长短不同以及周转时间两个组成部分（劳动时间和流通时间）的比例不同，从而必须不断以货币形式预付和更新的那部分预付资本价值与

固定资本的投入

货币资本作为资本周转过程的第一推动力，使每个单个资本都以货币资本的形式来开始它的资本周转过程。在资本主义生产中，都需购买生产必需的劳动力、劳动资料和生产材料，这些都需要储备大量的货币资本做后盾。图中用于生产的巨大的冷却塔就是一笔不小的投入。

> >>> 西商 >>>

中国古代商人集团居于陕西和山西一带，故名西商。又称西客、山陕商人、秦晋大贾。明清时期，与徽商并雄，为当时两大主要商业资本集团之一。陕西、晋南都是著名的农业区，自然条件优越。明清时期的山陕商人，以此地的农业及其他资源为基础，逐渐形成巨大的地方商业集团。此后又与高利贷资本结合，出粜收息，发放母子钱，由此扩展为商业资本。

它所推动的生产资本即连续进行的生产的规模之间的比例自然也就不同。但不管这个比例是怎样的，能够不断执行生产资本职能的、处在周转过程中的那部分资本价值，总是受货币形式与生产资本并存的那部分预付资本价值的限制。这里说的只是正常的周转、只是一个抽象的平均数，至于为消除流通的停滞而追加的货币资本是撇开不说的。

关于第一点：商品生产是以商品流通为前提的，而商品流通又通过商品表现为货币，并以货币流通为前提；商品可以分为商品和货币的这种二重化性质，是产品表现为商品的规律。同样，资本主义的商品生产，无论是社会地考察还是单个地考察，都要求货币形式的资本或货币资本作为每一个刚开办的新企业的第一推动力和持续的动力。尤其是在流动资本的情况下最为明显，它要求货币资本作为动力在一段时间必须不断地反复出现。全部预付资本价值，也就是资本的一切由商品构成的部分劳动力、劳动资料和生产材料，都必须用货币不断地一再购买。在这里，就单个资本来说是如此，就社会资本来说也是如此，后者不过是以许多单个资本的形式共同执行职能。但是决不能由此得出结论说，资本执行职能的范围，也就是生产的规模，即使是在资本主义的基础上，就其绝对的界限来说，是由其执行职能的货币资本的大小决定的。

在一定的界限之内，并入资本中的各种生产要素的扩大，并非取决于预付货币资本的量。在劳动力的报酬相同时，可以从外延方面或从内涵方面加强对劳动力的剥削。如果货币资本随着这种剥削的加强而增加，即工资如果提高，它也不是和这种剥削成比例地增加的，因而，根本就不是相应地增加的。

生产过程中利用的自然物质，如土地、海洋、矿山、森林等等，则不是资本的价值要素。因为，只需要提高原有劳动力的劳动强度，而不用增加任何预付货币资本，就可以从外延方面或内涵方面，加强对这种自然物质的利用。这样，生产资本的现实要素增加了，但却无需追加任何货币资本。如果是由于追加辅助材料而必须追加货币资本的话，那么，资本价值借以预付的货币资本，和生产资本效能的扩大也不是成比例地增加的，因而，也就根本不是相应地增加的。同一些劳动资料，即同一固定资本,可以用延长每天的使用时间的办法,也可以用增加使用强度的办法,更有效地加以利用,而无需为固定资本追加货币支出。这时,只是固定资本的周转加快了,但同时它的再生产的各种要素也更迅速地提供出来。关于劳动力在生产过程中的社会结合和各个单个工人所积累起来的熟练程度,情况也是如此。

撇开自然物质不说,各种不费分文的自然力,也可以作为要素,以或大或小的效能并入生产过程。它们发挥效能的程度,取决于各种方法和科学进步,这些也是不花费资本家分文的。

关于第二点:社会劳动和生产资料中每年都必须有一部分用来生产或购买货币,以补偿磨损掉的铸币。不言而喻,这对社会生产的规模来说相应的是一种削减。至于那个部分地充当流通手段,部分地充当贮藏货币的货币价值,既然它已经存在,已经取得,那么,它就同劳动力、生产出来的生产资料和财富的自然源泉并存。不能把这种货币价值看成是来限制这些东西的。

消费改变生活

资本主义机器大生产,一方面更多地利用生产剩余价值来加强对工人的剥削,另一方面又很快地改变社会生活,推动社会向前发展。图为20世纪80年代一商场的招贴海报"我买故我在"。

通过它转化为生产要素,通过它和外国进行交换,生产规模才能扩大。但这以货币仍然起世界货币的作用为前提。

由于周转时间的长短不同,推动生产资本所必需的货币资本量也就有大有小。我们还知道,周转时间可以划分为劳动时间和流通时间,这就要求增加那种在货币形式上潜在的或暂歇的资本。

在其他条件不变的情况下,周转时间,单就它由劳动期间的长度决定而言,是由生产过程的物质性质所决定,因此,也就不是由这个生产过程的特殊的社会性质所决定。但是，在资本主义生产的基础上，所有历时较长范围较广的事业，一般要求在较长时间内预付较大量的货币资本。所以，这一类领域里的生产要取决于单个资本家所拥有的货币资本的界限。但随着信用制度和与此相关联的联合经营(例如股份公司)的出现，这个限制便被打破了。因此，货币市场上出现的这些混乱会使这类企业陷于停顿，并且也会引起货币市场的混乱。

有些事业虽然在较长时间内取走劳动力和生产资料，但在这个时间内却不提供任何有效用的产品；而另一些生产部门在一年的时间内不断地或者多次地取走劳动力和生产资料，同时也提供生活资料和生产资料。而在社会主义公有制生产的基础上，必须确定前者按什么规模进行，这样才不致有损于后者。在社会主义的生产中，和在资本主义的生产中一样，在劳动期间较短的生产部门，工人将照旧只是在较短时间内取走产品而不会提供产品；而在劳动期间长的生产部门，则是在提供产品之前的较长时间内不断取走产品。因此，这种情况并不是由这个过程的社会形式(社会主义或资本主义)造成的，而是由各该劳动过程的物质条件造成的。只不过在社会公有的生产中，货币资本不再存在了，由社会把劳动力和生产资料分配给不同的生产部门。生产者也许会得到以纸的形式出现的凭证，以此从社会的消费品储备中，取走一个与他们的劳动时间相当的量，但这些凭证不是货币，因为它们是不流通的。

利用潮汐发电

货币资本对生产规模的限制不是绝对的，通过加强对劳动力的剥削，提高生产力，增加固定资本的使用强度，或者像图中利用潮汐来发电那样，加强对自然物质的利用。这样即使不增加货币资本，或货币资本不按照生产规模扩大的比例而增加，生产规模仍然可以扩大。

第十五章 简单再生产

问题的提出

如果我们考察社会资本，即总资本，各单个资本只形成它的分数部分，这些分数部分的运动，既是它们的各自单个的运动，同时也是总资本运动中的不可缺少的环节，在一年内执行职能的结果，也就是说，如果我们考察社会在一年时间内提供的商品产品，那么，我们就会清楚地看到：社会资本即总资本的再生产过程是怎样进行的，这个再生产过程与单个资本的再生产过程相比有哪些不同的特征，又有哪些共同的特征。年产品既包括用来补偿资本的那部分社会产品，即社会再生产所需的资本品，也包括归入消费基金的、由工人和资本家消费的那部分社会产品，就是说，既包括生产消费，也包括个人消费（包括工人和资本家的消费）。这种消费包括资产阶级和工人阶级的再生产(即维持)，从而也就包括总生产过程的资本主义性质的再生产。

总之，消费在这里必然会起作用；因为起点$W'=W+w$，也就是说，商品资本中既包含不变资本和可变资本价值，也包含剩余价值。正因为这样，所以它的运动中既包括生产消费，也包括个人消费。而在$G—W\cdots P'\cdots W'—G'$循环和$P\cdots W'—G'—W\cdots P$循环中，资本的运动是起点和终点：这一运动自然也包括消费，因为资本家生产的产品即商品必须出售。但是，只要商品已经售出，这个商品以后会变成什么，对单个资本的运动来说是没有关系的。相反，在$W'\cdots W'$运动中，正是要通过说明总产品W'的每一价值部分最终会变成什么，才能认识社会再生产的条件。在这里，总的再生产过程，不仅包括资本本身的再生产过程，同时也包括以流通为媒介的消费过程。

不过为了我们当前的目的，再生产过程必须从W'的各个组成部分来考察即从价值补偿和物质补偿的观点来加以考察。在分析单个资本的产品价值时，我们曾经假定，单个资本家通过出售他的商品产品，首先会把他的资本的组成部分化为货币，然后，通过在商品市场上购买各种生产要素，并把购买的这些生产要素再转化为生产资本。但是现在，我们已经不能再满足于这个假定了。既然这些生产要素都是物质的东西，那它们就同与之进行交换的并由它们来补偿的单个成品一样，是社会资本的一个组成部分。另一方面，工人用工资和资本家用剩余价值所消费的那部分社会产品的运动，既是总产品运动的一个不可缺少的环节，同时又是同单个资本的运动交织在一起的。因此，仅仅是假定这个过程发生，是不能说明这个过程的。

现在摆在我们面前的问题是：在生产上消费掉的资本，就它的价值来说，是怎样由年产品得到补偿的？这种补偿的运动是怎样同资本家对工人通过工资进行的消费和剩余价值的消费交织在一起的？因此，首先要研究原有规模的再生产，其次，不仅要假定产品按照它们的价值交换，而且还假定，生产资本的组成部分没有发生任何价值变化。

当我们从单个资本的出发来考察资本的价值生产和产品价值时，商品产品的实物形式对于分析是完全无关的，例如，不论它是机器，是谷物，还是镜子都一样，这始终只是举例而已，任何一个生产部门我们都可以拿来作为例证。现在我们必须考察的是直接的生产过程本身。在任何场合，这种生产过程，都表现为一个某一单个资本的过程。说到资本的再生产时，我们只要假定，代表资本价值的那部分商品产品，会在流通领域内找到机会重新转化为它的生产要素，从而再转化为它的生产资本的形式。在这里，我们同样可以假定，工人和资本家会在市场上能够找到他们想要用工资和剩余价值购买的商品。但是，当我们考察社会总资本及其产品价值时，这种仅仅从形式上来说明的方法，就行不通了。因为产品价值的一部分会再转化为资本，而另一部分进入资本家阶级和工人阶级的个人消费，这在表现出总资本执行职能的产品价值本身内部形成一个运动。这个运动中不仅有价值补偿而且有物质补偿，因而他们既要受社会产品的价值组成部分之间的比例的制约，又要受它们的使用价值也就是物质形式的制约。

既然一方面，那种在资本主义基础上没有任何积累或规模扩大的再生产的假定，是一种奇怪的假定，另一方面，生产条件在不同的年份不是绝对不变的（这里假定它们是不变的），那么，规模不变的简单再生产在这里就只是一个抽象。其前提是：一定价值的社会资本，今年和去年一样，将再提供一样多的商品价值，而且这些商品价值可以满足一样多的需要，尽管商品形式在再生产过程中可能会发生

美国开发西部

1748年，美国弗吉尼亚州俄亥俄土地公司的组建，标志着东部已开发土地的6.5倍的西部"处女地"开发的始端，1784到1787年间制定的三个土地法，是美国开发西部的纲领：一是宣布西部土地国有化，二是决定将公地向自由移民开放，三是规定在西部建立的新州必须采取共和制，不得实行强迫劳动。土地法的实施使农地开发与牧业开发、矿业开发、市镇开发、交通建设得以并举、互动。"暴发式"的大规模西部开发活动，对美国经济的高速发展起了积极性作用，成为美国在19世纪末20世纪成为世界头号经济强国的一个重要基点。

生活消费

在社会总资本再生产过程中，社会总产品中的一部分再转化为资本，另一部分则进入资本家和工人阶级的个人消费，这两方面在社会总资本生产的产品价值内形成一个交换运动。这个运动既是价值补偿，也是物质补偿。图中人们的消费资料可以通过资本家产品交换来实现。

改变。但是，只要有积累，简单再生产就总是积累的一部分，所以，如果我们就简单再生产本身进行考察，那它就是积累的一个现实因素。年产品的价值减少，而使用价值量可以不变；年产品的价值可以不变，而使用价值量减少；并且价值量和再生产的使用价值量也可以同时减少。原因就在于，再生产即使不是在比以前更有利的情况下进行，也是在更困难的情况下进行。而后者可能造成的结果，是出现一个不完备的有缺陷的再生产。这一切都只能涉及再生产的不同要素的量的方面，但不涉及它们作为进行再生产的资本或作为再生产产生的收入在总过程中所起的作用。

社会生产的两个部类

社会总产品可以分成两大部类：
1.生产资料：是一种具有必须进入或至少能够进入生产消费的形式的商品。
2.消费资料：是一种具有进入资产阶级和工人阶级的个人消费的形式的商品。

这两个部类中，每一部类都各自拥有不同的生产部门，总合起来又各自形成一个单一的大的生产部门：一个部门用来进行生产资料的生产，另一个部门进行消费资料的生产，它们各自使用的全部资本，都形成社会资本的一个特殊的大部类。

每一部类的资本又都分成两个组成部分：

1.可变资本：从价值方面看，这个资本的价值等于该生产部门使用的社会劳动力的价值，也就是为这个社会劳动力而支付的工资总额。从物质方面看，这个资本是由发挥作用的劳动力本身构成的，也就是由这个资本价值所推动的活劳动构成的。

2.不变资本：即该部门在生产过程中使用的全部生产资料的价值。这些生产资料本身又可以分成固定可变资本(如机器、工具、建筑物、役畜等等)和流动不变资本(生产材料，如原料、辅助材料、半成品等等)两部分。

在这两个部类中，每一部类借助于这些资本而生产的全部年产品的价值，又可以分成：代表生产上消费掉的、按其价值来说只是转移到产品中去的不变资本的价值部分c和由全部年劳动加入的价值部分。而后者又分成：补偿预付可变资本v的部分和超过可变资本而形成剩余价值m的部分。因此，每一部类的全部年产品的价值，和每个单个商品的价值一样，也分成c+v+m。

代表生产上消费掉的不变资本的那部分价值c，和生产上使用的不变资本的价值是不一致的。诚然，生产材料会全部消费掉，从而它的价值也会全部转移到产品中

酒桶

生产资料和消费资料两大部类各自使用的全部资本，总合起来形成社会总资本。它们又都由可变资本和不变资本组成。图中这个保存于柯尼希施泰因的18世纪的巨大"酒桶"雕刻，既是消费资料，又是不变资本。

去。但是所使用的固定资本却只有一部分会完全消费掉,因而只有消耗掉的这部分价值转移到产品中去。固定资本即机器、建筑物等等的其余部分则会继续存在,并且会和以前一样继续以实物形式来执行职能,虽然它的价值由于逐年损耗而不断减少;不过当我们考察产品价值时,继续执行职能的这部分固定资本是不存在的。它是在这个由它本身辅助生产的新生产的商品价值之外而和这个商品价值并存的一部分资本价值。我们在考察单个资本的产品价值时曾经说过,固定资本因损耗而逐渐失去的价值,会一点一点地转移到在损耗期间生产的商品产品中去,不管这个固定资本在其生产期间是否由于这种价值转移得到了实物补偿。相反,在这里,当我们考察社会总产品及其价值时,却不得不撇开至少是暂时撇开固定资本在当年因损耗而转移到年产品中去的那部分价值,因为固定资本的这一部分不会在当年重新得到实物补偿。

在我们研究简单再生产时,要以下列公式为基础,其中c=不变资本,v=可变资本,m=剩余价值,并且假定价值增殖率m/v=100%。数字可以表示几百万马克,几百万法郎,或几百万英镑。

I.生产资料的生产:

资本……………………4000c+1000v=5000;

商品产品……………4000c+1000v+1000m=6000;

以生产资料的形式存在。

II.消费资料的生产:

资本……………………2000c+500v=2500;

商品产品……………2000c+500v+500m=3000;

概括起来说,全年的总商品产品为:

1.4000c+1000v+1000m=6000生产资料;

2.2000c+500v+500m=3000消费资料;

其中不包括以实物形式在继续执行职能的固定资本。

现在,如果我们研究简单再生产基础上(这里全部剩余价值都是非生产地消费掉)的各种必要的交换,并且暂时不考察作为交换媒介的货币流通,那么,在一开始我们就会得出以下结论:

1.第II部类工人的工资500v和资本家的剩余价值500m,必须要用于购买消费资料。但是,它们的价值存在于价值为1000的消费资料中,而这种消费资料又掌握在第II部类的资本家的手里,补偿之前预付的500v,并代表500m。因此,第II部类的工资和剩余价值,将在第II部类内部同第II部类的产品进行交换。这样,就有(500v+500m)II=1000的商品产品以消费资料形式从总产品中消失。

2.第I部类的1000v+1000m,同样也必须用于消费资料,即用于第II部类的产品。因此，它们必须同第II部类产品的其余的、数量与他们相等的不变资本部分2000c进行交换。这样，第II部类会得到数额相等的生产资料，得到体现第I部类的1000v+1000m的价值的第I部类产品。因此，就会有2000IIc和(1000v+1000m)I从计算中消失。

3.现在还剩下4000Ic。它们由生产资料构成，只能用于第I部类的生产，以便补偿该部类已经消费掉的不变资本，因此，这同样需要通过第I部类内部的各个资本家之间的互相交换来解决，就像(500v+500m)II要通过第II部类的工人和资本家之间的交换，或通过第II部类的各个资本家之间的交换来解决一样。

两个部类之间的交换：I(v+m)和IIc的交换

现在让我们从两个部类之间的大宗交换开始进行考察。(1000v+1000m)I这些价值以生产资料的实物形式存在于它们的生产者手中，同时生产资料要和2000IIc进行价值交换，即以消费资料的实物形式存在的价值交换。通过这种交换，第II部类的资本家把他们的不变资本(2000IIc)从消费资料形式再转化生产资料的形式，在这种形

"万宝路"烟草广告

1607年—1776年是美国殖民地时期，在此期间，农业因为有充足的土地资源而使殖民地的人们能够在广阔天地里大有作为。南方殖民地的烟草生产由"肮脏的野草"变成了"金色的叶子"，它和稻米、靛蓝等经济作物一样为殖民地的农业带来了勃勃生机。直至19世纪，南方农业在创造产值方面仍居主导地位。现今美国农业人口的比例已从最初17世纪的约90%下降到今天的2%。但农业生产率很高，生产的粮食占世界总产量的14.6%。图中是20世纪60年代美国的"万宝路"香烟广告。

式中，不变资本可以重新作为劳动过程中的一个重要因素参与到产品生产中去，并且对于价值增殖这一过程来说，它们是作为不变的资本价值执行职能。另一方面，通过这种交换，第I部类的劳动力的等价物(1000Iv)和第I部类的资本家的剩余价值(1000Im)，将同时在消费资料中实现，这时二者都由生产资料的实物形式转化为一种可以作为收入来消费的实物形式。

但这种互相交换是通过货币流通来完成的，货币流通成为交换的媒介，同时也使这种交换难于理解，然而它却具有决定性的意义，因为必须要求可变资本部分一再表现为货币形式，即表现为由货币形式转化为劳动力的货币资本时，这种交换才能进行。即使是从整个社会范围内同时进行经营的各个生产部门来看，则不管它们是属于第I部类还是第II部类，可变资本都必须要以货币形式来预付。资本家，是在劳动力进入生产过程之前就购买了劳动力，但他支付劳动力的报酬，却是在约定的期限，也就是在劳动力已经在使用价值的生产上消耗掉之后。产品价值中仅仅作为支付劳动力报酬的货币的等价物的那部分价值，也就是产品价值中代表可变资本价值的那部分价值，同样是属于资本家的，在这一点上，它和产品价值的其余部分一样。在这部分价值中，工人其实已经把他的工资的等价物提供给资本家了。但是，只有当资本家把商品卖出去使之再转化为货币时，资本家的可变资本才能够重新成为他的货币资本，从而才能够为购买劳动力而重新预付。

至于第I部类的商品资本的m部分在和第II部类的不变资本的另一半进行交换时，所需要的货币，则可以按照不同的方式预付。实际上，这种流通其实包含着两个部类的各单个资本家之间的无数个别的买和卖，但是在任何情况下这种货币都必须是来自这些资本家，因为由工人投入流通的货币量，

雅典商人的货物

生产资料和消费资料交换中，行使消费职能的资本家把不变资本，从消费资料形式再转化为消费资料的生产资料形式，使消耗的不变资本得到补偿，并重新执行资本的职能；同时，生产资料中的劳动力的等价物和资本家的剩余价值，则由生产资料的实物形式化为生活资料的实物形式进入个人消费。图中雅典商人只有贩出他们的货物才能赚取货币满足个人生活需求。

> >> **徽商** >>>

中国古代商人集团。以居于徽州而得名。大致起源于宋代，明清时期发展成为当时主要的商业资本集团之一。徽州地处皖南山区，山多地少，不得不外出经营工商业谋生。其驰名国内外的丰富地产使徽商可以与各地互通有无。此外，徽州位于东南重要经济区苏浙地区的中心，有利于徽人从事商业活动。徽商经营的行业十分广泛，以盐业为最重要。此外，徽商也兼营金融业务，因此资金比较充足。加上有较好的商业道德，其经营范围和资本积累均有显著发展。明中叶至清代前中期，不少徽商富比王侯，资产以百万甚至千万计。

我们已经计算过了。

真实的情况通常是这样的，要么第II部类的一个资本家可以用他的和生产资本并存的货币资本，向第I部类的资本家购买生产资料；要么是相反的情况，第I部类的一个资本家把用于个人支出而非资本支出的货币基金，向第II部类的资本家购买消费资料。正如前面我们指出的那样，其前提是：在任何情况下，资本家手中除了生产资本之外，还必须要有一定的货币储备，或者作为资本预付，或者作为收入花掉。

总的结论是这样：产业资本家为了使他们自己的商品进入流通而投入到流通中的货币，无论它是被记在商品的不变价值部分的账上，还是被记在存在于商品中的剩余价值(在它作为收入花掉的时候)的账上，它们总是按照各个资本家为货币流通而预付的数额重新回到他们手中。

由此我们可以得出结论：在简单再生产中，第I部类的商品资本中的价值额v+m(也就是第I部类的总商品产品中与此相应的比例部分)，必须等于第II部类不变资本IIc，也就是等于从第II部类的总商品产品中分出来的与此相应的部分；或者用公式来表示：I(v+m)=IIc。

第II部类内部的交换：必要生活资料和奢侈品

第II部类的年商品生产是由种类繁多的产业部门构成的，不过，按它们的产品来说，也可分成以下两大分部类：

(a)消费资料。这些费资料主要进入工人阶级的消费，但因为它们是必要的生活资料，所以也构成资产阶级的消费的一部分，虽然就其质量和价值来说，这部分消费资料往往和工人的必要生活资料不同。但是这里为了研究的目的，我们可以把这个分类概括为必要消费资料这个项目。

(b)奢侈消费资料。它们只进入资产阶级的消费，所以这部分消费资料只能和资本家花费的剩余价值交换，当然剩余价值是绝对到不了工人手中的。

从而，在简单再生产的前提下，必然会得出以下结论：

售卖生活用品的德国商人

生产消费资料过程中，生产工人必要生活资料的资本家，在支付工人工资后，又把这些必要生活资料卖给自己的工人，资本家的预付资本，就通过工人用工资购买这些必要生活资料而直接流回资本家手中。图中17世纪的德国商人售卖的正在人们必需的日常用品。

1.年劳动创造的生产资料的实物形式的新价值产品分成v+m，等于年劳动的另一部分生产的产品价值所包含的以消费资料形式进行再生产的不变资本价值c。假如前者小于IIc，那么第II部类的不变资本就不能全部得到补偿；反之，如果前者大于IIc，那么这些余额就不能利用。在这两个场合，简单再生产的这一前提都将被违反。

2.在以消费资料形式进行再生产的年产品中，以货币形式预付的那部分可变资本v，当它的获得者是生产奢侈品的工人时，那么它就只能在一开始体现着IIa资本主义生产者的剩余价值的那部分必要生活资料中实现。因此，投入奢侈品生产的v，必须等于以必要生活资料形式生产的m中和它的价值量相适应的部分，这就意味着其必然小于这个m，即小于(IIa)m。不过正是由于这个v在上面所说的这一部分m中得到实现，才使得奢侈品的资本主义生产者所预付的可变资本能以货币形式回到他们手中。这个现象和I(v+m)在IIc中的实现是完全相似的；只是在这里，(IIb)v是在与其价值量相等的那一部分(IIa)m中实现的。因为年产品实际上进入以流通为媒介的年再生产过程，所以这些比例关系在全年总产品的每一次分配中，都具有某种质的决定意义。I(v+m)只能在IIc中实现，而IIc也只有通过这种实现，才能使它作为生产资本组成部分的职能；同样，(IIb)v只能在(IIa)m的一部分中实现，而且(IIb)v也只有通过这种实现，才能再转化为它的货币资本的形式。不言而喻，只有当这一切实际上都是再生产过程本身的结果时，也就是说，只有在例如IIb的资本家不是靠其自身的信用从别处取得用于v的货币资本时，上述情况才适用。与之相反，从量的方面说，年产品各部分之间进行的交换，只有在生产规模和价值关系始终保持静止状态，并且这些严格的比例关系并没有因为对外贸易而有所改变的情况下，才能按上述比例进行。在上面我们已经看到，必要消费资料的生产和奢侈品的生产之间具备的这种比例关系，是以II(v+m)在IIa和IIb之间的分割为条件的，从而也就是以IIc在(IIa)c和(IIb)c之间的分割为条件的。因此，这种分割从根本上影响着生产的性质以及其数量关系，对于生产的总形态来说，这也是一个本质的决定性的因素。

尽管攫取剩余价值是单个资本家的动机，简单再生产实质上还是以消费为目的的；但是，剩余价值不管它的比例如何，在这里最终都只是用于资本家的个人消费。

既然简单再生产是每个扩大规模的年再生产的一部分，并且还是它最重要的一部分，所以，发财致富的动机和这种个人消费的动机总是会相伴而生，同时又和它相对立。实际上，问题表现得要更加复杂，因为掠夺物即资本家的剩余价值的分享者，会作为独立于资本家以外的消费者出现。

奢华阔绰的客厅

生产出的奢侈消费资料，只进入资产阶级的消费，一般工人根本无法购买，它只能由资本家用剩余价值来购买，资本的回流由资本家把货币工资支付给工人开始，工人再用这些货币工资购买必要的生活资料，资本家又用这些货币工资购买这些奢侈消费资料，最后，这些货币才回到资本家手中。图中铺着20张虎皮的奢华客厅，充分显示了购买奢侈品，显露财富已经成为资本家生活必不可少的一部分。

货币流通在交换中的媒介作用

在商品流通过程中,有两样东西始终是必要的:投入流通中的商品,投入流通中的货币。在之前的章节中我们曾经说过:"与直接的产品交换不同,流通过程在使用价值换位和转手之后并没有结束,货币并没有因为它最终从一个商品的形态变化系列中退出来而消失,它反而不断地沉淀在商品空出来的流通位置上。"

在IIc和I(v+m)之间的流通中,我们曾经假定,第II部类为这个流通预付了500镑货币。大规模的社会的生产者群之间的流通,可以分解为无数的流通过程,其中,不同的生产者,首先作为买者出现,他们使用手中的货币资本购买必需的生产要素,从而把货币投入流通。撇开个别情况完全不谈,这已经由生产期间的差别,从而由不同商品资本的周转的差别决定了。现在,我们假定,第II部类用500镑向第I部类购买同等价值额的生产资料,第I部类再向第II部类购买500镑消费资料,在这种交易的结果下,这些货币因此又流回到第II部类那里;但是后者绝没有因为这种回流而变得更加富有。真实情况是这样的,它首先把500镑货币投入流通,并从流通中取出同等价值额的商品,然后又出售500镑商品,并从流通中得到同等价值额的货币;这样,500镑又流回来。事实上,第II部类投入流通的是500镑货币与500镑商品之和等于1000镑;同时它也从流通中取出了500镑商品和500镑货币。在这里,为了使500镑商品(I)和500镑商品(II)相交换,流通所需要的媒介只是500镑货币。这样,谁预付货币来购买别人的商品,谁同时就会在出售自己的商品时,重新得到货币。所以,假如第I部类首先向第II部类购买了500镑商品,然后再向第II部类售出500镑商品,那么,最终这500镑将回到第I部类那里,而不是回到第II部类那里。

并且第I部类投在工资上的货币,即以货币形式预付给工人工资的那部分可变资本,不是直接地返回的,而是间接地、通过迂回的形式返回的。而第II部类的500镑工资,则不同,它们是直接从工人那里回到资本家手中,就像在一些人彼此交替地作为商品的买者和卖者不断对立,反复进行买和卖时,其使用的货币总是会直接返回一样。第II部类的资本家以货币形式支付给劳动力报酬;这样,他能够把劳动力并入他的资本,只是对资本家来说,由于这种流通行为,仅仅是货币资本转化为生产资本的流通行为,资本家才能作为产业资本家,而和成为他的雇佣工人的工人相对立。但在这时候,起先作为自己劳动力的卖者出现的工人,后来会作为买者也就是作为货币所有者,和作为商品的卖者的资本家相对立;因此,资本家投在工资上的货币,最终也会重新流回到资本家手中。只要商品的出售是商品和货币之间进行的等价交换(不包含欺诈等等),那么,这个过程就不会是资本家借以发财致富的过程。资本家并没有支付给工人两次:先是用货币,后来是用商品;一旦工人把货币换成资本家的商品,资本家的货币就重新回到自己手中。

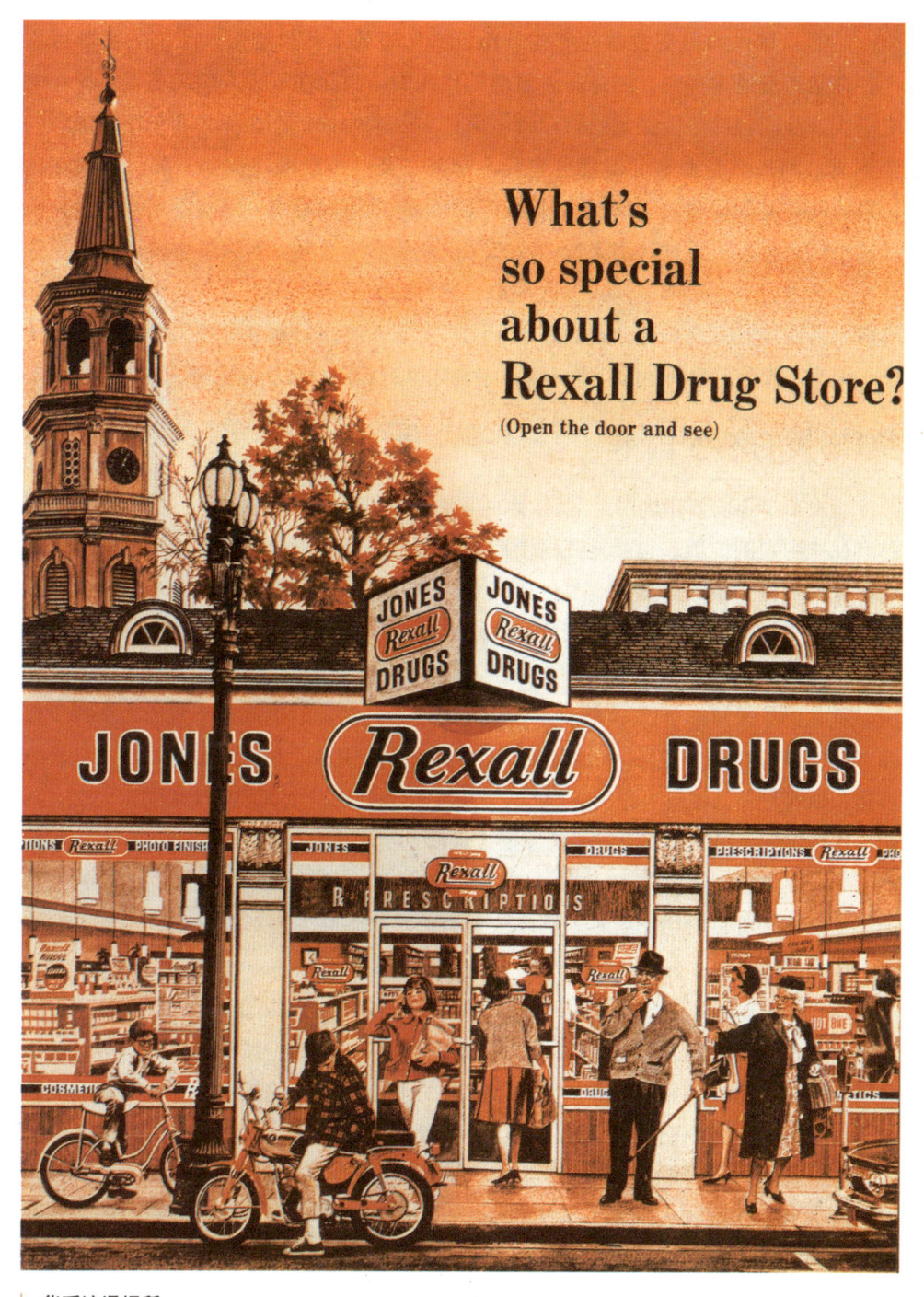

货币流通场所

在流通过程中，货币并不因为它最终从一个商品的形态变化系列中退出来而消失，而是不断地沉淀在商品空出来的流通位置上。图中人们购物付出的货币是商品流通的媒介，货币在商品使用价值换位和转手后，流通过程并没有结束，它没有退出流通。而是"永恒"存在着。

然而，转化为可变资本的那些货币资本，也就是预付给工人工资的那部分货币，在货币流通本身中，还是起着重要的作用的。原因在于工人阶级不得不挣一文吃一文，从而也就不能提供给产业资本家任何长期的信贷，这样，各个产业部门的资本周转期虽然有差别，但是可变资本却要在某一短期内，例如一周，不仅在比较迅速地反复的期限内，而且同时会在社会的无数不同地点，以货币形式预付，而且这个期限越短，通过这个渠道一次投入流通的货币总额相对来说也就越小。在每个进行资本主义生产的国家，以这种形式预付的货币资本，在总流通中都有一个在比例上占有决定意义的部分；而且由于同一个货币在流回起点之前，要流过各种渠道，因此，作为无数其他的营业的流通手段来执行职能时就更是这样。

第I部类的不变资本

现在留下还需要研究的是第I部类的不变资本即Ic。这个价值等于在第I部类的商品产品中再现的价值，也就是在这个商品量的生产上所消费的生产资料的价值。这个再现价值并不是在第I部类的生产过程中产生的，而是在当年以前就已经作为不变的价值，作为生产资料既定的价值，进入这个生产过程的。它现在仍然存在于第I部类中没有被第II部类吸收的那部分商品量中。因而，按之前的例子就可以这样来讲，就是仍然保留在第I部类的资本家手中的这个商品量的价值等于他们的全部年商品产品价值的2/3。在第I部类，全部商品产品由生产资料，也就是由建筑物、机器、容器、原料和辅助材料等等构成。因此，其中用来补偿这个部门所使用的不变资本的那一部分价值，仍然能够以它的实物形式立即重新作为生产资本的组成部分去执行职能。如果它进入流通，那也只是在第I部类内部流通。在第II部类，一部分实物形式的商品产品由该部类的生产者本人用以个人消费而消耗掉，而在第I部类，一部分实物形式的商品产品却由它的资本主义生产者在生产中消费掉。

第I部类的不变资本，由各种大量的不同资本群构成。它们被分别投入到生产不同的生产资料的生产部门，有若干被投入铸铁厂，有若干被投入煤矿等等。每个这种资本群或每个这种社会的群资本，又由许多大小不等的能够独立执行职能的各个单个资本构成。我们首先假设某一个社会资本，比如说为7500(可以用百万等等来表示)，可以分成不同的资本群；价值7500的社会资本分成各个特殊的部分，其中每个部分都分别被投入到各个特殊的生产部门；投入到每个特殊生产部门的那部分社会资本价值，按照它的实物形式，部分地由各特殊生产部门所使用的生产资料构成，部分地由它们的经营所需的、具有相应的熟练程度的劳动力构成，而且这种劳动力由于分工，并由于它在每个个别生产部门承担的劳动的特殊性，而变得各不相同。投入每个特殊生产部门的那部分社会资本，又由投入该生产部门的能够独立执行职能的各个单个资本的总和构成。不言而喻，以上所说的情况，既适用于第I部

不用于个人消费的生产资料

资本家生产的年产品中充当再生产资料(原料和劳动工具)的第I部类，尽管在实物形式上也能够充当消费资料，但它是只投在生产资料生产上的资本的产品。构成不变资本的绝大部分产品，从物质方面来看也是处在不能进入个人消费的形式。

类，也适用于第II部类。

不过，当构成第I部类的不变资本价值的那一部分产品不再直接进入自己的特殊生产部门或自己那个生产部门的时候，那么我们说，这些产品只是变换了位置。它们以实物形式进入第I部类的其他生产部门，而同时第I部类其他生产部门的产品则对它们进行实物补偿。这种情况下，只不过是这些产品之间进行了换位。它们作为补偿第I部类的不变资本的因素全部作为补偿第I部类的不变资本的因素再进入第I部类，但不再是进入第I部类的这个部门，而是进入到另一个部门。在这里，只要这种交换是在第I部类内部的各个资本家之间进行的，那么这种交换就是两种具备实物形式的不变资本之间进行的交换，也就是一种生产资料和另一种生产资料的交换。其实也就是第I部类的不同的单个不变资本部分的互相交换。只要产品不是直接进入本生产部门作为生产资料使用，这些产品就会离开它们自己的生产场所，进入另一个生产场所，从而，互相得到补偿。换句话说(和第II部类剩余价值的情况相似)，第I部

美国希伯尼亚银行

银行业最早诞生于欧洲。1272年，意大利富有的家族为了经商方便设立了一名为"巴尔迪银行"的机构，银行一词，源于意大利文Banca，原意是商业交易所用的桌椅。稍后又出现了"佩鲁齐银行"、"麦迪西银行"和"热那亚圣乔治银行"，但它们都不是现代银行，直至1587年建立的"威尼斯银行"才被认为是第一家具有现代意义的银行。图中是美国旧金山的希伯尼亚银行。

类的每个资本家按照他在这4000不变资本的共有者中所占的比例，从这个商品总量中取出他所需要的相应的生产资料。如果这种生产是社会公有的，而不是资本主义的，那就很明显，为了进行再生产，第I部类的这些产品同样会不断地再作为生产资料在该部类的各个生产部门之间进行分配，其中一部分会直接留在这些产品的生产部门，另一部分则转到其他生产场所，从而会在这个部类的不同生产场所之间发生一种不断往返的运动。

两个部类的可变资本和剩余价值

现在来考察一下年生产的消费资料的总价值。每年生产的消费资料的总价值，等于当年第II部类再生产的可变资本价值加上新生产的第II部类的剩余价值（即第II部类当年生产的价值），同时再加上当年再生产的第I部类的可变资本价值和新生产的第I部类的剩余价值（这两部分合起来其实也就是第I部类当年生产的价值）。

因此，如果我们在简单再生产的前提下计算消费资料的年度总价值，那么每年生产的消费资料的总价值，就等于年价值产品，也即是等于社会劳动在当年生产的全部价值。其之所以必然如此，是因为在简单再生产中，这些全部价值将被完全消费掉。

两个部类的不变资本

因为，生产资料(I)的总价值，等于以生产资料(I)形式再现的不变资本价值与以消费资料(II)形式再现的不变资本价值之和，所以，生产资料(I)的总价值也就等于在社会总产品中再现的两种不变资本价值之和。

固定资本的补偿

只要不变资本的价值部分是由真正的劳动资料(生产资料的一个特殊种类)构成的，那它就会由劳动资料转移到劳动产品(商品)中去；这些劳动资料将继续以旧的实物形式，作为生产资本的要素继续执行职能。只是劳动资料的损耗，即它们在一定期间由于持续执行职能而逐渐损失的价值，才作为借助于由劳动资料生产出来的商品的价值要素再现，才通过劳动工具转移到劳动产品中去。

然而商品的这个价值要素绝不能和各种修理费用混为一谈。如果商品出售了，这个价值要素就会和别的要素一样转化为货币；但是，在转化为货币以后，它和其他价值要素的区别也就随之出现了。为了进行商品的再生产活动(总之，就是为了使商品生产过程成为持续的过程)，那么在商品生产的过程中消费的原料和辅助材料，必须以实物形式得到补偿；而在商品生产上消耗的劳动力，同样也必须用新的劳动力给予补偿。因此，通过出售商品得到的货币，必须不断再转化为生产资本所需要的这些要素，即不断由货币形式转化为商品形式。相反，当它是由于固定资本损耗而追加到商品中的那部分价值转化为货币时，那这种出售商品所得到的货币，是不会再转化为生产资料的组成部分的，尽管它是为补偿这种生产资本的价值而损失的，但是它会在生产资本旁边沉淀下来，保留它的货币形式。这种货币沉淀将会反复发生，直到年数不等的再生产时期结束为止，但在这个再生产时期，不变资本的固定要素还是以它的旧的实物形式在生产过程中继续执行职能。一旦这种固定要素（如建筑物、机器等等）的寿命已经完结，不能再以实物形式继续在生产过程中执行职能时，它的价值就在它旁边存在着，全部以货币的形式得到了补偿，即由货币沉淀的总和，由固定资本逐渐转移到它参与生产的商品中去的、并且已经通过商品出售而转化为货币形式的价值的总和来补偿。接着，就需要用这些储藏的货币来对固定资本(或固定资本的要素，因为固定资本的不同要素有不同的寿命)进行实物补偿，也就是对生产资本的这个固定资本组成部分进行实际更新。可见，这些货币其实是不变资本价值的一部分即固定资本部分的货币形式。因此，这种货币贮藏本身就成了资本主义再生产过程中的一个要素，是在固定资本的寿命还没有完结之前，也就是还没有把它的全部价值转移到所生产的商品中去，还不必用实物进行补偿之前，固定资本价值或它的个别要素的价值以货币形式进行的再生产和贮存。只有当

老朽的机器

在资本主义再生产期间,生产资料到了其使用寿命,不能再在生产过程中执行职能,这时它的价值并没有就此完结,它会由生产资料逐渐转移到它参与生产的商品中去的、已经通过商品出售而转化为货币形式的价值的总和来得到补偿。再牢固耐用的机器也有它报损殆尽的那一天,但它的价值却没有因此而流失。

这种货币重新转化为固定资本的新的要素,以便在补偿那些寿命已经完结的要素的时候,它才失去这种货币贮藏的形式,从而再进入以流通为媒介的资本主义再生产过程。

总而言之,就像简单的商品流通不只是单纯的产品交换这种情况一样,年商品产品的交换同样也不能简单分解为它的不同组成部分的单纯的、直接的互相交换。此时,货币在其中起一种独特的作用,这种作用尤其在固定资本价值再生产的方式

>>> 预付资本 >>>

资本家用来购买生产资料和劳动力,为了生产剩余价值而预先垫付的资本。从一个孤立的生产过程来看,预付资本好像是从资本家私人基金中预付的。但是,从再生产过程来看,情况却完全不是这样。因为资本家用来购买劳动力的可变资本,是工人自己再生产出来的产品的一部分,并且不断以工资的形式流回到工人手中。工人这个月的工资,是用他上个月的劳动产品转化的货币来支付的。当然,资本家依靠原始积累成为货币所有者的情况是可能的。

上表现出来的会更加明显。(假如生产是公有的生产，不具有商品生产的形式，情况又会有哪些不同，这是以后研究的问题。

1. 损耗的价值部分在货币形式上的补偿

如果我们现在从下列公式开始：

I.4000c+1000v+1000m；

II.…………2000c+500v+500m。

那么，商品2000IIc和同等价值的商品I(1000v+1000m)之间进行交换的前提就是：2000IIc全部以实物形式再转化为由第I部类生产的第II部类的不变资本中的实物组成部分；但是，后者借以存在的价值500的商品中包含着补偿固定资本的价值损失的那一部分。

在固定资本的更新过程中，由于其价值是逐渐损耗并转移到商品产品中的，而剩余的部分仍然继续以实物形式执行职能，所以这部分生产要素不需要立即用实物来补偿，而要转化为货币，这个货币逐渐积累成一个总额，直到固定资本完全损耗完成，需要再次以实物形式更新的时候为止。每一年都有可能是固定资本的终年，固定资本时而需要在不同的企业，时而需要在不同的产业部门进行补偿；对同一个单个资本来说，总会有这一部分或那一部分固定资本的损耗需要补偿(因为固定资本各部分的寿命不同)。在把一切积累撇开不说的情况下，如果我们考察年再生产，即使是原有规模不变的年再生产，我们也不是从头开始。我们考察的是许多年当中的

小煤矿

在商品转化为货币之后，必须有一部分再转化为生产资本的各种要素，如转化为原料辅助材料，以便对已经消费掉的原料、辅助材料和劳动力进行补偿。但是，商品价值中等于固定资本损耗的那一部分在商品转化为货币后，尽管它是补偿这个组成部分的价值的，却不会再转化为生产资本的组成部分。图中是19世纪提供原料的小煤矿。

通货膨胀

第二次世界大战后，欧洲对通货膨胀视如洪水猛兽，至今仍未放松警惕。通货膨胀最初是指纸币的发行量超过了商品流通所需要的数量而引起贬值，物价随之上涨的现象。在宏观经济学中，通货膨胀主要是指价格和工资的普遍上涨。图中的韩国工人对着因遭金融风暴冲击而大幅贬值的钞票一筹莫展。

一年，而不是资本主义生产刚诞生的那一年。因此，投入在第II部类的各个不同的生产部门的不同资本也会有不同的年龄。就像在这些生产部门从事生产的人每年都有死亡一样，每年也会有许多固定资本在当年到达寿命的终点，从而必须用积累的货币基金来对其进行实物更新。所以，在2000IIc和2000I(v+m)的交换中就包含着2000IIc从它的商品形式(消费资料)到它的实物要素的转化，这些实物要素不仅是由原料和辅助材料构成，同时也是由固定资本的实物要素，如机器、工具、建筑物等等构成的。因此，2000IIc的价值中需要用货币来补偿的那部分损耗和仍然继续在执行职能的固定资本的数量，是完全不适应的，因为众多的固定资本中每年都会有一部分必须用实物来补偿，但这也有一个前提，即在前几年，第II部类资本家手中已经积累了这种实物补偿所必需的货币。不过，这一个前提不仅适用于前几年，而且也适用于当年。

我们首先要指出，在I(1000v+1000m)和2000IIc的交换中，由于价值额I(v+m)不包含任何不变的价值要素，因而也就不包含任何用以补偿其损耗的价值要素，即不包含由不变资本的固定组成部分因为消耗而逐渐转移到v+m(它是以商品的形式存在的)中去的那部分价值要素。相反，这种要素却存在于IIc中，而且正是由于这种因固定资本而存在的价值要素的一部分，不需要立即由货币形式转化为实物形式，它才会保留在货币形式上。因此，当I(1000v+1000m)和2000IIc交换时，立即就遇到了困难：第I部类的2000(v+m)借以存在的实物形式的生产资料，要用它的全部价值额2000和以第II部类的消费资料存在的等价物进行交换，但是，消费资料2000IIc却不能以它的全部价值额来和生产资料I(1000v+1000m)进行交换，因为它的价值中的一部分，等于固定资本中有待补偿的损耗或价值损失，必须首先以货币形式沉淀下来，从而在我们仅仅考察的当年的再生产期间，就不能再作为流通手段执行职能。

2.固定资本的实物补偿

第II部类是由许多资本家构成的，一般而言，他们的固定资本进行再生产期限是完全不同的。对其中一些资本家来说，固定资本已经到了必须全部用实物进行更新的期限，但是对另一些资本家来说，它离这个阶段多少还有些距离。不过对于后一类资本家的全体成员来说，有一点是一致的：他们的固定资本不需要实际再生产，也就是不需要用实物来更新，或者说，不需要用同一种新的物品来进行替换或补偿，而它的价值则要以货币形式相继积累起来。而前一类资本家则完全处于企业刚开办时的那种情况(或部分地处于那种情况，这一点和这里的问题无关)。那时，他们带着货币资本来到市场，一方面要把这些货币转化为固定的和流动的不变资本，另一方面则要把它转化为可变资本即劳动力。现在，他们也和当初一样，需要把货币资本再预付到流通中去，因此，他们既要预付流动资本和可变资本的价值，同时还要预付不变的固定资本的价值。

如果我们把第II部类中需要用实物补偿固定资本的那部分资本家叫作"第1部分"；而把第II部类中以货币形式贮存固定资本损耗价值的那部分资本家叫作"第2部分"，那么：

I.1000v+1000m；

II.2000c，这种交换所遇到的困难，可归结为如下的余额交换所遇到的困难：

I.…………400m；

II.(1)200货币+200c商品+(2)200c商品，说得更清楚些，这种余额交换就是：

I.200m+200m；

II.(1)200货币+200c商品+(2)200c商品。

因为第II部类第1部分的商品200c和200Im(商品)之间进行交换，并且由于当400商品交换时一切流通于第I部类和第II部类之间的货币又重新流回到预付者(第I部类或第II部类)手中，所以，这个货币作为第I部类和第II部类之间的交换要素充当的是一种观念上的媒介，这实际上并不是我们这里所要研究的问题的要素。或者换一种说法：假定在200Im(商品)和200IIc(第II部类第1部分的商品)的交换中，货币的职能是支付手段，而不是作为购买手段来执行职能，因此它也就不是作为狭义的"流通手段"在执行职能，那就会很清楚，因为商品200Ⅰm和商品200Ⅱc(第1部分)价值额相等，价值200的生产资料就和价值200的消费资料相交换，货币在这里只是观念上执行职能，任何一方都无须为支付差额而把实际上的货币投入流通。因此，只有当我们把商品200Ⅰm和它的等价物即商品200Ⅱc(第1部分)从第Ⅰ部类和第Ⅱ部类双方同时去掉时，问题才会以纯粹的形式表现出来。

当代发行的纸币

宋朝由于商品经济的发展，我国货币发展进入了鼎盛时期，铜钱、铁钱和金银等金属货币广泛流通，大量铜钱、白银外流，造成硬通货短缺。宋真宗初年，四川成都的16家富商联合印发了一种比金属币携带方便的纸币"交子"，代替铁钱在四川使用。"交子"是四川方言，"交"是相会、相合的意思，指两张券合起来，就可兑换现钱。"交子"是世界上最早的纸币，纸币的出现，使货币发展史迈进了一大步。图中是新加坡银行发行的纸币。

当我们把第Ⅰ部类和第Ⅱ部类的这两个彼此相抵的具有同等价值的商品额去掉后，就只需要交换这一个余额了。那么在这种情况下，问题就以纯粹的形式表现出来，即：

Ⅰ.200m商品；

Ⅱ.(1)200c货币+(2)200c商品。

这里很清楚：第Ⅱ部类的第1部分用200货币购买它在生产过程中必需的固定资本组成部分200Ⅰm；所以，第Ⅱ部类的第1部分的固定资本因此就得到了实物更新，同时第Ⅰ部类的200剩余价值也由商品形式(由生产资料，即固定资本的要素)转化为货币形式。反过来，第Ⅰ部类又用这些货币向第Ⅱ部类的第2部分购买消费资料；这样，对第Ⅱ部类来说，其结果就是：第1部分用实物更新了他的不变资本中的固定组成部分；第2部分则有另一个组成部分(补偿固定资本损耗的组成部分)以货币形式沉淀下来并储藏起来；每年都这样继续下去，直到这个组成部分也得到实物更新。

总而言之，在这里先决条件显然是：第Ⅱ部类不变资本中的这个固定组成部分，会按自己的全部价值逐步再转化为货币，因而每年用来进行实物更新的固定组成部分(第I部分)，就应该等于第II部类不变资本中另一个固定组成部分的年损耗，也就是等于以旧的实物形式继续执行职能，而其损耗(即转移到所参与生产的商品中去的价值损失)则先要用货币来补偿的那个固定组成部分。因此，这样一种平衡，好像就是规模不变的再生产的规律了；换句话说，因为进行生产资料生产的第I部类一方面要提供第II部类不变资本的流动组成部分，另一方面还要提供它的固定组成部分，因此，劳动在第I部类的分配比例必须保持不变。

3.结论

关于固定资本的补偿，一般应该指出：

在其他一切条件不变的前提下，也就是说，在生产规模不变，尤其是在劳动生产率也不变的前提下，如果IIc的固定要素与去年相比有更大一部分已经寿命完结，从而有更大一部分需要用实物更新，那么，还在死亡途中的、在死亡期到来以前暂时还不需要更新而必须要以货币形式来补偿的那部分固定资本，相应地，必然会按照同一比例减少，因为在第II部类中执行职能的固定资本各部分之和(以及价值额)即总价值是保持不变的。但是，这又会引起下列情况：第一，如果第I部类的商

贬值的德国马克

著名经济学家约翰·梅纳德·凯恩斯是现代经济学中最有影响力的经济学家之一，他开辟了宏观经济学的研究领域，一生对经济学作出了极大的贡献，被誉为资本主义的"救星"和"战后繁荣之父"。他认为，在短期中，货币数量的变动影响实际变量，又影响名义变量，但在长期中，货币数量决定物价水平，货币数量的增加就是通货膨胀的唯一原因。图中是第一次世界大战后，德国发生通货膨胀，孩子们正在用贬值的德国马克搭积木。

品资本中的较大部分是由IIc的固定资本要素构成，它的相应的较小部分就应该由IIc的流动组成部分构成，因为第I部类为IIc生产的总额是保持不变的。就是说，如果其中一部分增加了，则另一部分就减少；反之亦然。而另一方面，第II部类的生产总额也要保持不变。但是，当第II部类原料、半成品、辅助材料(即第II部类的不变资本的流动要素)减少时，这又怎么可能做到呢？第二，恢复货币形式的固定资本IIc中有较大一部分会流到第I部类，以便从货币形式再转化为实物形式。所以，除去单纯为了第I部类和第II部类之间的商品交换而进入流通的货币，事实上还会有更多的货币流到第I部类；这些货币，不是相互间进行商品交换的媒介，而只是单方面地在执行购买手段的职能。但同时IIc中承担补偿损耗价值的商品量将会按比例减少，从而第II部类中不需要和第I部类的商品交换而只需和第I部类的货币交换的商品量也会按比例减少。所以，会有更多的货币作为单纯购买手段从第II部类流到第I部类；而对第II部类来说，第I部类单纯作为买者向它购买的商品则相对较少。因此，由于Iv已经和第II部类的商品交换，那么Im中会有较大的部分不能转化为第II部类的商品，而仍然会保留在货币形式上。

因此，有了以上的阐述以后，对于相反的情况，即对于一年内第II部类的固定资本中寿命完结而要再生产的部分较小，而损耗部分较大的情况，我们就无须再进一步考察了。

丝绸之路

马克思一再指出，当国内再生产出现失衡，生产过剩或生产不足时，对外贸易都能起到补救作用。所以进出口商品结构、数量的调控必须考虑到有利国内再生产的总量平衡和结构平衡。外汇平衡是国民经济综合平衡的重要内容。中国历史上穿越西部地区的"丝绸之路"曾是对外贸易的第一条通道。

> **>>> 消费力 >>>**
>
> **5秒钟经济学**
>
> 有三种理解：第一，消费者消费或享用消费对象的能力、条件和手段。消费者依据这种能力，才能通过消费恢复和提高自己的劳动力，并转化成新的生产力。第二产品通过消费者消费得以实现的限度，或消费者消费的限度。第三，消费者、消费资料、消费服务之间的一种关系。在消费者已确定的条件下，消费力的大小以消费资料的供给量为转移，同消费资料的质量、数量成正比例关系变动。消费品供给愈好、愈多则消费力也就愈大，反之则愈小。

因此，尽管是在规模不变的前提下进行的再生产，但生产危机仍然还是会发生。

总之一句话：在简单再生产和各种条件不变的前提下，尤其是在劳动生产力、劳动总量、劳动强度不变的情况下，假定在寿命已经完结的(有待更新的)固定资本和以旧的实物形式继续起作用的(只是为了补偿其损耗而把价值加到产品中去的)固定资本之间的比例并不是一成不变的，那么在某一个场合，尽管需要再生产的流动组成部分的量保持不变，但需要再生产的固定组成部分的量还是会增加；因此，第I部类的生产总额也必须增加，不然，即使撇开货币关系不说，也会出现再生产不足的现象。

在另一个场合，如果需要用实物来补偿其再生产的第II部类的固定资本的比例量减少，从而只需要用货币进行补偿的第II部类的固定资本组成部分会随之按同一比例增加，那么，这时候，尽管需要由第I部类再生产的第II部类不变资本的流动组成部分的量保持不变，但是需要再生产的固定组成部分的量却还是会减少。因此，要么是第I部类的生产总额减少，要么是出现过剩(就像前面出现不足一样)，而且是不能转化成货币的那种过剩。

诚然，在前一个场合，同一种劳动可以通过提高劳动生产率、延长劳动时间或增加劳动强度的方式提供更多的产品，这样就可以弥补第一个场合的那种不足；但是发生这种变化的时候，总免不了会有劳动和资本从第I部类的某个生产部门移动到另一个生产部门，并且，每一次这样的移动，都会引起暂时的紊乱；而且，第I部类(由于劳动时间和劳动强度增加)不得不用较多的价值来与第II部类的较少的价值进行交换，从而第I部类的产品的价格就会降低。

第二个场合的情况则相反，由于第I部类必须压缩自己的生产，这对该部类的工人和资本家来说，就意味着危机；或者第I部类提供的产品过剩，这对他们来说，同样也是危机。这种过剩本身并不是什么祸害，其实是一种利益；但是在资本主义生产下，它却是祸害。

不过在这两个场合，对外贸易都能起一定的补救作用：在第一个场合，是使第I部类保留货币形式的商品转化为消费资料；而在第二个场合，就是把过剩的商品销售掉。但是，对外贸易既然不能单纯补偿各种要素(按价值说也是这样)，那么它就只会把矛盾推到更广的范围，为这些矛盾开辟更广阔的活动场所。

资本主义的再生产的形式一旦废除，问题就归结如下：寿命已经完结因而必须要用实物来补偿的那部分固定资本（这里是指在消费资料生产中执行职能的固定资本)的数量大小，是逐年不同的。如果在某一年，这部分固定资本的数量很大(像人一样，超过平均死亡率)，那在下一年这种数量就一定会很小。假定其他条件不变，消费资料年生产所需的原料、半成品和辅助材料的数量并不会因此而减少；那么，生产资料的生产总额在一个场合必须增加，而在另一个场合必须减少。这种情况，其补救手段只有一种那就是制造不断的相对的生产过剩；一方面要生产的固定资本必须超过一定量的直接需要；另一方面，特别是原料等等的储备也要超过每年的一定量的直接需要(这一点特别适用于生活资料)，这种生产过剩等于社会对它本身的再生产所必需的各种物质资料的控制。但是，在资本主义社会内部，这种生产过剩却是无政府状态的一个重要因素。

产品堆积

生产过剩等于社会对它本身的再生产所必需的各种物质资料的控制。在资本主义社会内部，这种生产过剩是无政府状态的一个因素。毫无疑问，这种危机的根本原因在于资本主义生产方式本身。当然并不是社会化生产的条件下这种固定资本的生产必然引起危机。生产的无政府状态是一个重要条件。只有计划经济才能够避免这种生产过剩的危机。经济危机时期，产品价格偏高，只有少数人能买得起，生产多余的产品不是被倒掉就是被囤积起来。

第十六章 积累和扩大再生产

之前，我们在第一卷已经指出，单个资本家的积累是怎样进行的。由于商品资本转化为货币，代表剩余价值的剩余产品也就随之转化为货币。资本家按照这种方式转化为货币的剩余价值，再转化为他的生产资本所追加的实物要素。这个增大了的资本在生产的下一个循环内，则可以提供更多的产品。但是，在单个资本上发生的情况，也必然同样会在全年的总再生产上出现，正像我们在考察简单再生产时所看到的那样，在单个资本的再生产中，单个资本的逐渐损耗的固定组成部分相继沉淀为贮藏货币的现象，在社会的年再生产上也会表现出来。

假定某一个单个资本为400c+100v，年剩余价值等于100，从而，商品产品等于400c+100v+100m，这600随之也就转化为货币。在这个货币中，400c重新转化为不变资本的实物形式，100v重新转化为劳动力，此外假定全部剩余价值的积累100m通过和生产资本的实物要素进行交换，转化为追加的不变资本。这里要假定：第一，在一定的技术条件下，这个货币额必须或者足以补偿增加的正在执行职能的不变资本，或者足以开办一个新的工业企业。但是，情况也可能是这样：在这个过程开始以前，即进行实际积累和扩大再生产以前，剩余价值向货币的转化以及这个货币的贮藏需要一个很长的时间。第二，假定，事实上其生产在以前已经按照扩大的规模进行；那么要使货币(即以货币形式贮藏的剩余价值)能够转化为生产资本的要素，而且这些要素必须是在市场上可以买到的商品，那么，即使这些要素不是作为成品来买，而是按订货来生产，情况也不会有什么差别。只有在当它们存在以后，并且无论如何只有在对它们进行了实际的规模扩大的再生产以后，也就是说，只有当它们原来正常的生产已经扩大之后，才会对它们进行支付。它们必须是可能存在的，也就是在它们的要素中是可能存在的，因为，只要有订货的刺激，也就是在商品存在以前预先购买，预先出售，它们的生产就可以实际进行。于是，一方面的货币其实就已经能引起另一方面的扩大再生产，这是因为再生产扩大的可能性在没有货币的情况下就已经存在；而货币本身不是实际再生产的要素。

例如，资本家A在一年内或多年内把他相继生产出来的那些商品产品卖出时，同时就会把身为剩余价值承担者的那部分商品产品相继转化为货币，也把他以商品形式生产的剩余价值本身相继转化为货币，这种货币逐渐被贮存起来，就形成了一种形式上可能的新的货币资本。之所以在形式上是可能的，是因为它可以并且要用来转化为资本家生产资本的要素。但事实上他只是进行了简单的货币贮藏，很显然，这种货币贮藏并不足以成为实际再生产的要素。

商人和他的妻子

  在进行实际资本积累和扩大再生产以前，剩余价值转化为货币以及货币的贮藏都需要一个相当长的时间。只有在作为资本积累的货币额达到一定数量后，才能进行扩大再生产。图中是16世纪上半叶一位商人与他的妻子慢条斯理地盘点着钱币，俨然一幅精打细算的样子。

  虽然这个以货币形式进行贮藏的剩余价值并不意味着追加了新的社会财富，但是由于它贮存后所要执行的职能，它还是代表着某种新的可能的货币资本(以后我们会知道，除了由于剩余价值的逐渐货币化之外，新的货币资本还可以由其他方法产生)。

  货币之所以会从流通中取出，并且以贮藏货币的形式被贮存起来，是因为商品在出售以后，没有继续进行购买。因此，如果把这种做法看成是普遍存在的，那就难以看出，买者应该从哪儿来，因为在这个过程中，首先这个过程必须看成是普遍的，这样每一个单个资本都能够处于积累过程，每一个人都想为贮藏货币而卖，在解决这个表面的困难以前，首先要把第I部类(生产资料的生产)和第II部类(消费资料的生产)的积累区别开来。现在，让我们从第I部类开始分析。

第I部类的积累

1. 货币贮藏

显然，在完全撇开它们的规模、技术条件、市场关系等等不说的前提下，投在第I部类的许多产业部门的资本，和投在每一个这样的产业部门内的其他的不同的单个资本，都会由于它们的存在的时间不同，也就是由于它们已经经历的执行职能的时间不同，就会处于剩余价值相继转化为可能的货币资本这个过程的不同阶段，而不管这种货币资本是要用来扩充它们的正在执行职能的资本，还是要用来创办新的工业企业(这是扩大生产的两种形式)。因此，一部分资本家会不断地把他们的已经增加到相应数量的可能的货币资本转化为生产资本，也就是把通过使剩余价值货币化而得到的贮藏起来的货币用来购买生产资料，即用来追加不变资本要素；而另一部分资本家则继续从事可能的货币资本的贮藏。因此，这两类资本家是互相对立的：一方作为买者，而另一方作为卖者，并且每一方在这两种作用中都各自只起一种作用。

购物天堂

资本主义的发展首先表现为物质的极大丰富，商品的大量堆积。为了便于商品交换，世界各地陆续出现了许多大型的商业中心，这里的商品齐全，品质优良，加之方便、舒适的购物环境，逐渐改变了人们的消费习惯。人们在购物的同时，还可以休闲娱乐。

例如，A卖给B(可以代表一个以上的买者)600(即400c+100v+100m)。他已经卖掉600商品，换成600货币，假如其中的100代表剩余价值，他把这100从流通中取出，以货币形式贮藏起来，但是这100货币不过是剩余产品即100的剩余价值的承担者的货币形式。但是由于货币贮藏根本不是生产，因此一开始也就不是生产的增长。在这里资本家的活动只不过是把出售剩余产品100所得的货币从流通中取出，抓住它，把它扣留下来使之成为贮藏货币。这种做法不仅会在A身上发生，而且在流通领域的许多点上，还有其他资本家A'、A"、A'"，同样都很热衷于这种货币贮藏。因此，在这许多点上，货币会被从流通中取出，同时积累成无数单个的贮藏货币或可能的货币资本。但这许多点也像是流通的许多障碍，因为它们使货币的运动暂时停止，使货币在一定时间内失去流通能力。但是必须注意的是，远在商品流通在资本主义商品生产的基础上建立以前，在简单的商品流通中就已经产生了货币贮藏；社会现有的货币量，总是大于它处于实际流通中的那一部分，虽然这一部分会由于某些情况的变化而增加或减少。在这里，我们又遇到了同样的贮藏货币和同样的货币贮藏，不过现在它已经是作为资本主义生产过程的一个内在因素。

所有这些可能的资本，在信用制度下，由于它们积聚在银行等等的手中，从而就成为可供支配的资本、"可贷资本"、货币资本，而且不再是被动的东西，不再是未来的音乐，而是能动的，可以生利的东西。

但是，A之所以能进行这种货币贮藏，仅仅是因为就他的剩余产品来说，他只作为卖者，而不接着作为买者出现，也就是说在这些剩余产品转化为货币之后，他们没有再用它购买生产资料。所以，他是要转化为货币的剩余价值的承担者，剩余产品的连续生产，其实就是这种货币贮藏的前提。在只考察第I部类内部的流通的这种场合，作为总产品的一部分的那些剩余产品的实物形式，和总产品的实物形式其实一样，同样是第I部类不变资本的一个要素的实物形式，也就是说，都是属于生产资料的范畴。这样，我们马上就会知道，在B、B'、B"等等买者手中，它将会变成什么，并且将会执行什么样的职能。

在这里，我们首先要记住一点：尽管A从流通中把相当于他的剩余价值的那部分货币取出来，并把它贮藏起来，但另一方面，他也把他的产品商品投入流通，而没有以此从流通中再取出其他的商品，因此，B、B'、B"等等才能够把货币投入流通而只取出商品。在这个场合，这种商品，从它的实物形式和它的用途这个角度来说，是要加入到B、B'等的不变资本的固定要素或流动要素中去的。关于这一点，当我们涉及剩余产品的买者B'、B"等时再谈。

我们已经知道，固定资本一经投入，在它执行职能的全部时间内就不用再更新，而是以它的原有形式继续发挥作用，但它的价值则由于其逐渐地转移到产品中去而逐渐地以货币形式沉淀下来。我们又已经知道，IIc的固定资本(IIc的全部资本

制造钱币

　　积累的货币是由进行实际积累的资本家提供的。但是，货币贮藏不是生产，早在资本主义商品生产以前的简单商品流通中就已经产生了货币贮藏。因此，社会拥有的货币量，总是大于实际流通中的货币量。图中是17世纪德国人制造钱币的场景。

　　价值转化为在价值上与I(v+m)相等的要素)进行周期更新的前提，一方面是IIc中要由货币形式再转化为实物形式的固定资本部分的单纯的买，与此相适应的就是Im的单纯的卖；另一方面是IIc中要沉淀为货币的固定(损耗)价值部分的单纯的卖，而与此相适应的是Im的单纯的买。在这里，交换正常进行必须具有的前提是：按价值量来说，IIc的单纯的买，必须和IIc的单纯的卖相等；同样，Im对IIc第1部分的单纯的卖，也必须和IIc第2部分的单纯的买相等。如果不这样，简单再生产的基础就会遭到破坏。也就是说，一方面的单纯的卖，必须由另一方面的单纯的买来抵消。同样，这里还必须具有的前提是，Im中A、A'、A"的货币贮藏的部分的单纯的卖，和Im中B、B'、B"要把贮藏货币转化为追加生产资本要素的部分的单纯的买一定要保持平衡。

　　既然平衡的形成，是由于先前的买者后来作为出售同等价值额的卖者出现，而先前的卖者后来作为购买同等价值额的买者出现，所以，货币就会流回到在购买时预付货币的、在重新购买之前就先已出售的那一方。但是就商品交换本身、就年产

J.P.摩根像

被贮藏的货币，因为离开了流通领域，在一段时间内失去了流通能力。但将其积聚在银行中，就变成了可供支配的资本、"可贷资本"、货币资本，它们便不再是被动的东西，而是能动的，生利的东西。图中是被誉为"信用楷模"的美国大名鼎鼎的银行家J.P.摩根。20世纪初，美国铁路建设引发了泡沫经济，正是摩根银行成为铁路发展的关键性财源，避免了金融大恐慌的灾难。

品的不同部分之间进行的交换而言，实际平衡还是要取决于互相交换的商品具有同等的价值额。

但是，既然在这一过程中发生的只是单方面的交易，一方面是大量的单纯的买，而另一方面是大量的单纯的卖，并且我们已经知道，在资本主义基础上，这种单方面的形态变化取决于年产品的正常交易，所以，这种平衡如果要保持下去，那只能在如下的前提下：单方面的买的价值额要和单方面的卖的价值额相等以致可以互相抵消。商品生产是资本主义生产的一般形式这个事实，其实就已经包含着在资本主义生产中货币不仅起流通手段的作用，而且还会起货币资本的作用，同时又会产生这种生产方式所特有的某些能够使交换从而也使再生产(或者是简单再生产，或者是扩大再生产)得以正常进行的条件，而这些条件又转变为同样多的造成过程失常的条件，转变为同样多的危机的可能性；因为在这种自发形式的生产中，平衡本身就是一种偶然的现象。

我们还知道，在Iv和IIc的相应价值额进行交换时，正因为对IIc来说，第II部类的商品最终由第I部类的同等价值额的商品所补偿，所以第II部类的总体资本家的商品的出售是事后以对第I部类的同等价值额的商品的购买来作为补充的。这种补偿是可以发生的；但第I部类和第II部类的资本家在他们的商品转化中并不是简单地进行互相交换商品。IIc把他的商品出售给第I部类的工人，因此，第I部类的工人就会单方面作为商品的买者和IIc相对立，而IIc则是单方面作为商品的卖者和第I部类的工人相对立；同时，IIc用他这样得到的货币，单方面作为商品的买者和第I部类的全体资本家相对立，而第I部类的这些资本家则用Iv的数额单方面作为商品的卖者和IIc相对立。正是由于出售这种商品，第I部类最后以货币资本的形式重新再生产出了它需要的可变资本。如果第I部类的资本用Iv的数额单方面作为商品的卖者和第II部类的资本家相对立，那么，它在劳动力的购买上就会作为商品的买者和第I部类的工人相对立。同样，如果第I部类的工人单方面作为商品的买者(即生活资料的买者)和第II部类的资本家相对立，那么，他们就单方面作为商品的卖者，也就是他们的劳动力的卖者，和第I部类的资本家相对立。

第I部类的工人要不断地提供劳动力，而且其商品资本中有一部分要再转化为可变资本的货币形式，第II部类的商品资本中有一部分要用不变资本IIc的实物要素来给予补偿，这一切必要的前提同时又是互为条件的，但是，它们作为媒介的是一个极为复杂的过程。这个过程，包括三个彼此独立进行而且同时又互相交错在一起的流通过程。

2.追加的不变资本

剩余产品，也即是剩余价值的承担者，对于它的占有者第I部类的资本家而言，当然是不费分文的，他们不用按任何方式预付货币或商品就可以得到它。预付，在重农学派看来，其实就是在生产资本的要素上实现的价值的一般形式。因此，第I部类资本家预付的只不过是他们的不变资本和可变资本。工人不仅通过自己的劳动，为他们保存了不变资本。工人不仅用一个新创造的具有商品形式的相应的价值部分为他们补偿了可变资本价值，而且工人还通过自己的剩余劳动向他们提供了一个以剩余产品形式存在的剩余价值。他们通过相继出售这种剩余产品形成了货币贮藏，形成了可能的追加的货币资本。在这里，我们考察的场合，从一开始，这个剩余产品就是由生产资料构成的。这个剩余产品，只有在B、B'、B''等等(I)的手中，才会执行追加的不

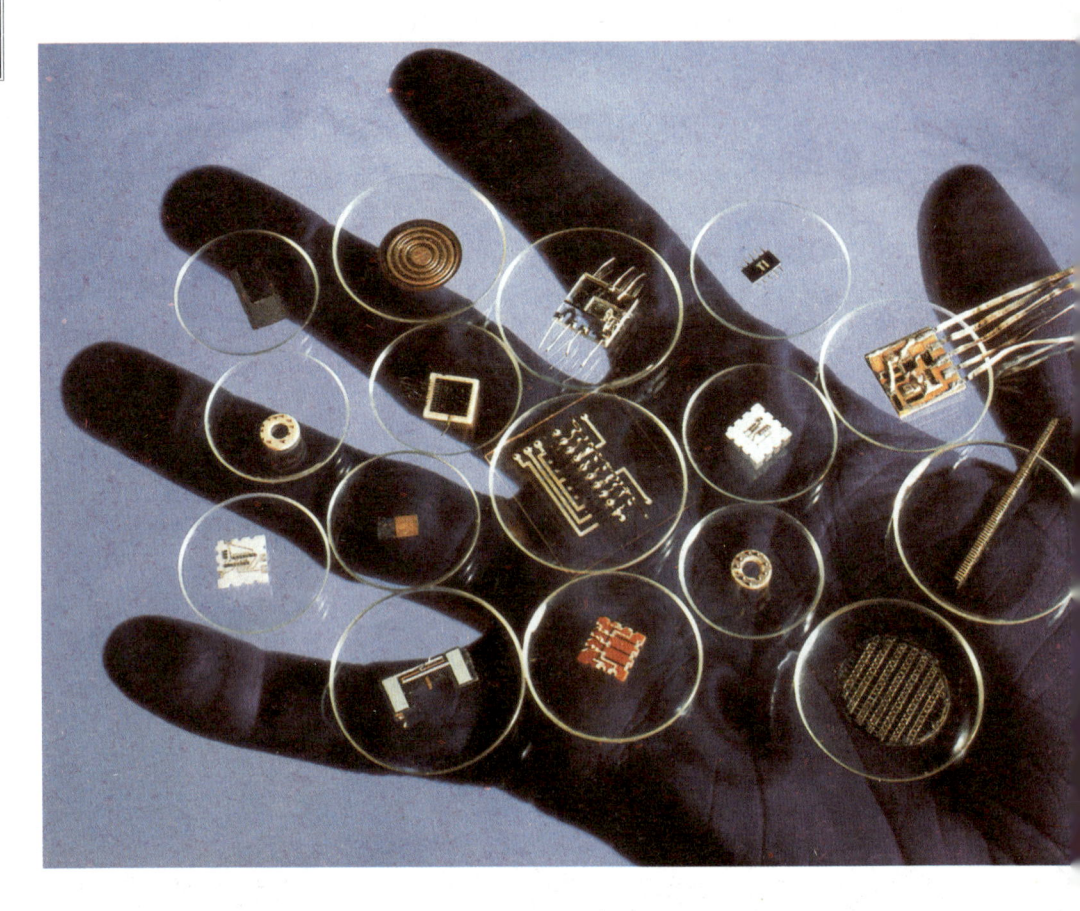

集成电路

　　人类进化的历史说明，每一次生产工具的变革，必然会对社会经济产生巨大的影响。从石器时代到铁器时代，到铜器时代、手推磨时代，以及后来的机器工业时代和现在的电子信息时代，无一不是如此。而且一次又一次的重大变革的间隙越来越短，强度越来越大。美国工程师杰克·基尔比发明的集成电路，就为现代信息技术和开发电子产品的各种功能铺平了道路，革新了我们的工业，同时也改变了我们生活的世界。图中展示的是多种集成电路板块，其中也包括计算机芯片。

>>> 一次能源 >>>

　　自然界中本来就有的各种形式的能源称为一次能源。一次能源可按其来源的不同划分为来自地球以外的、地球内部的、地球与其他天体相互作用的三类。来自地球以外的主要是太阳能。而由太阳辐射引起气象变化形成的水能、风能、洋流能和海洋深层与表层的温差能等，由植物通过光化作用吸收并蓄积太阳能而形成的生物质能，如煤、石油、天然气、油页岩等都是一次能源。来自地球内部的一次能源主要是地热和原子核能。来自地球与其他天体相互作用的一次能源主要是潮汐。

变资本的职能。但是在它出售以前，在货币贮藏者A、A'、A"(I)的手中就已经是潜在的追加的不变资本了。如果我们只考察第I部类进行再生产的价值量，那么，我们就还是处在简单再生产的考察范围内，因为没有使用追加资本来创造这个潜在的追加的不变资本(剩余产品)，从而也就没有使用比在简单再生产基础上耗费的更多的剩余劳动。在这里，区别只在于资本家所使用的剩余劳动的形式，只在于它的特殊的使用方式的具体性质。它是用来生产Ic的生产资料而不是用来生产IIc的生产资料的，只是用来生产生产资料的生产资料而不是用来生产消费资料的生产资料的。在简单再生产的情况下，其前提是第I部类的剩余价值作为收入全部都要花掉，即用在第II部类的商品购买上；所以，在简单再生产下，它只不过是由那种以自己的实物形式重新补偿不变资本IIc的生产资料构成的。因此，为了从简单再生产过渡到规模扩大的再生产，第I部类的生产必须较少地为第II部类制造不变资本的要素，而相应地要多为第I部类制造不变资本的要素。完成这种过渡往往是有困难的，但是由于第I部类的有些产品可以作为生产资料在两个部类同时起作用这一事实，完成这种过渡相对就容易些。

由此可以得出结论：如果只考察价值量，那么扩大再生产的物质基础就是在简单再生产内部生产出来的。简单说来，这种扩大再生产的物质基础就是，直接用在第I部类生产资料的生产上的、用在第I部类潜在的追加资本所创造的第I部类工人的剩余劳动。因此，A、A'、A"(I)方面潜在的追加货币资本的形成，也就是通过相继出售他们的不需要任何货币支出而创造的剩余产品，在这里也就是追加地生产出来的第I部类的生产资料的货币资本的形式。

潜在的追加资本的生产，在当前的场合不外是表示生产过程本身的现象（因为我们将会知道，这种追加资本还可以按完全不同的方法形成），即生产资本的要素在一定形式上进行的生产。因此，这种追加的潜在的货币资本在流通领域许多点上的大规模生产，只不过是潜在的追加生产资本的多方面的生产的结果和表现，但是这种生产资本的形成本身并不是以产业资本家在任何情况下的货币支出的追加为前提的。

A、A'、A"等等(I)方面的这个潜在的追加生产资本向潜在的货币资本(贮藏货币)的相继转化是由他们的剩余产品的相继出售引起的，从而也就是由没有购买作为补充的反复进行的单方面的商品出售引起的，这种转化是靠反复从流通中取出货币并形成货币贮藏来完成的。这种货币贮藏（金生产者是买者的场合除外）决不包含贵金属财富的增加，

轿车的售卖

对于货币贮藏的资本家，占有由制造生产资料的生产资料构成的剩余产品，是潜在的追加不变资本。而这些剩余产品，只有在商品售卖的资本家手里，才能执行追加的不变资本的职能。图中是20世纪60年代德国大众轿车的促销广告。

而只包含到目前为止处于流通中的货币的职能的改变。以前它作为流通手段执行职能，现在则作为贮藏手段，作为正在形成的、潜在的新货币资本在执行职能。因此，追加货币资本的形成和一个国家现有贵金属的数量之间是没有任何因果关系的。

由此我们还可以得出结论：如果已经在一个国家执行职能的生产资本(包括并入生产资本的劳动力，即剩余产品的创造者)越多，那么劳动的生产力，也就是使生产资料生产迅速扩大的技术手段也就越发展，因而，剩余产品的量无论在价值方面或在价值借以体现的使用价值量方面也就越大，那么，下列二者也就越大：

1.A、A'、A"等等手中的以剩余产品形式存在的那些潜在的追加生产资本。

2.A、A'、A"手中的即将转化为货币的剩余产品的量，即潜在的追加货币资本的量。

如果由资本家A、A'、A"(I)直接生产和占有的剩余产品是资本积累即扩大再生产的现实基础（虽然它要到B、B'、B"等等(I)手中，才实际以这种资格执行职能），才会在事实上以这种资格执行职能——那么，当它还是处于蛹化成的货币作为贮藏货币的形式时，也就是在它作为贮藏货币，作为只是逐渐形成的潜在货币资本的时候，它是绝对非生产的,尽管它在这个形式上和生产过程平行进行,但其实却处在生产过程之外。它是资本主义生产的一个死荷重(dead weight),渴望利用这种作为潜在货币资本贮藏起来的剩余价值来取得利润和收入的企图在信用制度和有价证券上找到了努力的目标。不过从此以后,货币资本由此又以另一个形式对资本主义生产体系的进程和发展,产生了极大的影响。

3.追加的可变资本

以上我们只是考察了追加的不变资本,所以现在要转入考察追加的可变资本。

在第一卷我们已经详细地论述过,在资本主义生产的基础上,劳动力总是随时准备好的;在必要时,不必增加所雇用工人的人数,同样可以推动更多的劳动。因此,我们暂时没有必要进一步加以论述而只要假定,新形成的货币资本中可以转化为可变资本的部分在需要转化时总会找到劳动力。我们在第一卷还论述过,一定量的资本即使没有积累,也能够在一定界限之内扩大它的生产规模。但是,我们这里要讲的是特定意义上的资本积累,因此,生产的扩大要取决于剩余价值到追加资本的转化,也就是要取决于作为生产基础的生产资本的扩大。

德国工业

不变资本的积累,取决于社会的生产力发展状况。在一个国家执行职能的生产资本越多,生产资料的生产规模就越大,劳动生产力就越发达,剩余产品的量也就越大,不变资本积累的数量也就越来越多。图中20世纪70年代的德国工业正处在发展高峰期,德国在制造业、能源和化学工业方面的世界领先水平使得"德国制造"不仅是好的产品的标志,也是一个非常有效的工业体系的象征。

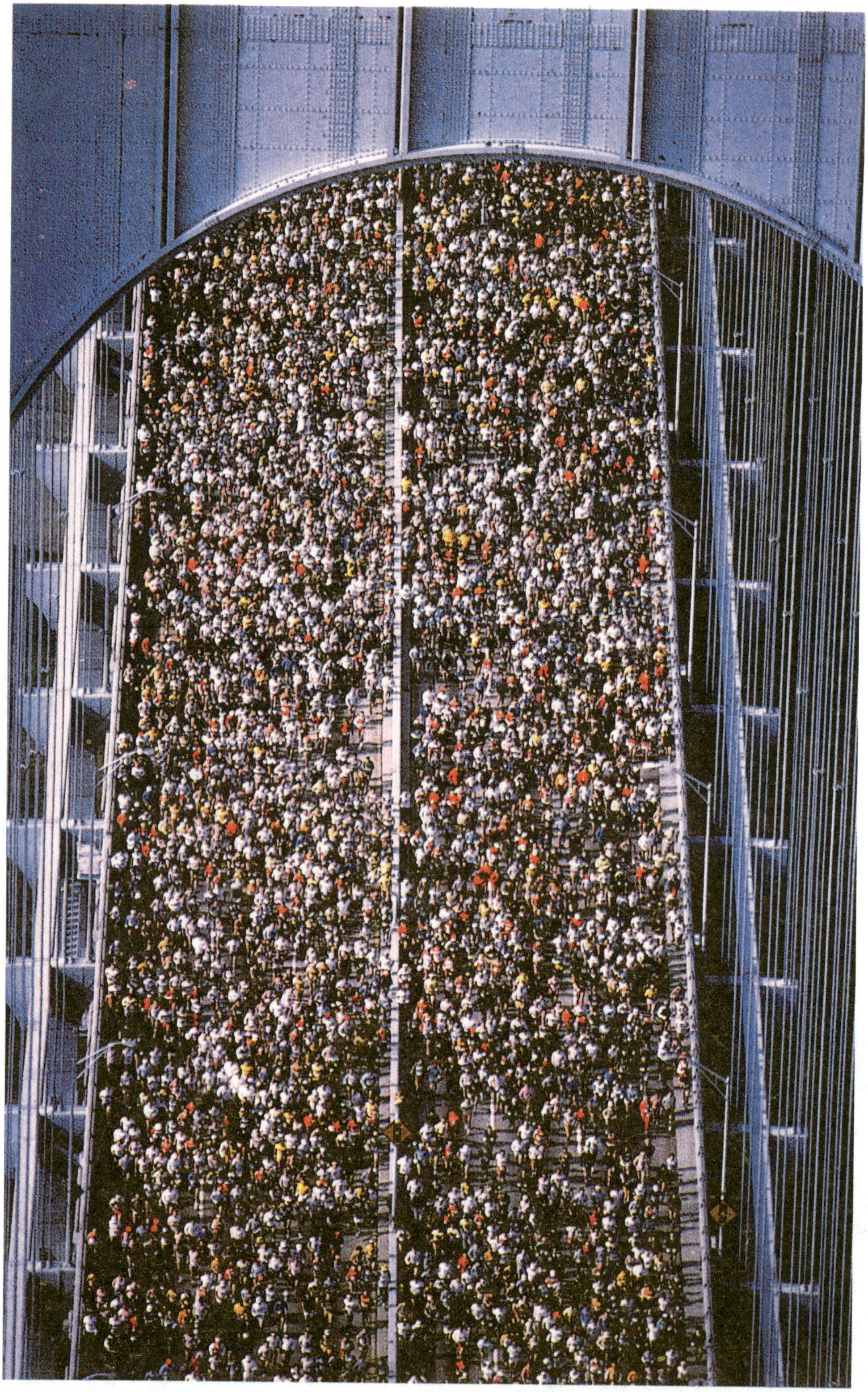

人口膨胀

在资本主义再生产过程中，由于社会存在着大量的相对过剩人口，劳动力的追加总是非常容易的。在必要时，只要通过延长劳动时间或提高劳动强度，即使不增加劳动力的数量，也可以推动更多的劳动，从而实现扩大再生产。图中是1993年纽约5万人的马拉松大赛，委韦拉扎诺大桥上人头攒动，极度膨胀的过剩人口使劳动力的追加没有任何障碍可言。

一般而言，金生产者能够把他的一部分金剩余价值作为潜在的货币资本来积累，在达到必要的数量时他就能够把它直接转化为新的可变资本，而不必由于这个原因而先出售他的剩余产品；同时他也能够直接把它转化为不变资本的要素。但在后一种场合，他则必须找到不变资本的各种物质要素；或者假定每个生产者都是为存货而生产，然后把他的成品送往市场，或者我们假定每个生产者都是为订货而生产。在这两个场合，都是以生产的实际扩大也就是以剩余产品为前提的。需要说明的是，在前一个场合，剩余产品是实际存在的，而在后一个场合，剩余产品是潜在地存在的，是能够供应的。

第II部类的积累

在以上的分析中我们假定，A、A'、A''(I)是把他们的剩余产品卖给同样是属于第I部类的B、B'、B''等等。而现在我们假定，A(I)把他的剩余产品转化为货币原因在于要把剩余产品卖给第II部类的B。这种情况之所以能够发生，只是因为A(I)把生产资料卖给B(II)以后，没有接着购买消费资料，也就是说他进行的只是单方面的卖。而IIc之所以能够由商品资本的形式转化为不变生产资本的实物形式，只是因为不仅Iv而且至少Im的一部分在和以消费资料形式存在的IIc的一部分相交换，而现在，A把他的Im转化为货币则是由于这种交换没有进行，相反，A把通过出售他的Im而从第II部类得到的货币从流通中取出，并没有用它来购买消费资料IIc。因此，在A(I)方面虽然形成了追加的潜在货币资本，但是另一方面却有同等价值量的一部分不变资本，被凝结在商品资本的形式上不能够转化为不变生产资本的实物形式。换句话说，首先是B(II)的一部分商品卖不出去，正是由于这部分商品卖不出去，所以他就不能把他的不变资本全部再转化为生产形式。因此，对这部分商品而言就是发生了生产过剩，这种过剩不仅阻碍着这部分商品的再生产，而且可能会阻碍规模不变的再生产。因此，在这个场合，A(I)方面的追加的潜在货币资本，虽然是剩余产品(剩余价值)的转化成货币的形式，但是，就剩余产品(剩余价值)本身来看，它在这里是简单再生产的现象，还不是规模扩大的再生产的现象。

现在，让我们比较详细地考察一下第II部类的积累。

IIc方面的第一个困难，也就是怎样由第II部类的商品资本的一个组成部分转化

为第II部类的不变资本的实物形式,是与简单再生产有关的。我们还是采用以前的公式:

(1000v+1000m)I和2000IIc交换。

在这里,我们假定第I部类的剩余产品的一半,即1000/2m或500Im,将再作为不变资本并入到第I部类,那么留在第I部类的这部分剩余产品,就不能补偿IIc的任何一部分。它不会转化为消费资料而是要在第I部类自身内部作为追加的生产资料来用。但是它不能在第I部类和第II部类同时完成这个职能。资本家不能既把他的由剩余产品转化而得到的剩余价值花费在消费资料上,同时还要对这个剩余产品本身进行生产消费,即把这部分剩余产品并入他的生产资本。因此,和2000IIc进行交换的,已不再是2000I(v+m),而只是1500,即(1000v+500m)I。这样,500IIc就把它的商品形式再转化为第II部类所需要的生产(不变)资本。于是第II部类就随之发生生产过剩,而其过剩的程度恰好与第I部类生产已经扩大的程度相适应。第II部类的生产过剩也许会反过来这样严重地影响到第I部类上,以致第I部类的工人用在第II部类消费资料上的1000,也仅仅能够发生部分地流回,因而这1000也并非是以可变的货币资本的形式回到第I部类的资本家手中。这时,第I部类的资本家将会发觉,仅仅因为他们有扩大再生产的企图,现在连规模不变的再生产也因此受到了阻碍。这里我们还要注意,事实上第I部类只能进行简单再生产,公式中列举的要素只不过为了将来规模的扩大,比如说下一年的扩大,而进行不同的组合罢了。

在东方快车上

在我们的日常生活中,生产资料与消费资料没有明确的界限,不能截然地加以区分。例如火车,我们可以付出高额的费用,在它作为代步的工具基础上加以休闲消费。也可以说它是生产资料,因为它可以更多更快地运送货物,提高工作效率,给生产与生活都带来一些效益。

我们在这里涉及的是一种特殊的现象，之所以会发生也只是由于第I部类的各要素之间(就再生产来说)有了不同的组合，如果没有这种组合的变化就根本不可能发生规模扩大的再生产。

用公式来说明积累

现在我们按照以下公式对再生产进行考察：

公式(a)：

I.4000c+1000v+1000m=6000；

II.1500c+376v+376m=2252；

合计=8252。

首先要指出的是年社会产品的总额为8252，小于第一个公式中的总额9000。我们尽可以假定一个大得多的总额，比如说可以是一个增大十倍的总额。但这里之所以要选择一个小于第一个公式的总额，正是为了要清楚地说明，规模扩大的再生产与产品的绝对量无关(在这里，这种再生产只是指用较大的投资来进行的生产)，同时也正是为了要清楚地说明，对一定量商品来说，进行规模扩大的再生产其前提是：既定产品的各种要素已经有了不同的组合或不同的职能规定，因此，从价值量这个角度来说，这种再生产首先还只是简单再生产。所要改变的，不是简单再生产过程中各种既定要素的数量，而是它们的某种质的规定，并且这种改变还是以后随着发生的规模扩大的再生产的物质前提。当可变资本和不变资本之间的比例不同时，我们对公式的表述也可以不同，例如：

公式(b)：

I.4000c+875v+875m=5750；

II.1750c+376v+376m=2502；

合计=8252。

从表面上看，这个公式似乎是为简单再生产而列出的，以至于剩余价值全部都作为收入花掉而没有积累起来。在(a)和(b)这两个场合，年产品的价值量其实是相同的，只是在(b)的场合，它的各种要素在职能的这种组合使再生产必须按照相同的规模再开始，但是在(a)的场合，实施上已经有了与规模扩大的再生产相应的物质基础。在(b)的场合，(875v+875m)I=1750I(v+m)和1750IIc交换时没有余额，而在(a)的场合，(1000v+1000m)I=2000I(v+m)和1500IIc交换时却留下一个500Im的余额，供给第I部类进行积累。

1.第一例

(A)简单再生产的公式：

I.4000c+1000v+1000m=6000；

II.2000c+500v+500m=3000；

总额=9000。

(B)规模扩大的再生产的开端公式：

I.4000c+1000v+1000m=6000；

II.1500c+750v+750m=3000；

总额=9000。

假定在公式(B)中第I部类的剩余价值的一半即500被积累。那么首先，(1000v+500m)I或1500I(v+m)要由1500IIc补偿。这样，第I部类留下的就是4000c+500m，后者要用于积累。(1000v+500m)I由1500IIc来补偿，我们在考察简单

贸易发展

在乡村因为运输不便利，市场范围狭小，贸易发展受到制约。与城市里的批发商相比，虽然他们单个商品所赚取的差额会比批发商多，但大的批发商因商品充沛，流通顺畅，总是能很快地收回资金，贸易也可以随着资本的积累而扩大。图中是一名农场主正在敦促它的雇工将猪快些运往市场。

> **>>> 二次能源 >>>**
>
> 能源的开发和有效利用程度以及人均消费量是生产技术和生活水平的重要标志。凡由一次能源经过转化或加工制造而产生的能源称为二次能源，如电力、氢能、石油制品、煤制气、煤液化油、蒸汽和压缩空气等。但水力发电虽是由水的落差转换而来，一般均作为一次能源。

再生产时就已经阐明了这是简单再生产的一个过程。

我们假定，500Im中有400要转化为不变资本有100要转化为可变资本。要在第I部类内部资本化的400m的交换已经阐明了它们能够直接并入Ic，这样，第I部类是：4400c+1000v+100m(最后一项要转化为100v)。

为了积累的目的，第II部类方面要向第I部类购买100Im(以生产资料的形式存在)，而后者形成了第II部类的追加不变资本；从而第II部类为这个目的而支付的100货币就转化为第I部类的追加可变资本的货币形式。这样，第I部类的资本是4400c+1100v(后者以货币形式存在)=5500。

第II部类的不变资本现在是1600c，如果第II部类要运用这个资本，那么他就必须再投入50v的货币来购买新的劳动力，从而使他的可变资本由750增加到800。这样，第II部类增加的不变资本和可变资本共计就是150，这部分要由该部类的剩余价值来偿付；因此，在750IIm中，只剩下600m作为第II部类资本家赖以消费的基金部分，他们的年产品现在划分如下：

II.1600c+800v+600m(消费基金)=3000。

生产消费资料需要耗费150m，在这里已经转化为(100c+50v)II。它将以它的实物形式，全部供给工人消费：如上所述，其中100供给第I部类的工人(100Iv)消费，其中50供给第II部类的工人(50IIv)消费。事实上，因为第II部类的总产品要以积累所必需的形式制造出来，所以增大了100的剩余价值部分要以必要消费资料的形式再生产出来。如果再生产实际上是按扩大的规模开始进行的，第I部类的可变货币资本100，就会通过他们的工人的手，流回到第II部类；而第II部类将会把商品储备中的100m转给第I部类，同时又把商品储备中的50转给本部类的工人。

为积累的目的而改变的组合,现在由公式表述如下:

Ⅰ.4400c+1100v+500消费基金=6000;

Ⅱ.1600c+800v+600消费基金=3000;

总计同上=9000。

其中,资本是:

Ⅰ.4400c+1100v(货币)=5500;

Ⅱ.1600c+800v(货币)=2400;

合计=7900。

而在开始生产时则是:

Ⅰ.4000c+1000v=5000;

Ⅱ.1500c+750v=2250;

合计=7250。

如果实际积累现在是在这个基础上进行的也就是如果用这个已经增加的资本实际进行,那么在第二年结束时,我们就会得出:

威尼斯的繁华

威尼斯古城大约建于452年,14世纪前后,威尼斯以其有利的地理位置已经成为地中海中重要的海运枢纽,贸易往来的船只穿梭于城中蛛网般的177条运河之上,使这个意大利港口城市成为繁忙、兴旺、活力和财富的象征。

I.4400c+1100v+1100m=6600；

II.1600c+800v+800m=3200；

合计=9800。

假定第I部类继续按同一比例进行积累，也就是有550m作为收入花掉，550m积累起来。那么首先，1100Iv要由1100IIc补偿，其次，550Im也要实现为同等数额的第II部类的商品，合计就是1650I(v+m)。但是，第II部类需要补偿的不变资本只有1600；因此，其余的50必须从800IIm中补充。如果在这里我们撇开货币不说，那么，这个交易的结果如下：

I.4400c+550m(要资本化的剩余价值)，此外还有资本家和工人的消费基金1650(v+m)，在商品IIc上实现。

II.1650c(如上所述，其中的50是从IIm中取出来追加的)+750m(资本家的消费基金)+800v。

但是，如果第II部类的v和c必须保持原有的比例，那么，每当投入50c就还要投入25v；这部分又必须从750m中取出。因此，我们可以得出以上第二点：

II.1650c+825v+725m。

而第I部类的550m要资本化，如果保持以前的比例不变，其中440就会形成不变资本，110就会形成可变资本。这110势必要从725IIm中取出，也就是说，价值110的消费资料将由第I部类的工人消费而不是由第II部类的资本家消费，因此，后者也只好将他们不能消费的110m转化为资本，从而，725IIm就只剩下615IIm。但是，第II部类这样把110转化为追加不变资本时，他们还需要有追加的可变资本55，这就必须再从他们的剩余价值中取出；这样，从615IIm中减去这个数额，就只剩下560，这些由第II部类的资本家消费。所以，在完成一切现实的和可能的转移以后，现在的资本价值就变成是：

I.(4400c+440c)+(1100v+110v)=4840c+1210v=6050；

II.(1600c+50c+110c)+(800v+25v+55v)

=1760c+880v=2640；

合计=8690。

很显然如果要使事情正常地进行，第II部类的积累就一定要比第I部类积累得快，因为如果不这样的话，I(v+m)中要与商品IIc交换的这个部分，就会比它唯一能与之交换的IIc增加得快。如果再生产是在这个基础上而且是在其他条件不变的情况下继续进行，那么下一年结束时，我们就得出：

I.4840c+1210v+1210m=7260；

II.1760c+880v+880m=3520；

合计=10780。

如果保持剩余价值划分率不变，第I部类首先就会把1210v和剩余价值的一半605，合计为1815，作为收入花掉。这个消费基金，又比IIc大55，这55要从880m中取出，这样就剩下825。在55IIm转化为IIc时，又要从IIm中扣除相应的可变资本55/2，留下消费的是1595/2。第I部类中现在要资本化的是605m，其中484转化为不变资本，121转化为可变资本，后者要从IIm中扣除，IIm现在是1595/2，扣除后剩下的是1353/2。因此，第II部类会把121再转化为不变资本；为此，还需要有可变资本121/2；这同样要从1353/2中扣除，剩下用于消费的只是616。

这时的资本是：

I.不变资本4840+484=5324；

可变资本1210+121=1331，

II.不变资本1760+55+121=1936；

可变资本880+55/2+121/2=968。

合计：

I.5324c+1331v=6655；

II.1936c+968v=2904；

总计=9559。

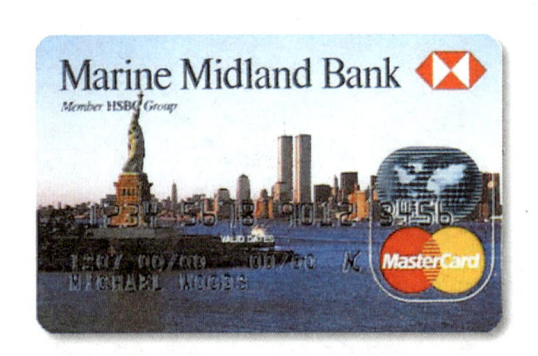

"拿破仑"金币

贵金属钱币是以自身的重量为价值，现代金属钱币则把其价值印在面上。图为一枚"拿破仑"金币，是自1804年以来面额最大的金币，面值为20法郎。法郎首次发行于1795年，在10年大革命的混乱时期，国家不断发行纸币，导致了通货膨胀。是拿破仑及时实施了财政改革，并坚持强硬的政府干预，才使法国的通货系统重新步入正轨。

信用卡的力量

商品流通中，货币充当支付手段会产生并扩大信用事业。信用卡最早于20世纪50年代出现在美国，这种信息快捷交流、资金的极速流动，对世界的经济产生着深远的影响。图中为纽约米特兰银行发行的信用卡。它选取了世界著名的金融街曼哈顿街及远处的自由女神像作为信用卡的图案。

年终时的产品是：

I.5324c+1331v+1331m=7986；

II.1936c+968v+968m=3872；

合计=11858。

如果我们重复这种计算，而把分数去掉，就得出下一年结束时的产品：

I.5856c+1464v+1464m=8784；

II.2129c+1065v+1065m=4259；

合计=13043 。

再下一年结束时的产品是：

I.6442c+1610v+1610m=9662；

II.2342c+1172v+1172m=4686；

合计=14348。

这样，在五年规模扩大的再生产期间，第I部类和第II部类的总资本，已经由以前的5500c+1750v=7250增加到8784c+2782v=11566，也就是按100:160之比增加了。总剩余价值由原来的1750增加到现在的2782。已经消费的剩余价值，原来在第I部类是500，在第II部类是600，合计1100，但是在最后一年，在第I部类是732，在第II部类是745，合计1477，因此，是按100:134之比增加了。

2.第二例

现在我们假定有年产品9000，这个年产品完全是处在产业资本家手中的商品资本，其中可变资本和不变资本的一般平均比例是1:5。这种情况的前提是：资本主义生产已经有了显著的发展，与此相应，社会劳动的生产力也已经有了显著的发展，生产规模在此以前已经有了显著的扩大，最后，在工人阶级中造成劳动人口相对发生过剩的所有条件也已经有了发展。这时，如果我们把分数改成整数，年产品就会划分如下：

I.5000c+1000v+1000m=7000；

II.1430c+285v+285m=2000；

合计=9000。

现在假定，第I部类的资本家只消费剩余价值的一半而把其余一半积累起来。这样，(1000v+500m)I=1500要转化为1500IIc，但是因为在这里IIc只=143，所以还要从剩余价值那里补进70。这样一来，285IIm减去这个数额，还会留下215IIm。于是我们得出：

I.5000c+500m(待资本化的剩余价值)+资本家和工人的消费基金1500(v+m);

II.1430c+70m(待资本化的剩余价值)+285v+215m。

因为在这里70IIm直接并入IIc,所以,为了推动这个追加的不变资本,就要有一个可变资本70/5即14。从215IIm中扣除这14那么剩下的就是201IIm,因此我们还可以得出:

II.(1430c+70c)+(285v+14v)+201m。

我们已经讲过了1500I(v+1/2m)和1500IIc的交换,其实是简单再生产的过程。不过,在这里还必须指出某些特征之所以会发生,是由于在有积累的再生产中,I(v+1/2m)是由IIc加IIm的一部分来补偿而不是单单由IIc来补偿。

不言而喻,既然我们把积累作为前提,那情况就不再像简单再生产那样,I(v+m)是和IIc相等的,而是大于IIc的;因为(1)第I部类已经把它的一部分剩余产品并入自己的生产资本,并把其中的5/6转化为不变资本,因此它就不能同时又用第II部类的消费资料来补偿这5/6。(2)第I部类要用它的剩余产品为第II部类进

钢铁厂里

14世纪的欧洲,城市出现了资本主义的萌芽。资本家占有生产资料,用微薄的工资购买工人的劳动力,工人却在恶劣的环境中创造着天文数字般巨额利润。图中钢铁厂里,两个身穿防护服的人影在炉前巡视。

行积累时所必需的不变资本提供材料,这种情况就像第II部类必须为第I部类的可变资本提供材料完全一样,这个可变资本应当用来推动由第I部类自己用作追加不变资本的那部分剩余产品。我们知道,实际的可变资本是由劳动力构成的,从而可变资本也应该是由劳动力构成的。第I部类的资本家不必像奴隶主那样,为了他们将要使用的追加劳动力,而向第II部类购买工人需要的必要生活资料的储备,或积累这种必要生活资料以供那些追加的劳动力,工人自己会和第II部类进行交易。但是从资本家的观点看来,追加劳动力的消费资料只是他们的可变资本的实物形式。他们(第I部类资本家)自己的直接活动,只需要贮存为购买追加劳动力所必需的新的货币资本即可。一旦他们把这个劳动力并入他们的资本,那么对于劳动力来说,货币就成为第II部类商品的购买手段,因此这种劳动力就必须找到现成的消费资料。

贝尔登肖像

资本主义制度将大量的财富和权力赋予了资本家。劳动者和资本家分别以劳动力的卖者和买者身份发生关系。画面中的人物是19世纪30年代出版王政派刊物《论争新闻》的大富豪贝尔登。画家完美的形态处理技巧以及人物自信的神态和挑战性的姿态使他具有一种压倒性的存在感。有人将这幅作品视为揭开自由资本主义序幕的象征。

因此,就像第I部类必须用它的剩余产品为第II部类提供追加的不变资本一样,从某种意义上来说第II部类也要为第I部类提供追加的可变资本。就可变资本来说,当第II部类以必要消费资料的形式再生产它的总产品尤其是他的剩余产品的大部分时,它就为第I部类同时也为他自己积累了。

在以资本的积累或增加为基础的生产中,I(v+m)必须=IIc加上再并入资本的那部分剩余产品和第II部类扩大生产所必需的不变资本的追加部分;而第II部类能扩大生产的最低限度,就是第I部类本身进行实际积累和扩大生产所不可缺少的最低限度。

让我们回过头来讲,其实刚才考察的情况有这样一个特点:IIc小于I(v+1/2m),也就是要小于在第I部类产品中作为收入用于消费资料的部分,因此,在和1500I(v+m)交换时,第II部类的一部分剩余产品等于70会立即由此实现。而在其他条件不变的情况下,1430IIc总是要由同等价值额的I(v+m)来补偿,只有这样,第II

部类的简单再生产才有可能进行。但是补充的70IIm并非这样，那种对第I部类来说仅仅是以消费资料补偿收入为消费而进行商品交换的事情，对第II部类来说，就不像在简单再生产中发生的那样，仅仅是它的不变资本由商品资本形式再转化为它要使用的实物形式，而是一种直接的积累过程，也就是它的剩余产品的一部分由消费资料的形式转化为不变资本的形式的过程。现在我们假定第I部类用70镑货币(为了剩余价值的转化而保留的货币准备金)来购买70IIm，如果第II部类不用这个货币来购买70Im，而是把这70镑作为货币资本积累起来，那么，这70镑虽然不是任何再进入生产的产品的表现，但总是一种追加产品的表现(正是第II部类的剩余产品的表现，追加产品是这个剩余产品的一部分)。不过这样一来，第II部类方面的这种货币积累，同时也就表现为以生产资料形式的卖不出去的70Im了。因此，第I部类会发生相对的生产过剩，这是同第II部类方面的再生产没有同时扩大相对应的。

峡谷运河将太平洋和大西洋连在了一起

在人类社会发展的较高阶段，利用自然资源，控制驯服自然力使河流、森林、矿藏更好地服务人类，显得尤为重要，甚至可以说这种必要性在产业史上起着最有决定性的作用。1914年，一条横贯巴拿马的峡谷运河将太平洋和大西洋连在了一起。在运河施工的高峰时期，劳动力总人数达8.5万人，医疗知识、科学技术和铁一般的组织纪律，以及3.52亿美元的预算保证了运河的开凿成功。图中是1915年美国战舰俄亥俄号驶过巴拿马运河的卡雷布拉通道。

>>> 财政预算 >>>

5秒钟经济学

国家行政机关根据其施政方针所编制的一定时间内的财政收支计划。预算经立法机关通过，成为该财政年度内政府工作经费的来源和支配的依据。"预算"中国古称"制用"。英语"budget"源于拉丁文"bulga"，指钱袋、革囊。近代预算制度始于英国。直到20世纪预算才成为行政机关的一种正式财务制度。中国清宣统二年（1910）始有国家预算。当今世界各国行政机关均作预算，但不同社会制度下的国家预算，在本质上有很大不同。

但现在我们把上面这点暂时撇开不说。假如从第I部类出来的货币70，还没有通过第II部类方面去购买70Im，而是回到或者只是部分地回到第I部类时，那么货币70则会在第II部类全部地或者部分地充当追加的潜在货币资本。在第I部类和第II部类之间商品的互相补偿使货币再流回到它的起点之前，这对双方的任何交换来说都是适用的。但是，在正常情况下，货币在这里所起的作用往往只是暂时的。在信用制度下，一切暂时游离的追加货币必须立即能动地作为追加货币资本开始执行职能，只有这样这种仅仅暂时游离的货币资本才可以贮存起来。其次，应该指出：在70Im并入第II部类的不变资本的同时，还要要求第II部类的可变资本增加14。这种增加（像第I部类剩余产品Im直接并入资本Ic一样）是以第II部类的再生产已经具有进一步资本化的趋势为前提的，也就是说，是以第II部类再生产是包含着剩余产品（必要生活资料构成的那部分）的增加为前提的。

在第二例中，我们说过，如果500Im要资本化，9000产品是为了再生产的目的，那么就必须按照下面的方法来划分。不过在这里我们只考察商品，而把货币流通撇开不管。

I.5000c+500m（待资本化的剩余价值）+1500(v+m)消费基金=7000商品；

II.1500c+299v+201m=2000商品；

总额=9000商品产品。

资本化的过程如下：

第I部类中要资本化的500m，分成5/6=417c+1/6=83v。在这里，这个83v会从IIm中取出一个与之相等的数额，用来购买不变资本的要素，并且要加到IIc中去。IIc增加83，这样也就要求IIv也同时增加83的1/5=17。因此，在交换之后我们得出以下公式：

I.(5000c+417m)c+(1000v+83m)v=5417c+1083v=6500；

II.(1500c+83m)c+(299v+17m)v=1583c+316v=1899；

   合计=8399。

第I部类的资本已经由原来的6000增加到6500，即增加1/12，而第II部类的资本已经由原来的1715增加到1899，即增加近1/9。在这个基础上，第二年的再生产在年终得到的资本是：

I.(5417c+452m)c+(1083v+90m)=5869c+1173v=7042；

II.(1583c+42m+90m)c+(316v+8m+18m)v=1715c+342v=2057。

第三年结束时得到的产品是：

I.5869c+1173v+1173m；

II.1715c+342v+342m。

如果第I部类和以前一样把剩余价值的一半积累起来，那么，I(v+1/2m)=1173v+587(1/2m)=1760，大于1715IIc的总数，即多了45。因此，这个差额必须通过把等额的生产资料转给IIc来抵消，IIc就会增加45，从而也要求IIv增加1/5=9。其次，资本化的587Im，也是分为5/6和1/6，即分为489c和98v；这98要求第

尼龙问世

社会生产力的发展水平是影响资本积累的主要因素。作为第一生产力的科学技术，在人类发展进程中所起到的作用更是不能小觑。1953年，美国工业公司的研究员杜邦研制出一种名为尼龙的强度很高的合成纤维，直径1毫米的尼龙可吊起100千克的东西，且耐污、耐腐蚀。它一出现就得到广泛应用，直到1990年，53亿人所有的纺织品总量中就有45%来自合成纤维。图中是一名位商贩正在向他的客人推销尼龙长袜。

II部类的不变资本再增加98，同时又要求第II部类的可变资本再增加1/5=20。因此，我们又可以得出：

I.(5869c+489m)c+(1173v+98m)v=6358c+1271v=7629；

II.(1715c+45m+98m)c+(342v+9m+20m)v=1858c+371v=2229；

总资本=9858。

因此，在三年的扩大再生产期间，第I部类的总资本由原来的6000增加到7629，同时使第II部类的总资本由原来的1715增加到2229，而社会的总资本则由原来的7715增加到9858。

3.积累时IIc的交换

由以上叙述可以看出，I(v+m)和IIc在交换上是有不同之处的。

在简单再生产时，二者必须相等，而且必须互相补偿，因为如果不是这样，简单再生产就一定会受到干扰。

在积累时，首先要考察的是积累率。在以上各个场合，我们都假定第I部类的积累率是每年保持不变的为1/2mI。我们只是假定这个积累资本中可变资本和不变资本的比例会发生变化。这里有三种情形：

1.I(v+1/2m)=IIc。因此，IIc小于I(v+m)，否则第I部类就无法积累了。

2.I(v+1/2m)大于IIc。在这个场合，要完成这一补偿，就必须把IIm的一个相应部分加进IIc，使IIc的总额等于I(v+1/2m)。对第II部类来说，这里的交换，不再是它的不变资本的简单再生产，而已经变成了积累，即它的不变资本已经使得用以交换第I部类的生产资料的那部分剩余产品增加了。这种增加同时还包括第II部类从它本身的剩余产品中取出一部分相应地增加它的可变资本。

3.I(v+1/2m)小于IIc。在这个场合，第II部类并没有通过某种交换全部再生产它的不变资本，所以他们必须通过向第I部类购买，才可以弥补这种不足。但是，在这种情况下，并不需要第II部类可变资本的进一步积累，这种可变资本只是通过这种购买在原有数量上全部再生产出来。另一方面，第I部类中那一部分仅仅积累追加货币资本的资本家，却已经通过这种交换完成了这种积累的一部分。

我们知道简单再生产的前提是I(v+m)=IIc，但是这个前提同资本主义生产是不相容的，虽然这并不排斥在10—11年的产业周期中某一年的生产总额往往小于前一年的生产总额，以致和前一年比较会出现连简单再生产也没有的情况。不仅如此，在人口每年自然增长的情况下，只有在人数相应地增加但却不从事生产的仆役都参与代表全部剩余价值的1500的消费时,简单再生产才会发生。但是,在这种情况下,就不可能有资本的积累,即实际意义上的资本主义生产。因此,资本主义积累的事实其实也就排斥了IIc=I(v+m)这一简单再生产的可能性。不过,在资本主义积累中,这种情况仍然可能发生:由于过去的一系列生产期间进行积累的结果,IIc不仅与I(v+m)相等,而且还可能会大于I(v+m)。这就是说,第II部类的生产过剩了,在这种情况下,只有通过一次大崩溃才能使经济恢复平衡,其结果是使资本由第II部类转移到第I部类。即使第II部类自己再生产一部分不变资本,例如在农业中资本家可以使用自己生产的种子,那也不会改变I(v+m)和IIc的关系。在第I部类和第II部类之间的交换中,IIc的这个部分和Ic一样,同样不用加以考察。如果第II部类的产品有一部分可以作为生产资料进入第I部类,也同样不会改变问题的实质。因为这部分产品会和第I部类提供的生产资料的一部分互相抵消,如果我们愿意对社会生产的两大部类(生产资料的生产者和消费资料的生产者)之间的交换进行纯粹的、不受其他干扰的考察,那么从一开始我们就应该把这个部分从双方都扣除。

因此,我们可以得出结论,在真正意义上的资本主义生产中,I(v+m)不能与IIc相等;或者说,二者在交换时不能够互相抵消。如果在Im/x中Im是作为第I部类资本家的收入花掉的部分,那么,I(v+m/x)就可以等于、大于或小于IIc;但真实情况是这样的,I(v+m/x)总是会小于II(c+m),其差额就是在IIm中必须由第II部类的资本家自己消费的那一部分。

波格克力尔的农庄

第一次世界大战是资本主义国家之间由于政治经济发展不平衡而导致的一场争霸战争,它历时4年多,动用兵力7000万人,死伤2000万人。它改变了世界经济政治格局。原为世界金融中心及世界霸主的英国,在一战后虽然领土有所增加,但其对领土的控制力却因战争的巨大伤亡与物资损失而大大削减,经济大受影响,出现严重衰退,被迫将世界金融中心的头衔让给了美国。图中是20世纪30年代英国波格克力尔小农庄。它虽然受到两次世界大战的波及,但身处西半球心脏的优势地带所带来的充沛的雨水,滋养了这片肥沃的土地,使它繁衍生息,影响着地球上的历史与文明的进程。

第三卷

资本主义生产的总过程

- 剩余价值和利润实际上是一个事物的两种说法，在数量上它们也相等，利润是剩余价值的一个转化形式。剩余价值是对可变资本而言，而利润是对全部预付资本而言。

- 利润率因生产力的发展而下降，但同时利润量反而会增加，这个规律也表现为：资本所生产的商品的价格下降，同时商品所包含的并通过商品出售所能够实现的利润量却会相对增加。

- 资本之所以能表现为商品，是因为利润被分割为利息和本来意义的利润的过程，是通过供求，通过竞争来调节的，这和商品的市场价格的调节情况是完全一样的。

- 所谓的分配关系，是同生产过程所处的一定历史规定的特殊社会形式，是同人们在他们生活的再生产过程中所形成的一定的生产关系相适应的，并且它也是由这些形式和关系产生的。换句话说，这些分配关系的历史性质其实就是生产关系的历史性质，分配关系不过是生产关系的某一方面的反映。资本主义的分配不同于各种其他生产方式下产生的其他分配形式，但是每一种分配形式，都终将同它赖以产生并且与之相适应的那种生产形式一道消失。

第一篇 剩余价值转化为利润和剩余价值率转化为利润率

第一章 成本价格和利润

在第一卷中，我们把资本主义生产过程本身作为直接生产过程进行了研究，并分析了由此而呈现的各种现象，而撇开了这个过程以外的各种情况所能够引起的一切次要影响。但是，这个直接的生产过程并不是资本的全部运行过程。在现实世界里，流通过程对生产过程进行了补充，而第二卷则具体地研究了流通过程。在第二卷中，特别是第三篇指出：从整体来看，资本主义生产过程，就是生产过程和流通过程的统一。在第三卷中，主要是在揭示和说明资本运动过程作为整体考察时所产生的各种具体形式。资本在自己的现实运动中就是以各种具体形式互相对立的，对这些具体形式来说，资本在直接生产过程中和在流通过程中采取的形态，只是特殊的要素的表现。因此，在本卷中，我们将要阐明的资本的各种形式，同资本在社会表面上，在各种资本的相互作用中，在竞争中，以及在生产当事人自己的通常意识中所表现出来的各种形式，是一步一步地接近的。

按照资本主义生产方式生产的每一个商品W的价值，用公式来表示是W=c+v+m（不变资本加可变资本加剩余价值）。如果我们从这个产品价值中把剩余价值m的这一部分去掉，那么，在商品中剩下的，就只是一个在生产要素上耗费的资本价值即不变资本与可变资本之和c+v的等价物或补偿价值。

例如，我们假定生产某一商品需要耗费500镑资本：其中生产材料380镑，劳动资料的损耗20镑，这两项相加就是不变资本的消耗；而劳动力为100镑，这是可变资本的消耗；如果将剩余价值率假定为100%，那么，产品价值就等于400c+100v+100m=600镑。

减去被资本家剥削的那100镑剩余价值后，还剩下500镑的商品价值，而这500镑刚好能够补偿已经耗费的资本500镑。商品价值的这个部分，即正好能够补偿所消耗的生产资料价格和所使用的劳动力价格的部分，只是补偿在商品生产中资本家自身年消耗的那部分资本，所以对资本家来说，这个价格就是商品的成本价格。

因此，把商品价值中那些只是补偿在商品生产中耗费的资本价值的部分归结为成本价格这个范畴的办法，一方面，表示出资本主义生产的特殊性质。商品的实际价值是用劳动的耗费来计量的，而其资本主义价值则是用资本的耗费来计量的。所以，商品的资本主义的成本价格，在数量上是与商品的实际成本价格或商品的价值不同的；它小于商品价值，因为，既然商品价值等于其成本价格加上剩余价值，那么商品的成本价格就等于其价值减去剩余价值后剩下的部分。另一方面，商品的成本价格与资本家账簿上的项目也是不同的。这个价值部分的独立存在，在现实的商品生产中，实际上会经常发生影响，因为通过流通过程，这个价值部分地会由它的商品形式不断地再转化为生产资本的形式，因而商品的成本价格必须能够补偿商品生产中生产要素的消耗。

机器的损耗

生产商品本身的耗费，包括生产资料的耗费与劳动力的耗费，两者之和被称为生产商品的成本价格。在实现生产中也是资本家为生产剩余价值而预付的那一部分资本。图中工人劳动过程中所耗费的不变资本的价值就包括在商品的成本价格中。

小矿工

生产中消耗的不变资本和可变资本的价值,叫作生产商品的资本主义耗费。生产商品本身的实际耗费和资本主义耗费之间的差额,就是剩余价值。追求更多的剩余价值正是资本家从事商品生产的唯一目的和内在动机。图中是1935年美国一家小煤矿内的小矿工。

但是,成本价格这一范畴,同资本的增殖过程或商品的价值形成毫无关系。即使我们知道商品价值的500镑或600镑的5/6,只是所耗费的500镑资本的补偿价值或等价物,因此这部分价值只够买回这个资本的各种物质要素,但是由此我们还是不会知道,在商品生产中是如何生产出商品价值中形成商品成本价格的这个5/6,也不会知道商品价值中形成剩余价值的最后1/6是怎样生产出来的。通过研究我们将会看到,在资本主义经济中,存在这样一种假象,那就是成本价格成了价值生产本身的一个范畴。

以上我们只考察了成本价格——商品价值的一个要素。其实商品价值的另一个组成部分,超过成本价格的余额即剩余价值,才是值得我们认真分析的。剩余价值就是资本的价值增加额,资本是会在商品的生产上耗费掉并且会从商品流通中流回的。

在以前的研究中我们已经看到,虽然剩余价值本来只是可变资本的一个增长额，但在生产过程结束以后，它同样也成为所耗费的总资本（不变资本与可变资本之和）的一个价值增加额。c+(v+m)这一公式——它表示剩余价值m的生产是由于不变资本价值v转化为一个流动的量，即一个不变量转化为一个可变量——也可以用(c+v)+m来表现。在数学上这两个表达式相等，而在经济科学上这两个表达式则截然不同。

资本家称这个价值增加额来自用资本进行的生产过程，也就是来自于资本自身；因为它在生产过程开始以前并不存在，而在生产过程完成以后才得以存在。

首先就生产中所耗费的资本（似乎是没有区别的）来说，好像剩余价值同样来自构成成本价格的不同价值要素，即由生产资料构成的价值要素和由劳动构成的价值要素。它们并不区分不变的价值量和可变的价值量，都把自己的作为预付资本存在的价值加入到产品价值中去。但是，另一方面，剩余价值之所以能够由这个预付的资本价值形成，并不是由于它被消耗而成为商品的成本价格。因为，正是就这个预付的资本价值成为商品的成本价格这个范畴来说，它形成的不再是剩余价值，而只是所耗费的资本的等价物，或对所耗费的资本的价值补偿。因而，剩余价值不是由它作为所耗费的资本即预付劳动的资本的特有属性，而是由它作为全部预付资本，即作为所使用的全部资本的特有属性来形成的。不管总资本作为劳动资料，还是作为生产材料和劳动，在物质上都是产品的形成要素。总资本虽然只有不变资本部分进入价值增殖过程，但总是全部以物质形式进入现实的劳动过程的。因此，不管怎样，结论总是：剩余价值是同时由所使用的资本的一切部分共同产生的。

剩余价值，作为全部预付资本（只是观念上的）的产物，取得了利润这个转化形式。换句话来说，利润之所以会产生出来，正是因为其中有一个价值额被当作资本来使用。如果我们把利润称作p，那么，公式W=c+v+m=k+m，就变成W=k+p这个公式，也就是商品价值等于成本价格加利润。

因此，我们在这里最初看到的利润，和剩余价值就成了一回事，不过它具有一个从资本主义生产方式中产生出来的神秘化的形式。因为成本价格的形成使不变资本和可变资本变成一样的了，它们的区别被掩盖了，所以在生产过程中发生的价值变化，必然变成由总资本引起，而不是单纯由可变资本引起。因为劳动力的价格在形式上被转化为工资，所以剩余价值在形式上就被转化为利润。

我们知道，商品的成本价格总是小于它的价值。因为W=k+m，所以k=W-m。只有m=0，公式W=k+m才会转变为W=k，即商品价值=商品成本价格。在资本主义生产的基础上这种情况是决不会发生的，因为资本主义生产就是以追求m为目的的。在特殊的市场行情下，商品的出售价格可以降低到与商品的成本价格相等，甚至会降低到低于商品的成本价格的程度。

因此，如果按照商品的价值去出售商品，那么，利润就会被实现，这个利润

前往工厂的路上

在资本主义生产条件下，工人创造剩余价值的那部分劳动是无酬劳动，无需资本家花费一文钱，这样商品生产的成本只能用资本的耗费来计算，而不能用劳动的实际耗费计算。劳动者只不过是构成生产资本的一个要素，而资本家永远是生产的主人。图中衣着华服的资本家正乘坐私人马车前往他的工厂。

等于商品生产中形成的全部剩余价值。然而，即使资本家按照低于商品的价值出售商品，也可以得到利润。只要商品的出售价格高于商品的成本价格（预付总资本），即使出售价格低于商品的价值，也总会实现商品的一部分剩余价值，从而就会获得利润。在商品的价值和它的成本价格之间，可以有无数的出售价格。商品价值中剩余价值的比重越大，这些中间价格的实际活动余地也就越大。

我们下面将会认识到，迄今为止，政治经济学还没有理解的关于资本主义竞争的基本规律，即调节和由一般利润率决定的所谓生产价格的规律，同样是建立在商品价值和商品成本价格之间的这种差别之上的，建立在由此引起的即使商品低于价值出售也能获得利润这样一种可能性之上的。

商品出售价格的底线，是由商品的成本价格决定的。如果商品以低于它的成本价格出售，那就不能补偿生产资本中已经消耗的组成部分。如果这个过程继续下去，预付资本价值就会慢慢减少直至消失。资本家一般会把商品的真正的内在价值认为就是成本价格，如果单是为了保持他的资本，成本价格已是足够的价格。况且，商品的成本价格还是资本家自己为了生产商品而支付的购买价格，因而是一个由商品的生产过程本身决定的购买价格。因此，在资本家看来，在商品

5 >>> 利润 >>>

秒钟经济学

在资本主义社会，指剩余价值的转化形式或现象形态。即资本家销售商品后所得的价格总额超过其预付资本量的余额。其来源是雇佣劳动者的剩余劳动所创造的剩余价值，即可变资本的增殖额。

出售时实现的价值余额或剩余价值，似乎不是它的价值超过它的成本价格的余额，而只是商品的出售价格超过它的价值的余额，因而商品中包含的剩余价值好像是出售商品时产生的，而不是在商品生产中产生的。

广告效应

成本价格是资本家经营企业赚钱还是亏本的一个标志，如果资本家按照商品价值出售商品，就可以得到全部剩余价值，如果资本家以低于商品价值、高于成本价格出售商品，也能获得部分利润。但如果低于商品成本价格出售，资本家就会亏本。商品的销售广告至关重要，有时一个好的广告可以有力地占领市场，使资本家获得更高的利润。图中是红遍全球的詹姆斯·邦德做的白占边威士忌广告。

第二章 利润率

资本的总公式是G—W—G'；这就是说，一个价值额之所以投入流通，就是为了从流通中取出一个更大的价值额。这个更大价值额是在资本主义的生产中产生，在资本的流通中实现。资本家实际关心的是产品的价值超过在产品生产中使用的资本的价值的余额部分。资本家预付总资本时并没有也不必考虑它的各个组成部分在产生剩余价值的生产上所起的不同作用。他把这一切组成部分同样可以不加区别地预付出去，其主要目的为了生产一个超过预付资本的价值余额。

虽然只有可变资本部分才能创造剩余价值，但它只有在劳动的生产条件（不变

生产关系的对立

利润是在资本经济中剩余价值的现象形态，这是由本质到现象的"转化"。剩余价值是对可变资本而言的，与雇用劳动力相联系，直接表现了它的本质，而利润是与全部预付资本相联系的。图中鲜明地表现出工人与资本家在生产关系上的对立，但这一剥削关系却被利润模糊淡化了。

资本）也被预付的情况下，才会创造出剩余价值。资本家并不关心资本是可变资本还是不变资本，他们只关心总资本的增殖，因此他们将两种资本完全混同在一起对待。因为他实际获利的程度不是决定于剩余价值和可变资本的比率，而是决定于利润和总资本的比率，即不是决定于剩余价值率，而是决定于利润率。我们将会看到不同的剩余价值率可以由相同的利润率表示。

商品包含的价值，应该等于制造商品所耗费的劳动时间，这个劳动的总和则由有酬劳动和无酬劳动（资本家对工人的剥削）构成。而对资本家来说，构成商品成本的劳动只有他所支付的物化在商品中的那部分。商品包含的剩余劳动（被资本家无偿占有）虽然同有酬劳动的性质一样，同样也需要工人付出劳动，并且它同有酬劳动创造一样的价值，并作为价值形成要素加入商品，但是它不需要资本家耗费什么东西。资本家可以出售他没有支付分文的某种东西，这就是资本家的利润的本质。商品价值超过商品成本价格的余额，或者说，商品包含的劳动总额超过它包含的有酬劳动额的余额就是剩余价值或利润。因此，不管剩余价值来自何处，它肯定是一个超过全部预付资本的余额。用m/C（C表示总资本）表示这一余额与总资本的比率，这样，我们就得到了一个与剩余价值率m/v不同的利润率m/C=m/(c + v)。

用可变资本来计算的剩余价值的比率，叫作剩余价值率；用总资本（可变资本与不变资本的总和）来计算的剩余价值的比率，叫作利润率。这是用两种不同的计算方法计算出同一个量的不同的比率或关系。

至于单个资本家，那么很清楚，他唯一关心的，是剩余价值和生产商品时所预付的总资本的比率。而对剩余价值和资本的各个特殊组成部分的特定关系以及剩余价值和它们之间的内在联系，他不仅不关心，而且他也乐于掩盖这个特定关系和这种内在联系，因为这正是他的利益所在。

虽然商品价值超过它的成本价格的余额是产生于直接生产过程，但是在流通过程中它才得到实现。由于这个余额是否实现，或者实现到什么强度，都要取决于流通的状况，因此就造成了一种假象，好像这个余额是来自于流通过程。

由于资本的一切部分都无差别地表现为超额价值(利润)的源泉，从而，资本关系也就披上了神秘的面纱。

剩余价值和利润实际上是一个事物的两种说法，并且在数量上它们也相等，但是利润是剩余价值的一个转化形式，在这个形式中，剩余价值被神秘地去掉了其剥削的本质，它的起源和它存在的秘密被掩盖了，被抹杀了。这样，只有通过仔细的分析，才能使剩余价值从利润中脱壳而出。在剩余价值中，资本和劳动的关系被毫无掩饰地暴露出来了；在资本和利润的关系中，

发放工资

工人的劳动以工资的形式表现，利润就不像是由工人劳动创造的，而像是资本家全部预付资本的产物，于是剩余价值也就不再被认为是由劳动创造的。可见，利润这个剩余价值的转化形式源于资本主义生产关系本身，同时它又反过来掩盖了资本主义的剥削关系。图中是20世纪初，一家美国公司的资本家正在给工人发放工资的情景。

也就是在资本和剩余价值的关系中，资本表现为一种对自身的关系，在这种关系中，资本就是它的原有的价值额，它不同于由它自身创造的新价值。从表面上看，似乎可以说这个新价值是由资本通过生产过程和流通过程的运动中创造的。但是这种情况是怎样发生的，现在却神秘化了，好像这个新价值来自资本本身固有的秘密性质。

我们越往后研究资本的增殖过程，资本关系就越神秘化，它的内部组织的秘密也就越好地被隐藏了起来。

在这一篇中，利润率和剩余价值率在数量上是不同的；相反地，利润和剩余价值被看作是同一个数量，只是形式不同。在下一篇我们会看到，这种外表化的过程将会进一步发展，并且在数量上利润也将表现为一个和剩余价值不同的量，剩余价值将被进一步地模糊化。

第三章 周转对利润率的影响

在第二卷中我们已经说明了，周转对剩余价值的生产的影响，从而对利润的生产所产生的影响。这种影响可以简述如下：因为周转需要持续一段时间，所以，在生产中全部资本并不能同时被使用；一部分资本总是以各种形式闲置起来；在实际生产剩余价值即在创造和占有剩余价值中发生作用的资本，总是要减去这个部分，而所创造和占有的剩余价值，也总是要按相同的比例减少。所以，周转期间越短，这个闲置的资本部分所占的比例就越小，因此，在其他条件相同时，所占有的剩余价值也就越大。

第二卷已经详细说明，周转期间或它的两个部分（生产时间和流通时间）中的任何一个部分的缩短，都会增加所生产的剩余价值量。同时，每一次这样的缩短，都会提高利润率。我们以前在第二卷第二篇对剩余价值的阐述，在对利润和利润率的分

商讨

在资本总量已定的情况下，资本家获利多少取决于剩余价值和生产商品时预付的总资本的比率的高低，即利润率的高低，投资者的生产目的总是将本求利，希望得到尽可能高的利润率。图中是1926年在英国一个非常流行的名为"单片眼镜"的俱乐部中，资本家们正兴致盎然地商讨着发展大计。

析中是同样适用的,在这里就不再重复了。不过,我们要着重指出几个要点。

缩短生产时间的主要方法是提高劳动生产率,这就是人们通常所说的工业进步。如果这不会大大增加总投资,从而不会导致按总资本计算的利润率的降低,那么利润率就理所当然的会提高。在冶金工业和化学工业上许多最新的进步中,情况就是这样。贝塞麦、西门子、吉耳克里斯特—托马斯等人新发明的炼铁炼钢法,就以较少的费用,把以前需时很长的过程缩短到了很低的限度。由煤焦油提炼茜素或茜红染料的方法,利用现有的生产茜素或茜红染料的设备,已经可以在几周之内,得到以前需要几年才能得到的产量。

改进交通是缩短流通时间的主要方法。近50年来,交通方面已经发生了非常巨大的变化,简直可以说发生了一场革命。在陆地上,碎石路的地位已经被铁路所取代;在海上,迅速的定期的轮船航线已经占据了统治地位,而昔日的霸主缓慢的不定期的帆船已经被排挤到了次要地位。并且电报线布满了整个地球。苏伊士运河的通航真正开辟了通往东亚和澳洲的轮船交通。1847年,运往东亚的商品的流通时间,至少还需要12个月,然而现在已经减少到12个星期左右。全世界商业的周转期间,都已经按相同的程度缩短,参加世界商业的资本的活动能力,已经增加到两倍或三倍多。这就对利润率产生了深刻的影响。

为了更好地阐述总资本的周转对利润率的影响,我们假定互相比较的两个资本具有相同的其他一切条件。所以,除了要假定相同的剩余价值率和工作日,还特别要假定相同的资本的百分比构成。假定资本A的构成是80c+20v=100C,剩余价值率是100%,资本周转每年两次。这样,年产品就是:

160c+40v+40m。不过在求利润率时,我们不应该按周转的资本价值200来计算40m,而只需按预付资本价值100来计算。因此,p'=40%。

让我们用资本A和资本B为160c+40v=200C比较一下。资本B的剩余价值率同样是100%,不过每年只周转一次。这样,年产品就和上述的年产品一样是:

160c+40v+40m。但在这个场合,40m却只能按预付资本200来计算,年利润率只有20%,所以只有资本A的年利润率的一半。

由此可见:在有相等的资本百分比构成,剩余价值率和

工作日的时候，两个资本的年利润率和它们的周转期间成反比。

周转期间的缩短对生产出剩余价值，从而对生产出利润的直接影响，在于使可变资本部分的效率由此提高。

要使年利润率的公式完全正确，我们必须用年剩余价值率代替前面所使用的简单的剩余价值率，即用M'或m'n代替m'。换句话说，我们必须让剩余价值率m'——或者让c中所含的可变资本部分v拟定个可变资本在一年内周转的次数n，由此，年利润率的计算公式就可表示为p'=m'nv/C。

四通八达的公路
资本周转速度与利润率密切相关，提高周转速度就要加快商品流通速度，主要方法是改进交通。图中是德国西南部路德维希港夜景，年吞吐量达800万吨的路德维希港正是得益于四通八达的公路，成为世界驰名的"化工城"。

第四章 不变资本使用上的节约

概论

在可变资本不变，名义工资跟以前一样且使用的工人人数不变的条件下，绝对剩余价值的增加，或剩余劳动从而工作日的延长——不管额外劳动时间有没有报酬都一样——会相对地降低不变资本同总资本、同可变资本的比例，并由此提高利润率(这里也是不考虑剩余价值量的增加和剩余价值率的可能的提高)。不变资本的固定部分即工厂建筑物、机器等等的量，不管每天用来工作的时间是长是短，它们都会保持不变。工作日的延长并不要求在不变资本的这个最花钱的部分上有任何新的支出。此外，固定资本的价值，会在较短的时间中再生产出来，因而，就缩短了这种资本为获得一定利润所必须预付的时间。因此，即使在一定限度内额外时间比正常劳动时间支付较高报酬，工作日的延长还是会提高利润。因此，在现代工业制度下，不断增长的增加固定资本的必要性，也就成了资本家延长工作日的一个主要动力。

异化的不变资本节约

利润率会受到不变资本节约程度和商品价格的影响。在商品价格不变的情况下，不变资本的节约，会降低总预付资本量，从而导致利润率的升高。而资本家却总是浪费工人的生命和健康，把压低工人的生存条件本身，看作不变资本使用上的节约，以此来提高利润率。

把固定资本的价值再生产出来所需要的时间，是由它们在其中发挥作用和被使用的整个劳动过程的持续时间决定的。如果工人每天被规定做苦工18小时，而不是12小时，那么，一周就会多出三天，即一周就会变为一周半，两年就会变为三年。如果额外时间不给报酬，工人就会在正常的剩余劳动时间之外，每两周再白送一周，每两年再白送一年。这样，机器价值就会以加快50％的速度进行再生产，并且只需花费平常必要时间的三分之二就行了。

在前面论述协作、分工和机器时，我们已经指出，生产条件的节约产生的本质是这样的：这些条件是作为社会劳动的条件、社会结合的劳动的条件，因而作为劳动的社会条件发生作用的。总体工人在生产过程中共同使用它们，而不是由一批互相毫无联系的，或最多只是在小范围内互相直接协作的工人以分散的形式使用。

但是，这种由生产资料的集中及其大规模应用而产生的所有节约，是以工人的聚集和共同工作，即劳动的社会结合这一重要条件为前提的。因此，这种节约来源于劳动的社会性质，正如剩余价值来源于考察的每一个工人的剩余劳动一样。

关于生产条件节约的另一个大类，情况也是这样。我们指的是生产废料再转化为同一个产业部门或其他产业部门的新的生产要素；这是这样一个过程，通过这个过程，这种所谓的废料就再回到生产到消费的循环中。我们以后还要详细地探讨这一类节约，其实它也跟第一种节约一样是大规模社会劳动的结果。由于大规模社会劳动所产生的废料数量很大，这些废料本身才可能成为新的生产要素。这种废料，只有作为大规模生产的废料，才能对生产过程产生这样重要的意义，仍然可以承担交换价值。这种废料——不考虑它作为新的生产要素所起的作用——会按照它可以重新出售的程度降低原料的费用。在可变资本的量已定，剩余价值率已定时，不变资本这一部分的费用的减少，会很有效地提高利润率。

我们可以进一步考察由于流通时间的缩短在不变资本的支出上产生的节约。但在这里，应该立即提到由机器的改良所引起的节约，也就是：第一生产机器的材料改良了，例如铁代替了木材；第二由于机器制造技术的改良，机器的价格大大降低了；这样，不变资本固定部分的价值虽然会随着大规模劳动的发展而不断增加，但增加程度是远远低于劳动规模的发展的；第三那种使现有机器在使用时可以更省钱和更有效的特殊改良；第四由于机器的改良，减少了可能产生的废料。

任何使机器直至全部固定资本在一定生产期间内的损耗减少的事情，不仅会使生产单个商品的平均损耗降低，而且会使这个期间内全部资本支出减少。

但是另一方面，有些生产部门，例如铁、煤、建筑业或机器的生产等等的劳动生产力的发展，是另一些产业部门（例如纺织工业或农业）的费用减少的条件（成本得到了降低）。因为这些产业部门的商品生产出来后，会作为生产资料再进入另一个产业部门。

昂贵的饰品

商品价格的变动会直接影响预付总资本的数量，进而影响商品的利润率。其中生产商品的原材料价格升高，会使生产成本加大，商品价格也会随之升高。预付总资本增加了，利润率就降低了。图中光鲜华美的饰品，如果生产其商品的原材料价格升高了，那么它出售时高昂的价格也并不能提升它的利润率。

> **>>> 利润率 >>>**
>
> 在资本主义社会，指剩余价值量同预付总资本量的比率。是剩余价值率的转化形式，表示资本增殖即资本家赢利的程度。资本家以一定量的价值额投入周转，获得更大的价值额。这个增殖额是雇佣工人的无偿劳动所创造的剩余价值。但是，对资本家来说，预付资本的各个组成部分对于剩余价值的生产是同等重要的，不管剩余价值从何而来，它总归是超过成本价格以上的余额，从而也是超过全部预付总资本的余额。这个余额同预付总资本保持一个比率，即利润率。

产业的向前发展所引起的不变资本的这种节约，具有这样的特征：一个产业部门利润率的提高，是与另一个产业部门劳动生产力的发展相关的。生产力的这种发展，从根本上说总是来源于劳动的社会性质，来源于社会内部的分工，来源于智力劳动的发展。在这里，资本家利用了整个社会分工制度的优点。在这里，给资本家提供生产资料的部门的劳动生产力发展，会使资本家所使用的不变资本的价值降低，从而提高利润率。

提高利润率还可以从不变资本本身使用上的节约来实现。工人的集中和他们的大规模协作，也是可以节省不变资本的。同样一些建筑物、动力机和工作机、取暖和照明设备等等用于大规模生产所花的费用，相对地说要少于小规模生产。它们的价值虽然从绝对量来说是增加了，但是同增加更大的生产相比，同可变资本的量或者说同所推动的劳动力的量相比，却是减少了。一个资本在本生产部门内实现的节约，首先是劳动的节约，即本部门内工人的有酬劳动的减少；在一定的生产规模上，用最少的费用，来实现对别人无酬劳动的这种最大限度的占有的节约，却是用最经济的办法。这种节约的基础不是利用不变资本生产的社会劳动的生产率的提高，而是不变资本本身使用上的节约。

资本主义生产方式同时促进社会劳动生产力的发展和不变资本使用上的节约。

但问题还不只是限于：在活劳动的承担者工人，同经济的，合理而节约地使用他的劳动条件之间，存在着异化和毫不相干的现象。资本主义生产方式按照它的对立的、矛盾的性质，以浪费工人的生命和健康，压低工人的生存条件来节约不变资本，以此看作提高利润率的手段。

因为工人在生产过程中度过了一生中的绝大部分时间，所以，生产过程的条件大部分也就可以看作是工人的能动生活过程的条件，实际上也就是工人的生活条件，这些生活条件的节约，是提高利润率的一种方法（却是对工人有害无利的）；正如我们在前面已经说过的，使工人过度劳动是加速资本自行增殖，加速剩余价值生产的方法中的一种。这种节约是用下列的方法实现的：使工人挤在一个狭窄到对工人健康有害的场所；把危险的机器塞进同一些场所而没有相应的安全设备；对于那些明知按其性质来说有害健康的生产过程，却放任不管不采取任何预防措施，等等。总之，资本主义生产对资本的使用尽管非常吝啬，但对工人的使用却非常浪费，正如另一方面，由于资本主义生产的产品通过商业进行分配的方法和它的竞争方式，它对物质资料也非常浪费一样；资本主义生产中单个资本家获得的东西其实就是社会失去的东西。

资本有一种趋势，就是在使用工人的活劳动时，把它缩减为社会必要劳动，并且尽可能地利用劳动的各种社会生产力来不断缩减生产产品所必需的劳动，因而尽量节约直接使用的需要支付报酬的活劳动，它还有一种趋势，在使用这种已经缩减到必要程度的劳动时做到最合理而节约。如果决定商品价值是商品所包含的必要劳动时间，而不是商品一般地包含的劳动时间，那么，这种决定只有通过资本才能实现，同时还可以通过不断地缩短生产商品所需要的社会必要劳动时间来实现。这样一来，商品的价格就会最大限度地得到缩减，因为生产商品所需要的劳动的每一个部分都已经缩减到它的最低限度了。

现代生活的享受

劳动力的价格变动也会影响商品的利润率。工人工资提高了，用于支付工人工资的流动资本就要增加，加大了资本家预付总资本的数量，商品的价格就会提高，利润率也就降低了。通常人们工资的普遍提升，会带来物价的普遍上涨，但这并不妨碍社会财富的积累和人们日渐舒适的生活。

第二篇 利润转化为平均利润

第五章 不同生产部门的资本的不同构成和由此引起的利润率的差别

在第一篇中我们已经指出，如果不改变其他条件，只是不同生产部门在使用的资本的时候有不同的周转时间，或者这些资本的有机组成部分有不同的价值比率，那么，同时并存的不同生产部门就会有不同的利润率。我们以前考察的东西只是作为同一个资本在时间上相继发生的变化来考察的，现在要当作不同生产部门各个并存的投资之间同时存在的差别来考察。

在这里，我们必须研究：一是资本有机构成上的差别；二是资本周转时间上的差别。

不言而喻，这整个研究是拥有一个前提的，即当我们说到某一生产部门的资本的构成或资本的周转时，我们总是考虑投在这个生产部门的资本的平均正常状况，而不是指投在这个部门的各个资本的偶然差别。

其次，因为假定剩余价值率、工作日以及工资都是不变的，所以，一定量的可变资本就表示与之相对应的一定量的被推动的劳动力，因此也就表示一定量的物化劳动。

正如在第一卷中已经说过的，我们可以把资本的构成理解为资本的能动组成部分和它的被动组成部分的比率，即可变资本和不变资本的比率。在这里，我们需要考察两个比率，虽然它们在一定情况下可能会有相同的大小，但它们具有的意义却不相同；如我们把第一个比率建立在技术的基础上，在生产力的一定发展阶段可以把它看作是已定的。例如，要在一天之内生产一定量的产品，就需要使用一定量的生产资料，机器、原料等等，并且在生产中把它们给消费掉，同时还必须有一定量的劳动力（由一定数目的工人所代表的）与之相适应。一定量的生产资料，需要一定数目的工人与之相适应；也就是说，一定量的已经物化在生产资料中的劳动，需要一定量的活劳动（直接由该部门的工人付出的）与之相适应。在不同的生产部

令人垂涎的鸡肉饼

在商品是按它的价值出售的前提下，不同的生产部门由于资本的有机构成不同，它们所推动的活劳动量也就不同，它们所占有的剩余价值也就不同。等量资本投在不同的生产部门，所得的利润率也就不同。等量资本的投入，因为食品工业其固定资本投入少，推动劳动力的资本相对增多，导致食品工业成为利润率较高的行业。图中是制作精细的鸡肉饼。

门，甚至在同一个产业的不同部门，这一比率总是有极不相同的，尽管在极偶然的情况下彼此相隔很远的产业部门，这个比率也可能完全相同或大致相同的。

资本的技术构成由这个比率形成，并且资本有机构成的真正基础也是这个比率。

但是，就可变资本只代表劳动力，不变资本只代表这个劳动力所推动的生产资料量来说，这个比率在不同产业部门也可能有相同的量。例如，就铜器业和铁器业中的某些劳动来说，现在，我们假定在劳动力和生产资料量之间有相同的比率。但因铜和铁价格不一样，所以，在这两个场合，可变资本和不变资本就会有不同的价值比率，因此二者的总资本也就有不同的价值构成。在任何一个产业部门，技术构成和价值构成的差别都表现为：在技术构成相同时，资本的两个部分的价值比率可能不同，在技术构成不同时，资本的两个部分的价值比率可以保持相同；当然，后一种情况，只是在所使用的生产资料量和劳动力的比率上的不同，为二者价值上的相反的变化所抵消时，才会产生。

我们将资本的有机构成定义为：由资本技术构成决定并且反映这种技术构成的资本价值构成。

在对可变资本的这种考察中，我们可以得出如下结论：

如果在生产部门A的一个投资中，总资本每700中有600用在不变资本上，只有100用在可变资本上；而在生产部门B的一个投资中不变资本与可变资本的比率正好相反，600用在可变资本上，只有100用在不变资本上，那么，A的总资本700就只能推动100劳动力；而B同样大的700总资本却能推动600劳动力。可变资本不仅代表它本身所包含的劳动；在剩余价值率已定时，它同时还代表由它本身所包含的劳动所推动的超额劳动或剩余劳动。在具有相同的劳动剥削程度时，在A中，利润率仅为$100/700 = 1/7 = 14.2\%$；在B中等于$600/700 = 85.7\%$，B的利润率是A的六倍。其实在这个场合，实际上从利润本身来说B也是A的六倍，此时，B的利润是600，而A的利润是100，因为用相等的总资本，B所推动的活劳动为A所推动的活劳动的六倍，所以在剩余价值率相同时，生产了六倍的剩余价值，也就是生产了六倍的利润。

用百分比计算的无论是等量资本还是不等量资本，在工作日相等、劳动剥削程度相等时，都会生产出极不相同的利润量，因为它们会生产出的剩余价值量是极不相同的；而这又是因为在不同的生产部门资本有不同的有机构成，它们也就有不同的可变部分，因而它们所推动的活劳动量也就不同，它们所占有的剩余劳动量，即剩余价值从而利润的实体的量，也就不同。可见，因为不同生产部门按百分比考察的资本，是不同的不变资本与可变资本的比率，因而它们所推动的活劳动不等，

售卖各类食品的小商店

资本有机构成的比例、资本周转速度都会使等量的资本获得不同的利润，这就必然导致不同部门之间的竞争。即资本在不同部门间的转移。这种转移包括资本增量投向高利部门与资本存量由不利部门抽出投向高利部门。图中售卖各类食品的小店也因为食品行业周转速度快而不愁没有货源。

所创造的剩余价值及利润也不等，所以，它们的利润率，即剩余价值和总资本的百分比也不同。

利润率的不等有两个源泉：资本的有机构成不同和不同生产部门资本的周转时间不同，现在我们就仔细地分析这第二个源泉。我们在前面已经说到，在其他条件也相同，也有相同的资本构成时，利润率和周转时间成反比；我们还知道，如果同一个可变资本有不同的周转时间，它就会生产出不等的年剩余价值量。所以，在相等的一段时间内，周转时间的不同，是等量资本在不同生产部门生产出不等量利润的又一原因，因而也是这些不同生产部门利润率不等的又一原因。

总而言之，在不同产业部门，与资本的不同的有机构成相适应，并且在一定限度内与资本的不同的周转时间相适应，不同的利润率是一个普遍现象；因此，即使在剥削程度相同，周转时间相同的情况下，利润率不变，即相等的资本在相等时间内提供相等的利润的规律(作为一般的趋势)，也只适用于有机构成相等的资本。以上所述，和我们直到现在为止的全部论述一样，是建立在一个基础上的，即商品的出售价格等于他们的价值。另一方面如果不考虑那些非本质的、偶然的、互相抵消的差别，在资本主义生产的整个体系中，对不同产业部门来说，实际上并不存在也不可能存在平均利润率的差别。

清仓降价

利润比较高的生产部门由于资本增量与存量的投入使生产大大增加，直至出现供过于求，该部门商品价格大幅度下降，从而引起利润率的下降；而利润率比较低的部门，由于资本增量很少光顾，资本存量大量转移，生产大量缩减，直至出现供不应求。引起价格上涨，利润率提高。这种状况会一直持续到上述部门能够按照平均利润率，实现等量资本获等量利润。商品的大幅降价促销，一定是供大于求的表象。

第六章 一般利润率(平均利润率)的形成和商品价值转化为生产价格

我们知道，有两种情况可以改变资本的有机构成：第一，所使用的劳动力和所使用的生产资料量的技术比率；第二，这些生产资料的价格。我们以前讲过，资本的有机构成，一定要按它的百分比来分析。如果我们用80c+20v这个公式来表示一个资本的有机构成，那就表示这个资本的4/5为不变资本，1/5为可变资本。其次，在比较时，可以任意假定一个不变的剩余价值率，例如100%。因此，80c+20v的资本就可以产生20m的剩余价值，按总资本计算，就有20%利润率。它的产品有多大的实际价值，现在就要看不变资本中有多大的固定部分，并且要看固定部分中有多少是作为损耗加入产品的。但是，因为这些东西对于利润率，即对于我们现在的研究是没有任何影响的，所以，为了简便起见，假定所有的不变资本都是同样地全部加入到所考察的资本的年产品中。其次还假定，不同生产部门的资本，在可变资本相同时每年会实现同样多的剩余价值，就是说，把周转时间的差别能在这方面引起的差别暂时撇开不说。关于周转时间的差别所产生的影响，以后我们再研究。

让我们拿五个不同的生产部门来说。投在这五个生产部门的资本有各不相同的有机构成，例如：

资本	剩余价值率	剩余价值	产品价值	利润率
I. 80c+20v	100%	20	120	20%
II. 70c+30v	100%	30	130	30%
III. 60c+40v	100%	40	140	40%
IV. 85c+15v	100%	15	115	15%
V. 95c+5v	100%	5	105	5%

在这里我们看到，在劳动的剥削程度相等的情况下，不同的生产部门，按照资本的不同有机构成，会有很不相同的利润率。

在资本有机构成为80c+20v，剩余价值率为100%时，如果全部不变资本都加入年产品，资本I＝100所生产的商品的总价值就等于80c+20v+20m＝120。在一定条件下，一定生产部门内这个结果可以发生。但这样的结果并不是在所有c和v的比率为4:1的地方都会发生。因此，在谈到不同相等资本所生产的商品的价值时，必须考虑到，商品价值会由于c的固定组成部分和流动组成部分之间的比率不同而不同，并且不同资本的固定组成部分又会以不同的速度损耗，从而在相同的时间内会有不等的价值量加入产品。但是，这不怎么影响我们对利润率的研究。不论80c是把价值5、

行业分配

等量资本要求获得等量报酬,这是资本的必然要求。如果资本有机构成高、资本周转速度慢的企业只能获得较低的利润率,那么,资本所有者就不会经营此类企业;如果资本有机构成低、资本周转快的企业可以获得较高的利润率,那么,资本所有者就会把资本投入这些企业,这样就会造成激烈的竞争。竞争的结果必然导致利润率的平均化。这一矛盾决定了利润率必须平均化。

50,或80转移到年产品中去,也不论年产品是5c+20v+20m＝45,还是50c+20v+20m＝90,或者80c+20v+20m＝120,在所有这些场合,产品的价值都有相同的超过它的成本价格的余额20;并且在所有这些场合,在确定的利润率下,这20都按资本100计算;因此,在所有这些场合,资本I的利润率都等于20%。为了把这一点说得更清楚些,我们在为以上五个资本编制的下表中,假定不变资本各以不同的部分加入产品的价值。

资本	剩余价值率	剩余价值	利润率	已经用掉的C	商品价值	成本价格
I. 80c+20v	100%	20	20%	50	90	70
II. 70c+30v	100%	30	30%	51	111	81
III. 60c+40v	100%	40	40%	51	131	91
IV. 85c+15v	100%	15	15%	40	70	55
V. 95c+ 5v	100%	5	5%	10	20	15
合计 390c+110v	——	110				
平均 78c+22v	——	22	22%	——	——	——

>>> 汽车工业 >>>

生产各种汽车主机及部分零配件或进行装配的工业部门。汽车工业在发达国家的经济发展中，起着重要支柱的作用：一是在产值和销售收入中，汽车工业占较大比重；二是汽车工业的发展必然会推动许多相关工业部门的发展；三是汽车工业是高度技术密集型的工业，集中着许多科学领域里的新材料、新设备、新工艺和新技术。汽车工业发源于欧洲，首先出现的是蒸汽机汽车，到19世纪末叶，才出现了内燃机汽车。但现代汽车工业的形成，则始自美国。

价格不等的商品

资本转移引起资本在各部门分配比例的变化，从而使各部门生产比例发生变化。生产比例的变化导致各部门商品在商场上供求关系的变化，于是引起商品价格的变化。价格变化导致利润率的变化，直到各部门的利润率趋于平均，部门竞争才趋于停止。商品不同的价格不仅与自身价值有关，同时也受市场供需要求的左右。

如果我们再把这五个资本看作一个总资本，那么就会看到，在这个场合，这五个资本的总和的构成是500＝390c+110v，平均构成为100＝78c+22v，仍然和以前一样，平均剩余价值也是22。把剩余价值平均分配给I—V，就会得到如下的商品价格：

资本	剩余价值	商品价值	商品成本价格	商品价格	利润率	价格同价值的偏离
I. 80c+20v	20	90	70	92	22%	+2
II. 70c+30v	30	111	81	103	22%	-8
III. 60c+40v	40	131	91	113	22%	-18
IV. 85c+15v	15	70	55	77	22%	+7
V. 95c+ 5v	5	20	15	37	22%	+17

总起来说，这些商品在I、IV、V中以比价值高2+7+17＝26出售，又在II、III中以比价值低8+18＝26出售，所以，价格的偏离，可以由于每100预付资本有平均利润22分别加入I—V的各种商品的成本价格，或者说，由于剩余价值的均衡分配，而互相抵消。一部分商品出售时比自己的价值低多少，另一部分商品出售时就比自己的价值高多少。并且，就因为它们是按照这样的价格出售，I—V才有相同的利润率22%，虽然资本I—V的有机构成不同。生产价格就是求出不同生产部门的不同利润率的加权平均数，把这个平均数加到不同生产部门的成本价格上，由此形成的价格。生产价格以存在着一般利润率为前提；而这个一般利润率，又以每个特殊生产

繁荣的食品行业

平均利润率不是各部门不同利润率的简单平均，而同社会总资本在不同部门中所占比重大小有关系。社会资本投入到有机构成低的部门比重越大，平均利润率越高。反之越低。

部门的利润率已经分别化为同样大的平均率为前提。这些特殊的利润率要从商品的价值引申出来，并且在每个生产部门都等于m/C。这种引申，使一般利润率(从而商品的生产价格)，成为一个有意义、有内容的概念。因此，商品的生产价格，等于商品的成本价格加上平均利润，也等于成本价格乘以一般利润率。

由于投在不同生产部门的资本有不同的有机构成，使得等量资本生产极不等量的剩余价值。由这一点可知，本来不同生产部门中占统治地位的利润率，是极不相同的。通过竞争这些不同的利润率平均化为一般利润率，即所有这些不同利润率的平均数就是一般利润率。按照这个一般利润率归于一定量资本(不管它的有机构成如何)的利润，就是平均利润。一个商品的生产价格，等于这个商品的成本价格，加上生产这个商品所使用的资本(不只是生产它所消费的资本)的年平均利润中根据这个商品的周转条件归于它的那部分。例如，我们拿一个500的资本来说，其中400为流动资本，100为固定资本，并且在流动资本每一个周转期间内，固定资本的损耗为10%。同时假定这个周转期间内的平均利润率是10%。这样，固定资本的损耗10c+流动资本400(c+v)＝410就是这个周转期间内制造的产品的成本价格，它的生产价格则是成本价格410+利润50(500的10%)＝460。

因此，虽然不同生产部门的资本家生产商品所用掉的资本价值在出售自己的商品时得到了回收，但是他们不是得到了自己生产的商品剩余价值或利润，而只是得到了总的剩余价值或利润在均衡分配后他们所能得到的部分。就利润来说，资本家就像一个股份公司的股东那样分配利润。因此，对不同的资本家来说，他们投在总企业中的资本量不等，他们在总企业中的入股比例不等，他们持有的股票数不等，而使他们的利润有所差别。商品价格的一个部分即成本价格，因为是用来补偿生产商品所用掉的资本价值，所以完全是由各生产部门的支出决定的；而商品价格的另一个组成部分，即加在这个成本价格上的利润，却不是这个资本在一定时间内生产的利润量决定的，而是由每个所使用的资本作为总生产所使用的社会总资本的一定部分在一定时间内平均得到的利润量决定的。

因此，如果资本家按商品的生产价格出售他的商品，他就取回与他在生产上所耗费的资本的价值量相一致的货币并且取得予他的社会平均利润。他的成本价格是每个生产部门所特有的。加在这个成本价格上的利润，却不以他的特殊生产部门为转移，而只是归于社会平均利润。

我们假定上述例子中I—V由一个人投资。I—V中每个投资的有机构成是已知的，而且I—V的商品的这个投资部分自然会形成它们的价格的一部分，因为至少必须用这个价格来补偿预付的并用掉的资本部分。因此，这些成本价格对I—V的每种商品来说是有区别的，而且作为成本价格被所有者有区别地确定下来。资本家会认为I—V所生产的不同的剩余价值量或利润量是他所预付的总资本的利润，所以，每

克虏伯的工厂

> 在资本主义经济里，垄断是指在生产集中和资本集中高度发展的基础上，一个大企业或少数几个大企业对相应部门产品生产和销售的独占或联合控制。垄断者在市场上，能够随意调节价格与产量。19世纪80年代后期，在贪婪的工业巨头的操纵下，庞大的具有垄断性质的托拉斯，在钢铁、制铜、制铝、煤炭、玻璃、糖酒等行业中产生。图中是19世纪德国最大垄断集团——克虏伯位于埃森的工厂。

100资本都能得到一个相应的部分。因此，I—V中每个投资所生产的商品的成本价格是有差异的，但在所有这些商品中，由每100资本追加的利润形成的那部分出售价格，都是相等的。这样，I—V的商品的总价格是同它们的总价值（总成本价格加总剩余价值或利润）相等的。同样，如果把社会当作一切生产部门的总体来看，那么社会本身所生产的商品的生产价格的总和就等于它们的价值的总和。

一般利润率取决于下面两个因素：

1. 不同生产部门的资本的有机构成，从而在各个部门之间产生了不同的利润率；

2. 社会总资本在这些不同部门之间的分配，即投在每个特殊部门因而有特殊利润率的资本的相对量。

在第一卷和第二卷我们只是研究了商品的价值。现在成本价格作为这个价值的一部分而分离出来了，由此，使得商品的生产价格作为价值的一个转化形式也发展起来了。

社会劳动生产力在每个特殊生产部门的特殊发展，具有不同的程度，成正比于一定量劳动所推动的生产资料量，或者说，成正比于一定数目的工人在工作日已定的情况下所推动的生产资料量，也就是说，成反比于推动一定量生产资料所必需的劳动量。因此，我们把那种同社会平均资本相比，不变资本占的百分比高，而可变资本占的百分比低的资本，叫作低构成的资本。反之，把那种同社会平均资本相比，不变资本比重小，从而可变资本比重大的资本，叫作高构成的资本。最后，我们把那种和社会平均资本有着同样构成的资本，叫作平均构成的资本。如果社会平均资本由80c+20v构成，那么一个由90c+10v构成的资本就称为高构成资本，一个由70c+30v构成的资本，就称为低构成资本。一般地说，在社会平均资本的构成mc+nv，m和n为不变量，并且m+n＝100时，一个资本或资本群的高构成就可表示为年(m+x)c+(n-x)v，一个资本或资本群的低构成则可表示为(m-x)c+(n+x)v。可由下表看出，这些资本在平均利润率确定之后，在一年周转一次的前提下，怎样执行职能。在表内，Ⅰ代表平均构成，因此，平均利润率＝20%。

资 本	利润率	产品的价格	价 值
Ⅰ．80c+20v+20m	20%	120	120
Ⅱ．90c+10v+10m	20%	120	110
Ⅲ．70c+30v+30m	20%	120	130

这样，就资本Ⅱ生产的商品来说，生产价格大于价值，就资本Ⅲ生产的商品来说，价值大于生产价格。只有就资本构成偶然是社会平均构成的生产部门的资本Ⅰ来说，价值才和生产价格相等。此外，我们把这些符号应用到一定场合时，当然还要考虑到，c和v之比同一般平均数的偏离，在多大程度上是由不变资本各要素的价值变

无所不在的"麦当劳"

价值是生产价格的基础，生产价格的变动，归根结底取决于商品价值即生产商品的社会必要劳动时间的变动。图中遍布全球的"麦当劳"快餐正是以便捷的自助式点餐服务，缩短了社会必要劳动时间，从而降低了成本，也才会出现15美分一份的汉堡高效产出。

动，而不是由技术构成的差别引起的。

当然，以上所说，是一种对商品成本价格定义的修改。我们原先假定，一个商品生产时所消费的各种商品的价值就是该商品的成本价格。但一个商品的生产价格，对它的买者来说，就是成本价格，并且可以作为成本价格加入另一个商品的价格形成。因为生产价格可以与商品的价值相偏离，所以，一个商品的包含了其他商品的这个生产价格在内的成本价格，可以不等于它的总价值中由其他商品的生产资料的价值构成的部分。必须记住把商品的生产价格看成成本价格的意义，因此，必须记住，如果在一个特殊生产部门把生产商品时所消费的生产资料的价值看作和该商品的成本价格相等，那就总可能有误差。对我们现在的研究来说，没必要对这一点进一步考察。无论如何，商品的成本价格总是小于商品的价值这个论点，在这里仍然是成立的。因为，对资本家来说无论商品的成本价格如何的偏离商品所消费的生产资料的价值，都是没有意义的。商品的成本价格是一个不以资本家的生产为转

现代化工厂

商品的价格包含两个部分，生产成本和平均利润。一般来说，平均利润是一个常数。资本家主要是控制来自成本价格的变动，这种变动或是由生产要素部门的社会必要劳动时间缩短，或是由本部门技术结构发生所引起。图中是一家大型现代化工厂。

移的前提，而一个包含剩余价值的商品是资本家生产的结果。

资本家关心的是一个包含超过商品成本价格的价值余额。此外，成本价格小于商品价值的论点，现在实际上变成了成本价格小于生产价格的论点。因为生产价格和价值相等的社会总资本，所以这个论点一致于以前关于成本价格小于价值的论点。尽管对特殊生产部门来说这个论点要加以修改，但其根据始终是如下的事实：

从社会总资本来看，它所生产的商品的价值大于其成本价格，或者在这里从所生产的商品总量来看，和这个价值相一致的生产价格大于其成本价格。商品价值，是涉及商品中包含的有酬劳动和无酬劳动的总量；生产价格，是涉及有酬劳动加上不以特殊生产部门本身为转移的一定量无酬劳动之和；而其成本价格，只是涉及商品中包含的有酬劳动的量。

商品的生产价格等于成本价格加上利润，即k+p，这个公式，现在由于p＝kp'(p'代表一般利润率)而有了新的定义，即生产价格＝k+kp'。如果k＝300，p'＝15%，生产价格k+kp'就等于300+300×15/100即345。

在每个特殊生产部门，商品的生产价格，都会在下述每个场合发生量的变动：

1．商品价值不变(也就是说，加入商品生产的所有劳动的量不变)，但一般利润率发生了一种不以该部门为转移的变化。

2．一般利润率不变，但或由于该生产部门本身的技术发生了变化，或由于作为形成要素加入该部门不变资本的商品的价值发生了变动使价值发生了变动。

3．上述两种情况共同发生作用。

我们在第一篇已经看到，在不考虑利润在不同部门之间分配的情况下，从量的方面来看，剩余价值和利润是同一的。但是，剩余价值率一开始就和利润率有区别，这开始只表现为不同的计算方式；但因为在剩余价值率不变时利润率会提高或下降，或者在利润率不变时剩余价值率会提高或下降，并且因为资本家实际上唯一关心的是利润率，所以，这种区别一开始就完全模糊了剩余价值的真实起源，并且使之神秘化了。然而，量的差别只存在于利润率和剩余价值率之间，而不是存在于利润和剩余价值本身之间。因为在利润率中，剩余价值是按总资本而不是不变资本计算的，是以总资本为尺度的，所以剩余价值本身也就好像从总资本的一切部分产生，这样，不变资本和可变资本的有机差别就在利润的概念中消失了（利润取代了剩余价值）；因此，实际上，剩余价值本身在转化成利润后就否定了自己的起源，失去了自己的性质，成为不能让人认识到其本质的东西。但到目前为止，剩余价值和利润的差别，只同形式变换，同质的变化有关，而在转化的这个第一阶段上，实际的量的差别还只存在于剩余价值率和利润率之间，而不是存在于剩余价值和利润之间。

一般利润率，从而与不同生产部门所使用的一定量资本相适应的平均利润一经形成，情况也就随之不同了。

咖啡馆

咖啡馆内独特的个性装饰，考究的咖啡磨制过程，加之曼妙的音乐和周到细致的服务，使得咖啡馆逐渐成为演绎咖啡文化的前卫场所。馆内虽然咖啡本身质量并没有什么提升，但将这些不变资本和可变资本加入到咖啡中去，所售咖啡的价格自然比普通咖啡高出很多。

现在，只有在非常偶然的情况下，一个特殊生产部门实际生产的利润或剩余价值，才会同商品出售价格中包含的利润相一致。现在，通常情况下不仅利润率和剩余价值率，而且利润和剩余价值，都是实际不同的量。现在，在劳动的剥削程度已定时，一个特殊生产部门生产的剩余价值量，直接对每个生产部门的资本家的重要程度，反倒不如对社会资本的总平均利润，从而对整个资本家阶级高。它对每个特殊生产部门的资本家之所以重要，只是由于他那个部门生产的剩余价值量作为决定因素之一参与平均利润的调节。但这是一个在他所不知道的背后进行的过程，这个过程是他所看不见的，不理解的，实际上也不关心的。现在，在各特殊生产部门内，剩余价值和利润之间——不仅是剩余价值率和利润率之间——实际的量的差别，把利润的真正性质和起源即剩余价值完全掩盖起来，这不仅对存心要在这一点上自欺欺人的资本家来说是这样，而且对工人来说也是这样。在价值转化为生产价格后，价值规定的基础就被巧妙地掩盖起来了。最后，如果在利润单纯由剩余价值转化时，形成利润的商品价值部分，与作为商品成本价格的另一个价值部分相对立，以致对资本家来说，价值概念在这里已经消失，因为他看到的只是总劳动的一部

>>> 平均利润率 >>>

指社会总资本的年利润率。亦称一般利润率。资本家阶级每年生产的剩余价值同社会范围内全部预付资本的比率，它体现了职能资本家之间分配剩余价值的关系。平均利润率是由全社会各个产业部门不同的个别利润率，在竞争规律作用下，趋向平均化而形成的。各个产业部门不同的利润率的形成取决于三个主要因素：剩余价值率、资本有机构成、资本周转速度。

分，而不是生产商品所耗费的总劳动，即他已经在生产资料的形式上支付的部分，因而在他看来，利润是某种存在于商品的内在价值以外的东西，那么，现在这种看法就完全得到确认，并且固定和僵化起来，因为当我们考察特殊生产部门时，加在成本价格上的利润，的确是由完全外在的条件确定的，而不是由该部门的价值形成过程的界限决定的。

价格稳定

在生产价格中，成本价格受生产部门的技术水平等因素影响，因部门而异。平均利润则是一般的，不论任何生产部门创造的剩余价值多少，一律获得相等的平均利润。所以，杂货店内，不同商品虽然价格各异，却是相对稳定的。

第七章 一般利润率通过竞争而平均化 市场价格和市场价值、超额利润

一部分生产部门的资本的构成具有完全是或接近于社会平均资本的构成时，可称这部分生产部门具有资本的中等构成或平均构成。

在这些部门中生产的商品用货币来表现的价值的生产价格，是同这些商品的价值完全一致或接近一致的。如果没有别的方法可以达到数学上的极限，那么，用下面的方法就会达到。竞争会在不同的生产部门中这样地分配社会资本，使每个部门的生产价格，都按照这些中等构成部门的生产价格来形成，也就是说，它们等于成本价格加上成本价格乘以平均利润率所得之积用公式表示为$k+kp'$。这些中等构成部门的用百分比计算的利润，就是平均利润率，在这些部门中利润是在量上就等于剩余价值。因此，使得利润率在一切生产部门都是一样的，也就是说，使一切部门的利润率都同资本的平均构成占统治地位的中等生产部门的利润率相一致。因此，所以不同生产部门的利润的总和，必然等于全社会剩余价值的总和；社会总产品的生产价格的总和，必然等于它的价值的总和。

在这里，真正困难的问题是：利润到一般利润率的这种平均化一定是某一个过程的结果，而不是起点，那么这个平均化过程是怎样进行的呢？

我们首先假定，不同生产部门都按照它们的实际价值出售他们的一切商品。这样一来会怎么样呢？如前所述，极不相同的利润率就会在不同的生产部门占统治地位。商品是按照那种使它们的出售能为生产它们所预付的等量资本提供等量利润的价格来出售，还是按照它们的价值来出售(即按照与它们的价值相一致的价格来交换)，这两件事情显然是完全不同的。

全部困难是由这样一个事实产生的：商品是当作资本的产品来交换，而不只是当作商品来交换。一定资本在一定时间内生产的商品的总价格，应该满足一种要求，即这些资本要求从剩余价值的总量中，分到和它们各自的量成比例的一份，或者在它们的量相等时，要求分到相等的一份。但是，这些商品的总价格，只是这个资本所生产的各个商品的价格的总和。

商品按照它们的价值或接近于它们的价值进行的交换，并不需要资本主义发展到很高的程度。而按照它们的生产价格进行的交换，则需要资本主义的发展达到一定的高度。

不同商品的价格变动总是受价值规律的支配，不管最初他们用什么方式来互相确定或调节。在其他条件相同的情况下，如果增加了，价格就会提高；如果生产商品所必需的劳动时间减少了，价格就会降低。

纽伦堡圣诞大市场

　　商品不只是当作商品来交换，而是当作资本的产品来交换。从整个社会来看，平均利润率的形成过程，是不同部门的资本所有者通过竞争重新分割剩余价值，从而使等量资本获得等量利润的过程。平均利润的形成实际上是全社会的剩余价值在各部门资本所有者之间重新分配的结果。图中是举世闻名的德国纽伦堡圣诞大市场。

　　因此，撇开价值规律支配价格变动和价格不说，把商品价值看作不仅在理论上，而且在历史上先于生产价格，是完全恰当的。

　　要使商品互相接近于符合它们价值的价格进行交换，只需要：第一，不同商品的交换，不再是仅仅临时的或纯粹偶然的现象；第二，就直接的商品交换来说，这些商品基本上是双方按照符合彼此需要的数量来生产的，这一点是由交换双方在销售时取得的经验来确定的，因此它是在连续不断的交换行为中自然产生的结果；第三，就出售来说，不存在任何自然的或人为的垄断能使立约双方的一方高于价值出售，或迫使一方低于价值抛售。我们把偶然的垄断看成是那种对买者或卖者来说由偶然的供求状况所造成的垄断。

　　假定不同生产部门的商品会按照它们的价值来出售，这当然只是意味着：它们的价格是围绕着它们的价值这个重心运动的，而且价格的不断涨落也是围绕这个重心来拉平的。此外，必须始终把不同生产者所生产的个别商品的个别价值与市场价值（这是我们将在下面谈到的）区别开来。在这些商品中，有些商品的个别价值低于市场价值(也就是说，生产这些商品所需要的劳动时间少于市场价值所表示的劳动时间)，另外一些商品的个别价值高于市场价值（即生产这些商品所需要的劳动时间多于市场价值所表示的劳动时间）。市场价值，一方面，应看作是一个部门所生产的商品的平均价值，另一方面，又应看作是在这个部门的平均条件下生产的、构成该部门的产品很大数量的那种商品的个别价值。市场价值的调节只有在特殊的组合下，那些在最坏条件下或在最好条件下生产的商品才会出现，而这种市场价值又成为市场价格波动的中心，不过对同类商品来说市场价格是相同的。如果满足通常的需求的，是按平均价值，也就是按两端之间的大量商品的中等价值来供给的商品，那么，个别价值低于市场价值的商品，就会实现一个超额剩余价值或超额利润，而个别价值高于市场价值的商品，它们所包含的剩余价值的一部分却得不到实现。

　　如果说在最坏条件下生产的商品能够出售，就证明这样的商品是正好充分满足需求，这种说法是无济于事的。在上述假定的情况下，如果价格高于中等的市场价值，需求就将减少。在一定的价格下，一种商品只能在市场上占有一定的地盘；在价格发生变化时，这个地盘只有在价格的降低同商品量的增加相一致的情况下，价格的提高同商品量的减少相一致，才能保持不变。另一方面，如果需求非常强烈即在需求超过通常的需求，或者供给低于通常的供给时，以致当价格由最坏条件下生产的商品的价值来调节时也不降低（此时价格远高于市场平均价值），那么，这种在最坏条件下生产的商品就决定市场价值。最后，如果所生产的商品的量大于这种商品按中等的市场价值可以找到销路的量（这是供给时远高于需求的），那么，市场价值就由那种在最好条件下生产的商品调节。例如，这种商品能够完全按照或者大致按照在最好条件下生产的商品的个别价值来出售，这时可能出现这样的情况：那些在最坏条件下生产的商品，也许连它们的成本价格都不能实现（他们可能会被市场所淘汰），而那些按中等平均条件生产的商品，也不能实现他们的全部剩余价值，只能实现它们所包含的剩余价值的一部分。关于生产价格，也可以按照这里关于市场价值所说的去分析，只要把市场价值换成生产价格就行了。生产价格是在每个部门中按照特殊的情况调节的。不过它本身又是一个中心（就像市场价值），日常的市场价格就是围绕着这个中心来变动，并且在一定时期内围绕这个中心来拉平的。

　　不管价格是怎样调节的，我们都会得到如下的结论：

　　1. 价值规律支配着价格的运动，生产价格降低或提高受到生产上所需要的劳动时间的减少或增加的支配。

　　2. 决定生产价格的平均利润，必定总是接近相等于同一定资本作为社会总资本的一个相应部分所分到的剩余价值量。对资本家来说，他们互相计算的利润率是10%还是15%，是没有什么关系的。因为货币表现上的过度是相互的，所以一个百分率并不比另一个百分率代表更多的实际商品价值。至于对工人(在这里，假定资本家还是付给他们正常工资，因而平均利润的提高并不是表示工资的实际扣除，也就是说，并不是表示与资本家的正常剩余价值完全不同的什么东西)来说，那么，可变资本的货币（即工人的工资）表现的提高，必然同平均利润的提高所引起的商品价格的提高相一致（因此工人在获得较高工资时并没有提高他们的实际收入）。事实上，利润率和平均利润这样普遍地在名义上提高到超过实际的全部预付资本的比率和剩余价值，不能不引起工资的提高，以及引起形成不变资本的那些商品价格的提高。如果降低，情况就会相反。既然总剩余价值受到商品的总价值调节，而平均利润以致一般利润率的水平又受到总剩余价值的调节，这是一般的规律，也就是支配各种变动的规律，那么，生产价格就受到价值规律调节。

一个部门内部的竞争使商品的各种不同的个别价值首先形成一个相同的市场价值和市场价格。但使不同部门之间的利润率平均化的生产价格，只有不同部门的资本间的竞争，才能实现。更高的资本主义生产方式发展水平才能使后一过程实现。

要使生产部门相同、种类相同、质量也接近相同的商品按照它们的价值出售，必须具备以下两个条件：

洞里萨湖水上市场

商品按照它们的价值或接近于它们的价值进行的交换，比那种按照它们的生产价格进行的交换，所要求的发展阶段要低得多。而按照它们的生产价格进行的交换，则需要资本主义的发展达到一定的高度。图中是泰国曼谷洞里萨湖水上市场。作为著名的淡水渔区，其工业基础薄弱，所交换的商品也只能以农产品为主。

布匹交易大厅

价值规律支配着价格的运动。生产上所需要的劳动时间的减少或增加，会使生产价格降低或提高。决定生产价格的平均利润，必定总是与一定资本作为社会总资本的一个相应部分所分到的剩余价值量接近相等。部门内部的竞争形成市场价值和市场价格。英国约克郡的一个布匹交易大厅中，布商不但要同需求方讨价还价，还要衡量自己布匹的质量与价格是否在同行中具有优势竞争力。

第一，同种商品的生产者之间有一种竞争，并且需要有一个可供他们共同出售自己商品的市场。这样才能使不同的个别价值，平均化为一个社会价值，即上述的市场价值。只要各个卖者互相施加足够大的压力，以便把社会需要所要求的商品量，也就是社会能够按市场价值支付的商品量提供到市场上来，就能使种类相同，但各自在不同的带有个别色彩的条件下生产的商品的市场价格，同市场价值相一致，而不是同市场价值相偏离。如果产品量超过这种需要，商品就必然会以低于它们市场价值的价格出售；反之，如果产品量不够大，就是说，如果卖者之间的竞争压力没有大到足以迫使他们把市场需要的商品量带到市场上来，商品就必然会以高于它们市场价值的价格出售。当然，总商品量得以出售的条件也会随着市场价值的变化而变化。如果市场价值提高了，商品的社会需要就会缩减，就只能吸收较小的商品量；如果市场价值降低了，社会需要(在这里总是指有支付能力的需要)平均说来就会扩大，并且在一定限度内就能够吸收较大量的商品。因此，如果市场价格受到供求的调节，或者确切地说，市场价格同市场价值的偏离受到供求的调节，那么另一方面，也可以说供求关系受到市场价值调节，而不是颠倒过来。或者说，一个中心受到市场价值的调节，供求的变动使市场价格围绕着这个中心发生波动。

虽然商品和货币这二者都是使用价值和交换价值的统一，在前面我们已经分析过，这两个规定分别处在卖和买的行为上的两端，商品(卖者)代表使用价值，货币(买者)代表交换价值。商品要能被卖出则必须要有使用价值，即要能满足社会需要。同时商品中包含的劳动量要代表社会必要的劳动，因而，商品的个别价值(在这里的前提下，也就是出售价格)要同它的社会价值相一致。

让我们把应用这一点来分析市场上现有的、构成某一整个部门的产品的商品总量。

如果我们把商品总量，首先是把一个生产部门的商品总量简化为一个商品，并且把许多同种商品的价格总额简化为一个总价格，那么就能很容易地说明问题了，因为这样一来，关于单个商品所说的话就完全适用于市场上现有的一定生产部门的商品总量（这里已经简化为一个商品了）。商品的个别价值应同它的社会价值相一致这一点，现在，在下面这一点上得到了实现或进一步的规定：这个商品总量包含着为生产它所必需的社会必要劳动，并且这个总量的价值，等于它的市场价值。

现在假定这些商品的很大数量都是在大致相同的正常社会条件下生产出来的，因而这个很大数量的商品由以构成的各个商品的个别价值同时就是社会价值。这时，如果这些商品中有一个较小的部分的生产条件低于这些条件，因而很小一部分的个别价值大于大部分商品的中等价值，而另一个较小的部分的生产条件高于这些条件，因而会有很小一部分的个别价值小于大部分商品的中等价值，前面提到的部分都很小，从而就使属于这两端的商品的平均价值同属于中间的大量商品的价值

促销

供给和需求两股力量在市场上发生作用，相互竞争，在竞争中可能出现的情况有：需求超过供给，市场价格就会超过市场价值，供给超过需求，市场价格就会在市场价值以下。销售产品的商家总会利用各种促销手段，吸引消费者，强占更多的市场份额。其中最直接有效的促销手段莫过于价格上的优惠。

相等,那么,市场价值就会由中等条件下生产的商品的价值来决定。商品总量的价值,也就同所有单个商品合在一起,包括那些在中等条件下生产,那些在高于或低于中等条件下生产的商品的价值的实际总和相等。在这种情况下,中间的大量商品的价值就决定了商品总量的市场价值或社会价值,即其中包含的社会必要劳动时间。

另一方面,假定投到市场上的该商品的总量仍旧不变,然而在较坏条件下生产的商品的价值,大大超过在较好条件下生产的商品量,甚至同中等条件下生产的商品量相比也构成一个相当大的量,那么,这时在较坏条件下生产的大量商品就调节着市场价值或社会价值。

最后,假定在高于中等条件下生产的商品量,不能由较坏条件下生产的商品的价值来平衡,以致在较好条件下生产的那部分商品,无论同中间的商品相比,还是同另一端的商品相比,都构成一个相当大的量;那么,这时在较好条件下生产的那部分商品调节着市场价值。这里撇开市场商品过剩的情况不说,因为在那种情况下,市场价格总是由在较好条件下生产的那部分商品来调节的;但是,我们这里所谈的,并不是和市场价值不同的市场价格,而是市场价值本身不同的另一种规定,是对市场价值本身的一种新的假设。

事实上,严格地说(当然,实际上只是接近如此,而且还会有千变

昂贵的彩色电视机

商品(卖者)代表使用价值,货币(买者)代表交换价值。商品要有使用价值,因而要满足社会需要,这是卖的一个前提。另一个前提是,商品中包含的劳动量要代表社会必要的劳动,因而,商品的出售价格要同它的社会价值相一致。图中是美国20世纪60年代彩色电视机的宣传广告,美国1954年推出RCA彩色电视,在60年代,彩电还只能作为日常生活中的奢侈品,现今,已成为再普通不过的必备家用电器,彩电的相对价格自然不会那么高昂。

万化），在第一种情况下，它们的个别价值的总和就等于由中等价值调节的商品总量的市场价值；尽管这个价值，对两端生产的商品来说，表现为一种强加于它们的平均价值（它们本身的价值是有别于这个价值的）。这样，在最坏的一端生产的人，必然低于个别价值出售他们的商品（是对他们相当不利的）；在最好的一端生产的人，必然高于个别价值出售他们的商品（他们能得到超额利润）。

在第二种情况下，在两端生产的两个个别价值量是不平衡的，而且在较坏条件下生产的商品起了决定作用。严格地说，每一单个商品或商品总量的每一相应部分的平均价格或市场价值，在这里是由较好的条件下生产的商品价值和加中等条件下生产的商品价值和加较差条件下生产的商品价值和而成的这个总量的总价值，以及由这个总价值除以总商品数所得出的结果决定的。这样得到的市场价值，会高于有利的一端生产的商品的个别价值和属于中等部分的商品的个别价值；但它仍然会低于不利的一端生产的商品的个别价值（它还是得不到全部的剩余价值）。至于它和后一种个别价值接近到什么程度，或最后是否和它相一致，这完全要看不利的一端生产的商品量在该商品部门中具有多大规模（这里不考虑需求情况对其的影响），不利一端生产的商品占的份额越大，就会越接近。如果考虑需求情况，只要需求稍占优势，那么市场价格就会由在不利条件下生产的商品的个别价值来调节。

在最后一种情况下，在有利的一端生产的商品量，不仅同另一端相比，而且同中等条件下生产的商品量相比，都占优势，那么，毫无疑问市场价值就会降低到中等价值以下。于是，由两端和中等条件下生产的商品的价值额合计得到的平均价值，就会低于中等价值；它究竟是接近还是远离这个中等价值，这要看有利的一端所占的份额而定。如果需求小于供给，那么在有利条件下生产的那部分不管多大，都会把它的价格缩减到它的个别价值的水平，以便强行占据一个地盘。但市场价值决不会同在最好的条件下生产的商品的这种个别价值相一致，除非供给极大地超过了需求，这在资本主义社会是绝不可能的。竞争也不会使所有人都处于同样的生产条件。

以上抽象地在假设需求恰好大到足以按这样确定的价值吸收掉全部商品的前提下叙述的市场价值的确定，而这个假设在实际市场上是通过买者之间的竞争来实现的。在这里，我们就谈到另外一点了。

第二，说商品有使用价值，就是说它能满足某种社会需要。当我们只是说到单个商品时，我们可以假定，社会存在着对这种特定商品的需要，它的需要量已经包含在它的价格中，价格反映了该商品的一切信息，而用不着进一步考察这个有待满足的需要的量。但是，只要一方面有了整个生产部门的产品（不再是单个产品，而是放在社会中全部产品），另一方面又有了社会需要，整个社会对产品的需要又会很有弹性，这个量就是一个重要的因素了。因此，现在有必要考察一下这个社会需要的规模，即社会需要的量。

在上述关于市场价值的各个规定中，我们只是假定，所生产的商品的量在不同条件下生产的各个组成部分的比例发生变化，而这个总量是不变的，是已定的，因此，在这里只是按不同的方法来调节同样数量的商品的市场价值。假定这个总量就是普通的供给量，并且在这里我们暂时不考虑所生产的商品的一部分会暂时退出市场的可能性。如果对该商品的普通需求量仍然还是等于这个总量，这个商品就会按照它的市场价值出售，并且市场价值可能是按以上研究过的三种情况中的任何一种情况来调节。这个商品总量不仅仅是满足了一种需要，而且满足了社会范围内所有的需要。与此相反，如果对该商品的需求量小于或大于这个量，就会导致市场价格偏离市场价值。第一种偏离就是：市场价值是由两端中的一端来规定的，即如果这个量过小，市场价值就总是由较坏条件下生产的商品来调节；如果这个量过大，市场价值就总是由较好条件下生产的商品来调节。如果需求和生产量之间有很大的差额，市场价格也就会或更高于市场价值或更低于市场价值即偏离市场价值更远。但是所生产的商品量和按市场价值出售的商品量之间的差额，可以由双重原因产生（即商品的供给和需求两方面共同决定）。或者是供给量本身（即商品生产的总量）发生了变化，变得过小或过大了，所以资本家在进行再生产时必须调整其生产

价格不等的精选牛肉

价格不等的日本精选牛肉。如果生产牛肉的部门所生产的牛肉大部分是由较坏的生产条件生产出来的，则由较坏的生产条件调节，这样得到的市场价值，不仅会高于有利的一端生产的牛肉的个别价值，而且会高于中等部分的牛肉的个别价值，但它仍然会低于不利的一端生产的牛肉的个别价值。

>>> 价格 >>>

5 秒钟经济学

价格是商品经济最常用的范畴，是商品价值的货币表现。产品转化为商品，商品转化为货币，是产生价格的最一般的条件。在人类社会发展史上，随着社会生产力的提高，社会分工的发展，出现了商品交换和商品生产。由于商品交换的扩大与频繁，大体在原始公社制度末期和奴隶社会初期，作为表现商品价值的等价形式逐步演变为货币形式以后，即货币商品从商品世界中独立出来，成为专门的一般等价物以后，商品的价值取得了比较完整的独立的表现，商品的价值才表现、转化为价格。

规模来适应现有的市场价值的规模。在这种情况下，尽管需求仍旧不变，但是供给发生了变化，这样一来，就会产生相对的生产过剩或生产不足的现象。或者是供给保持不变，但需求由于各种各样的原因而发生了改变。在这里，尽管绝对供给量保持不变，但它的相对量，也就是同需要相比较或按需要来计量的量，由于需求量的改变还是发生了变化。如果需求量增加，相对供给就减少了，反之相对供给就增加了。它对再生产的影响就第一种情形来说，当需求发生了变化，变得过小或过大了，资本家在进行再生产时就必须调整其生产规模来适应现有的市场价值的规模，只不过这时的调整与供给改变时相反了。最后：如果两方面同时发生了变化，无论是方向相反还是相同，只要程度不同，就会导致再生产规模的改变，总之，如果双方都发生了变化，并且它们之间以前的比例也改变了，最后结果就必然总是归结为上述两种情况中的一种。其实只要考察供给和需求的相对改变程度就能分析其改变后的最后结果。

在给需求和供给这两个概念下一般的定义的时候，我们会发现真正的困难，好像它们只是同义反复。供给，通俗地说就是处在市场上的产品，或者能提供给市场的产品。为了简化我们的分析使一些完全无用的细节不影响分析，我们在这里只考虑每个产业部门的年再生产总量，认为这些商品统统现在就投入市场，而把不同商品有多少能够从市场取走，储存起来，以备比如说下一年消费这一点撇开不说。这个年再生产首先表现为一定的量，是多大量还是多少个，要看这个商品量是作为不可分离的量还是作为可分离的量来计量而定。这个年再生产不仅是满足人类需要的使用价值，而且这种使用价值还以一定的量出现在市场上。其次，这个商品量还有一定的市场价值，这个市场价值可以表现为单位商品量的或单位商品的市场价值的倍数，这个倍数由总商品的量决定。因此，市场上现有商品的数量的多少并不能直接决定它们的市场价值的大小，它们的市场价值还和单位商品量的或单位商品的市场价值有关，例如，有些商品的单位商品的市场价值特别高，另一些商品的单位商品的市场价值特别低，因而一种商品的很大的量和另一种商品的很小的量可能有相同的价值额。如果说在市场上现有的物品量和这些物品的市场价值之间有某种联

价格调整

只有在供给与需求平衡时,商品才按规定的价值出售。如果商品供大于求,价格下降,供不应求,则价格上涨。图中受时令海鲜供应的影响,欧洲小镇上的餐厅也会对近期的海鲜时价做适当的调整。

系,那么这种联系就是:在劳动生产率一定的基础上,每个特殊生产部门制造一定量的物品,都需要一定量的社会劳动时间,尽管每个特殊生产部门制造一定量的物品和其所需要的一定量的社会劳动时间的比例在不同生产部门是完全不同的,并且同这些物品的使用价值的特殊性质或它们的用途没有任何内在联系。在其他条件完全相同的情况下,如果a量的某种商品所花费社会劳动时间为b,na量的商品所花费社会劳动时间就是nb。其次,既然社会要满足需要,并为此目的而生产某种物品,它就必须为这种物品的生产进行支付。事实上,因为商品生产是以分工为前提的,所以,把社会所能利用的劳动时间的一部分用来生产这些物品,就是社会购买这些物品的方法,也就是说,用该社会所能支配的劳动时间的一定量来购买这些物品。社会的一部分人,由于分工的缘故,要把他们的劳动用来生产某种既定的物品;这部分人,在他们消费各种满足他们需要的物品时得到了等价于他们劳动的社会劳动,因为社会劳动就包含在社会上的各种物品中。但是,一方面,耗费在一种社会物品上的社会劳动的总量,即社会用来生产这种物品的总劳动力中的一部分,和另一方面,社会生产这种物品的量和社会要求用这种物品来满足的需要的规模之间,只有偶然的联系,并没有任何必然的联系。尽管每一定量某种商品或每一物品都只包含生产它所必需的社会劳动,并且从这方面来看,所有这种商品的市场价值也只代表必要劳动,但是这种商品并不一定会按市场价值出售,例如如果用来生产某种商品的社会劳动的数量，同要由这种产品来满足的特殊的社会需要的规模相比太大，以致某种商品的产量超过了社会按当时市场价值决定的需要，社会劳动时间的一部分就浪费掉了，这时，这个商品量在市场上代表的社会劳动量就比它实际包含的社会劳动量小得多。（只有在生产受到社会实际的预定的控制的地方，社会才会在用来生产某种物品的社会劳动时间的数量，和要由这种物品来满足的社会需要的规模之间，建立起联系。也需要一种惩罚机制，来约束那些生产质量不好的生产。从而供给也要略大于需求。）因此，这些商品必然要低于它们的市场价值出售，其中一部分甚至会根本卖不出去。

如果用来生产某种商品的社会劳动的数量，同要由这种产品来满足的特殊的社会需要的规模相比太小，从而某种商品的产量会少于社会按当时市场价值决定的需要，结果就会相反。但是，如果用来生产某种物品的社会劳动的数量，和要满足的社会需要的规模相适应，而且产量也和需求不变时再生产的通常规模相适应，那么市场上这种商品就会按照它的市场价值来出售。商品按照它们的价值来出售是理所当然的，或商品的市场价格围绕其市场价值上下波动，是商品平衡的自然规律。应当从这个规律出发来说明偏离，从偏离出发来说明规律本身就是不合理的，会得出有悖常理的结论。

寒冬里售卖的鲜花

如果商品供给大于或小于社会需求，价格就会偏离市场价值。这三种情况发生的变化的关系是：生产量本身发生了变化，变得过小或过大了，供给不变，但需求发生了变化，供给和需求都发生了变化，但变化的程度不同。在寒冬中售卖的鲜花，因为生产量本身变小，供给小于社会需求，价格一定会高出市场价值。

在研究过供给后，我们现在来考察另一个方面：需求。

商品被买来当作生活资料或生产资料，以便进入个人消费或生产消费，有些商品能达到这两个目的，但是它们不会对我们的分析产生影响。因此，消费者和生产者（这里指的是资本家，因为假定生产资料已经转化为资本）都对商品有需求。看来，这首先要假定：在需求方面有一定量的社会需要，在供给方面，不同的生产部门会生产出满足其需要的一定量的社会产品。如果棉纺织业每年按一种不变的规模进行再生产，所需要的棉花数量就会跟往年一样；如果考虑到因资本积累使再生产每年扩大，在其他条件不变的情况下，所需要的棉花数量就会增加，就还要追加一部分新的棉花量。生活资料也是这样。工人阶级要使其生活维持在通常的中等水平上，至少必须使其再得到的必要生活资料保持不变的数量，虽然商品品种可能会有或多或少的变化；如果考虑到人口每年在增长，那么必要生活资料的数量就要增加，即工人阶级必须追加一定量的生活资料才能保持其生活水平。这里所说的情况，经过一定的修改，也适用于其他阶级。

因此，在需求方面，存在着某种数量的一定社会需要，要满足这种需要，就要求市场上有一定量的某种物品。但是，从量的规定性来说，这种需要具有很大变动性和伸缩性，但它有一个固定性的假象。如果实际货币工资提高了或者生活资料便宜了（相对的实际货币工资提高），工人就会购买更多的生活资料，当然会使这些商品的"社会需要"增加。这里还完全没考虑需要救济的贫民等等，这些

促销海报

商品按照它们的价值来交换或出售是商品平衡的自然规律。一个部门的商品市场价值总量，是由社会为满足对它的需要而投入的社会必要劳动量决定的。这本身就是说以社会劳动按比例分配为前提的。供求不平衡引起价格波动，但价格的波动最后也会导致供求平衡。图中是超市定期更换的促销海报。

人的"需求"甚至低于他们的身体需要的最低限度。另一方面，比如说，如果棉花便宜了，资本家对棉花的需求就会增长，就会刺激投入棉纺织业中的追加资本的增加等等。这里决不要忘记，根据我们的前提，生产消费的需求是资本家的需求，资本家生产某种商品的目的是获得产品的剩余价值。一方面，这种情况并不妨碍资本家在他作为例如棉花的买者出现在市场上的时候，代表着对棉花的需要；就像棉花的买者把棉花变成火棉，还是变成衬衣料子，还是想用它来堵塞自己和世人的耳朵，都与棉花的卖者无关一样，他们都代表了对棉花的需要。可是，另一方面这种情况却很大地影响了资本家是什么样的买者。在下述情况中他对棉花的需要会发生本质的改变：这种需要实际上只是掩盖他榨取剩余价值的需要。市场上出现的对商品的需求，和实际的社会需要之间在数量上是存在差别的，并且对不同的商品来说，这种差别的界限当然是非常不相同的；我说的差额就是下面二者之间的：一方面是实际需要的商品量；另一方面是商品的货币价格发生变化时所需要的商品量，或者说，买者的生活条件或货币条件发生变化时所需要的商品量。

要理解供求之间的不平衡，以及由此引起的市场价格同市场价值的偏离，是非常容易的。但是供求一致究竟是指什么却是很难确定的。

如果供求之间的比例，可以使某个生产部门的商品总量能够既不高也不低，按照他们的市场价值出售，这种情况下的供求就是一致的。这是我们听到的第一点。

第二点是如果市场上的所有商品都能够按照它们的市场价值出售，供求就是一致的。

如果供求一致，供求就不再对市场发生作用，正因为如此，商品就会既不高，也不低地按自己的市场价值出售。如果供求一致，任何事情就不再由它们说明，市场价值也就不会受它们影响了，并且我们将完全无从了解，为什么这样一个货币额正好表现为市场价值，而不是由另外一个货币额来表现市场价值。供求的互相作用，显然不能说明资本主义生产的实际的内在规律，（完全不把对这两种社会动力的更深刻的分析考虑进来，并且在这里这种分析是不需要的），因为只有在供求不再发生作用时，也就是互相一致时，这种内在规律才能完全地实现。在现实中供求是从来不会一致的；只有在极偶然的时候，它们才有可能达到一致，在科学上这种偶然性等于零，所以可以看作没有发生过的事情。可是，供求一致是政治经济学上必须做出的假定。为什么一定要做这种假设呢？这是为了考察各种现象时是在合乎它们的规律的、符合它们的概念的形态上进行；也就是说，在考察时要撇开由供求变动引起的假象。另一方面，为了更贴近现实地找出供求变动的趋势，就要在一定程度上确定这种趋势，以此为基础进行分析。因为任何不平衡都具有互相对立的性质，并且因为这些不平衡之间会接连不断地发生，所以它们会在它们的相反的方向的作用下，由它们互相之间的矛盾而达到互相平衡。这样，虽然供求不一致存在于

收购棉花的商人

需求包括生产需求和生活需求。需求量具有伸缩性和变动性：生活资料价格便宜了，货币工资提高了，工人就会购买更多的生活资料，需求量会扩大；生产资料价格便宜了，资本家对棉花的需求就会增长，投入棉纺织业中的追加资本就会增加。在19世纪著名画家德加的油画中，送交棉花的人与收购棉花的资本家二者的神情形成了鲜明对照，显示出市场需求对人们心理的影响。

任何一定的场合中，但是接连不断的不平衡会这样在它们之间发生，而且向一个方向偏离可能是由于向另一个方向相反的偏离引起的，以致就一段时期的整体来看，供求一致总是成立的；不过这种一致只是一种平均化的概念，是作为过去的变动的平均，并且只是作为它们的矛盾不断运动的结果。由此，同市场价值相偏离的各种市场价格，在一定时期内，按平均数来看，就会平均化为市场价值，因为这种和市场价值的偏离会在矛盾的相互运动中互相抵消。这个平均数绝不是只在理论上具有意义，而且对资本来说在实际应用中也是有意义的；因为投资要把无论多长的一定时期内的变动和平均化计算在内。

因此，供求关系一方面只是对市场价格同市场价值的偏离进行说明，另一方面是对抵消这种偏离的趋势进行说明，也就是对抵消供求关系的影响的趋势进行了说明（那种没有价值却有价格的商品只是一种例外，在这里不需要考察）。供求有许多极不相同的形式来消除供求不平衡产生的各种影响。例如，如果市场价格由于需求减少而降低，结果，资本也随之被抽走，这样，自然会减少供给。但这样的结果也可能发生：必要劳动时间由于某种发明而被缩短了，商品本身的市场价值降低了，因而正好与市场价格平衡。反之，如果由于需求增加，因而导致市场价格高于市场价值，由于有利可图，使过多的资本流入这个生产部门，生产就会随之增加直到如此程度，甚至使市场价格低于市场价值；或者另一方面，这也可以引起价格进一步上涨，以致需求本身也会随之减少。这还可以在这个或者那个生产部门，在一定的期间内由于所需要的一部分产品必须在较坏的条件下生产出来，从而提高了商品本身的市场价值。

如果市场价格由供求决定，那么另一方面，市场价格，并且可以进一步说就是市场价值，又反过来决定供求。说到市场价格对需求的决定，那是很清楚的，因为需求总是按照与价格相反的方向变动，如果价格下跌，需求就会增加，相反，价格上涨，需求就减少。不过市场价格对供给的决定也是这样。因为加到所供给的商品中去的生产资料的价格，决定对这种生产资料的需求，因而也决定这样一些商品的供给，这些商品的供给本身包括对这种生产资料的需求。棉花的价格对棉布的供给具有决定意义。

要使一个商品的市场价格等于其市场价值，即商品按照它的市场价值来出售，也就是说，按照这个商品包含的社会必要劳动来出售，在这种商品总量上耗费的社会劳动的总量，就必须适应于这种商品的社会需要的量，即适应于有支付能力的社会需要的量。

在资本主义生产中，它的问题不仅在于，要为那个包含在商品中以商品形式投入流通的价值额，取得价值额相等的另一种形式(货币形式或其他商品形式)，而且在于，要为那个为了生产而预付的资本，取得和任何另一个同量资本同样多的或者与资本的大小成比例的剩余价值或利润，无论这个预付资本是用在哪个生产部门，即为社会上的资本取得平均利润率；因此，这里的问题就在于，每个预付资本要求回报的最低限度是按照那个会提供平均利润的价格，即生产价格来出售商品。在这种形式上，资本拥有的一种社会权力就被它自己意识到了；并且这种权力被每个资本家按照他在社会总资本中占有的份额分享。

> **售卖**
>
> 市场价值是通过竞争和市场价格的波动来实现的。供求关系一方面只是说明市场价格同市场价值的偏离，另一方面又可以在极不相同的形式上消除由供求不平衡所产生的影响。图中商贩们所售商品的价格不见得就会与真实价值完全一致，还要受供需因素的影响。

第一，资本主义生产的商品所具有的使用价值和这些商品所具有的特殊性质并不会受到资本主义生产本身的关心。在每个生产部门中，资本主义生产所关心的只是生产的剩余价值，在劳动产品中占有的一定量无酬劳动。同样，那些从属于资本的雇佣劳动，从它的性质来说，每个劳动所具有的特殊性质也并没受到它自己的关心，它总是按照资本的需要变来变去，被别人把它从一个生产部门抛到另一个生产部门。

第二，事实上，每个生产部门没什么好坏之分，一个生产部门和另一个生产部门一样好或一样坏。每个生产部门都提供同样的利润率，而且，只有它所生产的商品满足了某种社会需要，它才是有用的。

但是，如果商品的出售价格都等于它们的价值，那就像已经说过的那样，极不

摩天楼

通过资本在不同部门之间根据利润率的升降进行的分配，不同的生产部门就会有相同的平均利润，因而价值也就转化为生产价格。资本主义体制在一个国家发展越是完善，这个国家就会越适应资本主义生产方式，这样资本就越能实现这种平均化。该图拍摄于1988年，纽约市甚至是全世界的金融中心的世贸中心双子大厦在曼哈顿的楼群上投下的巨大长影。

5秒钟经济学

>>> 货币需求 >>>

社会公众对作为交易媒介与贮藏手段的一般等价物的需求。货币需求是一个商业经济的范畴，发端于商品交换，随商品经济及信用化的发展而发展。在发达的商品经济条件下，货币需求强度（货币发挥自身职能作用的程度，货币在经济社会中的作用程度，以及社会公众对持有货币的要求程度）较高。个人购买商品和劳务，企业支付生产和流通费用，财政上缴下拨，银行开展信用活动，社会进行各种方式的积累，政府调节经济，都需要货币这一既特殊又一般的价值及价值量工具。

相同的利润率会在不同生产部门产生，因为投入其中的资本的有机构成不同。在这种情况下，资本自然会从利润率较低的部门抽走，投入利润率较高的其他部门。这种流出和流入会不断地进行直到各部门的利润率相等，总之，通过资本在不同部门之间根据利润率的不同连续不断进行的分配，就会使供求之间形成这样一种比例，以致不同的生产部门的利润率都相同，即得到相同的平均利润，因而商品价值也就转化为生产价格。资本主义在一个国家的社会内有越高发展水平，也就是说，这个国家越是有适应资本主义生产方式的条件，资本的这种平均化就越容易在这个国家实现。随着资本主义生产的发展，它的各种条件也发展了，它的特殊性质和它的内在规律使它包含了生产过程借以进行的全部社会前提。

那种在不断的不平衡中不断实现的平均化，在下述两个条件下会以更快的速度进行：第一，资本的活动性更大，也就是说，更容易从不同的部门或不同的地点之间转移；第二，劳动力也有更大的活动性，即能够更迅速更容易地从一个部门和一个地点转移到另一个部门和另一个地点。第一个条件的前提是：社会内部的商业已经是完全自由的，自然垄断以外的一切垄断都被消除了，即资本主义生产方式本身造成的垄断已不存在了；其次，信用制度的发展已经把留在各个资本家手里大量分散的可供支配的社会资本集中起来，使其更好地为社会化大生产服务；最后，资本家支配了所有不同的生产部门。最后这一点，已经包括在我们假定一切按资本主义方式经营的生产部门的价值转化为生产价格中了；但是，如果非资本主义经营的生产部门(例如小农经营的农业)数量众多地插在资本主义企业中间，并与之交织在一起，更大的障碍就会出现在这种平均化中。最后很高的人口密度也是必需的。第二个条件的前提是：一切妨碍工人从一个生产部门转移到另一个生产部门，或者从一个生产地点转移到另一个生产地点的法律都被废除了；工人对于自己干什么劳动是无所谓的；简单劳动已最大限度地进入一切生产部门；工人抛弃了一切职业的偏见；最后，特别是资本主义生产方式能够支配工人。关于这个问题在以后会专门研究的。

根据以上所说可以得出结论，无论单个资本家，还是每一个特殊生产部门的所有资本家总体，都参与总资本对全体工人阶级的剥削，并参与决定这个剥削的程度，这可不

法律发布委员会

生产价格的形成需要一定的条件,即资本和劳动的自由流动。市场体系的建立,信用制度的发展,这些均为资本和劳动力在不同部门间的流动提供了便利条件。机器大工业的发展,使一切生产部门的劳动都已最大限度地转化为简单劳动,这又为劳动力自由流动提供了条件。各种法律的颁布,也为资本和劳动力的自由流动提供了制度保证。图中是官员们在绞尽脑汁制定各种法律制度。

是出于一般的阶级同情,而是由于直接的经济利害关系,因为在其他一切条件(包括全部预付不变资本的价值)已定的前提下,平均利润率取决于总资本对总劳动的剥削程度。

每100资本得到的平均利润和每100资本所生产的平均剩余价值相一致。就平均利润来说,不过预付资本价值一定要作为利润率的一个决定因素加进来。事实上,一定生产部门的资本或一个资本家,在对他直接雇用的工人的剥削上特别关心的只有:或者通过把工资降低到平均工资以下的办法,或者通过不一般的过度劳动,或者通过所使用的劳动的额外生产率,从而获得一种额外利润,即超出平均利润的利润。如果不考虑这一点,一个在本生产部门内只使用不变资本而完全不使用可变资本,即完全不使用工人的资本家(事实上这是一个基本上不可能的假定),会像一个只使用可变资本而完全不使用不变资本,即把全部资本都投到工资上面的资本家(又是一个基本上不可能的假定)一样地关心资本对工人阶级的剥削,并且会像后者一样获取他的利润—从无酬的剩余劳动中。但劳动的剥削程度,在劳动强度已定时,取决于工作日的长度，而在工作日已定时，则取决于劳动的平均强度。因而，在可变资本的总额已定时，剩余价值量，从而利润量，取决于剩余价值率的高低，即劳动的剥削程度。与总资本不同的一个部门的资本会特别关心对该部门直接雇用的工人的剥削，与整个部门不同的单个资本家同样会特别关心对他个人直接雇用的工人的剥削。

另一方面，拥有资本的每一个资本家和每一个特殊部门，都同样关心总资本所使用的社会劳动的生产率。因为有两样东西取决于这种生产率：第一是用平均利润来表示的使用价值量；这一点具有双重的重要性，因为这个平均利润既可以成为新资本的积累基金，又可以成为供享受的收入基金。第二是全部预付资本（不变资本和可变资本）价值的大小；在整个资本主义生产中生产的商品所包含的剩余价值量或利润量已定时，这个价值的大小决定了利润率。

因此，我们在这里得到了一个非常精确的证明：为什么资本家在面对着整个工人阶级时结成真正的共济会团体，但在他们的竞争中却表现出彼此都是虚伪的兄弟。

此外，下列情况下还能产生出超额利润来：某些生产部门并没有把它们的商品价值转化为生产价格，从而没有把它们的利润化为平均利润。

资产阶级的团结

等量资本获得等量利润是资本的一种社会权力，是剩余价值在不同部门资本家之间的重新分配。为了提高利润率，资本家加重对工人的剥削。在剥削工人时，资产阶级总是很团结。平均利润形成后，每个部门的资本家获得的利润多少，不仅取决于对本部门的工人的剥削程度，而且取决于资本家阶级对整个工人阶级的剥削程度。这是1928年在意大利举行欧洲最高议会的场景。

第八章 规律本身

在已定下工资和工作日时,一个可变资本,例如100,代表着被推动的一定数目的工人;它就是这个人数的指数。例如,假定100个工人一周的工资是100镑。如果这100个工人所完成的必要劳动等于剩余劳动,也就是说,如果他们每天为自己劳动的时间,即再生产他们的工资的时间,和他们为资本家劳动的时间,即生产剩余价值的时间一样多,那么,他们则生产了100镑的剩余价值。剩余价值率m/v就等于100%。但是我们已经知道,这个剩余价值率在大小不等的不变资本c,从而会有大小不等的总资本C,因为利润率等于m/C,由此就会表现出极不相同的利润率。假定剩余价值率为100%:

c	v	p'
50	100	100/150=66.7%
100	100	100/200=50%
200	100	100/300=33.3%
300	100	100/400=25%
400	100	100/500=20%

因此,在不变的劳动剥削程度下,随着不变资本的物质量的增加,总资本的价值量也会增加,虽然增加的比例不相同,同一个剩余价值率会表现为不断下降的利润率。

如果我们进一步假定,这种资本构成的逐渐变化,不仅在个别生产部门发生,而且不同程度地在一切生产部门中发生,或者至少在非常重要的生产部门中发生。因而这种变化就变成了某一个社会的总资本的平均有机构成的变化,那么,这种不变资本同可变资本相比的逐渐增加,就肯定会有这样的结果:在资本对劳动的剥削程度不变即剩余价值率不变的情况下,一般利润率却会逐渐下降。随着资本主义生产方式的不断发展,可变资本同相对应的不变资本相比,从而同与之相对的总资本相比,会相对减少,这是资本主义生产方式的一种规律。这只是说,由于日益发展的资本主义生产内部所特有的生产方法,一定价值量的可变资本所能支配的数目相同的工人或数量相同的劳动力,会在相同时间内推动、加工、生产地消费掉数量不断增加的劳动资料,各种固定资本如机器、辅助材料和原料,也就是不变资本。可变资本同不变资本进而同总资本相比的这种不断的相对减少,和不断提高的社会资本的平均有机构成是同一的。这也只是另一种从另一个方面表现了劳动的社会生产力不断发展,而这种发展正好表现在:由于更多地使用一般固定资本如机器,数目相同的工人在同一时间内可以把更多的原料和辅助材料转化为产品,也就是说,可

蒸汽机的使用

平均利润率下降的原因是社会资本有机构成的提高。19世纪初由于蒸汽驱动旋转的钻头的应用，不但使采矿工业的劳动强度得到很大程度上的缓解，还大大提高了劳动生产率，这样势必引起不变资本部分的相对缩小。资本机构日益提高，利润率也就逐渐下降。图中是一台被放置在矿坑入口处的蒸汽机，正在传送半球形锅炉中的蒸汽为升降机和绞尺轮提供动力。

以用相同的劳动生产出更多的产品。这种不变资本价值量的增加——虽然它在某种程度上只是表现出增加了在物质上构成不变资本的各种使用价值的实际数量——会相应地使产品日益便宜。就从每一个产品本身来看，同较低的生产阶段相比，较高的生产阶段都只包含一个更小的劳动量，因为在较低的生产阶段上，投在生产资料上的资本比投在劳动上的资本小得多。因此，本章开头假定的序列，是对资本主义生产实际趋势的一种表示。资本主义生产，随着日益相对减少的可变资本（相对不变资本），不断提高了总资本的有机构成，由此产生的直接结果是：在不变甚至提高的劳动剥削程度下，剩余价值率会表现为一个不断下降的一般利润率。(以后我们将会看到，为什么这种下降只是以不断下降的趋势而不是以一个绝对的形式表现出来。)因此，一般利润率日益下降的趋势，只是劳动的社会生产力日益发展（即社会劳动生产率的提高）在资本主义生产方式下所特有的表现。当然利润率也会由于别的原因而暂时下降，然而我们这里是根据资本主义生产方式的本质证明了一种不言而喻的必然性：在不断发展的资本主义生产方式中，一般的平均的剩余价值率必然表现为不断下降的一般利润率。因为所使用的活劳动的量（即工人直接参加的劳动量），同它所推动的物化劳动的量（不变资本对应的）相比，同生产中消费掉的生产资料的量相比，不断减少，所以，这种活劳动中物化在商品中的剩余价值即劳动的无酬部分同所使用的总资本的价值量相比，也肯定会不断减少。而利润率就是剩余价值量和所使用的总资本价值的比率，因此利润率必然不断下降。

利润率不断下降的规律，或者说，资本家占有的剩余劳动同活劳动（劳动力）推动的物化劳动的量之比相对减少的规律，决不排斥这种情况：社会资本所剥削的劳动的绝对量在增大，因而社会资本所占有的剩余劳动的绝对量必然也会增大；同样也决不排斥这种情况：单个资本家所支配的资本支配着日益增加的劳动量，从而也就支配着日益增加的剩余劳动量，甚至当他们支配的工人人数并不增加的时候，也还是支配着日益增加的剩余劳动量。

例如，我们假定工人人口已定为200万，再假定平均工作日的长度、强度以及工资也已定，从而必

劳动的农奴

典型的农奴制产生于中世纪的欧洲。它是在罗马奴隶制的废墟上建立起来的，而直到19世纪，俄国和印度仍保持着农奴制。在这种制度下，农奴主占有土地、山林等绝大部分生产资料，并部分占有农奴；农奴从农奴主手中分得一块土地，作为代价他们必须无偿耕种领主土地，待遇如同牛羊一般，还要上缴大部分劳动产品。

要劳动和剩余劳动之间的比率也已定，那么，这200万工人的总劳动，以及他们中以剩余价值的形式表现出来的剩余劳动，就总是会生产出大小相等的价值量。但是，随着由这个劳动所推动的不变资本（固定资本和流动资本）的量不断增加，这个价值量和这个资本的价值（这个价值和资本的量会一起增加，虽然不是按相同的比例增加）之间的比率则会随之下降。因此，这个比率以致利润率就会下降，尽管此时资本所支配的活劳动的量和它吸收的剩余劳动的量还同以前一样。这个比率之所以会发生变化，并不是因为活劳动本身的量减少了，而是因为由活劳动推动的已经物化的劳动的量增加

了。这种减少不是绝对的，而是相对的，实际上它同所推动的劳动以及剩余劳动的绝对量毫无关系。利润率的下降，并不是由于总资本中可变组成部分的绝对减少，而只是由于它的相对减少，也就是可变组成部分与不变组成部分相比的减少。

在劳动量和剩余劳动量已定的情况下，我们所说的话，同样也适用于工人人数增加的情况，从而，在上述前提下，也适用于资本家所支配的劳动量增加的情况，特别是适用于这个劳动中的不用付给报酬的那一部分即剩余劳动的量增加的情况。现在，如果工人人口由200万增加到300万，从而，作为工资支付给工人人口那部分可变资本现在也由以前的200万增加到300万，而不变资本则由400万增加到1500万，那么，在上述前提下(工作日和剩余价值率不变)，剩余劳动量或剩余价值量就会增加一半，即50%，由200万增加到300万。但是，尽管剩余劳动的绝对量，以致于剩余价值的绝对量增加了50%，但是可变资本和不变资本的比率还是会由2:4下降到3:15，而剩余价值和总资本的比率如下(以百万为单位)：

I. $4c+2v+2m$；$C=6$，$p'=33.3\%$；

II. $15c+3v+3m$；$C=18$，$p'=16.7\%$。

剩余价值量增加了一半，而利润率比之以前则下降了一半。但是，利润只是按社会资本计算的剩余价值，因而就社会范围来说，利润的绝对量，还是要同剩余价值的绝对量相等。因此，尽管一般利润率大大下降了，即这个利润量和全部预付资本的比率大大下降了，利润的绝对量，也就是它的总量，还是增加了50%。所以，尽管一般利润率不断下降，但是资本所使用的工人人数，即它所推动的劳动的绝对量——它所吸收的剩余劳动的绝对量——它所生产的剩余价值量——它所生产的利润的绝对量，仍然能够增加，并且会不断增加。事情还不只是能够如此，如果撇开那些暂时的波动，在资本主义生产的基础上，事情也必然如此。

在资本主义生产方式的发展中，劳动的社会生产力的不断发展，一方面表现为一般利润率不断下降的趋势，另一方面则又表现为所占有的剩余价值或利润的绝对量的不断增加；其结果，总的来说，可变资本和利润的相对减少总是同利润或剩余价值的绝对增加相适应的。我们曾经讲过，这种双重的作用，仅仅是在总资本的增加比利润率的下降更为迅速的时候才能表现出来。在构成较高或不变资本的相对增加较多的情况下，如果要使用一个绝对增加了的可变资本，那么，总资本不仅要和较高的构成成比例地增加，而且还要增加得更迅速。由此可见，随着资本主义生产方式的发展，要使用同量劳动力，就会要求投入越来越大的资本量；越是要使用更多的劳动力，情况就越是如此。因此，在资本主义的基础上，劳动生产力的不断提高必然会产生永久性的显而易见的工人人口的过剩。如果可变资本以前占总资本的1/2，而现在只占1/6，那么，要使用同样数量的劳动力，总资本就必须增加到三倍；如果所用的劳动力要增加一倍，那么，总资本则必须增加到六倍。

在做测量的资本家

平均利润率下降，并不排斥资本家获得的利润总量的增加。虽然资本有机构成的提高，导致利润率下降，但总资本推动的劳动总量增加，剩余价值或利润也在增加。财富也意味着权势，资本家的一举手一投足总是会引起关注。图中资本家只是在做一个简易的测量。

利润率因生产力的发展而下降，但同时利润量反而会增加，这个规律也表现为：资本所生产的商品的价格下降，同时商品所包含的并通过商品出售所能够实现的利润量却会相对增加。

因为，生产力的发展以及与之相适应的较高的资本构成，使得数量越来越小的劳动，能够推动数量越来越大的生产资料，所以，总产品中任何一个部分，或任何一个商品，换句话来说就是，生产的全部商品中任何一定量商品，都只吸收了较少的活劳动，而且也只包含较少的物化劳动，即所使用的固定资本损耗掉的一部分以及所消费的原料和辅助材料中所体现的物化劳动。因此，任何一个商品都是只包含一个较小的、物化在生产资料中的劳动和生产中新追加的劳动的总和。这样，单个商品的价格就随之下降了。尽管如此，单个商品中包含的利润量，在绝对剩余价值率或相对剩余价值率提高时还是能够增加。虽然它只包含较少的新追加劳动，但是这种劳动的无酬部分与有酬部分相比却增加了。不过，只有在一定范围内这种情况才可能发生。在生产发展过程中，当单个商品中包含的新追加的活劳动的总和大大地绝对减少时，其中包含的无酬劳动的量也会随之绝对地减少，而不管它同有酬

>>> 电子工业 >>>

生产电子设备、电子元器件和专用原材料的工业部门。电子科学技术已有80多年的历史，20世纪40年代以前，发展比较缓慢，40年代末期，晶体管和电子计算机的发明，引起了电子科学技术的革命，电子工业才逐步形成一个独立的新兴工业部门，得以迅速发展。它在现代化建设中具有特别重大的作用。延伸和补充了人体信息处理的三处器官——感官、神经和大脑，使在传统的动力机之外，又出现了自动控制机，补充了人的智力和控制能力，并部分地代替了人类的脑力劳动。

部分之比相对地增加了多少。虽然剩余价值率提高了，但是每个商品中的利润量却会随着劳动生产力的发展而大大减少；而这种减少和利润率的下降时的情况完全一样，仅仅是由于不变资本要素的日益便宜，由于之前我们所指出的在剩余价值率不变甚至下降时使利润率提高的其他情况而延缓下来。

产量攀升的水稻

利润率下降规律，表现在单位商品价格下降的同时，商品总价格中包含的利润量相对增加。农田因为广泛应用了新技术，劳动生产率大幅度提高，致使单位劳动时间内，水稻产量不断攀升，单位产品消耗的活劳动的下降，会使水稻价格下降。但单个产品中所包含的利润量，会由于剩余价值率提高的速度快于新价值下降的速度而增加。

第九章 起反作用的各种原因

劳动剥削程度的提高

劳动的剥削程度，以及对剩余劳动和剩余价值的占有，特别会由于工作日的延长和劳动的强化而提高。使劳动强化的因素很多，其中包括不变资本同可变资本之比的相对增加，因而也就包括利润率的下降这一因素，例如，在一个工人必须看管更多机器的时候，情况就是如此。在这里，也像生产相对剩余价值时所使用的大多数方法一样，引起剩余价值率提高的同一些原因，也都包含着按所使用的总资本的一定量来考察的剩余价值量的减少。

剩余价值率的提高是决定剩余价值量从而也是决定利润率的一个因素。尤其是因为这种提高，如上所述，在不变资本同可变资本相比完全没有增加或没有按比例增加的情况下也会发生。这个因素并没有取消一般的规律。但是，倒不如说它会使一般的规律作为一种趋势来发生作用，即成为这样一种规律：它的绝对的实现会被起反作用的各种情况所阻碍、延缓和减弱。但是，因为使剩余价值率提高(甚至延长劳动时间也是大工业的一个结果)的同一些原因，趋向于使一定量资本所使用的劳动力减少，所以这些原因趋向于使利润率降低，但同时它又使这种降低的趋向延缓下来。

工资被压低到劳动力的价值以下

在这里，这种情况只是作为经验的事实提出，因为它和其他许多似乎应该在这里提到的情况一样，实际上同资本的一般分析没有任何关系，它属于不是本书所要考察的竞争的研究范围。但它却是阻碍利润率下降趋势的最显著的原因之一。

不变资本各要素变得便宜

本卷第一篇关于在剩余价值率不变时利润率提高或不以剩余价值率为转移而提高的各种原因所说的一切，在这里，都属于我们要研究的范围。因此，就特别要说到这样一种情况：从总资本的角度来说，不变资本的价值和它的物质量并不是按同一比例增加的。例如，一个欧洲纺纱工人在一个现代工厂中加工的棉花量，同一个欧洲纺纱工人从前用纺车加工的棉花量相比，虽然是极大地增加了，但是加工的棉花的价值，和它的量并没有按同一比例增加。机器和其他固定资本的情况也是如此。总之，使不变资本量同可变资本之比相对增加的同一发展，由于劳动生产力的不断提高，会使不变资本各要素的价值相对减少，从而使不变资本的价值不和它的物质量按同一比例增加，也就是说，虽然不变资本的价值会不断增加，但是它却不

黑人劳工

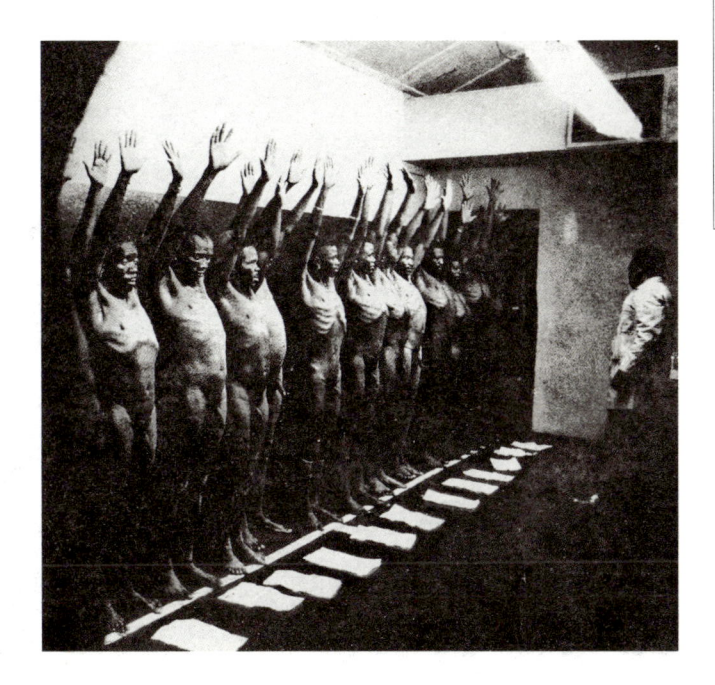

图中是招募黑人工人时，要将衣物脱光进行体检的场景。黑人因为饱受种族歧视和压迫，总是会受到资本家非人的奴役，从事的都是最笨重和最受轻视的劳动，工资却只有白人的三分之一。资本家雇用黑人劳工工作，增加了剩余价值的同时，又节约了可变资本，带来了剩余价值率的提高。

和同量劳动力所推动的生产资料的物质量，按同一比例增加。在个别情况下，不变资本各要素的量，甚至会在不变资本的价值保持不变或者下降的时候增加。

同上述情况相关的是，随着工业发展，现有资本(即它的物质要素)会发生贬值。它也是在阻碍利润率下降上，不断发生作用的原因之一，虽然，在某些情况下它会使提供利润的资本的量减少，从而使利润量减少。因此，这里再一次表明，能造成利润率下降趋势的某一些原因，同时也会阻碍这种趋势的实现。

相对过剩人口

相对过剩人口的产生，是和表现为利润率下降的劳动生产力的发展密不可分的，且这种过剩还会由于这种发展而加速。一个国家的资本主义生产方式发展得越快，这个国家的相对过剩人口就表现得越明显。一方面，相对过剩人口又是造成以下情况的原因：在许多生产部门中，劳动在一定程度上不完全从属于资本的现象继续存在，而且，这种现象即使初看起来和一般发展水平已不相适应，但是它仍将继续存在；同时它也是下述情况造成的结果：由于可供支配的或失业的雇佣工人价格低廉和数量众多，因此，一些生产部门出于其本性会更加强烈地反对由手工劳动转化为机器劳动。另一方面，出现了新的生产部门尤其是生产奢侈品的部门的出现，这些生产部门以其他生产部门中常常由于不变资本占优势而失业的上述相对过剩人口为基础，而这些生产部门本身则建立在活劳动要素占优势的基础之上，以后才逐渐地走其他生产部门曾经走过的路。在这两个场合，可变资本在总资本中都占有相

农奴解放后的乡村

1861年俄罗斯的农奴制改革，虽然有2000多万农奴从私人地主手中获得解放，分到一块平均不到3俄亩的土地，但沙皇在这次改革中极力维护的是地主和政府的利益，不仅把原来由农民耕种的部分土地割给地主，还让地主保留了份额大得不成比例的牧场、草地和森林，而且农民还要为自己那一小块地付出很高的赎金。绘于1889年的油画中小男孩悠闲地在小河边垂钓。饱满平静的画面掩饰不住破败的农舍和人们贫穷的生活。

当大的比重，而且工资低于平均水平，从而使得这些生产部门的剩余价值率和剩余价值量都非常高。因为一般利润率是由各个特殊生产部门利润率的平均化而形成的，所以，造成利润率下降趋势的某些原因，在这里同样又会产生一种和这种趋势相反的对抗力量，从而在一定程度上或多或少地抵消这种趋势的作用。

对外贸易

对外贸易一方面能够使不变资本的要素变得便宜，一方面又能够使可变资本转化成的必要生活资料变得便宜，它具有提高利润率的作用，因为它使剩余价值率得到提高，同时又使不变资本价值降低。一般说来，它之所以能够在这方面起作用，是因为它可以使生产规模扩大。因此，它一方面可以加速积累，但是另一方面也加速可变资本同不变资本之比的相对减少，从而加速利润率的下降。同样，对外贸易的扩大，在资本主义生产方式的幼年时期虽然是这种生产方式的基础，但是在资本主义生产方式的发展中，由于这种生产方式的内在必然性而要求不断扩大市场，它逐渐成为这种生产方式本身的产物。在这里，我们再一次见证了同样的二重作用。

股份资本的增加

除上述五点外，我们还可以补充下面一点。不过关于这一点，我们暂时不能进行深入的研究。在和加速的积累同时并入资本主义生产的发展中，其中的一部分资本，只作为生息资本来计算和使用。这里所说的生息资本当然不是指：每个贷出资本的资本家仅仅会满足于利息，而产业资本家则想当然地取得企业主收入。这同一般利润率的水平是没有任何关系的，因为对一般利润率而言，利润＝利息＋各种利润＋地租；利润在这些特殊范畴中的分配，同一般利润率当然是无关的。这里所说的生息资本是指：这些资本虽然被投在大的生产企业上，但在扣除一切费用之后，只能够提供或大或小的利息，即所谓股息。例如，投在铁路上的资本就是这样。因此，这些资本不会参加到一般利润率的平均化过程中去，这是因为它们提供的利润率低于平均利润率。如果它们参加进来，平均利润率则会下降得更厉害。但是，从理论上来说，我们可以把它们计算进去，这样得到的利润率就会小于表面上存在的并且实际上对资本家起决定作用的利润率，因为恰好是在这些企业内，不变资本同可变资本之比才会最大。

股市交易所

在资本主义经济中，由于存在诸如劳动剥削程度的提高、相对过剩人口、股份资本的增加等反作用的因素，必然会阻碍着利润率的下降。利润率的下降并不一定表明剩余价值率也下降，由于资本总量增加较快，利润总量也会随之增加。图为法国19世纪末的股票交易所，两个在拥挤的股票交易所中的投机者正在窃窃私语。

第十章 规律的内部矛盾的展开

总的说来,规律的矛盾在于:资本主义生产方式包含着发展生产力的绝对趋势,而不管价值及其中包含的剩余价值如何,也不管资本主义生产是在什么样的社会关系中进行;而另一方面,它的目的是在保存现有资本价值的基础上最大限度地增殖资本价值(也就是使这个价值越来越快地增加)。它的独特性质是:把现有的资本价值用作最大可能地增殖其自身价值的手段。它用来达到这个目的的方法包含着:使利润率降低,同时使现有资本贬值,凭借已经生产出来的生产力来发展劳动生产力。

通过现有资本的周期贬值,这个作为资本主义生产方式所固有的、阻碍利润率下降并通过新资本的形成来加速资本价值增殖的手段,会扰乱资本流通过程以及再生产过程借以进行的现有关系,并由此引起生产过程的突然停滞和危机。

与生产力发展并进的、可变资本同不变资本之比的相对减少,刺激工人人口的增加,同时又人为地不断地创造出过剩人口。从价值方面看,资本的积累,会由于利润率的下降而延缓下来,但却更加速了使用价值的积累,而使用价值的积累同时又会使积累在价值方面加速进行。

资本主义生产总是竭力克服在生产过程中所固有的这些限制,但是它用来克服这些限制的手段,最终却使得这些限制以更大的规模重新出现在它面前。

真正限制资本主义生产的是资本自身,换句话说就是:资本及其自行增殖的过程,一般表现为:生产的起点和终点,生产的动机和目的。生产只是为资本的增殖而生产,而不是相反:生产资料只是不断扩大生产者社会生活过程的手段。以广大劳动群众的被剥夺和贫困化为基础的资本价值的保存和增殖,只能在一定的限制范围内运动,这些限制,不断与资本为它自身增殖的目的而必须使用的而且旨在无限制地增加生产,为生产而生产,无条件地发展劳动社会生产力的生产方法相矛盾。社会生产力的无条件的发展这一手段,不断地和现有资本的增殖这个有限的目的发生着冲突。因此,如果说资本主义生产方式是发展物质生产力并且在不断创造同这种生产力相适应的世界市场的历史手段,那么,它同时也就是它的这个历史任务和同它相适应的社会生产关系之间的一种经常的矛盾。

扩大生产规模

在生产领域中,资本家为了追求更多的剩余价值,在利润率下降的过程中,必然努力积累资本,扩大生产规模,获取超额利润。而在分配领域中,由于资本积累的增长,资本有机构成的提高,工人阶级在社会新创造的价值中,所占比例越来越小,以致社会有支付能力的需求减少,剩余价值的实现面临困难。图中是20世纪初福特汽车公司扩大生产规模后的厂房。

第三篇　商品资本和货币资本转化为商品经营资本和货币经营资本(商人资本)

第十一章　商品经营资本

　　商人资本或商业资本可以分为两种形式，即商品经营资本和货币经营资本。现在，我们就要在分析资本的核心构造所必需的范围内，比较详细地说明这两种资本的特征。

　　在第二卷中，商品资本的运动我们已经分析过了。就社会总资本而言，它总是有一部分会作为商品处在市场上，以便转化为货币，虽然这部分会不断由别的要素构成，甚至数量也在变化；另一部分则以货币形式处在市场上，以便在合适的时候转化为商品。而且，社会总资本总是处在这种转化即这种形态变化的运动中。处在流通过程中的资本的这种职能只要独立起来，那它就成为一种特殊资本的特殊职能，并且固定下来，成为一种通过分工给予特殊种类资本家的职能，此时，商品资本就变成了商品经营资本或商业资本。

　　事实上，商品经营资本只是这个不断处在市场上、处在形态变化过程中的并总是局限在流通领域内的流通资本的一部分的转化形式。之所以说是一部分，是因为商品的买和卖有一部分是不断地在直接产生于产业资本家自身中间的。在我们的研究中必须把这个部分完全撇开，因为它对于规定商人资本的概念，或者对于理解商人资本的某些特殊性质是毫无帮助的，另一方面，在第二卷中，为了我们的研究目的，我们已经对这个部分作了所需要做的详尽说明。

　　作为一般资本家的商品经营者，他首先是作为某个货币额的代表出现在市场上的；他作为资本家而预付这个货币额，也就是说，他要把这个货币额从x(这个货币额的原有价值)转化为x+△x(这个货币额加上它的利润)来达到增殖的目的。但是，对他这个不仅是一般资本家，而且特别是商品经营者的身份来说，很显然，最初他的资本必须以货币资本的形式出现在市场上，因为他没有生产商品，而只是在经营商品，也就是说，此时他对商品的运动起中介作用，而要经营商品，他首先就必须购买商品，因此也就必须是货币资本的所有者。

例如，我们假定一个商品经营者有3000镑，并把它当作经营资本来增殖。他用这3000镑从麻布厂主那里购买比如说30000码麻布，每码2先令。然后，他再把这30000码麻布卖掉。如果年平均利润率为10%，在扣除一切杂费之后他就赚到10%的年利润，那么，在年终时他就把这3000镑转化为3300镑了。至于他是怎样赚得这笔利润的，那是我们以后才要研究的问题。在这里，我们首先要考察的只是他的资本的运动具有何种形式。他不断地用这3000镑去购买麻布，并且不断地把这些麻布卖掉；也即是他不断地重复为卖而买这一行为G—W—G'。这种完全局限在流通过程中的资本的简单形式，不会因处在这一资本的自身运动和职能范围以外的生产过程所造成的间歇而发生中断。

然而，这种商品经营资本同作为产业资本的一个单纯存在形式的商品资本的关系又是怎样的呢？对麻布厂主来说，他靠商人的货币实现了他生产的麻布的价值，完成了他的商品资本的形态变化的第一阶段，也就是把他的商品资本转化为货

资本流通

商业资本属于流通资本，专门从事商品买卖业务，商业利润是从商品流通中即商业资本家从经营商品的买卖中获得的。图中摩天大楼、巨幅广告和川流不息的车流、人流，反映出现代经济社会商业资本流通之迅速。

币了，在其他条件不变的情况下，他现在就能够把这个货币再转化为麻纱、煤炭、工资等等生产要素；另一方面，其中一部分也转化为生活资料等等，以花掉他的收入。因此，在对撇开收入进行的花费不说的前提下，他现在就能够继续进行再生产过程了。

但是，麻布的出售，即麻布到货币的形态变化，对他这个麻布生产者来说，虽然已经发生，然而，对麻布本身来说，还没有发生实质性的变化。麻布仍旧作为商品资本处在市场上，有待于完成它的第一形态变化，即被售出。对这批麻布来说，发生转变的不过是它的所有者而已。按它本身的性质来说，同时按它在过程中所处的地位来说，它还是商品资本，是要出售的商品；只是它现在是在商人手中，而不像之前那样是在生产者手中。把麻布卖掉的职能，即对麻布形态变化的第一阶段起中介作用的职能，现在，由生产者转到商人手里了，成为商人的一种特殊业务了，而以前，这种职能是生产者在生产麻布的职能完成以后要由他自己去完成的。

假定在麻布生产者把另一批价值3000镑的30000码麻布投入到市场之前的这段

顺流而下的密苏里毛皮商人

在资本主义发展过程中，随着生产的发展，市场范围的扩大，产业资本家为了集中精力从事生产活动并节约流通资本，便寻求由专门从事商品销售业务的商业资本家为其推销商品。于是，商品资本的职能就在产业资本循环过程中逐渐从产业资本中分离出来，成为独立地在流通领域中发生作用的资本了。图为19世纪中叶，晨曦中两个皮毛商人正驾着独木舟不辞劳苦地在密苏里河面上远途贩运，他们不仅具有商业资本家的雏形，而且充满创造性、最具冒险性的精神终将使其在众多社会角色中获得较特殊的地位。

> >>> **财政赤字** >>>

5秒钟经济学

年度国家财政支出大于收入的差额。由于这种差额在簿记处理上习惯于用红字表示，故名赤字。财政赤字可能出现在预算安排上，也可能出现在预算执行结果上。通常对预算上安排的赤字称为赤字财政或赤字预算，而把预算执行结果出现的赤字称为财政赤字或预算赤字。各国财政赤字的口径有所不同。主要有两种：一种不包括国债的财政收支差额；另一种是将国债收入和还本付息支出列入正常收支相抵后出现的赤字，有人把它称为"硬赤字"。前一种通常为西方国家所采用，中国采用后一种。

间歇期间里，商人未能把他购买的30000码麻布卖掉，那他就不能重新购买麻布，因为在他的仓库里还有30000码麻布没有卖出去，也即是对他来说这些麻布还没有再转化为货币资本。这时，停滞发生了，再生产也就算随之中断了。当然，麻布生产者可能拥有较多的货币以供追加货币资本，尽管这30000码麻布没有卖掉，他还是能够把这笔追加的货币资本转化为生产资本，使生产过程继续进行。但是这个假定丝毫没有改变问题的实质，因为只要我们考察的对象是预付在30000码麻布上的资本，那么，这个资本的再生产过程毕竟还是中断了。因此，实际上这里已经非常清楚地说明，商人的活动只是为了把生产者的商品资本转化为货币资本所必须完成的活动，只是对商品资本在流通过程和再生产过程中的职能起到一种中介作用。如果我们假设专门从事这种卖出和买进活动的，并非是独立的商人，而只是生产者的代理人，那么这种联系就会立即暴露无遗。

因此，商品经营资本无非就是生产者的商品资本，这种商品资本必须经历转化为货币的这一过程，也就是说它必须在市场上完成它作为商品资本的职能；不过这种职能已经不是生产者的某种附带的活动，而是由一类特殊资本家即商品经营者进行的专门活动，它已经发展成为一种特殊投资的业务而独立起来。

此外，这种情况还会表现在商品经营资本的那种特有流通形式上。商人先是购买商品，然后再把它卖掉：G—W—G'。同一件事情，对生产资本家来说是W—G，即他的资本在商品资本这个暂时形态上行使着一种简单的职能，对商人来说却成为G—W—G'，即他所预付的货币资本的一种特殊增殖的过程。对商人来说，商品形态变化的一个阶段，在这里，表现为G—W—G'，因而也就表现为一种独特的资本的演化。

既然商品经营资本在自行销售的生产者手中只是他的资本处于再生产过程中的一个特殊阶段上，即以一种特殊的形式停留在流通领域，那么，是什么情况使得商品经营资本具有一个独立地执行职能的资本的性质呢？主要是由下面几种情况：

第一，商品资本是在一个和它的生产者不同的当事人手中最终完成了它转化为货币的这一过程，即完成它的第一形态变化（商品转化为货币），完成它在市场上

展示圣器的橱窗

产业资本在其循环过程中，产业资本运动包括购买、生产、销售三个连续的阶段，依次采取货币资本、生产资本和商品资本三种职能，执行着三种不同的资本增殖与价值实现的职能。其中商品资本专门出售商品，使资本的价值和剩余价值得以实现。图中是专门出售圣器商店的橱窗。

作为商品资本所固有的那种职能的；商品资本的这种职能，是以商人买卖行为作为媒介进行的，于是这种活动就形成了一种特别的、与产业资本的其他职能分离的、并因此而独立存在的业务。这是社会分工的一种特殊形式，其结果是，一部分本来要在资本再生产过程的某一特殊阶段（在这里就是流通阶段）中完成的职能，现在则表现为一种和生产者不同的、特别的流通当事人的专门职能。但是仅有这一点，还不足以使这种特殊业务表现为一种和处于再生产过程的产业资本不同的、独立于产业资本之外的特殊资本的职能；例如，当商品经营只是由产业资本家的推销员或其他直接代理人进行的时候，它就还没有表现为这种职能。因此，形成这种独特的职能，还必须有第二个因素。

第二，这同时是由于独立的流通当事人即商人在他所处的这个地位上要预付货币资本(他自有的或借入的)而产生的。那个对于处在再生产过程中的产业资本来说仅仅表现为W—G，即商品资本转化为货币资本或某种单纯的卖的行为，对商人来说却表现为G—W—G'，即同一商品的买和卖这两种行为，因而就表现为货币资本的回流，这个货币资本在商人进行购买时离开了他，但是通过出售又会重新回到他手中。

商品资本之所以会在商品经营资本形式上取得一种独立资本的形态，主要是由于这样一种情况：商人首先预付货币资本，但这种资本之所以能作为资本自行增殖，能执行资本的职能，是因为它只从事这样一种活动，即作为媒介使商品资本的形态发生变化，实现它的商品资本职能，即实现它由商品向货币的转化过程，而对于这一点的实现，它是通过商品的不断的买和卖来办到的。这一过程是商品经营资本的唯一活动；同时，对产业资本流通过程起中介作用的这种活动，也就是商人使用的货币资本的唯一职能。正是通过这种职能，商人才能够把他的货币转化为货币资本，把他的G表现为G—W—G'；并且通过同一过程，他才能够把商品资本转化为商品经营资本。

从社会总资本的再生产过程来看，商品经营资本，只要它以商品资本的形式存在，显然就不过是还处在市场上、处在自己的形态变化过程中的产业资本的一部分，这部分产业资本到目前为止还是作为商品资本存在和执行职能。因此，就资本的总再生产过程来说，现在我们要考察的只是商人预付的货币资本，这种货币资本的职能就是专门用于买卖商品，因而它只采取商品资本和货币资本的形式，而从来都没有采取生产资本的形式，并且总是处在资本的流通领域之中。

只要生产者即麻布厂主把他的30000码麻布卖给商人，得到了3000镑的货币，那他就会用由此得到的货币继续购买必要的生产资料，从而他的资本也就会再进入生产过程；他的生产过程也就会持续不断地进行下去。这时，对他来说，他的商品就已经转化为货币。但是我们知道，对麻布本身来说，这种转化实际上还没有发生。它还没有最终再转化为货币，也就是说它还没有按照其使用价值进入生产消费或个人消费。其变化仅在于，同一商品资本原来在市场上是由麻布生产者自身代表的，现在则由麻布商人替代而代表了。对麻布生产者来说，虽说形态变化的过程缩短了，但对于商人而言，则要继续进行下去。

如果麻布生产者一定要等到他的麻布实际上已经不再是商品，而是转到最后的买者的时候，即到达生产消费者或个人消费者手中的时候，那么，他的再生产过程就会因此而中断。或者是这样的情况，为了使再生产过程不致中断，他就必须去限制他自身的活动，仅仅把他的较小部分的麻布转化为麻纱、煤炭、劳动等等。总之，要把一部分转化为生产资本的各种要素，而把他的较大部分的麻布以货币准备金的形式保存起来，以便在他的一部分资本作为商品处在市场上的时候，另一部分仍然能够使生产过程继续进行下去。因而，在这一部分作为商品出现在市场上的时候，另一部分则会以货币形式流回。他对资本的这种分割，并没有因为商人的介入而消除。但是，如果没有商人的介入，流通资本中以货币准备金形式存在的那一部分，同以生产资本形式使用的那部分相比，必然会不断增大，那么，再生产的规模就会随之受到限制。而现在，由于商人的介入，生产者就能够把他的资本中较大的部分不断地用于真正的生产过程，而只需要把较小的部分用作货币准备金。

如果商人没有把3000镑用来购买麻布，然后把它再卖出去，而是自己把这3000镑用于生产麻布，那么，社会的生产资本就会因此而增大。那么，在这种情况下，麻布生产者当然就必须把他的相当大一部分资本作为货币准备金保存起来以备购买生产资料；而且现在已经成为产业资本家的商人也必须这样做。反之，如果商人还是做商人，那么，生产者就可以把用在出售商品的时间节省下来用于监督生产过程，而商人就必须把他的全部时间用来出售商品。

如果商人资本没有超过它的必要的比例，那就必须承认以下几点：

1. 由于分工的形成(产业资本家和商人的分工)，专门用于买卖的资本(在这里，除了购买商品的货币以外，还包括在经营商业上所耗费的必要的劳动方面和在

时代广场

商业资本家必须预付一定数量的货币。专门进行商品的买卖，并通过经营商品而实现增殖，获得商业利润，如果只有流通当事人而没有他们独立的投资及其增殖，则活动在流通领域始终是产业资本的职能形态，而不是独立的商业资本。图中20世纪80年代纽约时代广场上，鳞次栉比的商业大楼，惹眼的巨幅广告牌不仅为这座冬日里的现代都市平添着生气，也是商品经营者为商品的买卖所做的合理、必要的投资。

生意兴隆的铜具商店

由于长期售卖一种商品，铜具店的商人非常熟悉自己的商品，对铜具市场行情的了解，对流通渠道的有力掌握，都能有效地缩短商品的流通时间，比产业资本家更快地完成商品的形态变化，有利于增加用于生产过程的资本。

商人的不变资本即仓库、运输等等方面必须支出的货币），比之产业资本家必须亲自从事他的企业的全部商业活动时所需要的资本要小。

2．因为商人现在专门从事这种业务，所以，生产者不仅可以较早地把他的商品转化为货币，而且商品资本本身在完成其形态变化时，也会比它处在生产者手中的时候更快。

3．就全部商人资本同产业资本的关系来看，商人资本的每一次周转，不仅可以代表一个生产部门许多资本的周转，而且还可以代表不同生产部门若干资本的周转。

商人资本的周转，与一个和其大小相等的产业资本的周转或一次再生产，是不同的；相反，它却同若干个这种资本的周转的总和相等，而不管这种资本是否属于同一生产部门。商人资本周转速度越快,总货币资本中用以充当商人资本的部分就越小;商人资本周转速度越慢,总货币资本中用以充当商人资本的部分就越大。并且,生产越不发达,同投入流通的商品的总额相比,商人资本的总额就越大;但是绝对地说,或者同比较发达的状态相比,就越小,反之亦然。因此,在这种不发达的状态下,真正的货币资本其实大部分是掌握在商人手中,这样一来,商人的财产在其他人的财产面前就会形成货币财产。

商人预付的货币资本的流通速度主要取决于:生产过程更新的速度和不同生产过程之间相互衔接的速度;工人和资本家对商品消费的速度。

如果商人资本仅仅为了完成上述周转,那他就不需要按自己的全部价值量先买进商品,然后再把它卖掉。事实上,商人可以同时完成这两种运动。在这种情况下,他的资本分为两部分:一部分为商品资本,另一部分为货币资本。他在这个地方买东西,把他的货币转化为商品。他又在另一个地方卖东西,把另一部分商品资本转化为货币。一方面,他的资本会作为货币资本重新流回他手中,另一方面,商品资本也流到他手中。当然,以一种形式存在的部分越大,那么以另一种形式存在的部分就越小。如果货币作为支付手段的应用和在此基础上发展起来的信用制度,同货币作为流通手段的职能结合在一起,那么,商人资本的货币资本部分同这个商人资本所完成的交易额相比,则会更加减少。

如果麻布商人用3000镑向工厂主购买麻布;而工厂主从这3000镑中比如说拿出2000镑向麻纱商人购买他在生产中需要的麻纱。那么,工厂主付给麻纱商人的货币就不是麻布商人的货币;因为麻布商人已经用这些货币取得了等额价值的商品,这其实是工厂主自己的资本的货币形式。现在,这2000镑在麻纱商人手中则表现为流回的货币资本;但是这2000镑在多大程度上属于这种流回的货币资本,与作为麻布所抛弃的货币形式和麻纱所取得的货币形式的那2000镑相比又有多大程度的区别呢?如果麻纱商人的纱是赊购的,并在支付期满以前能够通过现金交易把商品卖掉,那么,在这2000镑中就丝毫没有包含那些同产业资本本身在它的循环过程中采取的货币形式相区别的商人资本。而且,如果商品经营资本不是以商品资本或货币资本的形态处在商人手中的那种单纯形式的产业资本,那它无非就是在商品的买卖中流转的并且是属于商人自己的那部分货币资本。这部分以缩小的规模存在着的货币资本代表着:为生产而预付的那部分资本必须作为货币准备金和购买手段不断处在产业家手中,并且不断作为他们的货币资本参与流通的那部分。现在,这个部分以缩小的规模处在商业资本家手中,并且本身会在流通过程中不断执行职能。如果撇开作为收入中用来花费的那一部分不说,它就是总资本中那个必须不断作为购买手段在市场上流通,以便再生产过程能够继续进行的那部分。而当再生产过程进行得越迅速,货币作为支付手段来执行职能越发展,也就是说,信用制度越发达时,这个部分同总资本相比就变得越小。

其实商人资本也不外是在流通领域内执行职能的资本。虽然流通过程是总再生产过程的一个阶段，但是在流通过程中，并不生产任何价值，因而也就不能生产任何剩余价值。在这个过程中，只是同一价值量在形式上发生了变化。事实上不过是商品的形态发生了变化，这种形态变化本身同价值创造或价值变化不存在任何关系。如果生产的商品在出售中实现了剩余价值，那也只是因为剩余价值在此之前已经存在于该商品中；因此在第二个行为，即货币资本同商品（各种生产要素）进行的再交换中，买者也不能实现任何剩余价值，只是在这里通过货币同生产资料和劳动力之间的交换，为以后的剩余价值的生产作了准备。相反，既然这种形态变化要花费流通时间，而在这个时间内资本却根本不生产东西，因而也就不能生产剩余价

即将起航的远洋货船

商人能够集中地进行商品的买卖、运输和存储，节约了流通领域的资本的数量。用于买卖的资本，必然小于产业资本家亲自从事全部商业活动时所需要的资本总量，有利于产业资本家集中力量从事生产活动，从而提高经济效益，增加利润总额。图中是17世纪中叶即将起航的荷兰远洋货船。

丰富的货物

独立运作的商业资本可以促进整个社会资本的周转，商人可以同时为一个产业部门中的很多资本服务，也可以同时为不同产业的资本服务。商业资本的周转可以不受某一产业资本周转的限制，可以在产业资本周转一次的时间里，完成多次周转，从而推动社会资本的周转。

值，那么，这个时间就会在一定程度上限制价值的创造，通过利润率表现出来的剩余价值就会正好和流通时间的长短成反比。因此，我们可以说，商人资本既不创造价值，也不创造剩余价值。但是，既然它对流通时间的缩短有帮助，那它就能间接地有助于产业资本家所生产的剩余价值的增加。既然它对市场的扩大有帮助，并对资本之间的分工起一种中介的作用，从而使资本能够按更大的规模来经营，那么它的职能就会提高产业资本的生产效率并且能够促进产业资本的积累。既然它能够帮助缩短流通时间，那它就会提高剩余价值和预付资本的比率，当然也就能够提高利润率。既然它能够使资本作为货币资本束缚在流通领域中的那部分变小，那同时它就会使得直接用于生产的那部分资本扩大。

>>> **国家信用** >>>

政府作为债务人的信用。有时将政府作为债权人的信用也称为国家信用。政府作为债务人的信用，是由于入不敷出，出现财政赤字时发生的。所以国家信用是政府弥补财政赤字的一种手段。国财政赤字产生的原因很多，一般有：战争，财政开支剧增，政府腐败，不注意发展经济，官吏贪占国家资财，奢侈浪费无度，脱离国力发展经济，财政超前支出。在现代和平环境下，这类情况居多。

第十二章 商业利润

　　商品经营资本——如果撇开各种各样可能与此有关的职能不谈，如保管、运送、运输、分类、散装等，只说它的这种真正的为卖而买的职能——既不能创造价值，也不能创造剩余价值，它只能够对它们的实现起中介作用，因而同时也就对商品的实际交换，即商品从一个人手里到另一个人手里的转让，对社会的物质变换起一种中介的作用。但是，因为产业资本的流通阶段和生产阶段一样，会形成再生产过程的一个阶段，所以资本在流通过程中独立地执行职能，也必须和在不同生产部门中执行职能时一样，能够提供年平均利润。如果商人资本可以比产业资本提供更高百分比的平均利润，那么，一部分产业资本就会随之转化为商人资本。反之，如果商人资本只能提供更低的平均利润，那么就会发生相反的过程，即一部分商人资本就会转化为产业资本。事实上，也没有哪一种资本可以比商人资本更容易改变自己的用途，更容易改变自己的职能了。

　　因为商人资本本身并不生产剩余价值，所以就会很清楚，以平均利润的形式归商人资本所有的那部分剩余价值，其实只是总生产资本所生产的总的剩余价值中的一部分。但是现在的问题在于：商人资本是通过什么方式从生产资本所生产的剩余价值或利润中获得了归它所有的那一部分呢？

　　很显然，商人只能从他所出售的商品的价格中获取他的利润，更加明显的是，他出售商品时赚取的这个利润，必然等于从生产者那里对该商品的购买价格和他在市场上的出售价格之间的差额，即必然等于后者超过前者的那部分余额。

　　这种加价的形式当然也是很容易就能理解的。例如，假定1码麻布价值为2先令。如果我想要从再出售中获得10%的利润，那么就必须加价10/1，也就是，要按每码2先令12/5便士出售。在这种情况下，它的实际生产价格和它的出售价格之间的差额等于12/5便士。这就是对商人而言，取得了2先令的10%的利润。这些是从现象上表现出来的最初的情形：商业利润是通过对商品的加价来实现的。其实，认为利润来自于对商品价格的名义上的提高或商品按照高于它价值的价格出售这整个看法，是通过对商业资本的观察产生的。

　　但是，只要我们仔细考察一下，就马上可以看出，这一切都不过是假象。如果我们假定资本主义生产方式是占统治地位的生产方式，那么商业利润就不是以这个方式实现的(在这里，我们谈的始终只是平均的情况，而不是个别的情况)。那为什么我们假定，商品经营者只有按照高于商品生产价格，比如说高于其10%的价格时出售商品，才能在他的商品上实现10%的利润呢？因为我们已经假定，这种商

独立宣言

整个18世纪中期，英国和其北美殖民地之间的关系都非常紧张。1775年，在莱克星顿和康科德城爆发的美国革命战争导致了1776年《独立宣言》的诞生。6月10日由托马斯·杰弗逊负责草拟了独立宣言。其中宣称这些联合一致的殖民地从此是自由和独立的国家，它们取消一切对英国王室效忠的义务，它们和大不列颠国家之间的一切政治关系从此全部断绝；作为自由独立的国家，它们完全有权宣战、缔和、结盟、通商和采取独立国家有权采取的一切行动。7月4日《独立宣言》获得通过，并分送十三州的议会签署及批准。画中描绘的是起草《独立宣言》的委员会成员们在大陆会议上的场景。

品的生产者，也就是产业资本家(作为产业资本的人格化，对外界来说，他总是作为"生产者"出现)是按商品的生产价格把这些商品卖给商人的。如果商品经营者对于商品购买所支付的价格等于它的生产价格，也就是等于它的价值，即商品的生产价格，其实也就是商品的价值，对商人来说就代表他付出的成本价格。那么，商人的出售价格超过他的购买价格的那部分差额——只有这个差额才是他的利润的源泉——事实上就必然等于商品的商业价格超过它的生产价格的余额，因此，归根到底，商人是以高于商品价值的价格来出售一切商品的。但是，为什么我们要假定产业资本家是按商品的生产价格把商品卖给商人的呢？或者换句话来说，这个假定究竟是以什么为前提的呢？这就是：商业资本实际上（在这里，我们还只是把它看作商品经营资本）不参加一般利润率的形成。在阐明一般利润率时，我们也必须从这个前提出发：第一，因为商业资本本身，对我们来说那时还不存在；第二，因为平均利润，以致一般利润率，首先必须作为在不同生产部门中的产业资本实际生产的利润或剩余价值的平均程度来说明。但是对于商人资本，我们考察的却是一种不参加任何利润的生产而只分享利润的资本。所以，现在我们必须对以前的说明加以补充。

例如，我们假定一年中预付的总产业资本等于720c+180v即900(比如说以百万镑为单位)，m'为100%，因此产品等于720c+180v+180m。然后，我们把这个产品或生产出来的商品资本叫作W，那么它的价值或生产价格(因为就全部商品来说，二者是一致的)就等于1080，此时，总资本900的利润率为20%。按照前面的阐述，这个20%就是平均利润率，因为在这里剩余价值不是根据某一个具有特殊构成的资本计算的，而是根据具有平均构成的总产业资本加以计算的。因而W＝1080，利润率＝20%。现在我们假定，在这900产业资本之外，还有100商人资本加入，而且它还要以自己大小的比例从利润中分得和产业资本相同的份额。那么，按照假定，它就是总资本1000中的1/10。因此，它就会从180的剩余价值中分得1/10；也就是要按18%的比率获得一笔利润。因此，留下来的要在其余9/10的总资本中进行分配的利润或者剩余价值实际上只有162，对资本900来说也是18%。因此，产业资本900的所有者把W卖给商品经营者即商人的价格等于720c+180v+162m即1062。因

莫里斯礼品商店

商业资本是流通领域的资本，它并不创造价值和剩余价值。所以礼品商店利润的来源是礼品制作的产业资本家所剥削获得的剩余价值的一部分，是产业资本家转让给了商业资本家的一部分利润。

此，如果商人在他的资本100这一基础上再加上18%的平均利润，那么他就是按照1062+18即1080，也就是按照商品的生产价格来出售商品；或者从全部商品资本来看，他也就是按照商品的价值在出售商品，虽然他的利润只有在流通中并且是通过流通才获得的，只是由于他的出售价格超过他的购买价格从而产生了余额才获得的。不过，他还是没有按照高于商品的价值或高于商品的生产价格出售商品，而这是因为他是以低于商品的价值或低于商品的生产价格从产业资本家那里购买商品的。

因此，商人资本一般会按照它在总资本中所占的比例，参与决定一般利润率的过程。拿上述例子来说，平均利润率为18%，但是，如果总资本中没有这1/10的商人资本，由此使一般利润率降低了1/10，那么，一般利润率就会等于20%。这样一来，关于生产价格就会出现一个更确切的有限制的规定。在这里，我们仍然要把生产价格理解为商品的价格，即等于商品的成本(商品中包含的不变资本+可变资

秋天的收获

产业资本家转让给商业资本家一部分利润，从中也体现了商业资本家和产业资本家共同剥削工人的关系。图中沉浸在葡萄大丰收的喜悦中的人们，一定并不明了他们所受的剥削是来自葡萄生产产业资本家和商业资本家的双重剥削。

本的价值)+平均利润。但是，现在的这个平均利润是按照另外的方法决定的。它是由总生产资本所生产的总利润来决定的；但不是按这个单一的总生产资本来计算的，而是按总生产资本+商业资本来计算的。因为，在前一个场合，如果总生产资本如上所述为900，利润为180，平均利润率就会等于180/900即20%；而在后一个场合，如果生产资本为900，商业资本为100，那平均利润率就等于180/1000即18%。因此，实际上的生产价格等于k(成本)+18，而不是等于k(成本)+20。在平均利润率中，总利润中归商业资本所有的那一部分已经包含在计算在内了。因此，全部商品资本的实际价值或实际生产价格等于k+p+h(在这里，h代表商业利润)。所以，生产价格，或者说产业资本家本人将商品出售给商人时的价格，小于商品的实际生产价格。或者，就全部商品的规模来看，整个产业资本家阶级出售全部商品的价格，小于这些全部商品的价值。这样，拿上述例子来说，900(成本)+900的18%，即900+162也就是1062。如果现在商人把他只耗费100成本的商品，按118的价格出售，他当然是增加了18%的加价；但是，因为他用100的货币资本买来的商品其本来价值就是118，所以他实际上并没有以高于商品的价值价格在出售。以后，我们要在这个刚刚阐明的更确切的意义上使用生产价格这个名词。很清楚，产业资本家的利润等于商品的生产价格超过它的成本价格所产生的余额，不过和这种产业利润不同，商业利润等于商人对于商品的出售价格超过它的生产者的生产价格之后所产生的余额；这个生产价格对商人来说其实就是商品的购买价格；但是，商品的实际价格等于商品的生产价格+商业利润。就像产业资本之所以能实现利润，只是因为利润作为剩余价值实际上已经包含在商品的价值中一样，商业资本之所以能实现利润，也只是因为产业资本在商品的价格中实现的并非全部的剩余价值或利润而只是其中的一部分。因此，商人的出售价格之所以会高于购买价格，并不是因为出售价格比总价值高，而是因为购买价格比总价值低的缘故。

可见，商人资本虽然并不不参加剩余价值的生产，但却参加剩余价值到平均利润的平均化过程。因此，此时的一般利润率已经意味着从剩余价值中扣除了属于商人资本的部分，也就是说，其实是对产业资本的利润作了一种扣除。

综上所述，我们就可以得出如下结论：

1. 如果同产业资本相比，商人资本越大，那么产业利润率就越小。反之亦然。

2. 如果像第一篇曾经说明的那样，利润率经常会表现为一个小于实际剩余价值率的比率，也就是说，它总是把对于劳动的剥削程度表现得太小，例如，如果以上述720c+180v+180m的情况为例，我们会发现一个100%的剩余价值率仅仅表现为一个20%的利润率，那么，既然平均利润率本身由于将商人资本应得的份额计算进来时通常会表现得更小，在这里，是18%，而不是20%，这样，在与其剩余价值率相比时，这个比率则相差得更大。因此，直接从事剥削的资本家的平均利润率所表现

售卖蜡烛

  商业资本家在从事商品销售时，先预付一笔资本向产业资本家购买商品，产业资本家以低于生产价格的价格把商品卖给商业资本家，商业资本家按商品生产价格再把商品卖给消费者，从购销价格的差额中实现商业利润。图中20世纪60年代专售蜡烛的小店当然也履行着这样的商业规则。

出来的利润率小于实际的利润率。

  如果产业资本家自身之间相互直接出售商品时损失的劳动时间——从客观上说，其实也就是商品的流通时间——根本不会向这些商品中添加任何价值，那么，就会很清楚，这种劳动时间决不会因为它是由商人来花费而不是由产业资本家来花费，就因此而获得另一种性质。由商品(产品)到货币和由货币到商品(生产资料)的这两种转化，都是产业资本的必要职能，因而也是资本家——他事实上只是人格化的——具有自己的意识和意志的资本的一种必要活动。但是这种职能既没有增加价值，也不能创造剩余价值。当商人进行这些活动时，或者说，当生产资本家不再执行资本在流通领域内的这种职能以后，是由商人在代替他继续执行这种职能时，事实上从这方面来说，他只是代替了产业资本家。这些活动所花费的劳动时间，是在资本的再生产过程中所必需的一种时间，但它不会向商品中加进任何价值。而且如果商人不去完成这些活动(因而也不花费这些活动所需要的劳动时间)，那么他就不会作为产业资本的流通代理人来使用他的资本，也不会在流通过程中继续执行产业资本家的已经中断的职能，因此也就不会作为商业资本家，按照他所预付的资本的比例，参与分享产业资本家阶级所生产的利润量。并且商业资本家在分享剩余价值量，使自己预付的货币作为资本增殖时，不必使用雇佣工人。当他的业务和资本都很小时，他自己也许就是他所使用的唯一工人。他得到的报酬，就是由商品的售出价格和商品的实际生产价格之间的差额产生的那部分利润。

对产业资本家来说，延长的流通行为意味着：第一，他的个人时间会因此受到损失，因为这会妨碍他作为在生产过程中的管理者去执行自己的职能；第二他的产品会在更长时间内以货币形式或商品形式停留在流通过程中，而在这个过程中，不仅产品的价值不会增殖，而且直接的生产过程也会中断。如果要使直接的生产过程不被中断，要么就必须限制生产，要么就要预付追加的货币资本，以使生产过程不断按同一规模继续进行。而每一次这样做的结果就是，或者是使原来的资本只能获得较少的利润，或者就必须预付追加的货币资本，以便能够取得与原来相同的利润。即使在商人代替了产业资本家的情况下，这一切仍然不变。不同之处在于，在这里，产业资本家不再把追加的时间花在流通过程中，而是由商人把追加的时间花在流通过程中；产业资本家不再为流通预付追加的资本，而是由商人预付追加的资本。或者，可以换一种说法：不再是产业资本的一个相当大的部分的资本不断在流

在流水线上工作

商品周转的时间长短会对利润率产生直接的影响。即使总资本相同，资本周转时间不同，利润也会不同。资本周转时间的缩短意味可变资本部分提高了效率。配备先进的生产资料，改进工作流程都会提高生产效率，从而缩短商品周转的时间。图中是女工们正在流水线上有序地工作。

通过程中流转，而是商人的资本被完全束缚在流通过程中；也不是产业资本家生产的利润少了，而是他必须把他的利润的一部分完全转让给商人，因为现在是由商人代替他在流通领域中行使职能。只要商人资本限制在必要限度以内，那差别就只是在于：由于这种资本职能的划分，就使得专门用在流通过程上的时间减少了，同时为流通过程预付的追加资本也就减少了，而且比在没有这种划分的情况下，总利润中以商业利润的形式表现出来的损失也减少了。用我们上述720c+180v+180m的例子来说，如果存在一个价值为100商人资本的时候，给产业资本家带来的利润是162或18%，因此它的利润减少了18，那么，在不存在这种独立的商人资本的时候，必要的追加资本也许就会是200，因此，产业资本家的预付总额不是900，而是1100了，这样，按剩余价值180计算，利润率则只是16.36%。

如果产业资本家同时又是自己产品的商人，他除了需要预付追加资本，以便在他的处在流通中的产品再转化为货币以前去购买新的生产资料，还要预付资本(事务所费用和商业工人的工资)，以便他的商品资本的价值的实现，也就是需要为流通过程预付资本，那么，这些支出当然会形成追加资本，但却不会生产任何剩余价值。这样，它们就必须从商品的价值中得到补偿；这些商品的价值中的一部分必须再转化为这种流通费用；但却不会由此形成任何追加的剩余价值。从社会总资本来看，这无非就是说，总资本的一部分其实是那些不加入价值增殖过程的次要活动所需要的，并且社会资本的这一部分，必须为这些目的而不断地被再生产出来。但是对单个资本家和整个产业资本家阶级来说，利润率会因此减少。这个结果，在每一次需要增加追加资本，以便推动同量可变资本以取得同量的利润的时候都会出现。

如果这种和流通业务本身有关的追加费用由商业资本家代替产业资本家负担起来，那么虽然利润率的这种减少也会发生，但是程度变小了，而且方法也不同了。现在，情况是这样：同没有这种费用时需要预付的资本数量相比，商人需要预付更多的资本；这种追加资本的利润，同时也会增加商业利润总额，因此，会有更多的商人资本同产业资本一起参加到平均利润率的平均化进程中去，也就是说，平均利润会逐渐下降。拿我们上述的例子来说，如果在价值100的商人资本之外，还要为所说的各种费用预付追加资本50，那么，全部剩余价值180现在就要按照产业资本900加上商人资本150，总共是1050来重新分配了，这样平均利润率就会下降到17.14%。产业资本家按照900+7/1101即7/7380的价格把商品卖给商人，而商人会按照1130的价格(即1080+50的费用，这是他必须再收回的)再把商品卖掉。此外，必须承认，随着商人资本和产业资本的划分，会逐渐出现商业费用的集中，从而使得商业费用逐渐减少。

现在的问题是：商业资本家即这里所说的商品经营者所雇用的商业雇佣工人的情况，究竟是怎样的呢？

活跃的法兰西古镇市场

  商业资本虽然不创造价值和剩余价值，但它对商品交换起中介作用，能够加快商品价值和剩余价值的实现。使产业资本能快捷、低成本地实现自己的商品销售。图中是一活跃的法兰西古镇市场。

> >>> 广告 >>>

利用传播媒介把有关商品、劳务的信息传递给人们的一种方式。广告一词,源于拉丁文advertere,意为注意、诱导等。广告包括"不以经营为目的的广告"和"以经营为目的的广告"两大类。前者包括政府、政党、宗教、文化、社会团体及个人等的公告、声明、启事等,后者包括生产、商业、服务行业等经营者的声明、启事、商品及劳务介绍等。商品广告只是广告的一种,但它在商品经济发达的社会中占有重要的地位。

从某一方面来说,一个这样的商业工人,和其他工人没什么区别,他也是雇佣工人。第一,因为这种劳动也是用商人的可变资本,而不是用其收入中拿来花费的那部分货币购买的;因此,购买这种劳动的目的并不是为其提供私人服务,而是为了使预付在这上面的资本发生增殖。第二,因为这些劳动力的价值,从而他们的工资,也和一切其他雇佣工人的情况一样,是由他的劳动力的生产费用和再生产费用决定的,而不是由他的劳动的产物所决定的。

但是,由于产业资本和商业资本之间的差别,进而在产业资本家和商人之间产生的某种差别,必然也会在商业工人和产业资本直接雇用的工人之间发生。因为商人作为单纯的流通当事人既不能够生产价值本身,也不会创造剩余价值,所以,他雇用的执行同样职能的商业工人,同样也不可能为他直接创造剩余价值。在这里,与在生产工人的场合一样,我们同样假定工资是由劳动力的价值决定的,因此,商人并不是靠克扣工资的办法来发财致富,也就是说,他并没有把他仅仅部分地支付了的对劳动的预付,加进他的成本计算中去,换句话说,他绝不是靠欺骗他的办事员等等的办法来发财致富。

就商业雇佣工人来说,其根本困难不在于说明他们是怎样直接为他们的雇主生产利润的,虽然他们不直接生产剩余价值(利润不过是它的转化形式)。这个问题,在对商业利润的一般分析中实际上已经解决了。产业资本之所以能够获得利润,是因为把包含在商品中并且在商品中实现的、但却没有为此支付任何等价物的劳动拿来出卖,同样,商业资本之所以能获得利润,是因为对于包含在商品中的无酬劳动(这是投在这种商品生产上的资本作为总产业资本的一个相应部分来执行职能时包含在商品中的)没有给予全部支付,相反,在出售商品时他却让购买者把这个仍然包含在商品中的、但他并没有支付报酬的那部分支付给自己。商人资本和剩余价值的关系与产业资本和剩余价值的关系是有不同之处的。产业资本通过直接占有别人的无酬劳动来获取剩余价值。而商人资本则是间接地使这个剩余价值的一部分从产业资本手里转移到自己手里,从而分享了这部分剩余价值。

商业资本只是由于它具备实现价值的这种职能,才在再生产过程中去作为资本来执行职能，因而作为执行这种职能的资本，才能够从总资本所生产的剩余价值中取得属于自己的份额。对单个商人而言，他的利润量取决于他在这个过程中能够使用的资本量，同时他的办事员的无酬劳动越大，他能够用在商品买卖上的资本量也就越多。商业资本家会把他的货币借以成为资本的这一职能本身，大部分交给他的工人去执行。虽然这些办事员的无酬劳动本身不能创造剩余价值，但却为他创造占有剩余价值的条件；因此对于这个资本来说，结果是完全一样的；因此，对这个资本来说这种劳动就是利润的源泉。否则，商业就不可能大规模地经营，从而也就不可能按资本主义的方式经营了。

正如在生产部门工人的无酬劳动为生产资本直接创造剩余价值一样，商业雇佣工人的这种无酬劳动，为商业资本在那个剩余价值中也创造出了一个份额。

尽管商业工人不直接生产剩余价值，但是，他的劳动的价格仍然是由他的劳动

广告投入

在商品流通进程中会产生两种费用：纯粹流通费用和生产性流通费用。纯粹流通费用是价值由商品形态转化为货币形态和由货币形态转化为商品形态而花费的费用。包括设计费、广告费、财务费用等。它虽然不创造剩余价值，但它是产业资本的必要职能的必要流动。它会加速资本周转，降低平均利润率减少的速度。巨额的广告费用通常不会血本无归，而是有效地拓宽并占领市场。

力的价值决定的，也就是由他的劳动力的生产费用所决定的，而对于这个劳动力的应用，作为力的一种发挥一种表现和一种消耗，实际上和任何其他部门的雇佣工人的情况一样，是不受他的劳动力的价值限制的。因此，在他帮助资本家实现的利润量和他的工资之间，并不保持任何必要的比例。资本家为他的劳动支出的费用，和他带给资本家的利润，可以是不同的量。他给资本家带来利润，并不是因为他直接生产出了剩余价值，而是因为在他完成一部分无酬劳动的时候，帮助资本家减少了实现剩余价值所需的费用。

不言而喻，对产业资本家来说，流通费用看来是并且确实就是非生产费用。然而对商人而言，流通费用则表现为他的利润的源泉，在一般利润率的前提下，他的个人的利润和这种流通费用的大小成比例。因此，对商业资本来说，投在这种流通费用上的支出，其实就是一种生产投资。所以，对它来说，它所购买的商业劳动，也就成了一种直接的生产劳动。

远途货运

生产性流通费用指由商品的使用价值运动所引起的费用，如商品的保管费、运输费、包装费等。商品的远途货运所产生的生产性流通费用会使商品的价值增加，但它会通过商品出售即商品价值的实现而得到价值补偿。

第十三章 商人资本的周转及价格

　　产业资本的周转时间，是它的生产时间和流通时间的统一，因此它包括整个生产过程。与之相反，商人资本的周转，因为实际上只是商品资本的独立化的运动，所以它只是代表商品形态变化的第一阶段W—G，即一种特殊资本重新流回起点的运动；从商人的观点来看，G—W，W—G才是商人资本的周转方式。商人先是买，即把他的货币转化为商品，然后是卖，再把同一商品重新转化为货币；并且这样反复不断地持续进行下去。而在流通中，产业资本的形态变化则总是表现为W1—G—W2；通过出售所生产的商品W1得到的货币，用来购买它在生产中需要的新的生产资料W2；这实际上就是W1和W2在进行交换，因此，同一货币两次转手。在这里，货币的运动对两种不同商品W1和W2的交换起一种媒介的作用。与之相反，在商人那里，在G—W—G'中发生了两次转手的，却是同一商品；它只是对货币流回到商人手中起一种媒介的作用。

　　在这里，一定量商人资本的周转次数，和货币作为单纯流通手段的流通的反复，十分相似。正像同一个塔勒在流通了十次之后就相当于买了十次价值1塔勒的商品一样，商人手中的同一货币资本，例如价值100的货币，周转了十次其实就是买了十次价值100的商品，或者说，它实现了价值十倍的总商品资本等于1000。但是这里其实有一个区别：在货币作为流通手段进入流通时，同一货币要经过不同人的手，就

著名的西雅图派克街海鲜市场

　　商业资本运动的直接目的是追求利润。商业资本的运动从垫支一定量货币开始，以增殖的货币结束，商品买卖只表现为商业资本获利的媒介和手段。著名的西雅图派克街海鲜市场是专门从事海鲜买卖的商业资本流通场所，市场百年来成就的完善的规划、齐全的商品及其独特的销售方式使其赚取了更多的商业利润。

是说，它们在反复完成同一职能，因此流通中的货币量由流通速度来弥补。但是，在商人那里却相反，是同一货币资本(不管它是由什么样的货币单位构成)，同一货币价值，按其价值额反复进行商品资本的购买，因而作为G+△G反复流回到同一个人手里，也就是以价值加上剩余价值的形式流回它的起点。这同时也是它的周转作为资本的周转所具有的特征。从流通中取出的货币总是要比投入到流通中的货币多。不言而喻，随着商人资本周转的加速(在发达的信用制度下，货币作为支付手段来执行的职能成了货币的主要职能)，同一货币量的流通速度也会加快。

但是，商品经营资本的反复周转，始终只是表示对商品的买和卖的反复；而产业资本的反复周转，则表示总生产过程(其中包括消费过程)进行再生产的周期性和更新。但对商人资本而言，这一点只表现为外部条件。产业资本必须不断向市场中投放商品，并且不断从市场上再取走商品，才能保证商人资本的迅速周转。显然。如果再生产过程是缓慢的，那么商人资本的周转也就随之变得缓慢。当然，商人资本会对生产资本的周转起一种中介的作用，但这只是针对它会缩短生产资本的流通时间而言。它并不能直接影响生产时间，而生产时间对产业资本周转时间来说也是一种限制。对商人资本的周转来说，这是第一个界限。第二，在撇开再生产消费所造成的限制不说的前提下，商人资本的周转最终要受全部个人消费的速度和规模的限制，这是因为商品资本中加入消费基金的整个部分，都要取决于这种个人消费的速度和规模。

但是如果我们把资本在商业界内部的周转撇开不说（因为在商业界内部，同一件商品总是被某一个商人卖给另一个商人，尤其是在投机时期，这种流通会显得更加繁荣），那么就可以得出以下几点结论：第一，商人资本能够缩短生产资本的W—G阶段即流通阶段。第二，在现代发达的信用制度下，商人资本实际上支配着社会总货币资本的一个很大的部分，因此，他们可以在已买物品最终卖掉以前，还能够再进行购买。在这里，无论是我们讨论的这个商人直接把商品卖给最后的消费者，还是在这二者之间另有十二个商人也进行了这种重复的买卖，与问题都是没有关系的。当再生产过程具有巨大的伸缩性，能够不断突破它本身遇到的每一次限制时，那它在生产本身中就不会发现任何限制，或者只会发现某种有很大伸缩性的限制。因此，除了由于商品性质本身造成的W—G和G—W的分离以外，这里将会产生一种虚假的需求。尽管我们认为商人资本的运动已经独立化了，但它始终都只是产业资本在流通领域内的运动。不过，由于商人资本的这种独立化，在一定界限内，它的运动就不受再生产过程的限制，甚至还会促使再生产过程突破它的各种限制。内部的依赖性和外部的独立性都能够使商人资本达到这样一点，不过这时，内部联系要通过暴力即通过一次危机来恢复。

贬值的马克

商业资本活动的独立性，使它完全不可能超过社会购买力而盲目购进商品，但有时商业资本会发出虚假的需求信号，促使产业资本扩大生产，导致生产过剩，从而诱发经济危机。图中是1922年德国在经济危机中，由于通货膨胀而贬值的马克。

例如，如果我们假定1磅砂糖的生产价格为1镑，那么商人用100镑就能买到100磅砂糖。如果这是他在一年内买卖的数量，而且年平均利润率为15%，那他就会在100镑上加进15镑，即在其生产价格1镑的基础上再加进3先令。这样，最终他会按1镑3先令的价格去出售这1磅砂糖。现在，如果我们假定1磅砂糖的生产价格下降到1先令，商人用100镑就能买到2000磅砂糖，并且会按每磅砂糖1先令6/5便士的价格来出售。显然，这时投在砂糖营业上的100镑资本的年利润仍旧为15镑。不过情况发生了变化，在前一个场合，他只要卖100磅，在后一个场合，他却要卖2000磅。生产价格的高低，对利润率没有任何影响；但是，在每磅砂糖的出售价格中对构成商业利润的那部分大小的影响，也就是说，对商人在一定量商品(产品)上可以加价多少，却有很大的、决定性的意义。如果一个商品的生产价格不高，商人在该商品的购买价格上预付的金额，即为一定量该商品预付的金额也就不高，因此，当利润率已经定下来时，他从这个一定量廉价商品上获得的利润额就会很小。或者，我们可以换一种说法：在这种情况下商人能够用一定量资本，例如100镑，购买了大量这种便宜的商品，那么，他从这100镑商品的出售

零售

商业资本的周转速度不影响商品资本所有的利润总量，但商业资本的周转速度对商业加价有影响。对于图中的零售商来说，加快周转速度可使商品价格下降，销售出更多的商品，获得超额的利润。

中获得的总利润15镑，就会分成很小的份额，并且分配到这个商品量的每个单位上去。反之，情况也就相反。

不言而喻，对商人资本而言，平均利润率其实是一个已定的量。商人资本并没有直接参与创造利润或剩余价值；它只是按照自己在总资本中所占的比例，从产业资本所生产的利润量中取得自己应得的那一部分，也只有从在这个意义上来说，它才算是参加并决定了一般利润率。

总而言之，对于商人资本来说，利润率就是一个已定的量，它一方面由产业资本所生产的利润量决定，另一方面又同时由总商业资本的相对量决定，即由总商业资本以及在生产过程和流通过程中预付的资本总额之间的数量关系决定的。很显然，商业资本的周转次数，会对它和总资本之间的比率，对流通所必要的商人资本的相对数量起决定作用，因为很清楚，必要的商人资本的绝对量和它自身的周转速度成反比；如果其他一切条件不变，它的相对量，即它在总资本中所占的份额，就由它的绝对量决定。例如，如果总资本是10000，那么，在商人资本等于总资本的1/10的情况下，商人资本的数量就等于1000；如果总资本是1000，那么其1/10就等于100。就这种情况来说，虽然商人资本的相对量没有发生变化，但是它的绝对量却不同了，即按照总资本的量而不同了。在这里，如果我们假定它的相对量已定，比如说一直等于总资本的1/10。但是这个相对量却是由周转决定的，当周转快的时候，它的绝对量在第一个场合比如说为1000，在第二个场合为100，从而它的相对量为1/10。但是在它周转得较慢的时候，它的绝对量在第一个场合比如说为2000，但在第二个场合为200。因此，它的相对量就从原来占到总资本的1/10，现在则增加到总资本的1/5。各种能够缩短商人资本平均周转的情况，例如，运输工具的发展，都会使商人资本的绝对量相对减少，从而就会提高一般利润率。反之，情况也就相反。同以前的状况相比，发达的资本主义生产方式对商人资本能够产生双重影响：同量商品可以借助一个虽然数量较小但却是在实际执行职能的商人资本来周转；由于商人资本周转的加速从而使得再生产过程速度的加快(前者以后者为基础)，商人资本和产业资本的比率就将会随之缩小。另一方面，随着资本主义生产方式的发展，一切生产都将变成为商品生产，从而一切产品也都会落到流通当事人手中。

但是，如果我们假定商人资本同总资本相比的其相对量是已定的，那么不同商业部门之间周转的差别，就不会影响归商人资本所有的那部分总利润量，也不会影

富有的家庭

商品流通的不断发展，使货币成为财富的社会表现，导致货币的拥有者不断地存储货币。图为波士顿一富有的家庭在家中喝茶，财富的积累使他们过着舒适的生活。

> **>>> 批发商业 >>>**
>
> 一种专门从事批发贸易而插在生产者和生产者之间、生产者和零售商之间的中间商业。其职能在于通过买卖，把商品从生产者手中收购进来，然后再将其转卖给其他生产者或零售商。自从人类社会出现了以货币为媒介的商品交换以后，随着商品生产的发展，商品购销量逐渐增大，流通范围不断扩展，生产者和生产者之间、生产者和零售商之间常常难以进行直接的商品交换，或者他们之间直接进行买卖不如由中间商业来做媒介对他们更为有利，由此而产生了批发商业。

响一般利润率。商人的利润，并不是由通过他而周转的那些商品资本的量决定的，而是由他为了对这种周转产生中介作用而预付的货币资本的量决定的。拿上面的例子来说，如果一般年利润率为15%，商人预付资本为100镑，那么，当他的资本一年周转一次时，他就会按115镑的价格出售他的商品。但如果他的资本一年周转五次，那么在一年中有五次他都会按103镑的价格去出售他按100镑的购买价格买来的商品资本，因而，在全年内，他就是按515镑的价格在出售500镑的商品资本。但是我们会发现，和前一场合一样，他的价值100镑的预付资本所得到的年利润仍旧是15镑。而且如果情况不是这样，那么商人资本就会随着它的周转次数的增加，得到比产业资本高得多的利润，而这和一般利润率的规律是相矛盾的。

因此，不同商业部门的商人资本的周转次数的多少，会直接影响产品的商业价格。而且商业价格加价的多少，一定资本的商业利润中加到单个商品的生产价格上的那部分的大小，和不同商业部门的商业资本的周转次数或周转速度成反比。如果一个商人资本一年内可以周转五次，而另一个商人资本一年却只能周转一次，那么，对前者而言，对同一价值的某一商品资本进行的加价，就只有后者对同一价值的商品资本的加价的1/5。

不同商业部门的不同周转时间，其表现是这样的：一定量商品资本周转一次能够获得的利润，同购买这个商品资本所需的货币资本的周转次数成反比。利润越小周转也就越快，尤其是对零售商人来说，是他原则上必须遵循的一个原则。

此外，不言而喻，在每个商业部门中商人资本周转的这个规律，即使是撇开互相抵消的、较快的周转和较慢的周转交替出现的情况不说，也只适用于在该部门中投入的全部商人资本的平均周转。和投在同一个部门内的资本B相比资本A的周转次数，可能会多于或少于平均周转次数。那么，在这种情况下，其他资本的周转次数就会少于或多于其平均周转次数。不过，这丝毫也没有改变投在该部门的商人资本总量的周转。但是，对于单个商人或零售商人来说这一点却有决定意义。因为，在这种情况下，他会像在比平均条件更有利的条件下进行生产的那些产业资本家一样，赚到超额利润。即使是为竞争所迫的情况下，他卖得会比他的伙伴便宜一些，但这并不会使他的利润降到平均水平以下。如果那些能使他资本周转加速的条件本身也是可以买卖的，例如店铺的位置，那么，他就必须为此付出额外的租金，也就是说，他要把他超额利润的一部分转化为地租。

丝绸上衣

　　几个世纪以来，亚洲一直是欧洲许多贵重商品的主要来源地，其中生丝、地毯、珠宝、瓷器等产品是欧洲无法与之竞争的。1453年，因为奥斯曼帝国占领了巴尔干、小亚细亚等地区，几乎阻断了东西方之间的通商要道。直至15、16世纪之交，西欧各国经过一系列航海探险活动，开辟了通往印度和美洲的两条新航路，才又重新打通了东西方通商要道。图中是约公元7世纪时的一件带有葡萄藤图案的丝绸上衣。

第四篇 利润分为利息和企业主的收入 生息资本

第十四章 生息资本

在我们最初考察一般利润率或平均利润率时，这个利润率出现在我们面前并不是以它的完成形态的形式，因为这时候的平均化还只表现为投在不同部门的产业资本之间的平均化。这种情况在上一篇中已经得到了补充。在那里，我们说明了商业资本如何参加这个平均化的过程，并且说明了商业利润究竟是如何得到的。这样，一般利润率和平均利润就表现在与以前相比更狭窄的范围内了。在我们阐述的过程中，以后凡是提到一般利润率或平均利润的地方，就必须注意，我们总是就后一种意义而言的，即只是对平均利润率的完成形态而言的。因为现在对产业资本和商业资本来说，这种利润率是相同的，所以，当我们只考察这个平均利润的时候，对于区分产业利润和商业利润就没有必要了。这些资本，不论是作为产业资本投在生产领域内，还是作为商业资本投入到流通领域内，它都会按照它的数量比例，得到相同的年平均利润。

在这里，货币被看作一个价值额的独立表现，而不管这个价值额实际上以货币形式还是以商品形式存在，它在资本主义生产的基础上都能转化为资本，并且通过这种转化，它会由一个固定的价值变为一个自行增殖、自行增加的价值。也就是说，它会生产利润，也就是使资本家能够从工人那里榨出一定量的无酬劳动，即剩余产品和剩余价值，并将其据为己有。这样，货币除了作为货币本身而具有某种使用价值以外，同时又取得了一种追加的使用价值，即作为资本来执行职能的使用价值。在这里，它的使用价值正在于它能够转化为资本而生产的利润。就它作为一种可能的资本，从而作为生产利润的手段的这种属性来说，它变成了商品，不过它是一种特别的商品。或者，我们可以换一种说法：资本作为资本，变成了商品。

我们可以假定，年平均利润率为20%。那么，这时，一台价值100镑的机器，在

货币资本交易

职能资本在循环过程中，经常会游离出大量的暂时闲置的货币资本，资本家就把这些资本以偿还和付息为条件借贷出去，供急需货币的企业使用，转化为生息资本。图中两名佛罗伦萨放债人正在柜台上进行交易，这种柜台在意大利语中称为工作台，"银行"一词便由此而来。

平均条件、平均的智力水平以及合乎目的的活动下当作资本使用，它就能够提供20镑的利润。因此，一个拥有100镑货币的人，手中也就有了使100镑变成120镑，或能够生产20镑利润的权力。这时，我们可以说，他的手中有100镑可能的资本。如果这个人把这100镑交给另一个人使用一年，让后者把这100镑当作实际资本来使用，他也就给了后者生产20镑利润即20镑剩余价值的权力。而且，对后者来说这个剩余价值什么也没有花费，因为他没有为它支付任何等价物。后者如果在年终把比如说5镑，即把他所生产的一部分利润付给这100镑的所有者，那么，他就是用这5镑来支付这100镑的使用价值，来支付这100镑的资本职能即用它生产20镑利润的职能的使用价值。他支付给所有者的那一部分利润，我们通常将其称作利息。因此，利息其实就是一部分利润的特别名称、特别项目；执行职能的资本不能把全部的利润都装进自己的腰包，而必须把它的这一部分支付给资本的所有者。

其实我们很清楚，正是这100镑的所有权，才使得其所有者具有了这种把利息，把他的资本生产的利润的一定部分，据为己有的权利。可以这么说，如果他不把这100镑交给另一个人，那么，后者就不能生产利润，也就根本不可能使用这100镑来执行资本家的职能。

我们首先来考察生息资本的特别的流通。然后再来研究它作为商品出售的这种特别的方式，即将它贷放，而不是将其永远出让。

起点是A将其货币贷给B。A把货币贷给B的过程中，可以有担保，也可以没有担保；前一种是属于比较古老的那种形式，不过用商品或用像汇票、股票等等债券的形式作担保的贷款除外。这些特殊形式和我们这里的研究无关。在这里，我们考察的只是普通形式上的生息资本。

货币在B手中实际上才真正成为资本，在完成G—W—G'运动之后，作为G'，即作为G+△G回到A手中，在这里，△G就代表利息。为简便起见，我们在这里暂且撇开把资本长期留在B手中并按期支付利息的情况不说。

这样，运动就是下面的形式：

G—G—W—G'—G'。

在这里，两次出现的是：作为资本的货币的支出；货币作为已经实现的资本，作为G'或G+△G的流回。

一方面，在商业资本的运动G—W—G'中，同一商品会转手两次，如果出现商人卖给商人的情况，那就要转手多次；但同一商品每次这样的换位，都表示商品的买或卖的这种形态变化，而不管这个过程在商品进入最终消费以前已经反复进行了多少次。

另一方面在W—G—W中，同一货币会换位两次，这就表示商品的一个完全的形态变化，首先是商品转化为货币，然后再由货币转化为另一种商品。

与这两种情况相反，在生息资本的场合，G的第一次换位，既不是商品形态变化发生的要素，也不是资本再生产发生的要素。在它第二次支出时，也就是在用它来经营商业或把它转化为生产资本的那个执行职能的资本家手中时，它才能够变成这样的要素。在这里，G的第一次换位，无非是表示它已经由A转移到或转交到B手中；这种转移通常是在一定的法律形式和条件下进行的。

与货币作为资本时的这种双重支出（其中第一次支出只是由A转移到B）相对应的，是它的双重回流。它作为G'或G+△G，在运动中重新流回到执行职能的资本家B手中。然后，执行职能的资本家B让它带着一部分利润，作为已经实现的资本，作为G+△G再交回到它原来的拥有者A手中。在这里，△G当然不等于利润的全部，而只是利润的一部分，即利息。它流回到B手中，只是因为B代替A将其作为执行职能的资本，但事实上它属于A所有。因此，要使它的回流完全进行，B就要把它再转给A。但除了资本额本身，B还要把他通过这个资本赚到的利润的一部分，以利息的形式转交给A，因为A只是把这个货币作为资本，即作为不仅会在运动中保存自己，而且可以为它的所有者创造剩余价值的价值交给B的。只有当它作为执行职能的资本的时候，才留在B手中。并且，只要资本按期流回到其所有者手中，它就不能再作为资本执行职能。而既然它是作为不再执行职能的资本，那么它就必须再转移到A手中，因为从法律上来讲，A才是它的所有者。

在这里，资本是以商品的形式出现的，或者说，货币此时作为资本变成了商品。根据这个规定，我们就可以得出，这种商品即作为商品的资本所特有的、不过在其他交易中代替出售形式也会出现的贷放形式。

金色的田野

16世纪新航线的开辟与新大陆的发现，使世界上原来相互隔绝的地区沟通起来，欧洲和亚洲、非洲、美洲之间的贸易日益发展，世界市场得以扩大。美洲所特有的玉米、马铃薯等农产品传播到世界各地，增加了人类食物供应，促进了人口数量的增长。图中是美国俄亥俄州的一块种有大豆和玉米的金色田野。

买鱼

　　生息资本家把货币资本贷给职能资本家时，实际上是把货币资本当作资本商品转让的。生息资本在投入流通时就作为资本，成为资本商品。与普通商品相比，生息资本不是商品所有权的买卖关系，而是货币作为资本的使用权出让的借贷关系。图中鱼市上一条待售的大鱼被凌空悬挂，很快就吸引了众多购买者的目光。

在这里，我们还必须作出如下的区别。

之前，我们已经说过，而且还可以在这里再简单地回顾一下，流通过程中的资本，是作为商品资本以及货币资本来执行其职能的。不过，在这两种形式上，资本并不是作为资本变成商品的。

在商品资本与货币资本实际执行职能在过程中实际发生作用时，商品资本只不过起商品的作用，货币资本只不过起货币的作用。无论在形态变化的哪一个要素上，单从其本身来看，资本家都不是把商品作为资本出售给买者(虽然对他来说这种商品代表资本)，他当然也不是把货币作为资本让渡给卖者。在这两个场合，他把商品单纯作为商品来出售，把货币单纯作为货币，并且只是作为购买商品的手段来让渡。

生息资本却和他们不一样。它所拥有的独特性质也正在于此。要把自己的货币作为生息资本来增殖的那些货币所有者，把货币让渡给第三者，把货币投入流通，使之成为一种作为资本的商品；不光对他自己来说是作为资本，而且对别人来说同样是作为资本；它不光对把它让渡出去的人来说是资本，而且它一开始就是被当作资本交给第三者的，也就是说，是作为这样一种价值，这种价值具有一种创造剩余价值、创造利润的使用价值；它在整个运动中保存自己，并在执行完其职能以后，又会流回到原来的支出者手中，其实，也就是重新流回到货币所有者手中；因此，它不过暂时离开货币所有者，不过暂时由它的所有者占有让渡给执行职能的资本家占有，这就是说，它不是被付出，更不是被卖出，而仅仅是被贷出；它不过是在这样的一种条件下被转让：第一，它在经过一定时期后流回到它的起点；第二，它是作为已经实现的资本流回，流回时，它的能够生产剩余价值的那种使用价值已经实现。

作为资本贷放的商品，按照其性质，既可作为固定资本贷放，又可作为流动资本贷放。货币可以以这两种形式贷放。例如，如果它是以终身年金的形式偿还，让资本一部分一部分地带着利息流回，那它就是作为固定资本贷放。有些商品，例如房屋、船舶、机器等等，由于它们使用价值的性质，它们始终只能作为固定资本贷放。不过，所有的借贷资本，不管它们有什么形式，也不管它们的偿还是如何受它们的使用价值性质的影响，永远都只是货币资本的一个特殊形式。因为在这里贷放的，总表现为一定的货币额，并且利息也都是按这个金额计算的。如果贷出的既不是货币，又不是流动资本，那么它就会以固定资本流回的方式来偿还。贷出者会定期得到利息，并得到固定资本自身已经消耗的一部分价值，就是周期损耗的等价物。那些贷出的固定资本中尚未消耗的部分，一旦到期就以实物形式还回来。如果借贷资本是流动资本，它也就会按照流动资本流回的方式流回到贷出者手中。

因此，流回的方式总是由自身得到再生产的资本及其特殊种类的在现实循环运动中来决定的。但是，借贷资本的回流之所以要采取偿还的形式，是因为它的预

付、它的让渡，都具有贷放的形式。

在这一章中，我们只是研究了本来意义上的货币资本，借贷资本的其他形式都只不过是由此派生出来的。

一般地说，资本流回到它的起点，是所有资本在它的总循环中的具有特征的运动。这绝不仅仅是生息资本的特征。实际上，具有生息资本的某些特征的，是它的那些表面的、已经和作为媒介的循环相分离的流回形式。借贷资本家把他的资本放出去，也就是

高利贷者

生息资本的使用，使资本所有权与使用权分离。一方面是所有权资本，另一方面是职能资本。生息资本家拥有货币的所有权，可以凭借这种所有权获得利息。而货币到了职能资本家手中，就变成了实际执行资本职能的增殖手段，能生产剩余价值。高利贷者总是放债利息很高，贪心地盘剥借债人。图为意大利15世纪高利贷老板放贷时的情景。

把他的资本转给产业资本家时，并没有得到任何形式的等价物。放出资本根本就不是出现在资本现实循环过程中的行为，而仅仅是为这个需要由产业资本家去完成的循环作了准备。在这里，货币的第一次换位，并不表示任何行为的形态变化，既不表示卖，也不表示买。它的所有权并没有被出让，因为没有发生任何交换，也没有得到任何形式的等价物。货币从产业资本家手中流回到借贷资本家手中，只不过是对放出资本的第一个行为进行了某种补充。这个以货币形式预付的资本，通过循环过程，最后又以货币形式回到产业资本家手中。不过，因为资本支出时并不是归他所有，所以流回时当然也不能归他所有。通过再生产过程，并不会使这个资本成为产业资本家的所有物。因此，产业资本家把它归还给贷出者是必须的。在第一次支出时，资本从贷出者手中转移到借入者手中，这是一个具有法律意义的交易，它并不与资本的现实的再生产过程有关，只不过是为这个再生产过程作了准备。资本的偿还，使流回的资本再由借入者手中回到贷出者手中，这是第二个具有法律意义的交易，同时也是对第一个交易进行了补充。一个只是为现实过程作了一些准备，另

一个则是发生在现实过程之后的补充行为。因此，借贷资本的出发点与复归点，它的放出与收回，都表现出某种任意的并且具有法律意义的交易为媒介的运动，它们在资本现实运动的前面和后面发生，但同这个现实运动本身却没有任何关系。即使资本本来就是归产业资本家所有的，因而资本作为他的所有物只流回到他那里，那么，对这个现实运动来说，这也不会有任何的不同。

在第一个作为先导的行为中，资本从贷出者手中转移到借入者手中。在第二个作为补充的结束行为中，资本又从借入者那被还给贷出者。如果我们仅仅考察二者之间的交易，暂时并不考虑利息的情况，也就是说，如果我们仅仅考察贷出的资本身如何在贷出者和借入者之间的运动，这两种行为(它们会被一个或长或短的时间分开，资本的现实再生产运动就是在这个或长或短的时间内进行)就已经包括了这个运动的全部。 这个运动——以偿还作为条件的付出——一般地说就是贷与借的运动，即货币或商品的仅仅是有条件的让渡的这种独特形式的运动。

一般资本的具有这种特征的运动，即货币总是流回到资本家手中，资本总是流回到它的起点，在生息资本的这个场合，取得了一个完全表面的、并且与现实运动相分离的形态，尽管这个形态具有现实运动的形式。A把他的货币是作为资本，而不是作为货币放出去。但在这里，资本任何变化都没有发生，它只不过是被转手而已；它只是在B手中时才实际上转化为资本。但对于A来说，单是把它交给B，它就成为了资本。因此，资本在生产过程与流通过程中出现的实际流回的这种现象，只有对B来说才是真正的发生了。而对于A来说，流回是在与让渡相同的形式上进行的。资本再从B手中回到A手中。把货币贷出一定时期，然后把它和它的利息(剩余价值)一起收回，这就是生息资本本身所具有的运动的全部形式。其实贷出的货币作为资本所进行的全部现实运动，都是贷出者与借入者之间的交易以外的事情。在双方所进行的交易中，中介过程消失了，看不见了，不直接包含在内了。作为一种独特的商品，资本自然也具有它的独特的让渡方式。因此在这里，回流也并不是表现为某个一定系列的经济行为的归宿和结果，而仅仅是表现为买者和卖者之间的一种特别的法律契约的结果。流回的时间就等于再生产的过程；不过就生息资本来说，它作为资本的回流，似乎仅仅取决于贷出者与借入者之间的协议。因此，从这种交易来说，资本的回流不再是表现为由生产过程决定的结果，而是表现为：好像贷出的资本任何时候都没有丧失货币形式。当然，实际上这种交易是由现实的回流决定的。但这一点在交易本身中并不会表现出来。不过实际的情形也并不总是这样。如果现实的回流没有按预期时间进行，借入者就不得不寻求别的办法来履行他对贷出者的义务。资本的单纯形式——货币，它以某一个金额A支出，经过一定时间，除了这种时间上的间隔，任何别的媒介都不借助，再以另一个金额A+A/x流回——只不过是现实资本运动的没有概念的形式。

绝望中的呼号

　　生息资本的贷放行为不是一种等价交换行为，它有特殊的转让方式，贷款、偿还和付息构成生息资本运动的三要素。图中描绘的是19世纪初期生活在法国最底层的民众，债台高筑，过着如在深渊中一样的生活，极度无助的人们在绝望中呼号。

> **>>> 合同价格 >>>**
>
> **5 秒钟经济学**
>
> 买卖双方在合同中规定的价格。又称合同标定价格。价款是经济合同的重要条款。在实行市场经济的国家中，合同中的价款一般由合同双方共同议定。在我国的现阶段中，交易对象是属于国家定价的商品，买卖双方必须执行国家规定的价格；属于国家指导价的商品，买卖双方可以在国家规定的范围内协商议定具体价格；属于市场调节价的商品，买卖双方可以自行协商定价。协议双方必须遵守合同价格。如果一方要求废止合同，提出废止合同的一方要承担经济责任，按合同规定赔偿对方损失。

在资本的现实运动中，回流实际上是流通过程的一个要素。货币先是转化为生产资料；通过生产过程它被转化为商品；通过商品的出售，它又转化为货币，并以货币的形式流回到那个最初以货币形式预付资本的资本家手中。不过，就生息资本而言，回流和放出其实是一样的，都只是资本所有者和另一个人之间从法律角度进行交易的结果。我们看见的就只有放出和偿还了，中间发生的一切都消失不见了。

以上我们仅仅考察了借贷资本在它的所有者与产业资本家之间的运动。现在让我们来研究利息。

贷出者把他的货币作为资本放出去；因为他让渡给另一个人的价值额是资本，所以，这个价值额自然会流回到他那里。但单是流回到他那里，在这里不是作为资本贷出的价值额的回流，而仅仅是一个贷出的价值额的回流。预付的价值额如果要作为资本流回，就必须在运动中不仅要保存自己，而且要增殖自己，使自己的价值量增大，也就是一定带着一个剩余价值，即作为G+△G流回。在这里，这个△G是利息，即平均利润中并没有留在执行职能的资本家手中，而是最后落到货币资本家手中的部分。

既然货币资本家把货币作为资本让渡，那么，货币必须要作为G+△G重新回到他那里。以后我们还将特别考察一种形式，依照这种形式，在货币贷出期内，利息按约定的时期流回，但资本并不流回，它却只能等到一个较长的时期结束时才偿还。

货币资本家给予借入者即产业资本家的到底是什么呢？前者事实上让渡给后者的是什么呢？只是由于这种让渡的行为，货币的贷放才能够成为作为资本的货币的让渡，或者说，成为作为商品的资本的让渡。

只是通过这种让渡的行为，资本才由货币贷出者作为商品交给货币借入者，也就是说，他所支配的商品才会作为资本交给货币借入者。

就平时所说的出售来说，让渡的是什么呢？实际上，它并不是所出售的商品的价值，因为这个价值只是改变了形式。这个价值在它实际地以货币形式转到卖者手

美洲殖民地

新航线的开辟，使世界市场突然扩大，流通商品种类和数量增多，欧洲各国竭力想占有亚洲产品和美洲资源，在促进了封建生产方式向资本主义生产方式过渡的同时，也为欧洲殖民活动的兴起奠定了基础。图中描绘了19世纪被贩卖到美洲的黑人奴隶在种植园劳作的场景。

中以前，已经作为一种观念，一种价格观念存在于商品之中。在这里，同一个价值，同一个价值量，都只不过是改变了形式而已。在一个场合，它们可能会以商品形式存在；而在另一个场合，它们却又以货币形式存在。卖者实际上让渡的，真正进入买者个人消费或生产消费的，其实是商品的使用价值，是具有使用价值的商品。

货币资本家在借出期内让渡并且出让给生产资本家即债务人的使用价值究竟又是什么呢？其实是由于货币下面这一点而取得的使用价值：它是能够转化为资本的，能够作为资本来执行职能，就这样，在它的运动中，它除了会保存自己原有的价值量，还能够生产出一定的剩余价值，生产平均利润(在这里，任何与平均利润的偏差都是偶然的现象)。对其余的商品来说，使用价值到最后总是要被消费掉，由此商品的实体和它的价值会一同消失。与之相反，资本商品有一种特殊属性：随着它的使用价值的消费，它的价值和它的使用价值不仅会很好地保存下来，而且会有所增加。

货币资本家在把借贷资本的使用权移交给产业资本家的这段时间内，就是把货币作为资本的这种特殊的使用价值——生产平均利润的能力——让渡给了产业资本家。

从这个意义上说，这样贷出的货币，同那种与产业资本家发生关系的劳动力相比，就能够发现某种类似的地方。不过，产业资本家是支付劳动力的价值，而他只是偿还借贷资本的价值。对产业资本家来说，劳动力的使用价值是：当劳动力被耗费的时候，它会生产出比它本身具有的价值更高的价值（或利润），即比它所耗费的价值，产生更多的价值(利润)。对产业资本家来说，这个价值余额，就是劳动力的使用价值。与此相同，借贷货币资本所具有的使用价值，也表现为这种资本生产价值和使价值增值的能力。

货币资本家事实上让渡出去了一种使用价值，因此，他所让出的东西（货币），就是作为商品让出的。从这方面来说，它和商品本身完全类似。第一，它是价值从一个人手中转到另一个人手中。就简单的商品也就是商品本身来说，在买者和卖者手中一直保留着相同的价值，只是有不同形式；双方在交易前和交易后拥有相同的价值——他们让渡的价值，不过前后具有不同的形式，一个是以商品形式存在，一个是以货币形式存在。其区别在于：在贷放上，只有货币资本家单方面在这种交易中让出价值；但他会由于未来的偿还而保持住这个价值。在贷放上，只有一方会得到价值，因为让出价值的只有一方。第二，现实的使用价值由一方让渡，这个使用价值由另一方得到并且使用。但这个使用价值却有别于普通商品，它本身就是价值，那就是因为货币作为资本使用而产生的那个价值量超过货币原有的价值量所形成的余额。这个使用价值就是利润。

贷出的货币的使用价值就是：能够被当作资本执行职能，并且能够作为资本在

捕获黑奴

殖民者的掠夺和暴行给殖民地带来巨大的灾难，造成了殖民地经济和社会生活的破坏，极大地阻碍了殖民地经济和社会的发展，是殖民地贫困和落后的重要原因。图中描绘的是欧洲殖民者在非洲捕获黑人的场景。

中等条件下生产平均利润。

那么，产业资本家向借贷资本家支付的是什么呢？借贷资本的价格又是什么呢？

一个普通商品的买者所购买的，是他所需要的这个商品的使用价值；他支付的，是这个商品所具有的价值。与此相同，借款人所购买的，是货币能够作为资本的使用价值；但他支付的是什么呢？那当然不是像在购买别的商品时那样，是它的价格或价值。在货币的贷出者与借入者之间，不像在商品的买者与卖者之间那样，价值的形式会发生变化，以致这个价值在一个时候会以货币形式存在，在另一个时候又会以商品形

购买商品

作为普通的商品，购买者支付的是它的价值。但职能资本家购买的是资本商品的使用价值，支付的不是它的价值。贷出者和借入者之间，并没有发生价值的形式变化。货币在没有任何等价物的情况下付出去，经过一定时间交回来，贷出者总是同一价值的所有者。图中人们正围着小货车饶有兴趣地选购着商品。

式存在。放出的价值与收回的价值的同一性，在这里是以一种完全不同的方式表现出来的。价值额，货币，是在没有支付任何等价物的情况下付出去，经过一定时间以后再交回来。贷出者总是同一价值（形式都没有改变）的所有者，即使当这个价值已经从他手中转到借入者手中时，也是这样。在简单商品交换中，货币总是买者持有；但在贷放中，货币却是由卖者持有。他把货币作为资本放出去一定时期，在这里，资本的买者则把资本作为商品接受下来。但是，只有当货币能够作为资本执

行其职能,从而被预付时,它才是可能的。借入者只不过是把货币作为资本,作为能够自行增殖的价值借来的。不过,跟任何处在起点上,处在预付那一瞬间上的资本一样,这个货币只不过是一种可能的资本。它要通过使用才能够自行增殖,才能够作为资本来实现。但无论在什么情况下借入者都必须把它作为已经实现的资本,即作为货币的价值加上其剩余价值(利息)来偿还;而这些利息只能是他所实现的全部利润的一部分。只是一部分,不是全部,因为从借入者的角度来说,借贷资本所具有的使用价值,就是它会替他生产利润。不然的话,贷出者根本就没有让渡使用价值。另一方面,借入者也不能占有全部利润。不然的话,他得到了这种使用价值却什么也没有支付,在他把贷款还给贷出者时,就只不过是把它作为单纯的货币,而根本没有把它作为资本,作为已经得到实现的资本来偿还了,因为它只有作为 $G+\triangle G$,才可以认为是已经实现的资本。

贷出者与借入者双方都是把同一货币额当作资本支出的。不过它只有在后者手中才执行了真正资本的职能。同一货币额作为资本对两个人来说得到了双重的存在,不过这并不会使利润增加一倍。它之所以对双方都有资本执行职能,仅仅是由于利润的分割。其中归贷出者的那部分利润我们将其叫作利息。

按照假定,借贷资本的交易发生在两类资本家之间,即货币资本家与产业资本家或商业资本家之间。

千万不要忘记,在这里,资本是商品,是作为资本的商品,或者说,这里我们所说的商品是资本。因此,这里出现的所有关系,从简单商品的角度来看,或者从那种在再生产过程中作为商品资本执行职能的资本的角度来看,都是不合理的。贷与借(不是卖与买)的区别,在这里是通过商品——资本——所具有的某种独特的性质产生的。同样也不要忘记,这里支付的,是利息,而不是商品价格。如果我们把利息定义为货币资本的价格,那就是一种不合理的价格形式,也是与商品价格的概念完全相矛盾的一种形式。在这里,价格已经被归结为它的那种纯粹抽象的和没有内容的形式,它不过是对某个按照某种方式执行使用价值职能的东西而支付的一定货币额;而由价格的定义的范畴,我们知道,价格其实是这个使用价值的以货币形式表现的价值。

资本之所以能表现为商品,是因为利润被分割为利息和本来意义的利润的过程,是由供求,进而通过竞争来调节的,这和商品的市场价格的调节情况是完全一样的。但是在这里,其不同之处和相同之处一样的明显。如果供求平衡,商品的市场价格就应该和它的生产价格相一致,或者说,这时商品的价格就表现为仅仅由资本主义生产的内部规律来调节,而不会以竞争为转移,因为供求的变动仅仅是说明市场价格同生产价格的偏离,并对其进行调节。随着时间的推移,这种偏离会互相抵消,所以,如果我们从某个较长的时期来看,平均市场价格等于生产价格。只要

掠夺南美新大陆

西班牙人征服南美之后，用从美洲获得的源源不断的金银来弥补它在国际贸易中出现巨额逆差，于是美洲的金银就通过西班牙流到了热那亚、尼德兰、英国、法国和南部德国。从殖民地掠夺的财富并没有使西班牙成为全欧洲最富裕的国家，却通过西班牙变成其他国家的原始资本，成为欧洲经济发展的重要推动力。图中是西班牙南部的塞维利亚大教堂祭坛中用黄金制成的群雕墙壁。

供求平衡，这些力量就不会再起作用，就会互相抵消；这时，决定价格的一般规律也就会适用于这些个别的场合；而这时的市场价格在它的直接存在上，就已经和那个经过生产方式本身的内在规律调节之后的生产价格相一致，而不仅仅是作为市场价格的运动的平均才表现为这样。工资的情况也是如此，如果供求平衡，那么供求的作用就会互相抵消，付给工人的工资即劳动力的名义价格此时就等于劳动力的价值。但货币资本的利息却并非如此。在这里，规律的偏离并不是由竞争来决定，而是相反，除了由竞争决定的分割规律之外，就再没有别的分割规律，因为以后我们还会看到，并不存在"自然"利息率的情况。相反，我们一般把自然利息率理解为由自由竞争决定的比率，利息率本身并没有"自然"界限。

>>> 合资银行 >>>

几家银行共同出资合办的银行。又称合办银行、合营银行。组织形式有：两个或两个以上国家的银行出资在另一个国家设立的银行；本国银行与他国银行共同出资，在本国设立的银行；国内数家银行共同出资设立的银行。出资的各方一般要签订合资协议，确定合资资本金总额及各方比例，成立董事会及各种管理与经营机构，制定经营方针及领导人员产生的程序等。日本和西欧各国都积极采取这种方式，东欧和阿拉伯国家的银行也在国外建立合资银行。

第十五章 利润的分割 利息率 "自然"利息率

这里我们要研究的，只是生息资本的一种独立形态和利息从利润中独立出来的过程。

因为利息只是利润的一部分，而且按照我们以上的假定，这个利息部分是由产业资本家支付给货币资本家的，所以，利润本身就成为利息的最高界限，一旦达到这个最高界限，属于执行职能的产业资本家的那部分就会为0。把利息事实上大于利润，因而不能用利润支付的个别情况撇开不说，也许我们还可以把全部利润减去其中可以归结为监督工资的部分(这部分我们以后加以说明)的余额，看作是利息的最高界限。而利息的最低界限则完全无法规定，它可以下降到任何程度。不过在这时候，总会出现某种起反作用的情况，使它不至于降低到这个最低限度以下或者总可以将其提高到这个相对的最低限度以上。

这里，我们首先假定，总利润和其中要作为利息支付给货币资本家的那部分利润之间的比率是固定不变的。在这种情况下就会很清楚，利息会随着总利润而提高或降低而发生相应的变化，而总利润则由平均利润率和一般利润率的变动决定。例如，如果假定平均利润率为20%，利息等于利润的1/4，那利息率就是5%；如果平均利润率是16%，那利息率就是4%。在利润率为20%时，利息尽可以提高到8%，而且这时产业资本家获得的利润，还是要和利润率等于16%，利息率等于4%的时候一样，即12%。如果利息只提高到6%或7%，那么产业资本家就可以把更大部分的利润保留下来。如果利息总是等于平均利润的一个不变的部分，结果就是：一般利润率越高，利息和总利润之间的绝对差额就越大，因而总利润中属于执行职能的产业资本家的部分就越大；反之，情况也就相反。例如，如果假定利息等于平均利润的1/5。10的1/5是2；总利润和利息之间的差额就是8。20的1/5是4；差额等于20-4即16。25的1/5是5；差额等于25-5是20。30的1/5是6；差额等于30-6即24。35的1/5是7；差额等于35-7即28。在这里，4%、5%、6%、7%这几个不同的利息率，占总利润的比率都是20%。因此，在利润率不同的情况下，总利润中同一个部分或总利润中同一个百分比部分，可以用不同的利息率来表示。当利息总是有不变的比率时，一般利润率越高，产业利润(总利润和利息之间的差额)就越大；反之，情况也就相反。

如果我们假定其他一切条件相同，也就是说，假定利息和总利润之间的比率在一定程度上是不变的，那么执行职能的资本家就能够并且也愿意与利润率的高低成

奥地利邮政储蓄银行

平均利润的大小决定着利息的高低,如果出现一定的平均利润率水平和生息资本供求平衡时,利息率通常由一个国家的经济发展水平和法律传统来决定。图中是奥地利邮政储蓄银行。自1883年奥地利开始了邮政储蓄服务,人们可以在任何邮局存取钱款。

正比地支付较高或较低的利息。因为我们已经知道,利润率的高低实际上与资本主义生产的发展成反比,所以由此可以得出结论:如果利息率的差别实际上表示利润率的差别,那么,一个国家利息率的高低和产业发展的水平就同样会成反比。不过,以后我们会知道,情况并非总是如此。从这个意义上我们可以这么说:利息是由利润调节的,可以确切些说,它是由一般利润率调节的。并且,利息的这种调节方法,甚至也适用于利息的平均水平。

不管怎样,必须把平均利润率看成是利息的有最后决定作用的最高界限。

我们现在就较详细地考察一下利息和平均利润这一相关情况。当必须在两个人之间分割一个已定的总量,例如分割利润的时候,很显然,首先是要看这个有待分割的总量究竟有多大,而这个总量,即利润的量,又是由平均利润率决定的。假定一般利润率是已定的,也就是说,假定一定数量的资本比如说100的资本的利润量是已定的,显然,利息的变动和用借入的资本来执行职能的资本家自身留下的那部分利润的变动就会成反比。而那些决定有待分割的利润的量即无酬劳动所生产的剩余价值的量的事情,同那些决定利润在这两类资本家之间如何进行分割的事情相比,是极不相同的，并且往往会按完全相反的方向发生作用。

如果我们考察一下在这个运动过程中，现代工业的周转周期，逐渐活跃、繁荣、生产过剩、崩溃、停滞、沉寂状态等等，但对这种周期要作的进一步分析，则不属于我们的考察范围，我们就会发现，低利息率的情况大多与繁荣时期或有额外利润的时期相适应，而且利息的提高与从繁荣到周期的下一阶段的过渡相适应，而已经到达高利贷极限程度的最高利息则与危机相适应。历史数据显示，从1843年夏季起，出现了明显的繁荣；在1842年春季仍然是20.5%的利息率，到1843年春季和夏季时，就已经降低到2%。

关于利息率是如何决定的，拉姆赛说，利息率"部分地取决于总利润率，部分地取决于总利润在利息和企业主收入之间分配的比例。而这个比例取决于资本的贷出者和借入者之间的竞争……"（拉姆赛《论财富的分配》第206、207页）。

但是，一个国家中占统治地位的平均利息率，与不断变动的市场利息率不同，它不能由任何规律来决定。在这个领域中，像经济学家经常说的自然利润率和自然工资率那样的自然利息率，是不存在的。

当中等利息率不仅被看作平均数，而且确实是作为现实的量存在时，习惯和法律传统等等都将和竞争本身一样，对它的决定产生作用。比如说，在许多法律诉讼中，当需要计算利息时，就必须把中等利息率作为合法的利息率对待。如果有人愿意进一步问，为什么中等利息率的界限不能从一般规律得出来，那么回答会很简单：就是由于利息的性质。利息不过是平均利润的一部分。在这里，同一资本也有双重规定：在贷出者手中，它是作为借贷资本出现的；在执行职能的资本家手中，它是作为产业或商业资本出现的。但它只执行一次职能，从而也只生产一次利润；在生产过程本身中，资本作为借贷资本的性质当然就不会起任何作用。这两种都有权要求分享利润的人将如何分割这种利润，和一个股份公司的共同利润在不同股东之间按百分比分配一样，纯粹是一种经验上的、属于偶然性的事情。从本质上决定了利润率的剩余价值和工资的分割上，劳动力和资本这两个完全不同的要素实际上起着决定的作用；那是两个相互独立而又互相限制的可变数的函数；从它们的某种质的区别中产生了所生产的价值的量的分割。以后我们还会知道，在剩余价值分割为地租和利润时，也会出现同样的情况。但在利息上，这种类似的情况却不会发生。我们立即就会看到，在这里，它们质的区别，相反，是从同一剩余价值部分的纯粹量的分割中产生的。

综上所述，我们可以得出结论：实际上，并不存在什么"自然"利息率。但是，如果从一方面来说，与一般利润率相反，那种与不断变动的市场利息率并不相同的中等利息率或平均利息率，不能由任何一般的规律来确定其界限，因为在这里，我们涉及的只是总利润在两个资本所有者之间以不同的比例进行的分配；那

美洲移民

美国20世纪最初的10年，被称为历史上最大移民浪潮的顶点。从欧洲每年大约有70万至90万人通过埃利斯岛进入北美殖民地，移民主要有英国人，其次还有德、法、荷兰、瑞典等国人，正是这些大批的移民与当地最早居住的印第安人共同开发，经过一百多年的开拓，最终使美国成为世界上最重要、综合国力最强大的国家。图中的人们在象征着追寻美国梦的埃利斯岛上，为自由富饶的新大陆近在咫尺而振臂欢呼。

么，反过来说，利息率，不管是中等利息率还是各个特殊场合的市场利息率，它们与一般利润率的情况都是完全不同的，也就是说它们将表现为一致的、确定的、明确的量。

利息率与利润率的关系，同商品市场上，商品的价格与商品价值的关系相类似。从利息率由利润率决定这个角度来说，利息率总是由一般利润率决定，而不是由从可能性上在某个特殊产业部门内占统治地位的特殊利润率决定，更不可能由某个资本家可能在某个特殊营业部门内获得的额外利润来决定。因此，事实上一般利润率会作为经验的、既定的事实，再表现在平均利息率上，尽管后者并不是前者的纯粹的或可靠的表现。

诚然，随着借款人提供的担保种类不同以及借款时间的长短不同，利息率本身也会不断地发生变动；但对某单一种类来说，利息率在一定瞬间是一致的。因此，这种差别不会损害利息率的这种固定的、一致的性质。

中等利息率在各个国家在较长期间内都会表现为一种不变的量，因为一般利润率——尽管某一部门的特殊的利润率在不断变动，但一个部门的变动同时又会被另一个部门的相反的变动所抵消——只有在较长的期间内才可能发生变动。并且一般利润率的这种相对不变性，正是表现在中等利息率的一定程度的不变性上。

至于那些不断变动的市场利息率，其实，它和商品的市场价格的情况类似，在每个时间点上都是作为固定的量出现的，因为在货币市场上，一切借贷资本总是作为一个总额同正在执行职能的资本相对立，从而，借贷资本的供给和需求之间的关系，就很自然地决定着当时市场的利息状况。信用制度的发展以及由此引起的信用制度的集中，越是能够赋予借贷资本以一般的社会的性质，并使它能够一下子同时投到货币市场上来，情形就越是这样。与之相反，一般利润率则是不断地作为一种趋势，作为一种使各种特殊利润率逐渐趋向于平均化的运动而存在。

在小酒馆聚饮

产业资本家从货币资本家那里借贷资本而产生了借贷利息之后，资本对剩余价值的分配就不单是各职能资本之间的分配，而是由产业资本家、商业资本家和货币资本家三方共同瓜分。共同的利益总能让人们团结起来，资本家的聚会也就显得稀松平常了。

第十六章 利息和企业主收入

对于使用借入的资本从事经营的产业资本家和不亲自使用自己拥有的资本的货币资本家来说，总利润在他们之间的分割，即在对同一资本，进而对由它产生的利润，享有不同合法权的资本家之间的单纯量的分割，都会因此变为质的分割。利润的一部分现在表现为一种对资本的使用而应得的果实，在这里，它表现为利息；利润的另一部分则表现为相反规定上由于资本的特有职能而应得的果实，在这里，它表现为企业主收入。一个是单纯表现为资本所有权的果实，另一个则表现为这种资本单纯执行职能的果实，或能动资本家用其执行的职能的果实。总利润的这两部分硬化并且互相独立化了，这当然会给人们一种错觉，好像它们是来自两个本质上不同的源泉。对全体资本家阶级和全部资本来说，现在，这种硬化和互相独立化必然会固定下来。而且，不管能动资本家所使用的资本是否为借入的，也不管属于货币资本家的资本是否由他自己使用，都将是一样的情况。各个资本的利润，以及以这些资本互相平均化为基础的平均利润，都将被分成或被割裂成两个不同质的、互相独立的、互不依赖的部分，也就是利息和企业主收入，二者都是由特殊的规律决定的。即使是用自有的资本从事经营的资本家，同使用借入的资本从事经营的资本家一样，他们也要把他的总利润分为利息和企业主收入。利息应该归他自己所有，因为他是资本的所有者，是把资本贷给自己的贷出者，企业主收入当然也归他所有，因为他自己本身又是能动的、在执行职能的资本家。因此，对于这种质的分割而言，资本家实际上是不是应该和另一个资本家共分，是没有任何意义的。资本的使用者，即使是用自有的资本在从事经营，他也会具有双重身份，即资本的单纯拥有者和资本的真正使用者；就其提供的利润范畴来说，他的资本本身，也被分成资本所有权，即处在生产过程以外的、本身可以提供利息的资本，和处在生产过程以内的、由于在过程中活动而能够为企业主提供收入的资本。

企业主收入对劳动的监督工资的这种看法，是从企业主收入和利息的对立中产生的，并由于下面这个事实而进一步得到加强：利润的一部分事实上能够以工资的形式分离出来，并且确实也作为工资被分离出来，或者我们可以反过来说，在资本主义生产方式的基础上，一部分工资表现为利润之中一个不可缺少的组成部分。正如亚当·斯密已经作出的正确的发现那样，在那些生产过程中允许有充分的分工，以致能够对一个经理支付特别工资的营业部门中，而且这个利润部分会以经理的薪水的形式纯粹地表现出来，一方面同利润(利息和企业主收入的总和)分离开来，另一方

货币兑换商

企业主借用货币资本家的资金，经营所得的平均利润，扣除利息后的余额就是他的企业利润。而货币资本家是凭借他借贷出的资本的所有权获取他应得的利息。图中是在资本主义萌芽阶段，人们为了减少不同的货币在贸易中带来的不便，纷纷赶往货币兑换商那里兑换货币，这种用兑换货币来生利的方式也是利用钱来生钱的一种。

面同扣除利息以后作为所谓企业主收入留下的那部分利润相互对立并且也被完全分离出来。

凡是在直接生产过程中具有某种社会结合过程的形态，而不是表现为独立生产者的孤立劳动的地方，都将必然产生监督劳动和指挥劳动。

一方面，凡是需要有许多个人进行协作的劳动，那么其过程的联系和统一都必然要表现在一个指挥的意志上，表现在各种与局部劳动无关但是又与工场全部活动有关的职能上，这种情形，就像一个乐队要有一个指挥一样。

另一方面，如果我们完全撇开商业部门不说，凡是建立在作为直接生产者的劳动者和生产资料所有者之间的对立上的生产活动中，都必然会产生这种监督劳动。并且这种对立越严重，这种监督劳动所起的作用也就越大。因此，在奴隶制度下，它所起的作用达到了最大限度。但即使是在资本主义生产方式下它也是不可缺少的，因为在这里，生产过程同时就是资本家使用劳动力的过程。这种情况完全同在专制国家中一样，在那里，政府的监督劳动和全面干涉主要包括两方面：包括执行由一切社会的性质产生的各种公共事务的职能；同时又包括由政府同人民大众相对

出卖劳动力的铁路工人

生息资本利息是产业资本家因取得了贷款而付给货币资本家的一部分平均利润。由于利润本身是剩余价值的转化形式，所以利息的本质是剩余价值的特殊形式。图中是20世纪20年代的美国铁路工人正在修建铁路。

立而产生的各种特殊职能。

只要有对立的性质，监督和指挥的劳动，就会有资本对劳动的统治产生，因而这种劳动也就为一切以阶级对立为基础的生产方式和资本主义生产方式所共有，那么，在资本主义制度下，这种劳动也是直接地并且是不可分离地和那种由一切结合的社会劳动交给单个人作为特殊劳动去完成的生产职能结合在一起的。

即使是资本主义生产本身，就已经使那种完全同资本所有权分离的指挥劳动变得比比皆是。从而，这种指挥劳动就无须资本家亲自担任了。这就好似一个乐队指挥完全不必就是乐队的乐器的所有者；而如何处理其他演奏者的"工资"问题，当然也就不必是他这个乐队指挥职能范围以内的事情。合作工厂就为我们提供了这样一个实例，以证明资本家作为生产上的管理人员已经成为多余的了，就像当资本家本人发展到最高阶段时，会认为大地主是多余的一样。只要资本家的劳动并非由单纯作为资本主义的那种生产过程引起，因而这种劳动也就并没有随着资本的消失而自行消失；只要这种劳动不仅限于剥削别人劳动这个职能上；因此，只要这种劳动是由作为社会劳动的劳动的形式所引起的，是由许多人为达到共同结果而形成的结合和协作所引起的，那么，它就同资本没有任何关系，就像对于这个形式本身而言，一旦把资本主义的外壳炸毁，它就同资本完全无关一样。我们说这种劳动作为资本主义的劳动，作为资本家的职能是有必要的，这无非就是说：庸俗经济学家不能设想在资本主义生产方式内部发展起来的各种形式，能够离开并且能够摆脱它们的对立的、资本主义的性质。和货币资本家相对来说，产业资本家本身也是劳动者，只不过他是作为资本家的劳动者，即作为对别人劳动进行剥削的劳动者。他为这种劳动所要求的和他实际取得的工资，恰好等于他所占有的别人劳动的量，并且当他为进行这种剥削而亲自花费必要气力的时候，还直接取决于他对这种劳动的剥削程度，而不是取决于他为了进行这种剥削而作出的并且在他支付适当的报酬时可以让一个经理代替他作出的那种努力的程度。

在工人的合作工厂和资本主义的股份企业中，商业经理和产业经理的管理工资，同企业主收入都是完全分开的。在其他场合偶然出现的，管理工资同企业主收入的分离的情形，在这里则是经常的现象。在合作工厂中，监督劳动的那种对立性质消失了，因为经理是由工人支付报酬，他不再代表资本而同工人相对立。一般来说，与信用事业一起发展起来的股份企业也有一种趋势，就是使这种管理劳动成为一种职能而同自有资本或借入资本的所有权逐渐相分离，这完全像随着资产阶级社会的发展，司法职能和行政职能同土地所有权相分离一样，而在封建时代，这些职能却是土地所有权的一种属性。但是一方面，由于执行职能的资本家同资本的单纯所有者即货币资本家相对立，并且随着信用的发展，这种货币资本本身也取得了一种社会性质，即它们不断集中于银行，并且是由银行贷出而不再是由它的直接所有者贷出；另一方面，又因为那些不能够在任何名义下，即不能用借贷方式也不能用其他方式占有资本的单纯的经理，执行着一切本来应该由执行职能的资本家自己担任的现实职能，所以，最终留下来的只有管理人员，资本家则作为多余的人从生产过程中消失了。

昂贵的商品

商品分为大众型商品和重点型商品，大众型商品适应于各层次的人使用，因而市场广阔。产业资本家投资生产这类商品，虽然平均利润率低，但承担的风险较小。而针对某个特定的人群生产重点型商品的资本家，例如奢侈品的生产，因为面对的受众是有产阶级，他们的购买力往往可以让商品的平均利润率成倍增加，在冒风险之后，资本家就可能获得超过价格很多倍的回报。图中是一件名为贵族的室内小型雕塑摆设，使用了大量的珠宝和象牙。

第十七章 信用和虚拟资本

在这里，我们不打算详细分析信用制度和它为自己所创造的工具(信用货币等等)。我们只着重指出为说明资本主义生产方式的特征而必须提到的少数几点。因此，在这里，我们将只研究商业信用和银行信用。至于这种信用的发展和公共信用的发展之间的联系，则不属于我们考察的范围。

我们已经指出，货币充当支付手段的这种职能，从而在商品生产者和商品经营者之间产生的这种债权人和债务人的关系，是怎样通过简单商品流通而形成的。随着商业以及只是着眼于流通而进行生产的资本主义生产方式的发展，信用制度的这个自然基础随之也在不断地扩大、普遍化和发展。一般来说，在这里，货币只是充当一种支付手段，也就是说，商品并不是为取得货币而卖，而是为取得某种定期支付的凭据而卖。为简单起见，我们可以把这种支付凭据大体上概括为汇票这个总的范畴。在这种汇票期满，也就是当其支付日到来之前，它本身又可以作为支付手段来流通；从而就形成了真正的商业货币。从这种汇票因债权和债务的平衡而最后互相抵消的角度来说，它们绝对是作为货币来执行职能的，因为在这种情况下，它们已没有必要最后转化为货币了。就像生产者和商人的这种互相预付而形成的信用的真正基础一样，这种预付所用的流通工具如汇票，也形成真正的信用货币如银行券等等的基础。可见，真正的信用货币并不是以货币流通(不管是金属货币还是国家纸币)为基础，而是以汇票流通为基础的。

另一方面，信用制度的发展会和货币经营业的发展联系在一起，而在资本主义生产中，货币经营业的发展又很自然地会和商品经营业的发展齐头并进。之前我们已经看到，实业家的准备金的保管、货币出纳、国际支付和金银贸易等等技术性业务，是怎样集中在货币经营者的手中。正是由于这种货币经营业，信用制度的另一方面，即生息资本或货币资本的管理，就变成了货币经营者的一项特殊职能并发展起来。货币的借入和贷出自然也就成了他们的特殊业务。他们在货币资本的实际贷出者和借入者之间以一种中介人的身份出现。一般来说，这一方面的银行业务就是：银行家把借贷货币资本大量集中在自己手中，这就导致与产业资本家和商业资本家相对立的，不是某一单个的贷出者，而是以所有贷出者的代表身份出现的银行家。银行家就随之变成了货币资本的总管理人。另一方面，由于他们为整个商业界借款，因此他们也就把借入者集中了起来，与所有贷出者相对立。银行一方面代表货币资本的集中、贷出者的集中，另一方面又同时代表借入者的集中。一般地说银行的利润在于：它们借入时的利息率低于贷出时的利息率，从而形成差额即利润。

国家发行的债券

作为商业信用手段的商品票据,是一种有一定支付期限的债券。在诸多债券中,国家发行的债券具有最高的信用度,被公认为是最安全的投资工具。有的国家债券还附有息票,持券人可按期领取利息。债券有时也在国外以外币币种发行,政府在国外发行的外币债券与国外一般借款一起,共同构成一个国家的外债。图中是美国得克萨斯州1875年向民众发行的债券。

银行拥有的那些借贷资本,是通过多种途径流到银行那里的。第一,因为银行是产业资本家的出纳,所以,每个生产者和商人以准备金形式保存的或在支付中得到的那些货币资本,都会顺其自然地集中到银行手中。这样,这种基金就能够转化为借贷货币资本。商业界的准备金,由于被作为共同的准备金集中起来,这样,就可以将其限制到一种必要的最低限度,而本来要作为准备金闲置起来的那部分货币资本也能够被贷放出去,从而作为生息资本执行职能。第二,银行的借贷资本中还包括一部分货币资本家的存款,它也可以被贷放出去。此外,随着银行制度的发展,特别是当银行对存款支付利息以后,各个阶级的货币积蓄和暂时用不上的货币,都会存入银行。小的金额当然不能单独作为货币资本发挥作用的,但它们结合在一起成为巨额时,就会形成一个货币力量。这种收集小金额资金的活动是银行制度的一项特殊职能,应当把这种职能同银行在真正货币资本家和借款人之间产生的中介作用区别开来。第三,各种只用来逐渐花费的收入也会存入银行。

贷放(这里我们只考察真正的商业信用)是通过汇票的贴现——即在汇票在到期以前将其转化成货币来进行的,是通过不同形式的贷款,也就是以个人信用为基础的直接贷款,还有以有息证券、国家证券、各种股票作抵押的贷款,尤其是那些以提单、栈单及其他各种证明商品所有权的单据做抵押的贷款来进行的,都是通过存款透支等等来进行的。

>>> 典当行 >>>

用实物抵押借贷融通,从事高利贷盘剥的形式,通指经营这种营利组织典铺、当铺的总称。早期典当业多是独资经营,资本自数千两至数万两不等,几乎为山西、陕西商人和徽商的专业。典当业集中体现了官僚、地主、商人三位一体的高利贷资本的活动。官款存放生息曾是这种高利贷活动的有力支柱。后来,官银钱号开设,票号、钱庄业务发达,官额存放减少,原有典铺、当铺逐渐衰落。清光绪十四年(1888),北京以外各省典当行共约7000余家,较前期减少很多。

银行家所提供的信用，也可以采取不同的形式，例如：向其他银行开出汇票、支票，开立同样的信用账户等等，最后，对那些拥有钞票发行权的银行来说，其实就是发行本行的银行券。银行券无非就是向银行家开出的、持票人随时可以兑现的、由银行家用来代替私人汇票的一种银行汇票。而最后这一种信用形式在外行人看来显得特别引人注目和重要，首先因为这种信用货币最终会由单纯的商业流通进入到一般的流通之中，并在那里作为一般的货币执行职能；同时还因为在大多数国家里，发行银行券的主要银行，在作为国家银行和私人银行之间的奇特的混合物时，事实上有国家的信用作为它的后盾，因此，它们的银行券在不同程度上是一种合法的支付手段；因为在这里，我们可以明显看到的是：银行家经营的是信用本身，而银行券不过是进入流通的一种信用符号。但银行家也会经营一切其他形式的信用，甚至去贷放存在他那里的货币现金。实际上，银行券只能够形成批发商业的铸币，而对银行来说最具有重要意义的始终还是存款。

美国独立战争中的海战

英国政府统治北美殖民地时，竭力压制北美经济发展并永久地将北美13个殖民地作为它的原料产地和商品市场，北美人民表示极大不满，反英斗争日益高涨。抵制英货、赶走税吏、焚烧税票直至波士顿倾茶事件导致了独立战争的爆发，1776年7月4日由13州殖民地代表联合签署宣言，宣布北美成为独立自主的国家。这场战争使美国赢得了独立，也为资本主义的发展开辟了道路。

第十八章 信用在资本主义生产中的作用

到现在为止,关于信用制度所作的这些一般评述,我们可以将其归结为以下几点:

Ⅰ.信用制度是必然形成的,以便其对利润率的平均化或在这个平均化运动中起中介作用,而且整个资本主义生产就是建立在这个制度的基础上的。

Ⅱ.流通费用的减少。这又体现在:

1.主要流通费用之一是具有价值的货币本身,而通过信用,货币将以下面三种

股票交易市场

股份公司对促进资本主义经济的发展具有极其重要的作用,它的形成促使了生产资料和劳动力更加集中,大大推动了资本集中,使生产规模惊人地扩大。公司股票的发行,也可以使资本家在短期内集中大量资本,实行规模经营,有利于获取较高的利润,在市场竞争中取胜。图中是阿根廷一家现代化的股票交易市场。

方式得到节约。

A．大部分的交易将完全用不着货币。

B．流通手段的流通速度加快了。这一点，和第2点中要说的，有部分共同之处。一方面，这种流通速度的加快是技术性的；也就是说，在现实的、对消费起中介作用的商品流转额保持不变的条件下，使用较小量的货币或货币符号，同样可以完成这种服务。当然，这些都是同银行业务的技术联系在一起的。另一方面，信用又会加速商品形态变化的速度，从而能够加速货币流通的速度。

C．金币为纸币所替代。

2．由于信用的出现，流通或商品形态变化的各个阶段，进而资本形态变化的各个阶段都加快了，因而整个再生产过程也加快了(另一方面，信用又使买和卖的行为可以有较长时间的分离，因而成为投机的基础)。同时，准备金也缩小了，这可以从两方面来考察：一方面，流通手段减少了；另一方面，必须经常以货币形式存在的那部分资本也缩减了。

Ⅲ．股份公司的成立，并且由此：

1．生产规模与以前相比惊人地扩大了，因此，个别资本不可能建立的企业也就随之出现了。同时，那些以前由政府经营的企业，成了公司的企业。

2．那种以生产资料和劳动力的社会集中为前提的并且它本身也是建立在社会生产方式的基础上的资本，在这里就直接取得了社会资本(即那些直接联合起来的个人的资本)的形式，从而与私人资本相对立，并且它的企业此时也表现为社会企业，而与私人企业相对立。这是作为私人财产的资本在资本主义生产方式本身范围内的一种扬弃。

3．实际执行职能的资本家转化为单纯的职业经理人，即其他人的资本的管理人，而资本所有者则转化为纯粹的所有者，即单纯的货币资本家。因此，即使后者所得的股息中全部包括了利息和企业主收入，即包括了全部利润(因为经理的薪金仅仅是，或者应该仅仅是某种熟练劳动的工资，这种劳动的价格，同任何其他劳动的价格一样，是在劳动市场上按供求调节的)，但这全部利润仍然只是在利息的形式上，也就是作为资本所有权的报酬获得的。而这个资本所有权因此现在就同现实再生产过程中的职能完全分离，正像这种职能在经理身上已经和资本所有权完全分离一样。因此，在这里，利润(不再只是利润的一部分，即从借入者获得的利润中理所当然地引出来的利息)就表现为对别人的剩余劳动的单纯占有，之所以这种占有能够产生，是因为此时的生产资料已经转化为资本，也就是生产资料已经和实际的生产者相分离并且已经成为别人的财产，而与在生产中一切实际进行活动的个人(从经理一直到最后一个短工)相对立。在股份公司内，这种职能已经同资本所有权相分离，因而劳动也就随之完全同生产资料的所有权和剩余劳动的所有权相分离。这个资本主义生产极度发展的结果，是资本再转化为生产者的财产时所必需的过渡点，不过这种财产已经不再是各个相互分离的生产者的私有财产，而是在此基础上联合起来的全部生产者的财产，即直接的社会财产。另一方面，这是所有那些到今天为止仍然和资本所有权结合在一起的再生产过程中的职能转化为联合起来的生产者的单纯职能，进而转化为社会职能的过渡点。

在我们对其作进一步阐述以前，我们还应该指出一个经济上重要的事实：因为在这里利润纯粹采取利息的形式，所以那些仅仅提供利息的企业仍然可以存在；这同时也是阻止一般利润率下降的原因之一，因为这些不变资本远比可变资本庞大得多的企业，不一定会参加一般利润率的平均化运动。

金融危机

资本主义信用一方面加速了生产力的发展，另一方面又加深资本主义的基本矛盾。资本家可以依靠信用，拿社会的财产来进行冒险，加剧了生产各部门之间发展的不平衡性，促成社会资本再生产的比例严重失调，引起信用膨胀和通货膨胀，从而加大金融风险并加速了经济危机的爆发。图中香港股民不安地关注着股市开盘状况，紧张程度不亚于命悬一线。

第十九章 货币资本和现实资本

我们现在在考察信用制度时要遇到的可能仅有以下几个困难问题：

第一，关于真正货币资本积累的问题。它在多大程度上是资本现实积累的标志，也就是规模扩大的再生产的标志，又在多大程度上不是这种标志呢？资本的所谓过剩（plethora），一个始终只用于生息资本也就是货币资本的用语，只不过是表现产业生产过剩的一个特殊方式呢，还是在此以外所形成一种特殊的现象呢？这种货币资本的供给过剩，是否与停滞不用的货币总量(金银条块、金币和银行券)有相一致的存在，在现实中的货币的过剩，是不是就是借贷资本的上述过剩的反映和表现形式呢？

第二，货币紧迫，也就是借贷资本不足，又在多大程度上反映出现实资本(商品资本和生产资本)的缺乏呢？另一方面，它又在多大程度上和货币本身的不足，即流通手段的不足是相一致的呢？

在以上考察货币财产和货币资本的积累的特殊形式时，我们已经把这种积累的特殊形式归结为对劳动的占有权的不断积累。前面已经说过，其实国债资本的积累，不过是使国家债权人阶级不断壮大，这个阶级有权把属于税收中的一定数额预先划归自己所有。连债务积累同样能表现为资本积累这一事实，很明显地表明那种在信用制度中所发生的颠倒现象已经完成。这些为以前借入的并且早已被用掉的资本所发行的债券，这些代表那些已经不存在的资本的纸制复本，在它们却是可卖商品，因而在可以再转化为资本的情况下，对于它们的所有者来说，就可以作为资本来执行职能。

对于公用事业、铁路、矿山等等的所有权证书，正如我们在前面所说的，固然是一种现实资本的证书，但虽然有了这种证书，却并不能对这个资本进行支配。这个资本是一种不能提取的资本。在有了这种证书以后，只是说明在法律上有权索取和这个资本相对应的应该获得的一部分剩余价值。但是，这种证书也成为了现实资本的一种纸制复本，就跟提货单在货物之外，却和货物同时具有价值一样。它们只不过是并不存在的资本的名义代表。这是因为实际上现实资本是存在于这种复本之外的，并且这种复本的转手不会改变现实资本的所有者。这种复本之所以会变成生息资本的形式，不仅因为它们可以保证其所有者取得一定的收益，而且因为可以通过出售它们而得到它们的资本价值的偿付。当这些证券的积累同时在表示铁路、矿山、汽船等等的积累时，它们也就表示了现实再生产过程也随之扩大，就像动产征税单在扩大时也就表示这种动产的增加一样。不过，既然作为纸制复本，这些证券就只不过是幻想的，它们所具有的价值额的涨落，和它们有权代表的现实资本的价

股票市场崩溃后的华尔街

1929年10月24日,美国股票市场崩溃。一度掀起了抛售狂潮,到29日股市彻底崩溃,道·琼斯指数一泻千里,跌幅达22%,创下了有史以来单日跌幅最大百分比,华尔街上令人心悸的股价持续下跌的势头直到11月才最终止住。图中是纽约股票交易大厅。

值的改变完全无关,它们能够作为商品来买卖,因而能够作为资本价值来流通。它们的价值额的大小,也就是,它们在证券交易所内的所具有的行情,在利息率的下降和货币资本特有的运动无关,而纯粹是由于利润率趋向下降的结果时,会在利息率的下降时必然出现上涨的趋势,所以,仅仅是由于这个原因,这个由想象生出来的财富,根据它原来所具有的一定的名义价值的所有组成部分的价值表现来说,也会随着资本主义生产发展而扩大起来的。

因为这种所有权证书的价格浮动而造成的盈亏,以及这种证书在某些人手里的集中,按照其本质来说,就越来越成为赌博的结果。赌博在这个时候已经代替劳动,并且也取代了直接的暴力,而成为夺取资本财产的原始方法。这种想象的货币财产,不仅构成了私人货币财产的非常大的部分,并且跟我们讲过的一样,也构成银行家资本的非常大的部分。

为了能够尽快地解决问题,我们把货币资本的积累,可以不妨理解为掌握在银行家(职业贷款人)手中的财富的积累,这里的银行家是指私人货币资本家和国家、团体以及从事再生产的借款人之间的中介人;因为整个信用制度以惊人的速度扩大,总之,所有的信用,都已经可以被他们当作自己的私有资本来利用了。这些人

富有的银行家

在资本主义信用制度发达的情况下，货币资本的积累实际上就是银行家手中的财富的积累。银行家作为私人资本家和各种借贷之间的中介人，社会的"全部信用,都被他们当作自己的私有资本来利用"。由于银行资本大部分是虚拟资本，所以也并不反映现实资本的积累。图为17世纪中期富有的银行家约翰·班克斯的肖像。

往往是以货币的形式或对货币拥有直接索取权的形式占有资本与收入。这类人的各种财产的积累，可以与现实积累的方向极不相同，不过无论在何种场合下都证明，他们握有现实积累的非常大一部分。

我们从商业信用开始分析，也就是从事再生产的资本家之间互相提供的信用。商业信用是信用制度的基础。它的代表是汇票，是一种具有一定支付期限的债券，是一种用来证明延期支付的证书。每一个人都在提供信用的同时，也接受信用。我们首先不考虑银行家的信用，这种信用是一个本质上完全不同的要素。如果这些汇票通过背书而在商人和商人之间再作为支付手段来进行流通，从一个人手中转到另一个人手中，排除中间的贴现，那就不过是债权由一个商人到另一个商人的转移，而这绝对不会对整个的联系有什么影响。这里发生的只不过是人的变换。在这种场合，即使没有货币的介入，也照样可以很好地进行结算。

如果我们把商业信用和银行家的信用分开来进行考察，那就能很清楚地得到，商业信用的规模和产业资本本身的规模一同增大。在这里，借贷资本和产业资本是没有差别的，就是一个东西；贷出的资本直接就是商品资本，要么是用于最后的个人的消费，要么是用来补偿生产资本的不变要素。所以，作为贷出的资本在这里出现的，总是那些处在再生产过程的某一特定阶段的资本，它通过买卖，从一个人手里转移到另一个人手里，不过它所需要付出的代价要到后来才根据约定的时间由买者支付。

在这里，信用所具有的最大限度，等于产业资本的最充分的使用，也就等于产业资本的再生产能力在不顾消费界限情况下的极度紧张。同时这些消费界限也会随着再生产过程本身的紧张而扩大：一方面这种紧张自然会增加工人和资本家对收入的消费，另一方面本身这种紧张和生产消费的紧张是一回事。

只要再生产过程没有停歇，而且资本回流确实能得到保证，这种信用就会不断地进行下去和扩大起来，并且这种信用的扩大是以再生产过程本身的扩大为基础的。一旦由于资本不能及时回流，市场出现商品过剩，价格下降而导致停滞时，产

>>> 股票发行 >>>

5秒钟经济学

股份公司把经主管部门核准的具备法定要式的凭证出售给投资者的行为。发行目的为设立新公司筹措资金。设立新公司一般有发起设立和招股设立两种方式。其中采取发起设立方式，公司发起人必须认购第一次发行的全部股票，无须向社会筹资，从而每个发起人都是公司的原始股东，发起人在认购股份后，可以一次缴足认购股款，也可以分期缴付。认购股款可以用现金支付，也可按事先协议,用房屋、设备等实物资产作价抵缴。公司经主管机构注册登记，领取登记书，在法律上取得独立的法人资格后，才准予向社会上发行股票。

修建苏伊士运河

　　1551年，英国建立了全世界第一家股份公司——莫斯科夫公司，首次向公众发行了面值25英镑、总值6000英镑的股票，股市奇迹般地由此诞生了。18世纪60年代，由伦敦150名经纪人发起，在"乔根森咖啡馆"开办了英国第一家股票营业厅。图中是为了修建苏伊士运河，1857年成立"国际苏伊士海运运河公司"的场景。资金2亿法郎，分成40万股。法国占52%，埃及占44%。当运河于1869年正式通航时，仅通航典礼就耗资达200万英镑。

业资本的过剩就会出现，不过这种资本过剩是在产业资本不能执行自己的各种职能的形式上表现出来的。存在着大量的商品资本，但却找不到销路。有大量的固定资本存在，但由于再生产停滞，大部分闲置而得不到使用。信用将会收缩的原因是：第一，因为这种固定资本闲置不用，也就是这种资本停滞在它的再生产的一个阶段上，因为它的形态变化不能完成；第二，因为再生产过程不断进行下去的信念已经遭到破坏；第三，因为对这种商业信用的需求会随之减少。

　　因此，一旦再生产过程的这种扩大受到破坏，或者哪怕只不过是再生产过程的那种正常的紧张状态受到破坏，信用就会减少。那么通过信用来获得商品就比较困难。各种支付要求使用现金，小心谨慎地对待赊售，是产业周期中在崩溃之后不久的那个阶段所特有的现象。在危机中，因为每个人的商品都想卖而卖不出去，但是为了购买东西，又必须要卖出去，所以，正是在这个信用极度缺乏(并且对于银行家的信用来说，贴现率也最高)的时刻，闲置的寻找出路的资本的数量并不是最大，数量最大的是滞留在自身的再生产过程内的资本。这时，因为再生产过程的停滞，已经投入到生产中的资本实际上大量地闲置着不用。工厂停工，原料堆积，制成的产品充斥商品市场却卖不出去。因此，如果认为生产资本的缺乏造成了这种情况，那就是大错特错了。其实正好在这个时候，生产资本是处于过剩状态，不管是就正常的、但是在目前暂时紧缩的再生产规模来说，还是就已经萎缩的消费来说，都是如此。

假定构成整个社会的只是产业资本家和雇佣工人。此外，不考虑价格的变动这种变动使总资本的大部分不能在平均状况下得到补偿，并且由于整个再生产过程之间的普遍联系（特别是通过信用而得到了发展），这种变动的存在必然总是引起暂时的普遍停滞。同样，不考虑信用制度下生成的买空卖空和投机交易。这样，危机好像就只能由各个部门生产的不平衡，由资本家的积累和他们自己的消费之间的不平衡来说明。但是实际情况是，投在生产上的资本的补偿，在相当大的程度上依赖于那些非生产阶级的消费能力；工人的消费能力一方面受到现实生活中工资规律的限制，另一方面受到以下事实的限制，就是他们只有在他们可以给资本家阶级带来利润的时候才会被雇用。一切真正的危机的最根本的原因，就在于群众的贫困和他们的有限的消费，然而资本主义生产却无视这种情况而力图发展生产力，好像生产力发展的界限就只有社会的绝对消费能力。

现在我们再来谈货币资本的积累。

借贷货币资本的增加，并不是每次都表示再生产过程的扩大或现实的资本积累。这种情况，在产业周期的紧跟着危机过后到来的那个阶段中，表现得最明显，这时，借贷资本大量闲置着得不到使用。

沉重的负担

在经济大萧条阶段，借贷货币资本的积累与现实资本积累的不一致表现得最为明显。当时市场不活跃，大量的商品卖不出去，物价随之下降，生产处于停滞状态，大量货币资本游离。表现为借贷资本的过剩与产业资本的收缩结合在一起。图中是在经济萧条时期的危地马拉，一个失业工人在赶路，为了生计他每天要这样步行四五公里，压在肩上的是沉重的生活重担。

在生产过程紧缩(1847年危机后，英国各工业区的生产减少了三分之一)，物价降到了最低点，企业信心严重不足的时候，低微的利息率在这时起着支配作用。这种低微的利息率只不过表明：借贷资本的增加，恰恰是由于产业资本的收缩造成的。当物价下跌，交易减少，用于支付工资的资本收缩时，所需的流通手段就会随之减少；另一方面，在对外债务随着资金的流出和破产偿清之后，追加的货币也就不需要去执行世界货币的职能了；最后，汇票贴现业务的范围，也会随着汇票本身的数目和金额的缩小而缩小，这一切都是非常清晰的。因此，在危机中对借贷货币资本的需求，无论是用于流通手段，还是用于支付手段(这里新的投资还没有被谈到)，都会减少，这样，借贷货币资本相对来说就显得充裕了。不过，正如我们在后面将要谈到的，在这样特殊的情况下，借贷货币资本的供给实际上也会增加。

如果再生产过程经历过危机之后再一次达到过度紧张状态以前的那种繁荣局面，商业信用就会随之大大扩张，实际上这种扩张又是资本容易流回和生产扩大的"健全"基础。这时，利息率虽然已经有所回升高于最低限度了，但是仍然是非常低的。事实上这是唯一的这样一个时期，这时可以说有很低的利息率，借贷资本相对比较充裕，这是和产业资本的现实扩大在同时发生的。由于在这个时候资本容易并且能够有规则地流回，加上商业信用的扩大，这就能够保证借贷资本的供给(虽然需求也已经增长)，这样就不会让利息率水平上升。另一方面，只有到这个时候，没有准备充足的资本甚至根本没有任何资本而完全靠货币信用进行投机的骑士们，才大量地涌现出来。此外，还有各种形式的固定资本的迅速扩大和新型大企业的大量开设。现在，利息随着投资的大量增加提高到它的平均水平。但是，一旦新的危机爆发，信用瞬间突然停止，支付停滞，再生产过程瘫痪，并且，除了前面所说的例外情况，在借贷资本将近绝对缺乏的同时，闲置的产业资本也同时发生过剩，这时，利息率就会升到它的最高限度。

因此，总的说来，表现在利息率上的那些借贷资本的运动，与产业资本的运动，是按照相反的方向进行的。有一个阶段，拥有低的但是高于最低限度的利息率；与危机以后经济的"好转"和信任的增强结合在一起；特别是在另一个阶段，利息率在它的平均水平上，也就是刚好是在离它的最低限度和最高限度等距的中点上，只有在这两个阶段，充裕的借贷资本才和显著扩大的产业资本结合在一起。但是，处于产业周期的开端时，低利息率与产业资本的收缩结合在一起的，而在周期的末尾时期，则是高利息率与产业资本的过多结合在一起的。伴随所谓的"好转"而来的低利息率，其实是表示在这个时候商业信用对银行信用的需要是微不足道的，商业信用还是立足于其自身的。

在再生产过程的所有联系都是以信用为基础的生产制度中，只要信用在瞬间突然停止，只有使用现金支付才有效，显然危机就会随之发生，激烈追求支付手段的情况必然会出现。所以从表面上看起来，好像整个危机仅仅是表现为信用危机和货币危机。而且，实际上问题只是在于汇票兑换为货币的可实现性。但是大多数这种汇票都是代表现实买卖的，而从根本上说整个危机的基础是这种现实买卖的扩大远远超过社会需要的限度这一事实。

由前面的分析可以看到，商品资本能够代表可能的货币资本的那种特性，在危机时期和一般在营业停滞时期，将会大大丧失。虚拟资本，生息的证券，在它们本身就是作为货币资本而在证券交易所内进行流通的时候，也是这样的。它们的价格会随着利息的提高而下降。其次，它们的价格下降还可能是由于信用的普遍缺乏，这种信用缺乏迫使证券所有者在市场上大量出售这种证券，以便获得货币。股票的价格也会随之下降，部分是由于股票能够要求得到的收入减少了，部分是由于价格下降的股票往往代表的是那种带有欺诈性质的企业。在危机时期，这些虚拟的货币资本的实际价值大大减少，从而它的所有者依靠它在市场上获得货币的力量也随之大大减少。这些有价证券在行情表上的用货币表示的价格的减少，虽然和它们所代表的现实资本并没有关系，但是和它们的所有者的支付能力有极大的关系。

帝国大厦

经济危机的主要原因在于自由放任的经济制度，生产与消费的对立。虽然经济危机往往表现在货币危机和信用危机，但二者并不是危机的原因。生产过剩造成的商品价值得不到实现，有价证券贬值。这只是说明货币危机加深经济危机。图中是建成于1931年西方经济危机时期的帝国大厦，作为美国经济复苏的象征，帝国大厦是美国乃至世界之商业文化的典型代表。

第五篇 超额利润转化为地租

第二十章 导论

　　对土地所有权的各种历史形式的分析与讨论，不属于本书研究的范围。我们只是在土地所有者只占有资本所产生的剩余价值的一部分的范围内，来研究土地所有权的问题。因此，我们假定，农业和工业在某种程度上都将完全受资本主义生产方式的统治，也就是说，农业也是由资本家经营；这种资本家和其他资本家的区别，首先只是在于他们的资本以及这种资本推动的雇佣劳动所投入的部门不同。当然对我们来说，租地农场主生产小麦等等农作物，和工厂主生产棉纱或机器的情况是一样的。资本主义生产方式已经支配农业的这样一个假定，同时包含着这样的意思：资本主义生产方式已经统治了生产的和非生产的部门，进而统治了资产阶级社会的一切部门，因此这种生产方式的下列条件，如资本的自由竞争、资本由一个生产部门转入另一个生产部门的可能性、同等水平的平均利润等等，都已经变得十分成熟。我们所要考察的土地所有权形式，其实是土地所有权的一个独特的历史形式，是以前的封建制度下的土地所有权或小农维持生计的农业(在后一场合，对于土地的占有是直接生产者的生产条件之一，而且他对土地的所有权就是他的生产方式的最有利的条件，也就是他的生产方式得以繁荣的重要条件)受到资本和资本主义生产方式的影响之后所转化成的形式。如果说资本主义生产方式是以剥削工人的劳动为前提的，那么，在农业中，它就是以剥夺农业劳动者的土地，并且农业劳动者从属于一个为利润而经营农业的资本家为前提的。

　　总之，土地所有权的前提是：一些人垄断了一定量的土地，并把它作为排斥其他一切人的、只服从自己个人意志的领域。那么，在这个前提下，问题就在于说明在资本主义生产基础上这种垄断的经济价值是什么，即这种垄断在资本主义生产基础上是如何实现的。

　　这样资本化的地租就形成了土地的购买价格或价值，但是很明显，和劳动的价格完全一样，它也是一个不合理的范畴，因为土地从来都不是劳动的产品，从而也

普罗旺斯的农民

在封建制度下，地主获取地租，除了凭借土地所有权外，还要依靠"超经济的强制"，强行霸占农民各种剩余劳动产品。农民被束缚在地主的土地上，在土地、人身、司法上依附于地主，只能屈从于地主的盘剥和掠夺，即使遇上好收成也难逃衣食寡薄的厄运。

就没有任何价值。可是，从另一方面来讲，在这个不合理的形式的背后，却隐藏着一种很现实的生产关系。例如，如果一个资本家用4000镑购买的土地每年可以为他自己提供200镑地租，那么，就可以说，他从这4000镑得到的平均年利息是5%，可是，这和他把这个资本投在有息证券上，或按5%的利率直接借出去时得到的收入完全一样。实际上，这就相当于一个4000镑的资本按5%的利润率在增殖。那么，在这个假定下，在20年内他就能够用他的地产的收入，对这一地产的购买价格进行补偿。因此，在英国，是按年收益若干倍来计算土地的购买价格，这只不过是地租资本化的另一种表现。实际上，这个购买价格并不是本来意义上的土地的购买价格，而只是土地所提供的地租的购买价格，它是按普通利息率计算得到的。不过，虽然地租的这种资本化是以地租为前提的，但是地租反过来却不能由它本身的资本化而产生。在这里，不如说这种和出售无关的地租的存在，正是出发的前提。

由上面的叙述可以看出，如果假定地租是一个不变量，那么土地价格的涨落就同利息率的涨落成反比。如果普通利息率由5%下降到4%，那么一个200镑的年地租就不再是代表一个4000镑的资本的年增殖额，而是要代表一个5000镑的资本的年增殖额，并且同一块土地的价格因此也就会从4000镑上涨到5000镑，或从年收益的20倍上涨到年收益的25倍。反之，结果也就相反。这是和地租本身变动没有关系而只由利息率决定的土地价格的变动。但是，因为我们已经知道在社会发展的进程中，利润率会有下降的趋势，而且，从利息率由利润率决定这一角度来说，利息率也就会有下降的趋势；此外，撇开利润率不说，由于借贷货币资本的不断增大，从而也会引起利息率有下降的趋势，所以就能够得出以下结论：土地价格，即使在和地租的变动以及土地产品价格（地租构成它的一个部分）的变动无关的情况下，也有不断上涨的趋势。

在租金里面，还可能有一部分，或者在某种场合可能全部（也就是在完全没有真正地租的时候，从而在土地实际没有价值的时候）是平均利润或正常工资的一种扣除，或同时是这二者的扣除。在这里，利润或工资的这个部分以地租形式出现，因为它并不是像平常那样归产业资本家或雇佣工人所有，而是以租金形式付给那些土

诺曼第农庄

与封建制度不同，资本主义土地所有者只能依靠土地所有权，按照纯粹的经济契约来获取地租。地租不再是农民全部剩余劳动产品或部分必要劳动产品，而是农业工人创造的剩余价值的一部分。图中是19世纪中叶法国北部诺曼第的农庄，在莫奈的笔下，农庄安静得好似什么也没有发生。

地所有者。从经济学的角度来讲，无论这个部分或那个部分是否能够形成地租，实际上由于它们都形成土地所有者的收入，是他的垄断权在经济上的实现，所以，这些部分也就和真正的地租完全一样。并且，它们也和真正的地租一样，也对土地的价格有决定的作用。

当我们研究地租时，有以下三个妨碍我们进行分析的主要错误应当避免：

1. 容易把处于社会生产过程不同发展阶段的不同地租形式混同起来。

实际上，不论地租有怎样独特的形式，它的一切类型都有一个共同点：尽管地租的占有是土地所有权借以实现的经济形式，但是，地租又是以土地所有权为前提的，也就是要以某些个人对某些地块的所有权为前提的。当然，这些土地所有者既可以是代表公社的个人，如在亚洲、埃及等地那样；同时，这种土地所有权也可以只是某些人对直接生产者人格的所有权的一种附属品，就像是在奴隶制度或农奴制度下那样；它又可以是非生产者对自然的单纯拥有，即它是一种单纯的土地所有权；最后，它还可以是这样一种对土地的关系：这种关系，就像在殖民地移民或者小农土地所有者的场合那样，当劳动孤立进行和劳动的社会性不发展的时候，直接表现为这些直接生产者对一定土地自身产出的产品的占有和生产。

总之，不同地租形式的这种共同性——地租就是土地所有权在经济形式上的实现，也就是不同的人借以独占一定部分土地的法律虚构在经济形式上的实现，使人们很容易忽略其中的区别。

2. 错误地认为一切地租都是剩余价值，进而都是剩余劳动的产物。

当地租处在它的不发达的形式即实物地租的形式上时，它的直接表现就是剩余产品。因此就很容易产生一种错误看法，人们会认为只要把一般剩余价值和利润的一般存在条件解释清楚，那么和资本主义生产方式相适应的地租，——它总是超过利润而形成的那部分余额，即超过商品价值中本身也由剩余价值(剩余劳动)构成的那部分余额，——即剩余价值的这个特殊的组成部分也就很容易解释清楚了。其主观条件是：直接生产者进行劳动的时间，必须超过再生产他们自己的劳动力所必需的时间，一般来说，他们必须完成剩余劳动。而客观的条件是：他们也可以完成剩余劳动；自然条件就是，他们的可供支配劳动时间中的一部分，足以把他们自己作为生产者再生产出来而且维持下去，就是说，他们对必要生活资料进行的生产，不会耗费他们全部的劳动力。

3. 土地所有权在经济上的实现中，以及在地租的发展中，其中一点表现得相当突出，这就是：地租的获得者完全不能决定地租的量是多大，真正起决定作用的是那种他没有参与、和他无关的社会劳动的不断发展。因此很容易就会把一切生产部门及其一切产品在商品生产基础上，确切地说，是在资本主义生产(这种生产在它的整个范围内都是商品生产)基础上共有的现象，当作是地租的(和一般农产品的)独

5 秒钟经济学

>>> 地租率 >>>

转化为地租的那部分剩余价值同生产土地产品的预付资本之间的比率。它表明单位投资所能提供的地租水平，反映土地所有者与资本家共同剥削雇佣工人所创造的剩余价值的资本主义关系。地租率的高低受地租额和所投资本的数量及资本有机构成的变化的影响。

特特征来理解。转化为地租的那部分剩余价值同生产土地产品的预付资本之间的比率。它表明单位投资所能提供的地租水平，反映土地所有者与资本家共同剥削雇佣工人所创造的剩余价值的资本主义关系。

大野新田

千百年来农民一直处于社会的最底层，受尽欺凌和压迫。日本直到1947年，由麦克阿瑟将军颁布《农民解放指令》，以日本国家法律的形式，在全日本进行了反封建的土地改革，农民才确保了"耕者有其田"。现今，日本农民已成为世界上最舒服的农民。从1973年农民人均收入超过城市居民以来，这一状况一直持续至今。

第二十一章 级差地租：概论

在我们分析地租时，首先要从下面这个前提出发：这种支付地租的产品，其中有一部分剩余价值，因而有一部分总价格转化为地租的产品。单纯出于我们的研究目的来说，提到农产品或者还提到矿产品也就足够了，也就是说，土地和矿山的产品，像其他一切商品一样，也是按照它们的生产价格来出售的。就是说，它们的出售价格，其实也等于它们的成本价格(已耗费的不变资本和可变资本的价值)加上一个由一般利润率决定，并按全部预付资本(包括已经消耗的和没有消耗的)进行计算的利润。因此，我们可以假定，这些产品的平均出售价格，就等于它们的生产价格。那么，现在就要问，在这个前提下，地租是怎样发展起来的。换句话说，利润的一部分是怎样转化为地租的，进而商

"中国理财官王茂荫"的家乡

王茂荫（1798年~1865年）安徽歙县人，是马克思在其《资本论》中唯一提到的中国人。书中写到"清朝户部右侍郎王茂荫向天子上了一个奏折，主张将官票宝钞改为可兑现的钞票"。马克思还将王称为"中国理财官王茂荫"。我国学术界普遍认为，王茂荫的货币思想是我国封建社会货币理论的最高成就。吴晗更是把王茂荫誉为"清代货币改革者"。图为王茂荫的故乡安徽歙县雄村中至今犹存的一座慈孝坊。在王茂荫的时代，从安徽走出去的徽商曾左右着整个中国经济的命脉。

品价格的一部分是怎样落到土地所有者手中的。

为了更好地说明地租这个形式的一般性质，我们可以假定，一个国家的工厂绝大多数是用蒸汽机来推动的，而只有少数是用自然瀑布推动的。并且我们还假定，在这些工业部门，一个耗费资本100的商品量其生产价格为115。他获得的这15%的利润，并非只是按已经耗费的资本100计算的，而是按生产这个商品曾经使用的全部资本来计算的。之前我们已经指出，这个生产价格不是由单个从事生产的工业家的个别成本价格决定的，而是由整个生产部门在平均资本条件下生产这种商品所平均耗费的成本价格决定的。实际上，这是市场生产价格，是那种和它的各种变动相区别的市场平均价格。商品价值的性质，即价值不是由某个生产者生产一定量商品或某个商品所必要的劳动时间决定，而是由社会必要的劳动时间，由当时社会平均生产条件下市场上生产这种商品的社会必需总量的必要劳动时间决定，一般说来就是处在市场价格的形式上，进一步说，就是在真正起调节作用的市场价格或市场生产价格的形式上表现出来的。

我们再假定，用水力推动的工厂其成本价格只有90，而不是100。但是由于这个商品量的调节市场的生产价格为115，很显然其中的利润为15%，所以靠水力来推动机器的这些工厂主，当然也会按115，也就是按调节市场价格的平均价格去出售他的产品。因此，他们的利润就会是25，而不是15；起调节作用的生产价格之所以会允许他们赚到这10%的超额利润，是因为他们是按照市场生产价格在出售他们的商品，当然最重要的原因在于他们的商品是在特别有利的条件下，即是在高于这个部门占统治地位的平均水平的条件下生产出来的，或者说，是因为他们的资本可以在这种特别有利的条件下执行职能。

综上所述，可以得出以下两点：

第一，用自然瀑布作为动力的生产者得到的超额利润，和一切不是由流通过程中的偶然交易引起，也不是由市场价格的偶然变动引起的超额利润(我们在谈到生产价格时，已经对这个范畴作了说明)事实上具有相同的性质。因此，这种超额利润，当然也就等于这个处于有利地位的个别生产者的生产价格和这整个生产部门的一般的、社会的、调节市场的生产价格之间的差额。换句话说，这个差额，就等于商品的一般生产价格超过它的个别生产价格部分的余额。那么，对这个余额起调节作用的就会有两个界限：一方面是个别产品的成本价格，因而也就是个别产品的生产价格；另一方面是这些产品的一般生产价格。

第二，到目前为止，那个使用自然瀑布而不是用蒸汽作动力的工厂主的超额利润，同其他的一切超额利润没有任何区别。一切正常的超额利润，也就是并非由于某种偶然的出售行为或市场价格变动而产生的超额利润，都是由这个使用特殊资本的商品的个别生产价格和一般生产价格(它调节着这整个生产部门的资本的商品的市

耕获图

在农业中，农产品市场生产价格的决定不同于工业，它是由最劣等地的生产条件所决定的，于是耕种最劣等土地也可能获得一个超额平均利润。图中描绘的是公元627年，超越古今帝王成为千古一帝的唐太宗实施土地改革，保证了农业的繁荣。农民安享大唐盛世的太平安乐，一年四季耕田、播种、收割、扬场，过着衣食无忧的生活。

场价格)之间的差额决定的。

但是现在，区别出现了。

在当前考察的场合，工厂主之所以能够取得超额利润，即由一般利润率来调节的一般生产价格对他个人提供的余额，究竟应该归功于什么呢？

很显然，它首先应该归功于一种自然力，这里表现为瀑布的推动力。由于瀑布是自然存在的，因此，它和把水变成蒸汽的煤当然也就不同。煤本身也是劳动的产物，所以它本身也就具有价值，这就要求必须由一个等价物来支付，需要支付一定的费用。但瀑布却是一种自然的生产要素，它的产生不需要追加任何劳动。

情况不仅如此。那些利用蒸汽机进行生产的工厂主，当然也可以利用那些他不费分文就会增加劳动生产率的自然力，只要这样能够使工人必需的生活资料的生产更便宜，这些自然力就能够增加剩余价值，从而也就可以增加利润；因此，这些自然力，与由协作、分工等引起的劳动的社会自然力完全一样，也是被资本垄断的。对自然力实行垄断，同时也就是对这种由自然力促成的劳动生产力的提高实行垄断，是一切使用蒸汽机作为生产资本的共同特点。这种垄断一方面可以增加代表剩余价值的劳动产品部分，另一方面也可以相对减少转化为工资的劳动产品部分。只要它能够产生这样的作用，它就能够提高一般利润率，可是却不会创造出超额利润，因为超额利润正好是个别利润超过平均利润产生的余额。因此，如果说某种自然力如瀑布的利用，在这里创造出了超额利润，那么，这不可能只是由于这种自然力的利用在这里引起了劳动生产力的提高这样一个事实造成的，很明显，它还必须有进一步的引起变化的情况。

海角下的沃尔顿

农产品的社会生产价格由劣等地的生产条件决定，投资于较好的优等土地的农业资本家，优越的土地自然条件可以提高农业劳动生产率，其农产品的个别生产价格本来低于社会生产价格，但仍按照社会生产价格出售，这样就可以获得超额利润，把这种在平均利润以上的超额利润作为级差地租缴纳给土地所有者，农业资本家自己则获得平均利润。图中是静谧的埃塞克斯东岸的沃尔顿地区，劣等的黏土地和盐沼地必然无法带来农作物的高产。

恰恰相反，自然力在工业上的单纯利用之所以能够影响一般利润率的水平，其实是因为它能够影响生产必要生活资料所需要的劳动量。虽然它本身并不会造成同一般利润率的偏离，但是这里所涉及的问题，却正好是这种偏离。另外，如果把纯粹偶然的偏离撇开不说，那么，个别资本在某一特殊生产部门内所实现的超额利润，因为这种各个特殊生产部门之间利润率的偏离，会不断地促使利润率平均化为平均利润率，这是由于成本价格即生产费用的减少而产生的。这种减少，或者是由于以下情况：资本的应用量大于平均量，导致生产上的杂费减少了，而且提高劳动生产力的那些一般性原因(如协作、分工等)，也由于劳动场所变得更加宽阔，进而能够在更高的程度上，以更大的强度来发生作用；也或者是由于这一情况：撇开执行职能的资本的规模不说，由于采用了新的、改良的、超过平均水平的生产资料和生产方法，使得成本价格的减少并且由此带来超额利润。在这里，是执行职能的资本的使用方法的改变造成的。

因此，在这里，超额利润就是来源于资本本身(包括它所推动的劳动)：或者是所用资本在量上的差别，或者是这种资本的更加恰当的应用。本来没有什么事情可以妨碍同一生产部门按同样的方式使用一切资本。相反，资本之间的竞争，反而会使这种差别越来越趋于平衡；就价值由社会必要劳动时间决定这一点来说，它是通过商品变得便宜和商品不得不按同样有利的条件进行生产而表现出来的。但是，那个用瀑布进行生产的工厂主获得的超额利润，却不是这样。他所用这种劳动的已经提高的生产力，既不是来自资本和劳动本身，也不是来自对一种不同于资本和劳动、但实际上已经并入资本的自然力的单纯利用。它来自劳动的某种较大的自然生产力，这种生产力和这种自然力的利用结合起来，但这种自然力并不像蒸汽的压力那样，可以在同一生产部门由一切资本自由支配，所以并非是只要有资本投入这个部门，这种自然力的利用就可以成为不言而喻的事情。这种自然力就像瀑布那样，也是一种可以垄断的自然力，只有那些能够支配特殊地段及其附属物的人才可以支配它。

现在，我们假定瀑布连同它赖以存在的土地，都属于那些被认为是这一部分土地的所有者的人，即归土地所有者所有。他们不允许别人把资本投在瀑布上，也不允许别人通过资本利用它。相反，他们能够允许或拒绝别人去利用它。但实际上，资本自己并不能创造出瀑布。因此，利用瀑布而产生的这种超额利润，并不是产生于资本，而是产生于对一种能够被人垄断并且事实上已经被人垄断的自然力的利用。在这种情况下，超额利润也就随之转化为地租，也就是说，它最终落入到瀑布的所有者手中。如果工厂主每年要为使用瀑布而付给瀑布的所有者10镑，那么工厂主的利润就是15镑，也就是100镑(这时是他的生产费用)的15%；所以，他的情况，会和它所属的生产部门用蒸汽进行生产的其他所有资本家的情况一样好，甚至可能

田地

土地生产资料不同于工业生产资料，土地数量有限，尤其是优等土地数量有限，不能随意增加，而好地一旦被某些农业资本家租种，就能稳定地得到一个超额利润。这就是所谓土地的资本主义经营垄断。

更好。如果资本家自己就拥有瀑布，那情况没有发生什么改变。他会仍然以瀑布所有者的身份，而不是以工厂主的身份，占有这10镑超额利润。并且，正是因为这个余额不是由他的资本本身产生的，而是由于他支配了一种可以和他的资本分离、可以垄断、数量有限的自然力而产生的，所以这个余额也就因此转化为地租。

第一，很显然，这种地租总是级差地租，因为它没有参加商品的一般生产价格的形成，而是以这种商品的生产价格为前提。而且，它总是产生于支配着某种被垄断的自然力的个别资本的个别生产价格和该生产部门的产品的一般生产价格之间的差额。

第二，这种地租不是由其所用资本或这个资本所占劳动的生产力的绝对增加而产生的。一般来说，这种增加只可能减少商品的价值。这种地租的产生，是由于一定的投入某个生产部门的个别资本，同那些不可能利用这种例外的、有利于提高生产力的自然条件的投资相比，具有相对较高的生产率。例如，尽管煤炭有价值，而水力没有价值，但如果利用蒸汽能提供利用水力时所不能获得的巨大利益，而且这种利益已足以补偿费用甚至有余，那么，水力当然就不会有人使用，因此就不会产

斯科特百货商店入口

　　地租不仅存在于农业,而且也存在于一些直接以土地为经营对象的生产部门中,如建造房屋、开采矿藏,只要存在着土地所有权,租用任何土地都必须支付地租。大型商场总是修建在繁华拥挤的闹市区,虽然要支付高额的地租,但却能带来源源不断的客流,并且还能减免大量的广告资金,所以地段通常是决定商铺价值性的关键。

5 秒钟经济学

>>> 风险投资 >>>

把发展科学技术和商品化生产结合起来的一种新型投资方式。风险投资可以把发明创造迅速转化为商品，一般失败率相当高，但通过风险投资有利于促进新技术产业的迅速发展。风险投资是20世纪40年代开始在美国出现的，60年代末传到日本，80年代风险投资开始在西欧、东南亚和中国的台湾兴起。现在风险投资已成为世界金融界的一个热门行业。风险投资的发展受风险资本、风险投资公司和风险企业家及其主持的风险企业等三方面因素的影响。

生任何超额利润，从而也就不会产生任何地租。

第三，自然力并非超额利润的源泉，而只是一种自然基础，这是因为它是特别高的劳动生产力的自然基础。这就像使用价值总是交换价值的承担者，但却不是其原因一样。如果一个使用价值没有劳动加入也能创造出来，那么它就不会有交换价值，尽管作为使用价值，它仍然具有某种自然的效用。但是，从一方面来说，如果一物不具备使用价值，没有劳动的这样一个自然的承担者，那它也就没有交换价值。如果不同的价值没有平均化为生产价格，不同的个别生产价格也没有平均化为一般的能够调节市场的生产价格，那么，通过使用瀑布而产生的劳动生产力的单纯的提高，就只会降低那些利用瀑布生产的商品的价格，而不会增加这些商品所包含的利润部分，从另一方面说，就同下述情况完全一样：如果资本没有把它所用劳动的生产力(自然的和社会的)，当作它自身拥有的生产力来占有，那么，这种已经提高的劳动生产力，就根本不可能转化为剩余价值。

第四，瀑布的土地所有权本身，对于剩余价值(利润)部分的创造，对于借助瀑布生产的那些商品的价格的创造，是没有任何关系的。换句话说，即使没有土地所有权，例如，即使瀑布所在的土地是没有所有者的情况下被工厂主来利用，那这种超额利润也会存在。所以我们说，土地所有权并没有创造那个可以转化为超额利润的价值部分，而只是使土地所有者，比如说瀑布的所有者，具有把这个超额利润从工厂主的口袋里拿过来装进自己的口袋的可能。也就是说，它并不是使这个超额利润创造出来的原因，而是能够使它转化为地租形式的原因，也就是会使这一部分利润或这一部分商品价格被土地或瀑布的所有者占有的原因。

第五，很显然，瀑布的价格，也就是土地所有者把瀑布卖给第三者或卖给工厂主本人时使用的价格，虽然会加到工厂主的个别成本价格中去，但并不会直接加到商品的生产价格之中，因为在这里，地租是由使用蒸汽机生产的同种商品的生产价格产生的，而这种价格和瀑布是没有任何关系的。其次，瀑布的这个价格，完全是一个不合理的现象，在其背后隐藏着一种现实的经济关系。瀑布和土地一样，同时也和一切自然力一样，是没有价值可言的，因为它本身没有参与任何物化劳动，因而它也就没有价格，价格通常只是用货币来表现的价值。在没有价值的地方，当然也就没有什么东西可以用货币来表现。这种价格只不过是资本化的地租。这种土地所有权使地主有可能把个别利润和平均利润之间的那些差额据为己有。这样一来，他获得的这种逐年更新的利润就能够资本化，并由此表现为自然力本身的价格。如果我们假定，瀑布的利用对工厂主提供的超额利润每年为10镑，平均利息为5%，那么，这10镑每年就代表200镑资本产生的利息；瀑布使它的拥有者每年能够从工厂主那里获得的10镑的这种资本化，也就随之表现为瀑布本身的资本价值。在这里，瀑布本身没有价值，而它的价格是它所占的超额利润的单纯反映这一点，如果用资本主义的方式来计算，那就会立即表现为，200镑的价格只是这种10镑超额利润在20年内的累积，尽管在其他条件均不变的情况下，同一个瀑布使它的所有者能够在某一个不定的时期内，比如说，十年，百年内等等，每年都获得这个10镑。而另一方面，如果这时有一种新的不用水力的生产方法出现了，并且这种生产方法使那些用蒸汽机生产的商品的成本价格由100镑减低到90镑，那么，以上所说的那种超额利润，地租、瀑布的价格也就随之消失了。

叶卡捷琳娜二世的王冠

矿山地租和农业地租完全一样，其中稀有矿产品，如钻石矿，由于供不应求，通常按照垄断价格出卖，由此形成了垄断地租。图中这顶王冠总共镶嵌了4836颗钻石，重2858克。其中装饰冠顶的红天鹅绒色尖晶石，重398.72克拉，被列为当时苏联七大历史名钻之一。

第六篇 各种收入及其源泉

第二十二章 三位一体的公式

　　首先资本—利润(等于企业主收入加上利息)，土地—地租，劳动—工资，以上三个公式就是把社会生产过程的所有秘密都包括在内的三位一体的公式。

　　其次，因为以前我们已经说过，利息总是表现为资本所固有的、独特的产物，与此相反，企业主收入则总是表现为不以资本为转移的工资，所以，上述三位一体的公式还可以更确切地归结为：

　　资本—利息，土地—地租，劳动—工资；在这个公式中，作为资本主义生产方式特征的剩余价值形式的利润，则幸运地被排除了。

　　如果我们现在可以更仔细地考察一下这个经济上的三位一体公式，那我们就会发现：

　　每年可供支配的财富的各种所谓源泉，基本上属于完全不同的领域，它们彼此之间毫无共同之处，没有任何关系。

　　资本、土地、劳动！但资本本身并不是物，而是一定的、社会的、属于一定历史社会形态上的生产关系，它通常会体现在一个物上，并赋予这个物以某种特有的社会性质。当然，资本也不是物质的和生产出来的生产资料的总和。我们可以说，资本是已经转化为资本的生产资料，但是这种生产资料本身却不是资本，就像金和银本身也不是货币一样。社会上由某一部分人所垄断的生产资料，同活劳动力相对立从而独立化的这种劳动力的产品和活动条件，通过这种对立在资本上就被人格化了。不仅工人的已经转化为独立权力的产品(这种产品已成为它们的生产者的统治者和购买者)，而且这种劳动的社会力量及其相关的形式，也作为生产者的产品的属性而与生产者本身相对立。因此，在这里，关于历史地形成的社会生产过程的主要因素之一，就有了一个确定的、乍一看来极为神秘的社会形式。

　　现在，与此并列，又有了土地这个无机的自然界本身，这个完全处于原始状态之中的"粗糙的混沌一团的天然物"。由于价值就是劳动，因此，剩余价值也就不

DAS KAPITAL

可能是由土地创造的。在这里，土地的绝对肥力所起的作用，只不过是使一定量的劳动能够提供一定的、受土地的自然肥力所制约的产品。这种由土地肥力的差别所造成的结果是：等量的劳动和资本，即同一价值，将会体现在不等量的土地产品上；因此，使得这些产品会具有不同的个别价值。

最后，作为其中的第三个同盟者出现的，就只是一个幽灵——劳动。当然，这只是一个抽象的说法，就它本身来说，其实是根本不存在的；或者，我们如果就它在这里所表示的意思来说，那就只是指人用来实现人和自然之间的物质变换的一般人类生产活动，它不仅已经摆脱一切社会形式和这种性质规定，甚至是在它的单纯的自然存在上，那种不以社会为转移，超乎一切社会之上，并且作为生命的表现和证实，还是没有社会化的人和已经有某种社会规定的人所共同具有的。

综上所述，我们可以看出，土地所有权、资本和雇佣劳动，就从下述意义上的收入源泉，即资本通常以利润的形式使资本家获得他从劳动中榨取的剩余价值的一部分，土地的垄断通常以地租的形式使土地所有者获得剩余价值的另一部分，劳动通常以工资的形式使工人取得最后一个可供支配的价值部分，这种意义上的源泉，同时也就是从这种作为媒介使价值的一部分转化为利润形式，第二部分转化为地租形式，第三部分转化为工资形式的源泉。转化成了真正的源泉，这个源泉本身也就产生出这几个价值部分和这几个价值部分借以存在或可以转化成的那些有关产品部分，因而其实也就是产生出产品价值本身的最后源泉。

采掘银矿

资本创造利润，土地创造地租，劳动创造工资。这种观点掩盖了资本主义各种收入的真正来源。资本属于一定历史社会形态的生产关系，并不能创造价值，土地作为自然界本身也不能创造价值，雇佣工人的劳动所创造的绝不仅仅是工资，其剩余劳动时间创造了利润（利息）和地租。图中是15世纪在波希米亚的第二大城市库特纳霍拉中，人们正在热火朝天地开采着银矿。

欧洲多彩的小商店

从对商品的剖析开始，商品由包含的价值到剩余价值，转化为利润，利润平均化为平均利润率，然后是产业利润、商业利润和借贷利息的分割。其中农业资本家的利润再分割出一部分作为地租支付给地主。可以看出所有这些资本主义生产关系中利润、地租和工资等收入的真正来源，是雇佣工人生产商品所新创造的价值。

第二十三章 分配关系和生产关系

通过之前的叙述，我们可以看出，由每年新追加的劳动新加进产品中的价值，年产品中体现这个价值并且能够从总产品价值中取出并分离出来的部分，可以分成三部分，它们分别采取三种不同的收入形式，而且这些形式表明，这个价值的一部分属于或归于劳动力的所有者即劳动者本身，另一部分属于或归于资本的所有者即资本家，第三部分属于或归于土地所有权的占有者。因此，这就是分配的关系或形式，因为它们表示出新生产的总价值在不同生产要素的所有者之间进行分配的关系。

通常我们会认为，这些分配关系是一种自然的关系，是从一切社会生产的性质，并从人类生产本身的各种规律中产生出来的关系。当然我们也不能否认，在资本主义以前的其他社会形式中出现过其他的分配方式，但是，人们习惯于把那些分配方式说成是这种自然分配关系的未发展的、未完成的、伪装了的、没有取得最纯粹表现和最高形式的、具有不同色彩的方式。

这种见解中唯一被认为是正确的一点是：在任何社会生产（例如，自然形成的印度公社，或秘鲁人的较多是人为发展的共产主义）中，我们总能够区分出劳动的两个部分：产品中的一个部分，直接由生产者及其家属用于个人的消费，另一个部分，即始终是剩余劳动创造的那部分产品，总是用来满足一般的社会需要，而不管这种剩余产品怎样分配，也不管谁执行这种社会需要代表的职能；在这里，我们撇开用于生产消费的那一部分不说。这样，不同分配方式的同一性就归结到一点：当我们把它们的区别性和特殊形式抽掉，只注意它们的同区别性相对立的一致性时，它们就是同一的。

更有学识、更有批判意识的人们，虽然也承认分配关系中的历史发展性质，但同时却更加固执地认为，生产关系本身具有某种不变的、从人类本性产生出来的，因而也就与一切历史发展无关的性质。

相反，对资本主义生产方式的科学分析却证明了这样一点：资本主义生产方式是一种特殊的、具有独特历史规定性的生产方式；和任何其他形式的生产方式一样，它同样把社会生产力及其发展形式的一定阶段作为自己的历史条件，而这一历史条件又是一个先行过程的历史结果和产物，并且是新的生产方式借以产生的现成基础；同这种独特的、历史规定的资本主义生产方式相适应的生产关系，即人们在他们的社会生活过程中、在他们的社会生活的生产中所形成的人与人之间的各种关系，具有独特的、历史的和暂时的性质；最后，分配关系从本质上说和生产关系是同一的，是生产关系的另一面，所以二者都具有那种历史的暂时的性质。

伟大的友谊

1844年8月，马克思和恩格斯在巴黎见面，从此便结成为无产阶级解放事业并肩作战的战友。他们先后创立并领导了共产主义通信委员会、共产主义同盟、国际工人协会暨第一国际。1848共同起草了科学社会主义纲领性文件《共产党宣言》。1867年9月14日马克思出版的《资本论》第一卷在汉堡问世。第二卷和第三卷由于他过早逝世，后经恩格斯整理和增补，分别在1885年和1894年出版。第四卷即《剩余价值理论》在恩格斯逝世后才面世。

在考察分配关系时，人们首先也是从年产品分为工资、利润和地租三类，这种所谓的事实出发。但是，把事实说成这样很明显是错误的。一方面产品被分为资本，另一方面产品被分为收入。收入的一种——工资，总是先以资本形式同工人相对立，然后才能够取得收入的形式，即工人的收入的形式。总的来说，生产的劳动条件和劳动产品作为资本要同直接生产者相对立这个事实，从一开始就意味着：物质劳动条件和工人之间的对立，从而形成一定的社会性质，因而在生产中，劳动条件的所有者同工人之间，并且工人彼此之间，都是处在一定的关系中。这些劳动条件转化为资本这一事实，又意味着直接生产者已经被剥夺了土地，因而也就存在着一定的土地所有权形式。

但是，产品的一部分如果不转化为资本，那么它的另一部分也就不会采取工资、利润和地租的形式。

另一方面，如果说资本主义生产方式以这种生产条件一定的社会形式为前提，那么，它就会不断地把这种形式再生产出来。它不仅能够生产出物质的产品，而且还能够不断地再生产出产品在其中生产出来的那种生产关系，因而也就不断地再生产出与之相应的分配关系。

我们当然可以说，资本(包括作为资本的对立物的土地所有权)本身实际上已经以这样一种分配为前提：劳动者已经被剥夺了劳动条件，而且这些条件现在集中在少数个人手中，另外还有一些个人独占土地所有权，总之，就是之前我们在论述原始积累的那一部分已经说明过的全部关系。但是，这种分配同时也完全不同于人们把分配关系和生产关系对立起来，赋予它一种历史性质时所理解的那种分配关系。人们通常用这种分配关系来表示对产品中归个人消费的那部分的各种索取权。

相反，前面所说的那种分配关系，却是在生产关系本身范围内，落到同直接生产者相对立的、生产关系的那些当事人身上的某种特殊社会职能的基础。这种分配关系赋予生产条件本身及其代表以一种特殊的社会性质。而这种社会性质又决定着生产的全部性质和全部运动。

资本主义生产方式在一开始就具备以下两个特征：

第一，它生产的产品是商品。使它和其他生产方式产生区别的，不在于生产的商品，而在于它的产品成为商品是占统治地位的、决定性的性质。这首先就意味着，工人本身也只是表现为某种特殊商品的出售者，因而也就会表现为自由的雇佣工人，这样，劳动也就随之表现为雇佣劳动。由以上所述可见，已无须重新论证资本和雇佣劳动之间的关系究竟是怎样决定着这种生产方式的全部性质。这种生产方式下的主要当事人或主要执行者——资本家和雇佣工人，其本身也不过是资本和雇佣

交易市场

更具进取精神的荷兰人，因为航海技术技高一筹，使得他们在全球贸易网中，成为极其成功的中介人。图为荷兰安特卫普的一个熙熙攘攘的市场。16世纪初这个港口繁荣起来，这时它已经成为欧洲最重要的贸易中心，新的贸易通道已将西班牙和葡萄牙在美洲的殖民地与欧洲连接起来，安特卫普于是从中获益。

劳动的体现者，人格化，其实是由社会生产过程加在个人身上的一定的社会性质，是这些一定的社会生产关系下形成的产物。

首先，这种性质产品作为商品和商品作为资本产品的性质，实际上已经包含着所有形式的流通关系，即产品所必须通过并由此可以取得一定社会性质的一定的社会过程；同时，这种性质还包含着生产当事人之间的一定的关系，而且正是由这种关系决定着他们的产品的价值增殖和产品到生活资料或生产资料的再转化。但是，即使将这一点撇开不说，从以上提到的两种性质，即产品作为商品的性质，或商品作为资本产品的性质，我们仍然可以得出全部价值决定和全部生产由价值来进行调节这一结论。在这个极其独特的价值形式上，一方面，劳动只是作为社会劳动在起作用；另一方面，这个社会劳动的分配，它的产品之间的相互补充，它的产品的物质变换以及从属和加入社会机构，事实上，却由资本主义生产者个人偶然的、互相抵消的冲动去任意摆布。因为，这些人不过是作为商品所有者互相对立，每个人都企图能够以尽可能高的价格出售商品(甚至生产本身似乎也只是由他们任意调节的)，

垦荒

资本家生产剩余价值，必然想方设法地将生产商品所必需的劳动时间，缩减到当时的社会平均水平以下，这样成本价格缩短到它的最低限度的努力就可以成为提高劳动社会生产力的最有力的杠杆。图中中世纪的人们，农业生产几近于刀耕火种，他们还没有能力有效地提高生产水平，收成的好坏还是要看运气。

5 秒钟经济学

>>> 套汇 >>>

利用不同时间、不同地点、不同货币在汇率和利率上的差异进行贱买贵卖，减少或避免汇率风险，或从中牟利的一种外汇交易。主要有地点套汇、时间套汇和套利三种形式。投资者利用两个国家短期投资利率的差异,将资金从利率低的国家调往利率高的国家，以赚取利息收入。

所以，只有通过他们之间的竞争，他们互相施加的压力，这种规律才能得以实现，而且正是通过这种竞争和压力，各种偏离得以互相抵消。在这里，价值规律不过是作为内在规律，对单个当事人的那种盲目的自然规律起限制作用，并且是在生产过程中的各种偶然变动中，维持着生产的社会平衡。

其次，在商品中，尤其是在作为资本产品的商品中，实际上就已经包含着作为整个资本主义生产方式的特征的生产的物质基础的和生产的社会规定的物化主体化。

第二，生产的直接目的和决定动机就是对剩余价值的生产。从资本本质上来说，它是生产资本的，但只有当它们生产剩余价值时，它们才能够生产资本。在对相对剩余价值进行考察时，进而在考察剩余价值是如何转化为利润时，我们已经看到，在这上面是如何建立起一种为资本主义时期所特有的那种生产方式的。这是劳动的社会生产力发展的一个特殊形式，但是，这种劳动社会生产力其实是作为与工人相对立的资本的独立力量在发挥作用，因而这种社会劳动生产力就直接与工人本身的发展相对立。就像之前我们说过的那样，资本家总是力求将成本价格缩减到它的最低限度，而正是这种努力成了提高社会劳动生产力的最有力的杠杆，不过在这里，社会劳动生产力的不断提高只是表现为资本生产力的不断提高。

资本家作为资本的人格化在直接生产过程中取得的某种权威，以及他作为生产的指挥者和统治者时执行的社会职能，与建立在奴隶生产、农奴生产等等基础上的权威相比，实际上有着重大的区别。

对于直接生产者大众来说，尽管在资本主义生产的基础上，他们的生产的一定的社会性质是以实行严格管理的权威的形式，并且其劳动过程是以完全按等级安排的社会机构的形式出现的，这种权威的把持者，只是作为同劳动相对立的那些劳动条件的人格化，而不是像在以前的各种生产形式中出现的那种，以政治的统治者或神权的统治者的身份得到这种权威的，但是，在这种权威的把持者中间，在不过是作为商品所有者相互对立的这些资本家自己中间，占统治地位的社会形态却是极端无政府状态，并且，在这种状态中，生产的社会联系只是表现为一种个人自由意志可以压倒一切的自然规律。

运输列车

要想产出大量剩余价值，资本家不但要在生产上缩短商品的社会必要劳动时间，在销售时，还要尽量缩短商品的流通时间，以便在单位时间内增加等量货币的周转频率。图中火车喷烟吐雾，呼啸而过，颇有"火车一响，黄金万两"的声势，生动展现了它在人类发展进程中扮演着不可替代的角色。

仅仅是因为劳动采取了雇佣劳动的形式，生产资料则采取了资本的形式这样的前提，也就是说，仅仅是因为这两个基本的生产要素采取了这种独特的社会形式，价值(产品)的一部分才能够表现为剩余价值，从而这个剩余价值才能够表现为利润(地租)，表现为资本家的赢利，表现为可供支配的、归资本家所有的追加的财富。但也正是由于价值的一部分这样表现为他的利润，那种用来扩大再生产而且能够形成一部分利润的追加生产资料，才能够表现为新的追加资本，并且整个再生产过程的这种扩大，才能够表现为资本主义的积累过程。尽管劳动以雇佣劳动的形式出现对整个过程的面貌以及生产本身的特殊方式有决定性的作用，但是雇佣劳动却并不决定价值。真正在价值的决定上具有重要意义的，只是社会一般劳动时间，也即是社会一般可以支配的劳动量，而不同的产品从这个劳动量中吸收的相对量，又将会在一定程度上决定着它们各自在社会上所占的比重。当然，社会的一般劳动时间在商品价值上作为决定要素起作用的一定形式，不仅同劳动作为雇佣劳动的形式，而且同与此适应的生产资料作为资本的形式，都是息息相关的，因为只有在这两个基础上，商品生产才真正成为生产的一般形式。

现在，让我们再来考察一下这种所谓的分配关系本身。工资是以雇佣劳动为前提的，利润是以资本为前提的。因此，这些一定的分配形式，是以一定生产条件下的社会性质和生产当事人之间的一定的社会关系为前提的。因此，一定的分配关系只是在不同的历史阶段所形成的不同的生产关系的表现。

首先来谈一谈利润。在资本主义生产方式下，这种剩余价值的一定的形式，是形成新生产资料的前提；因而它就是一种支配再生产的关系，尽管在资本家个人看来，他好像真正能够把全部利润当作收入来消费掉。但实际上在这方面他会碰到限制，这些限制通常会以保险基金和准备金的形式，以竞争规律等形式出现，并且会在实践中向他证明，利润并非只是个人消费品的分配范畴。其次，整个资本主义生产过程都是由产品的价格进行调节的，而真正起调节作用的生产价格，又是由利润率的平均化以及与之相适应的资本在不同社会生产部门之间的分配来调节的。因此，在这里，利润不是表现为产品分配的主导因素，而是表现为资本。

和劳动本身在社会不同生产部门之间进行分配的因素一样，利润可以分割为企业主收入和利息，表现为对同一个收入进行的分配。但之所以这种分割会发生，首先是由于资本作为自行增殖、生产剩余价值的价值的不断发展，以及占统治地位的生产过程的这种一定的社会形式的不断发展引起的。并且从它本身又发展出了信用和信用制度，从而也发展了生产的形式。利息等这些所谓分配形式，是作为具有决定意义的生产要素加入价格的。

然后谈一下地租。它之所以能够表现为只是分配的形式，是因为土地所有权本身在生产过程本身中不执行职能，至少是不执行正常的职能；但是这些事实：地租仅仅是限于超过平均利润部分的余额；土地所有者的社会地位发生了巨大转变，他们从生产过程和整个社会生活过程的指挥者和统治者降为单纯土地出租人，单纯利用土地放高利贷的收租人，却是资本主义生产方式的一种独特历史产物。很明显，土地取得了土地所有权的形式，成为资本主义生产方式的一个历史前提。而土地所有权取得了允许实行资本主义农业经营方式的形式，又是这个生产方式的某种具有特殊性质的产物。人们当然也可以把其他社会形式中土地所有者的收入同样称为地租。但那种地租和资本主义生产方式中出现的地租在本质上有着重大的区别。

由此可见，所谓的分配关系，是同生产过程所处的一定历史规定的特殊社会形式，同人们在他们生活的再生产过程中所形成的一定的生产关系相适应的，并且它也是由这些形式和关系产生的。换句话说，这些分配关系的历史性质其实就是生产关系的历史性质，分配关系不过表示生产关系的某一方面的反映。资本主义的分配不同于其他各种生产方式下产生的其他分配形式，但是每一种分配形式，都终将同它赖以产生并且与之相适应的那种生产形式一道消失。

总而言之，只是把分配关系而没有把生产关系看作历史性的东西的那种见解，

荷兰东印度公司的贸易站

1648年，荷兰获得独立后，成为17世纪一个主要的经济大国和航海共和国。殖民地和贸易站遍布全球。通过这些贸易站输出印度所产的生丝、纺织品、硝石、大米甚至鸦片。在17世纪上半叶，荷兰几乎完全控制了菲律宾以西整个印度洋区域的贸易，被许多经济历史学者认为是第一个进入资本主义的国家。

未知的世界

  一位年轻的女子俯身在广袤的原野上，拂过草地寂静的风掠起她的碎发，人物的姿态与遥遥相对的屋舍营造出一种淡淡的感伤和不安。但明媚柔暖的色调却给人以温暖和希望，在冷漠孤寂之中仿佛深藏着某种神秘的力量。画中隐含着对现代工业文明深刻的忧思，在找寻失落的同时，又对人类社会不可预知的未来饱含着无限的憧憬。

  一方面，只是对资产阶级经济学开始进行的一种具有局限性的批判；另一方面，这种见解建立在一种与上面混淆，也就是说，它把社会的生产过程，同那些反常的孤立的人在没有任何社会帮助下也必须进行的简单劳动过程相混淆。事实上，就劳动过程只是人和自然之间的单纯过程这一角度来说，劳动过程的简单要素对于这个过程的所有社会发展形式来说都是共同的。只不过，劳动过程的每个特定的历史形式，都会进一步影响并发展这个过程的物质基础和社会形式。这一特定的历史形式在达到一定的成熟阶段后就会被抛弃，并让位于比它更高级的形式。当一方面分配关系，从而与之相适应的一定的历史形式下的生产关系，和另一方面生产力、生产能力及其要素的发展之间的那些矛盾和对立扩大和加深时，就表明某种程度的危急时刻已经到来了。这时，在生产的物质发展与它的社会形式之间就会发生冲突。

图书在版编目（CIP）数据

资本论 /（德）马克思（Marx,K.）著；朱登编译
. -- 北京：北京联合出版公司，2013.8（2024.10重印）
ISBN 978-7-5502-1822-2

Ⅰ.①资… Ⅱ.①马… ②朱… Ⅲ.①马克思著作 - 马克思主义政治经济学 Ⅳ.①A123

中国版本图书馆CIP数据核字(2019)第182474号

资本论

作　　者　[德]马克思（Marx,K.）
编　　译　朱登
责任编辑　喻静
监　　制　黄利 万夏
营销支持　曹莉丽
装帧设计　紫图图书 ZITO

北京联合出版公司出版
（北京市西城区德外大街83号楼9层　100088）
艺堂印刷（天津）有限公司印刷　新华书店经销
字数280千字　787毫米×1092毫米　1/16　26印张
2013年8月第1版　2024年10月43次印刷
ISBN 978-7-5502-1822-2
定价：49.90元

版权所有，侵权必究
未经书面许可，不得以任何方式转载、复制、翻印本书部分或全部内容。
本书若有质量问题，请与本公司图书销售中心联系调换。电话：010-64360026-103